KB025801

법이면 다냐

사고실험으로 읽는 법과 규범윤리

법이면 다냐
사고실험으로 읽는 법과 규범윤리

2024년 7월 10일 초판 인쇄
2024년 7월 15일 초판 발행

지은이 | 전대석
교정교열 | 정난진
펴낸이 | 이찬규
펴낸곳 | 북코리아
등록번호 | 제03-01240호
주소 | 13209 경기도 성남시 중원구 사기막골로45번길 14
우림2차 A동 1007호
전화 | 02-704-7840
팩스 | 02-704-7848
이메일 | ibookorea@naver.com
홈페이지 | www.북코리아.kr
ISBN | 978-89-6324-198-2(93360)

값 23,000원

* 본서의 무단복제를 금하며, 잘못된 책은 구입처에서 바꾸어 드립니다.

법이면 다냐

사고실험으로 읽는
법과 규범윤리

전대석 지음

서문

도덕과 마찬가지로 법은 우리의 모든 생활 영역을 지배하려는 경향이 있다. 도덕은 우리의 행위의 옳고 그름을 판단함으로써 우리의 일상과 삶을 지배한다. 특히, 법은 힘에 관한 규칙으로서 우리의 행위를 강제한다. 현대 민주주의는 법치주의를 기본 가치로 삼고 있으며, 그러한 사회에 거주하고 있는 우리는 법의 명령을 함부로 거스를 수 없다. 따라서 우리의 삶에 관여하고 일상을 지배하는 법이 제대로 작동하지 않을 경우, 그 피해는 고스란히 우리 같은 시민이 짊어지게 된다.

반면, 우리는 일상의 삶에서 일반적으로 나의 행위가 도덕과 법의 측면에서 어떤 문제가 있을까에 관해 걱정하거나 고민하지 않는다. 그것은 너무나 당연하고 자연스러운 반응이다. 우리는 아주 결정적인 상황이 아닌 한 통상 도덕에 반하거나 법에 위배되는 행위를 하지 않기 때문이다. 하지만 크든 작든 간에 도덕에 반하거나 현행법에 위배되는 행위를 할 경우에 우리는 도덕과 법의 존재를 인식하게 된다. 그러한 상황에서 우리는 어떤 특별한 상황에서 나의 행위로부터 초래되는 '도덕적 의무 간의, 법적 명령 간의 또는 도덕적 의무와 법적 명령 간의' 충돌을 경험하게 된다. 또한 그러한 사례에 어떤 이론, 원리, 준칙을 적용하는가에 따라 상이한 결론이 이끌어지기도 한다. 이것은 도덕적 의무 또는 법의 명령을 엄밀히 분석하고 평가하더라도 항상 만족스러운 해법을 도출하기가 쉽지 않은 이유를 잘 보여준다. 그러나 사람은 법적으로나 도덕적으로 어긋나지 않은 삶을 살기를 바라고,

또 그러할 때만 온전한 인간으로서 살아갈 수 있다. 따라서 우리는 도덕적 딜레마나 법적 딜레마 상황에서 중요한 결정을 내려야 할 때 법적 해석뿐만 아니라 도덕적 판단을 함께 고려하고 숙고해야 한다. 우리는 그러한 과정을 통해 중요한 나의 선택과 결정을 더 잘 설명할 수 있는 가능한 해석과 이해의 외연을 더 넓힐 수 있다. 또한 이것은 같은 문제에 대해 다른 견해를 가진 집단의 열린 토론이 활발히 이루어져야 하는 이유이기도 하다.

이 책은 법과 도덕에 제기될 수 있는 몇 가지 물음에 답하고 있다. I장에서는 우리가 '도덕'이라는 용어를 사용할 때 쉽게 저지를 수 있는 오해와 편견을 규명하고 설명하는 데 초점을 맞추고 있다. II장에서는 규범윤리로서 의무론과 공리주의에 관한 핵심적인 내용을 간추려 살펴본다. I장과 II장의 주요 내용은 이후 이어질 법에 관한 문제들을 도덕과 관련지어 논의하기 위한 기초적인 작업이라 할 수 있다. III장은 법의 사각지대의 허용 가능성에 대해 논의하면서, 법이 우리의 삶과 일상에서 어떻게 작동해야 하는가에 대해 생각해본다. IV장과 V장은 우리의 삶에서 일어날 수 있는 어떤 중요한 문제나 사건에 대해 법의 판단과 도덕 판단이 서로 다를 가능성을 살펴보면서 법적 결정과 도덕적 판단의 충돌에 대해 논의한다. VI장과 VII장은 법과 민주주의의 관계에 대해 고찰한다. VI장에서는 정치의 사법화 문제를 살펴보면서 민주주의와 법치주의의 관계에 관해 논의한다. VII장에서는 법이 민주사회에 기여하기 위해서는 어떤 조건이 충족되어야 하는지를 고민하면서, 민주사회의 주인인 시민의 역할에 대해 논의한다.

이 책은 많은 사람의 도움으로 완성되었다. 이 책에서 다루고 있는 주제들과 생각의 얼개들은 필자가 성균관대학교에서 〈법과 규범윤리〉를 강의하는 과정에서 만들어졌다. 수업에 참여하여 좋은 의견을 제시하고 논의에 참여한 학생들에게 감사의 말씀을 드린다. 영식, 윤서, 태호, 선이, 미리,

은성 등 오랜 친구들에게도 감사의 말씀을 전한다. 필자가 상대적으로 늦은 나이에 철학 공부를 시작한 때부터 지금까지 그러한 나의 결정을 응원하고 도와준 벗들에게 꼭 한번은 지면을 통해 고마운 마음을 남기고 싶다. 필자의 은사이신 이좌용 선생님께서는 부족한 제자가 학문의 길을 걸을 수 있도록 큰 가르침을 주셨다. 이좌용 선생님께 존경의 마음을 담아 감사드린다. 항상 따뜻한 격려와 후원으로 힘을 북돋아주신 손동현 선생님께 존경의 마음을 담아 감사드린다. 두 분 은사님께 받은 사랑을 가늠하기 어렵다. 연구와 강의로 바쁜 와중에도 필자의 원고를 꼼꼼히 읽고 부족한 부분을 지적하고 채워준 박정희, 김용성 선생님에게도 감사드린다.

2024년 7월

저자 드림

CONTENTS

I

로빈슨 크루소가 정한 규칙과 행위는 도덕인가?

나는 이제 내 처지와 내가 처한 상황을 진지하게 숙고하기 시작했다. 그리고 현재의 내 상황을 글로 적어 따져보았다. 혹시 내 뒤에 이 섬에 오게 될지도 모를 누군가에게 남기기 위해서라기보다는 (아마 내 뒤를 따를 그런 사람은 없을 것이다) 매일 머릿속을 빙빙 맴돌며 나를 괴롭히는 잡념을 없애기 위해서였다. …

1659년 9월 30일 불쌍하고 가련한 나 로빈슨 크루소는 끔찍한 폭풍우로 인해 어느 해안 앞바다에서 난파를 당하고 이 황량하고 불운한 섬(나는 이 섬을 '절망의 섬'이라고 불렀다)에 오게 되었다. 다른 동료들은 모두 익사했고 나 또한 거의 죽은 목숨이나 마찬가지다.

내가 처한 우울한 상황 때문에 하루 종일 마음이 괴로웠다. 먹을 것도, 집도, 옷도, 무기도, 몸을 피할 곳도 없었다. 구조될 희망이 전혀 없는 절망 속에서 오로지 죽음만 눈앞에 아른거렸다. 사나운 맹수에게 잡아먹히거나 야만인들에게 죽임을 당하든지, 아니면 먹을 게 없어 죽든지 둘 중 하나였다. 밤이 되자 맹수들이 두려워서 나무 위에 올라가서 잤다. 밤새 비가 내렸지만 단잠을 잤다.[1]

---

1 대니얼 디포(Daniel Defoe), 『로빈슨 크루소』, 류경희 옮김, 열린책들 세계문학 163, 2011, 94-100쪽. 이 소설은 1791년에 출판되었으며, 원제는 『조난을 당해 모든 선원이 사망하고 자신은 아메리카 대륙 오리노코강 하구 근처 무인도 해변에 표류해 스물하고도 여덟 해 동안 홀로 살다가 마침내 기적적으로 해적선에 구출된 요크 출신 뱃사람 로빈슨 크루소가 들려주는 자신의 생애와 기이하고도 놀라운 모험 이야기』다.

1.
도덕에 관한 '외연의 문제'와 '평가의 문제'

우리는 일상의 삶에서 나의 행위가 도덕적이기를 바란다. 도덕은 무엇인가? 또는 우리의 행위 중에서 도덕 판단과 평가 대상에 포함될 수 있는 것들은 무엇인가? 이러한 물음에 답하기 위해 다음과 같은 사례와 물음으로부터 논의를 시작하자.

〈사고실험 1〉

로빈슨 크루소는 자신(만)의 원칙과 규칙에 따라 엄격하게 생활한다. 즉, 그는 아침 7시에 일어나서 1시간 동안 운동을 한다. 다음으로 그는 아침을 먹고 설거지를 한다. 그리고 잠시 휴식을 취한 다음 숲에 들어가 과일과 채소 등을 수확한다. 과일 등을 수확하는 양은 전체의 5%를 넘지 않도록 한다. 숲속에 살고 있는 다른 동물들과 식량을 공유해야 하기 때문이다. 동물을 사냥하는 경우도 마찬가지다. … 그는 해가 지기 시작하는 오후 6시에 저녁을 먹는다. 저녁 식사 후에는 설거지를 하고 주변을 청소한다. 잠자리에 들기 전에는 추위를 피하기 위해 지펴놓은 장작의 불씨가 바람에 날리지 않도록 잘 정비한다. 바람에 날린 불씨로 인해 불이 날 수도 있기 때문이다. 그는 이와 같은 모든 것을 정리한 후 10시에는 잠을 잔다.

위의 이야기는 대니얼 디포(Daniel Defoe)의 장편소설 『로빈슨 크루소』의 내용 중 일부를 각색한 것이다. 이미 알고 있듯이, 이 소설은 무인도에 표류하게 된 로빈슨 크루소의 모험과 생존기를 다루고 있다. 이제 그가 무인도에서 생존하기 위해 세운 '규칙(rule)'을 도덕의 관점에서 살펴보기로 하자.

〈물음 1〉

'로빈슨 크루소가 정한 개인의 생활 규칙과 행위는 도덕인가, 그렇지 않은가?'

만일 우리가 아무런 정보나 준비 없이 이러한 물음을 접하게 된다면, 대부분의 경우 약간의 혼란을 경험하면서 그 문제에 대해 (적어도) 두 가지 태도를 가질 수 있다. 말하자면, 어떤 이들은 '그러한 물음이 성립할 수 있는가?' 달리 말하면, '로빈슨 크루소가 스스로 정한 생활 규칙을 도덕과 관련지어 논의하는 것이 가능한가?'라는 본질적인 의문을 제기할 수 있다. 또 다른 이들은 그러한 물음이 성립한다는 것을 받아들이고 두 입장, 즉 로빈슨 크루소의 규칙이 도덕적이라는 입장과 그렇지 않다는 입장 중 하나를 지지하는 이유들을 찾으려 할 수 있다. 이 문제에 대해 가질 수 있는 두 가지 태도에 대해 세세히 살펴보기에 앞서 〈물음 1〉에 대해 나름의 답을 하고 있는 (익명의) 한 대학생 S(이하 S)의 말을 먼저 들어보자.[2]

"… 처음 이 문제 상황을 직관적으로 보았을 때, '과일 등을 수확하는 양은 전체의 5%를 넘지 않도록 한다'는 진술문에만 집중하여 로

---

2 여기에 제시한 글은 필자가 성균관대에서 강의한 〈법과 규범윤리〉에 참여한 학생이 주어진 문제에 대해 제시한 답변을 일부 수정한 것이다. (익명의) 학생의 허락을 받아 사용했음을 밝힌다.

빈슨 크루소의 생활 규칙이 도덕적이라고 판단했다. 동물 및 식물과 생태계의 균형을 고려하여 수확량을 5%로 제한한 것은 도덕적이라고 볼 수 있기 때문이다. 수확량을 5%로 제한하는 규칙은 '숲속에 살고 있는 다른 동물들과 식량을 공유해야 하기 때문이다'라는 매우 합당한 이유가 있으며, 타자를 고려해야 한다는 일반적인 판단과 이유를 가진 행위이기 때문에 도덕적이라고 볼 수 있다. 하지만 문제 상황에서 제시한 질문은 '로빈슨 크루소가 정한 개인의 생활 규칙은 도덕인가, 그렇지 않은가?'이기 때문에 그 한 가지 진술문만으로 판단할 수 없다고 생각했고, 로빈슨 크루소의 규칙들을 하나하나 살펴보기 시작했다. 아침 7시에 일어나서 1시간 동안 운동을 하고, 아침을 먹은 후 설거지를 하고, 휴식을 취한 뒤 숲에 들어가 과일과 채소를 수확하는 등의 규칙들은 로빈슨 크루소가 지키기로 한 고정된 일과이므로 '의무'로 볼 수 있다. 하지만 이것은 개별적인 경우이기 때문에 도덕과 무관한 의무들이다. 또한 이런 규칙들은 그것을 지지하는 이유들을 제시하는 것이 합당하거나 가능하지 않으며, 이러한 규칙에 대한 언어적 판단에 의해 표현되는 부가적인 '내부 동기'나 '외부 제재' 또한 존재하지 않는다. 즉, 로빈슨 크루소가 이와 같은 규칙을 지키지 않는다고 해도 그는 현재 아무도 살고 있지 않은 무인도에 살고 있기 때문에 '비난'의 대상이 되지 않는다는 말이다. 게다가 로빈슨 크루소가 정한 규칙은 자신의 생존을 위한 것이기 때문에 '이기주의'에 해당한다. 따라서 로빈슨 크루소의 규칙은 도덕이라고 볼 수 없다."

우리는 S의 답변을 통해 주어진 문제에 대한 몇몇 중요한 내용을 확인할 수 있다. 여기서는 우선 네 가지만 간추려 살펴보자.

① S는 (비록 거칠게 제시했지만) 로빈슨 크루소의 규칙이 도덕이 될 수 있는 논증과 도덕이 될 수 없는 논증 모두를 제시하고 있다.

② 또한 S는 어떤 규칙이나 행위가 도덕인지 여부를 판단하기 위해 '의무'라는 중요한 개념을 적용하여 판단해야 하며, 나아가 어떤 규칙이나 행위에 부과된 '의무'를 수행하지 않았을 경우 '비난 또는 제재'의 있고 없음이 도덕이 될 수 있고 없음을 결정한다고 주장하고 있다.

③ 다음으로 S의 답변에서 도덕은 '사람과 사람'의 관계 속에서 그러한 비난과 제재가 이루어져야 한다는 주장을 확인할 수 있다.

④ 마지막으로, S는 (생존이라는) 자신의 이익(만)을 위한 행위는 '이기적'인 것이므로 도덕적일 수 없다고 주장하고 있다.

S가 주어진 문제에 대해 제시하고 있는 중요한 내용들을 활용하여 로빈슨 크루소의 규칙이 '도덕일 수 있음'을 지지하는 논증과 '도덕이 될 수 없음'을 지지하는 논증을 간략히 다음과 같이 구성할 수 있다.

〈논증 1〉

로빈슨 크루소의 규칙은 도덕이다.

p_1. 도덕은 타자를 고려하는 일반적인 판단(보편성)과 합당한 이유(합리성)가 있어야 한다.

p_2. 동물과 식물을 포함한 생태계의 균형을 고려하는 것은 타자를 고려하는 일반적인 판단(보편성)과 합당한 이유(합리성)다.

c. 로빈슨 크루소의 규칙은 도덕일 수 있다.

〈논증 2〉

로빈슨 크루소의 규칙은 도덕이 아니다.

p_1. 도덕은 타자를 고려하는 일반적인 판단(보편성)과 합당한 이유(합리성)가 있어야 한다.

p_2. 도덕은 일반적으로 '사람과 사람' 사이의 관계를 규정함으로써 공동체에 적용되는 규칙이다.

p_3. 그 규칙은 '의무'의 속성을 가져야 한다.

p_4. 규칙에 부여된 의무를 이행하지 않을 경우 (타인에 의한) 비난과 처벌 같은 제재가 수반되어야 한다.

p_5. 로빈슨 크루소가 정한 (대부분의) 생활 규칙은 오직 '그 자신'에게만 적용되는 규칙이다($\sim p_1$ & $\sim p_2$ & $\sim p_4$).

p_6. 로빈슨 크루소가 정한 (대부분의) 생활 규칙은 오직 자신의 생존을 위한 '이기적'인 이유에 의한 것이다($\sim p_1$ & $\sim p_2$).

c. 로빈슨 크루소의 규칙은 도덕일 수 없다.

S가 〈물음 1〉에 대해 제시하고 있는 논증을 이와 같이 정리하는 데 문제가 없다면, 우리는 언뜻 보기에 두 논증 모두 어느 정도 설득력이 있다고 여길 수 있다. 하지만 (논리적으로) 〈논증 1〉과 〈논증 2〉의 결론 모두가 참일 수는 없다. 두 논증의 결론이 모두 참이라는 것은 모순이기 때문이다. 이러한 모순적인 결론이 도출되는 이유는 무엇인가? 결론부터 말하자면, 이러한 모순은 〈물음 1〉이 '애매(ambiguous)'하기 때문이다. 말하자면, 우리가 사용하는 일상어 '도덕적이다'는 두 가지 의미를 가진 애매어(또는 애매 문장)일 수 있다. 이것을 이해하기 위해 다음과 같은 진술문들을 살펴보자.

ⓐ 로제는 도덕적이다.

ⓑ 행위 b는 도덕적이다.

ⓒ 사건 c는 도덕적이다.

우선 진술문 ⓐ와 ⓑ를 보자. 우리는 그 진술문을 일반적으로 다음과 같이 이해한다.

ⓐ′ 로제는 도덕적으로 선한 사람이다.

ⓑ′ 행위 b는 도덕적으로 선하다.

즉, 진술문 ⓐ와 ⓑ는 '선한(good)'이라는 '평가적 의미'를 생략하고 있다. 따라서 진술문 ⓐ와 ⓑ의 반대는 '로제는 도덕적으로 악한(또는 그른) 사람이다'와 '행위 b는 도덕적으로 악하다(또는 그르다)'가 된다. 그리고 두 진술문을 이와 같이 '사람의 품성'과 '행위의 속성 또는 성격'에 도덕을 적용하여 해석하는 것은 일상어의 의미에서 문제가 없는 듯하다. 만일 그렇다면, 우리는 일상에서 '~은 도덕적이다'라는 진술문을 '평가의 의미'를 생략한 채 사용하고 있음을 알 수 있다. 따라서 '도덕' 또는 '도덕적'을 명료하게 이해하려면 그것들에 어떤 평가적 의미가 생략되어 있는지를 파악해야 한다. 즉, '도덕'에는 '선한[good, 또는 옳은(right)]' 것과 '악한[bad, 또는 그른(wrong)]' 것이 있다.

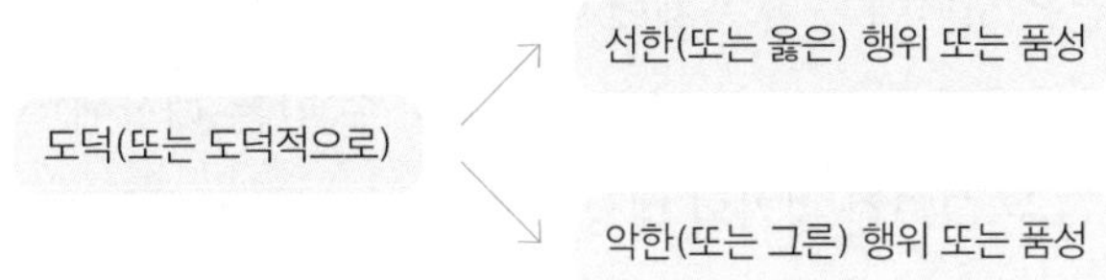

이것을 통해 우리는 '도덕'의 한 중요한 측면이 어떤 행위 또는 사람에 대해 '평가'하는 데 있다는 것을 알 수 있다. 앞으로 이것을 도덕에 관한 '평가의 문제(question of evaluation)'라고 부르자.

다음으로 만일 그렇다면, 진술문 ⓒ는 어떤가? 그 진술문을 앞선 두 진술문 ⓐ, ⓑ와 같이 해석할 수 있을까?

ⓒ′ 사건 c는 도덕적으로 선하다.

언뜻 보기에 진술문 ⓒ를 ⓒ′로 해석하고 이해하는 데 큰 문제는 없어 보인다. 만일 그렇다면, 진술문 ⓒ의 반대는 '사건 c는 도덕적으로 그르다(또는 악하다)'가 된다. 그런데 진술문 ⓒ는 앞선 두 진술문과 달리 '모호(vague)'하다. 진술문 ⓒ에서 '사건 c'에 포함될 수 있는 두 사건을 통해 이것을 확인하자.

사건 c_1: 기원전 2억 1000만 년경에 현재 캐나다 퀘벡주에 소행성이 충돌했다.

사건 c_2: 2011년 3월 12일 일본 후쿠시마에서 대지진과 쓰나미에 의한 핵(원자력)발전소 사고가 발생했다.

이미 알고 있듯이, '사건 c_1'과 '사건 c_2'는 실제로 일어난 사건이다. 그런데 두 사건은 도덕에 관한 문제에서 성격과 속성이 다르다. '사건 c_1'은 도덕적으로 선하다거나 악하다는 평가를 내릴 수 있는 대상에 속하지 않는 반면, '사건 c_2'는 그러한 평가의 대상이 되는 것으로 보이기 때문이다. 말하자면, '사건 c_1'에서 '소행성이 지구에 충돌한 것을 도덕적으로 선하다(또는 악하다)'라고 말하는 것은 이상하다. 따라서 '사건 c_1'은 도덕적인 문제와 결부되어 있지 않으며, 도덕과 관련지어 말한다고 해도 그 사건은 '도덕적으로 중립적'이다. 반면에 '사건 c_2'는 '사건 c_1'과 성격이 다른 것 같다. 물론, '사건 c_2'를 깊이 생각하지 않고 얼핏 보면 '사건 c_1'과 마찬가지로 도덕과 무관한 중립적인 사건으로 생각할 수 있다. '사건 c_2'는 '사건 c_1'과 마찬가지로 대지진과 쓰나미라는 '자연 현상으로부터 초래된 사건'이라고 볼 수 있기 때문이다. '사건 c_1'은 '자연 상태 그 자체'의 사건 또는 현상인 반면, '사건 c_2'는 '사건 c_1'과 달리 자연 상태를 '인위적'으로 변경한 것으로부터 초래된 사건이라는 점에서 차이가 있다. 따라서 '사건 c_2'는 '핵(원자력)을 이용한 발전이 도덕적으로 허용될 수 있는가?' 또는 '핵(원자력)을 이용한 발전이 허용될 경우 어떠한 안전장치를 마련해야 하는가?' 등과 같은 도덕적으로 근본적이고 실천적인 물음에 답할 수 있어야 한다. 이것을 통해 우리는 우리가 발 딛고 있는 세계에서 일어나는 사건들에는 도덕 문제에 포함되는 것과 그렇지 않은 것 또는 적어도 중립적인 것들이 있다는 것을 이해할 수 있다. 앞으로 이것을 '인간의 행위로부터 초래되는 사건이나 결과'들을 도덕적으로 판단해야 하는 범위는 어디까지 확장될 수 있는가를 다룬다는 의미에서 도덕에 관한 '외연의 문제(question of extension)'라고 하자.

① (도덕에 관한) 외연의 문제: 인간의 행위로부터 초래되는 사건이나 결과들을 도덕적으로 판단해야 하는 범위(외연)는 어디까지 확장될 수 있는가?

② (도덕에 관한) 평가의 문제: 인간의 행위로부터 초래된 사건이나 결과는 '선한가(또는 옳은가)', '악한가(또는 그른가)'? 또는 선악(옳고 그름)과 무관하게 중립적인가?

지금까지의 논의를 통해 〈물음 1〉, 즉 '로빈슨 크루소가 정한 규칙과 행위는 도덕적인가, 그렇지 않은가?'는 앞서 구분한 '두 개의 문제'가 혼재되어 있는 '중의적 물음'이라는 것을 알 수 있다. 즉, 〈물음 1〉은 '관련되어 있지만 차이가 있는' 두 가지 문제를 함께 제시하고 있다. 따라서 우리는 그 문제를 구분하여 생각해야 한다. 말하자면, 주어진 물음은 도덕에 관한 '외연의 문제'와 '평가의 문제'를 구분하여 논의해야 한다.

① 외연의 문제: 로빈슨 크루소의 규칙은 도덕의 문제에 포함되는가, 그렇지 않은가?(또는 도덕적 판단의 대상인가, 그렇지 않은가?)

② 평가의 문제: 로빈슨 크루소의 규칙은 도덕적으로 선한가(또는 옳은가), 악한가(또는 그른가)?

〈물음 1〉에 들어있는 두 문제를 구분하여 이와 같이 정의하면, 우리는 그러한 정의로부터 더 나아간 다음과 같은 물음을 제시할 수 있다.

①′ 외연의 문제: 도덕의 외연을 어디까지 확장할 것인가(또는 확장할 수 있는가)?

②′ 평가의 문제: 도덕적 행위를 평가하기 위해 어떤 '도덕 원리' 또는 '윤리 원칙'을 적용할 것인가?

우리는 '외연의 문제'를 먼저 다루는 것이 좋을 것 같다. 만일 로빈슨 크루소가 정한 규칙들이 첫 번째 '외연의 문제'를 통과하지 못한다면, 자연스럽게 두 번째 '평가의 문제'는 논의할 까닭이 없기 때문이다.

2.
도덕의 외연을 어디까지 확장할 수 있을까?

우리가 일반적으로 '도덕' 또는 '윤리'를 어떻게 정의(definition)하고 있는지를 살펴보는 것은 도덕의 외연 문제를 다루기 위한 자연스러운 첫 번째 일이 될 것이다. 먼저 도덕과 윤리에 관한 사전적 의미를 찾아보자.

윤리(倫理)의 사전적 의미

① "사람이 지켜야 할 도리와 규범"

② 행위와 도덕 판단의 기준에 관한 학문(도덕철학)

도덕(道德)의 사전적 의미

① "사람이 지켜야 할 도리 및 그것을 자각하여 실천하는 행위의 총체"

② 행위의 옳고 그름의 차이에 관련된 것이거나 그러한 차이를 다루거나 구별하는 것

이와 같이 우리는 일상에서든 사전적 의미에서든 '윤리'와 '도덕'을 별다른 구분을 하지 않고 사용하고 있으며, 단지 도덕이 윤리보다 조금 더 넓은 외연을 가진 것으로 받아들이고 있다.[3] 우리말의 '도덕'에 해당하는 단

---

3 홍경남, 『과학기술과 사회윤리』, 철학과현실사, 2007, 12-14쪽 참조.

어로서 영어의 'morality', 라틴어의 'mores', 그리스어의 'ethos', 독일어의 'sitte' 등은 모두 관습이나 습속의 의미를 담고 있다.[4] 자신을 둘러싸고 있는 '환경'에 순응하고 자신이 속해 있는 집단의 구성원으로 살아간 방식과 습속에서 도덕 또는 윤리가 생긴 것으로 보고 있다. 이러한 도덕 또는 윤리는 인간 사회의 유지를 꾀하는 것이기에 우리에게 가장 중요한 것인 '옳음과 좋음'의 기준을 담아낼 수밖에 없다. 또한 그러한 기준 설정은 특정 사회에만 적용되는 관습을 넘어서 누구나 합리적으로 동의할 수 있는 보편적인 성격을 가질 수밖에 없다.

그런데 우리는 여기서 윤리와 도덕이 (우리가 가진 편견과 오해와 달리) 반드시 '사람'만을 대상으로 삼고 있지 않다는 데 주목해야 한다. 말하자면, 도덕과 윤리는 모두 '사람과 사람' 사이에서 일어난 '일이나 관계'만을 다루는 것이 아니다. 이 점을 지적하는 것은 사소한 것 같지만 중요하다.[5] 우리는 일반적으로 '나(또는 타인)'의 행위가 '타인(또는 나)'에게 이익 같은 영향을 주는 행위를 선한(또는 좋은) 것으로, 또는 '나(또는 타인)'의 행위가 '타인(또는 나)'에게 손해를 끼치는 행위를 악한(또는 나쁜) 것으로 보려는 강한 습성을 가지고 있다.

---

4 우리말 '도덕'에 해당하는 'moral'은 기원전 1세기 로마의 스토아 철학자 키케로(Cicero)가 그리스어 'ethikos'를 라틴어로 번역하기 위해 '성격, 관습, 예절'을 뜻하는 'mos(소유격 moris)'로부터 만들어낸 말인 'moralis'가 프랑스어에서 'moral'이 되고, 영어가 그것을 받아들인다. 우리말 '윤리'에 해당하는 'ethics'는 '관습, 사회정신, 기풍'의 뜻을 가진 'ethos'에서 형용사 'ethikos'가 파생되고, '도덕철학'을 'ethike philosophia'라고 한 것을 라틴어에서 'ethica'라고 번역했으며, 이것이 고대 프랑스어에서 ethique가 되어 영어에 들어와 '도덕에 관한 학문'이라는 뜻으로 ethics가 만들어진다. 또한 윤리의 어원은 '사람의 충족적인 완전하고 온존한 삶'을 의미하는 그리스어 'eudaimonia'에 뿌리를 두고 있다. Online Etymology Dictionary(온라인 어원 사전), https://www.etymonline.com/kr. 참조.

5 이러한 편견과 오해는 도덕과 윤리에 관한 정의로부터 비롯된 측면이 있다. 도덕과 윤리에 대한 정의는 모두 '사람'을 주어로 삼고 있다. 그러한 까닭에 도덕과 윤리 모두 사람에 관한 또는 '사람과 사람'의 관계에 관한 것이라는 오해를 쉽게 불러일으키게 된다. 하지만 사람이 주어라는 것이 곧 목적어 또한 사람이어야 한다는 것을 의미하지 않는다.

하지만 이것은 세계에 몸담고 있는 '나'가 (그 세계에 대해) 관계를 맺고 있는 대상을 너무 좁게 설정하고 있다고 보아야 한다. '나'와 관계를 맺고 있는 대상은 내가 몸담고 있는 세계의 (거의) 모든 것일 수 있다. 사람을 둘러싸고 있는 '환경'은 매우 다양하고 넓다. 말하자면, ('나'를 포함하여) 모든 사람은 '(나 아닌) 타인'뿐만 아니라 동식물 같은 유기체 그리고 기계나 자본 같은 무기체와도 깊은 관련을 맺고 살아가고 있다. 따라서 도덕이 관여할 수 있는 외연을 올바르게 이해하기 위해서는 '나와 타인'의 관점이 아닌 '나와 타자(또는 주체와 객체)'의 차원에서 그 문제를 다룰 필요가 있다.

만일 이러한 생각에 문제가 없다면, 도덕과 윤리는 '나'를 둘러싼 거의 모든 것과 관계를 맺을 수 있다는 것을 알 수 있다. 사람(들)은 생존과 건강 등을 위해 먹는 다양한 가축에서부터 반려동물 등에 이르기까지 수많은 동물과 관계하고 있다. 사람들은 자신들이 만든 사회 속에서 그 사회를 유지하기 위해 '문화, 정치, 경제' 등과 같은 다양한 제도와 규칙을 만들어냈으며, 그러한 제도와 규칙 아래서 살아가고 있다. 사람(들)은 편리를 위해 또는 효용을 위해 돌도끼나 돌칼 같은 간단한 연장으로부터 인공지능 같은 복잡한 기계에 이르기까지 수많은 도구를 만들어 사용하고 있다. 과학기술이 인간의 예상을 뛰어넘는 속도로 발달함에 따라 사람과 관계를 맺고 있거나 맺을 것으로 예상되는 인공물들이 더 많아지고 있다는 점에 비추어본다면, 다양한 형태의 수많은 기계가 도덕적 판단의 대상이 되어야 한다는 것을 어렵지 않게 이해할 수 있다. 사람은 자연물뿐만 아니라 자신들이 만들어낸 인공물들에 둘러싸여 살아가고 있다. 그것들이 사람을 에워싸고 있다는 측면에서 그리고 그것들이 서로에게 큰 영향을 주고 있다는 의미에서 그것들을 묶는 단어로 '환경'이라는 단어를 사용할 경우, 사람은 결코 '환경'으로부터 독립적으로 떨어져 살 수 없다. 또한 과학기술의 발전은 사람의 활동을 이제 더 이상 지구에만 한정 짓고 있지 않으며, (아직까지는 알려진 것이 많지 않기에 미지의 세계이지만) 지구 밖의 무한한 우주에도 영향을 주고 있다. 만일 그렇다면, '주체'로서의 사람이 대상으로서의 '객체'와 관계 맺음으로써 그것들에 대해 지켜야 할 도리와 규범은 '(자연)세계' 전체로 확장되어야 한다.

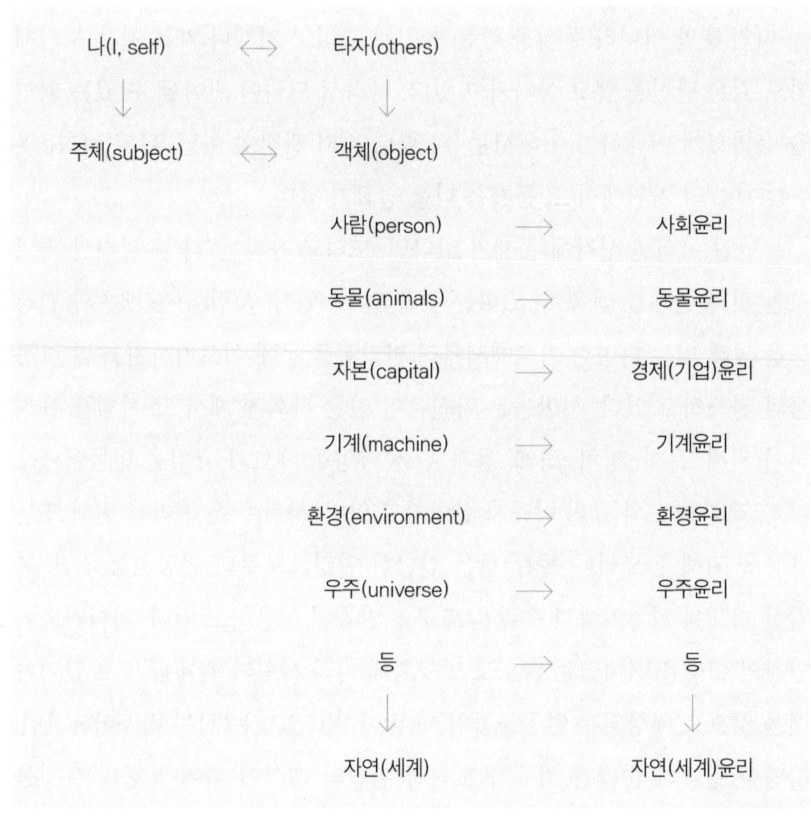

〈그림 1〉 도덕 판단에서 주체와 대상의 관계

3. 무엇을 어떻게 평가할 것인가?

도덕에 관한 '평가의 문제'는 다시 ① '무엇을 평가해야 하는가?'와 ② '어떻게 평가할 것인가?'의 문제로 나누어 생각해야 한다. 서양의 규범윤리 중에서 고대 그리스의 '덕윤리(virtue ethics)'와 근대의 '의무윤리(duty ethics)'는 윤리적 평가 체계가 다르다. 간략히 말해서, 전자는 '행위자(person)'의 덕성과 품성을 평가하는 반면에, 후자는 '행위(action)'의 옳고 그름 또는 선함과 악함을 평가한다. 이러한 측면에서 도덕에 있어 규범 판단은 크게 '덕성 판단'과 '의무 판단'으로 나뉜다.

① 의무 판단(deontic judgement or judgement of moral obligation): 어떤 도덕 판단에 있어서 우리는 '특정 행위'나 '행위의 종류'가 도덕적으로 옳고 그르며, 책임이거나 의무이며, 또는 마땅히 행해야 하거나 행해서는 안 된다고 말한다.

② 덕성 판단(aretaic judgement or judgement of moral value): 의무 판단과 달리 행위나 행위의 종류에 관해서는 말하지 않고 '사람(행위자)'이나 동기, 의도, '성품' 등에 대해 말한다. 이것들은 도덕적으로 좋거나 나쁘며, 유덕하거나 악덕이며, 책임이 있고 비난받을 만하며, 성인답거나 비열하다는 등의 말을 하게 된다.

1) 무엇을 평가해야 하는가?

미리 간략히 말하자면, 덕윤리(virtue ethics)는 "그의 행위는 용감하다", "그의 행위는 유덕하다(덕이 있다)", "용기는 덕이다", "절제는 덕이다" 등과 같은 '덕성 판단(aretaic judgement)'을 한다. 덕윤리는 일상어로 말하면 "우리는 이웃을 사랑하는 사람이 되어야 한다", "우리는 의로운 사람이 되어야 한다", "우리는 덕 있는 사람이 되어야 한다" 같은 도덕적 명령을 한다. 반면에, 근대의 의무윤리에는 '윤리적 이기주의, 공리주의, 의무론' 같은 규범윤리가 있다. 이러한 윤리 이론은 '그 행위는 옳다(선하다)', '그 행위는 그르다(악하다)' 같은 '의무 판단(deontic judgement)'을 한다. 즉 의무 판단은 "우리는 마땅히 선을 증진해야 한다", "우리는 마땅히 사람들을 동등하게 대우해야 한다"와 같이 본질적으로 '우리가 마땅히 할 바'에 대해 판단한다.

이와 같은 두 종류의 판단들에서 언급되는 것들은 '대상(object)'도 다르고 '내용(content)'도 다르다. 이러한 측면에서 의무론과 공리주의 같은 '규범윤리'와 인간의 좋은 성품에서 도덕을 찾으려는 '덕윤리'의 틀을 이해하는 것은 중요하다. 생명의료윤리, 기계(기술)윤리, 경영윤리 등과 같은 응용윤리(applied ethics)에 관한 논의가 활발하게 이루어지면서 공리주의와 의무론 같은 규범윤리는 모든 사람과 상황에 적용할 수 있는 보편적인 도덕 규칙이나 원리를 찾고자 했다. 말하자면, 공리주의자와 의무론자는 다음과 같은 것을 찾고자 했다.[6]

ⓐ 어떠한 특별한 경우에서 올바른 행위가 무엇인지를 결정할 수 있

---

6 Rosalind Hursthouse, "Virtue Ethics," The Stanford Encyclopedia of Philosophy, ed. Edward N. Zalta Fall 2013 Edition 참조.

는 보편적인 규칙과 원리를 찾고,

ⓑ 심지어 덕성을 갖추지 못한 사람조차 도덕 규칙 또는 원리를 올바르게 이해하고 적용할 수 있는 방식으로 도덕 명령을 진술하는 것을 목표로 한다.

반면에, 덕윤리를 지지하는 사람들은 의무론자와 공리주의자가 추구하는 그러한 규범윤리의 목표가 실제로 가능하지 않다는 점을 지적한다. 말하자면, 그들은 그와 같은 보편적인 윤리적 규칙이나 명령을 구체적으로 진술하는 것은 가능하지 않다고 본다.[7] 그들은 특히 규범윤리학의 두 번째 논제, 즉 어떠한 상황에서 모든 사람이 적용할 수 있는 보편적인 방식으로 도덕 명령을 진술하는 것에 대해 더 회의적이었다. 이러한 맥락에서 덕윤리를 지지하는 사람들은 올바른 도덕 명령이나 규칙을 따르려는 사람의 '본성, 성품 또는 경향성'에 주목한다.[8]

---

7 McDowell, John, "Virtue and Reason," Monist, 62: 1979, pp. 331-350 참조.

8 프랑케나(Frankena, William, K.), 『윤리학』, 황경식 옮김, 2003, 150-155쪽. 그는 이어서 다음과 같이 말한다. "행위의 의무, 즉 어떤 행위의 '옳고 그름 또는 선함과 악함에 대해 판단하는 규범윤리에는 '윤리적 이기주의, 공리주의, 의무론'이 있다. 이러한 세 가지 종류의 의무윤리에 대응하여 '품성 이기주의(trait-egoism)', '품성 공리주의(trait-utilitarianism)', '품성 의무론(trait-deontology)' 같은 세 가지 종류의 덕윤리가 성립할 수 있다. 품성 이기주의는 어떤 사람 자신의 선이나 복리에 가장 기여하는 '성향'이 덕이라고 대답하든지 또는 이와는 달리 어떤 사람 자신이 선에 대한 타산이나 주의 깊은 관심이 중요한 기본적인 도덕적 덕이며 다른 덕은 이로부터 파생된 것이라고 대답한다. 품성 공리주의는 보편적 선을 증진하는 품성이 덕이라고 주장하든지 또는 이와 달리 선의가 기본적이고 주요한 도덕적 덕이라고 주장한다. 이러한 두 입장은 품성 목적론 이론(trait-teleological theory)이라고 할 수 있다. 품성 의무론은 어떤 품성이 단지 그 자체로서 도덕적으로 선하든지 유덕한 것이지 그것이 갖게 될 또는 증진할 도덕과 무관한 선 때문이 아니라고 주장하며, 또는 달리 말하여 타산이나 선의 이외에 다른 주요하고 기본적인 덕목들이 있는데 '신에 대한 복종, 정직, 정의' 등이라고 주장한다." 현대 덕윤리에 관한 논의는 Slote, Michael, *From Morality to Virtue*, Oxford Univ. Press Inc., 1995; 장동익, 『덕 윤리: 그 발전과 전망』, 씨아이알(CIR), 2017; 장동익, 『덕 이론: 그 응용 윤리적 전망』, 씨아이알(CIR), 2019 등을 참조할 수 있다.

우리가 어떤 것에 대해 '좋거나 나쁘다' 또는 '옳거나 그르다'라는 평가를 내리기 위해서는 그것을 구분할 '기준 또는 준거(criteria)'가 있어야 한다. 그리고 도덕 또는 윤리 이론은 그러한 도덕과 윤리의 문제를 다루기 위한 기준과 준거가 된다. 즉 우리는 '자연법 윤리 이론, 의무론, 이기주의 윤리 이론, 공리주의' 등과 같은 윤리 이론을 기준으로 삼아 사람의 행위, 사건, 현상 등을 도덕적으로 평가한다. 규범윤리는 일반적으로 행위의 '동기와 결과'의 기준에 따라 크게 결과주의와 비결과주의 윤리 이론으로 구분할 수 있다. 그 둘의 차이를 다음과 같이 간략히 정리할 수 있다.

① 결과주의(consequentialism) 윤리 이론은 행위, 인격, 동기 등을 오로지 그 결과의 성질에 따라 판단한다. '윤리적 이기주의(ethical egoism)'와 '공리주의(utilitarianism)'는 결과주의 윤리 이론에 속한다. 이기주의는 개인의 자기 이익에 관한 행위의 결과에 의해 행위를 판단해야 한다고 주장하며, 공리주의는 인간의 일반 복지에 관한 행위의 결과에 의해 행위를 판단해야 하다고 주장한다.

② 비결과주의(non-consequentialism) 윤리 이론은 행위, 인격, 동기 등이 그 결과에 의해서가 아니라 도덕 규칙과의 일치에 의해 판단되어야 한다고 본다. 이러한 규칙들은 개별적인 비결과주의적 윤리 이론에 의존한다. 하지만 기본적으로 이 규칙들은 우리가 도덕 기준이라고 부르는 것, 즉 '옳음과 그름' 또는 '선함과 악함'이 무엇인지를 결정하기 위한 근본적인 기준에서 나온다. 자연법(natural law) 윤리 이론과 의무론(deontology)은 비결과주의 윤리 이론에 속한다. 자연법 윤리 이론은 행위가 인간(의 자연적) 본성에 일치하는지에 따라 판단되어야 한다는 입장을 취한다. 의무론은 행위의 결과와 무관하게 그 행위 자체의 도덕성을 평가한다.

우리는 도덕적 판단의 대상이 되는 행위, 사건 또는 현상에 대해 '선하다(좋다, good)' 또는 '악하다(나쁘다, bad)'라는 용어를 사용하여 평가하기도 하고, '옳다(right)' 또는 '그르다(wrong)'라는 용어를 사용하여 판단하기도 한다. 우리가 일상에서 도덕적인 평가를 내릴 경우 그러한 용어들을 엄밀하게 구분하지 않고 사용하더라도 큰 문제를 일으키지는 않는 듯이 보인다. 하지만 우리가 행하는 어떤 행위 또는 그것으로부터 초래되는 어떤 사건들을 더 엄밀하게 분석하고 평가하기 위해서는 그러한 용어들이 지시하는 의미를 구분할 필요가 있다. '선하다(좋다, good)' 또는 '악하다(나쁘다, bad)'는 일반적으로 사람이나 그 사람의 행위를 칭찬하거나 비난하는 것을 지시한다. 반면에 '옳다(right)' 또는 '그르다(wrong)'는 어떤 행위가 도덕적으로 허용될 수 있는가 또는 허용될 수 없는가를 분별할 때 사용된다. 그러한 의미에서 도덕적인 평가 용어 '옳다(right)' 또는 '그르다(wrong)'는 '도덕적 의무(moral duty)'의 의미를 가진다.

여기서 목적론적(Teleology) 윤리설에 관한 일반적인 내용을 간략히 정리하는 것이 좋을 듯하다. 목적론적 윤리설은 크게 '윤리적 이기주의'와 '공리주의'로 나누어볼 수 있다. 미리 말하자면, 현대의 실정법 또는 법실증주의(legal positivism)[9]는 목적론적 윤리설의 한 종류인 공리주의에 힘을 입은 바

---

9 법철학에서 법 이론은 크게 '자연법(natural law)'과 '법실증주의(legal positivism)'로 구분할 수 있다. 그 둘을 구분하는 중요한 잣대는 법과 도덕의 관계를 어떻게 보는가에 달려 있다. 간략히 말해서, 자연법 이론은 (실정)법이 도덕에 근거해야 한다는 입장을 취한다. 반면에 법실증주의는 법과 도덕은 특별한 관련을 맺고 있지 않으며, (실정)법은 도덕과 무관하게 성립할 수 있다고 주장한다. 자연법은 고대 그리스 철학과 스토아 철학에서 기원하고 있으며, 중세 스콜라 철학을 정립한 아퀴나스(St. Thomas Aquinas)에 의해 정교하게 이론화되었다는 것이 일반적인 견해다. 현대의 대표적인 자연법 이론가들로는 풀러(Fuller, Lon I.)와 피니스(Finnis, John) 등이 있다. 법실증주의는 공리주의 철학자인 벤담(Bentham, Jeremy)과 그의 제자인 오스틴(Austin, John)이 자연법의 대척점에 서는 법 이론을 구성한 것으로부터 출발한다. 현대의 대표적인 법실증주의 이론가들은 하트(Hart, Herbert Lionel Adolphus), 한스 켈젠(Hans Kelsen), 조셉 라즈(Joseph Raz) 등이 있다.

가 크기 때문이다. 다음은 목적론적 이론들에 관한 주요 내용들이다.[10]

① 목적론적 이론들에 의하면, 무엇이 도덕적으로 옳고 그르며 의무가 되는가에 대한 기본적이고 궁극적인 기준이나 척도는 산출될 도덕과 무관한 가치라고 본다.

② 직접적이든 간접적이든 간에 최종적인 근거는 산출될 선의 상대적 분량이거나, 아니면 산출될 악을 뺀 선의 상대적인 양이어야 한다.

③ 따라서 어떤 행위가 옳은 행위이기 위한 필요충분조건은 그 행위 또는 그것이 속한 규칙이 산출하거나 산출할 가능성이 있거나 산출할 것으로 의도된 악을 뺀 나머지 선의 양이 적어도 가능한 다른 대안들만큼 크거나 그 이상이어야 한다.

④ 여기서 주목할 점은 목적론자에 있어서 행위, 인간, 성품 등이 갖는 가치나 도덕적 성질은 그것들이 산출하고자 하거나 결과하게 될 도덕과 무관한 상대적 가치에 달려 있다는 점이다. 어떤 가치나 도덕적 성질이 그것이 조장하게 될 도덕적 가치에 달려 있다면 순환에 빠지게 될 것이다.

⑤ 따라서 목적론적 이론들은 옳은 것, 의무가 되는 것 그리고 도덕적으로 선한 것과 무관하게 선인 것에 의존시키게 된다.

⑥ 목적론자들은 선을 쾌락과 동일시하고, 악을 고통과 동일시하며, 올바른 행위 방식이나 행위 규칙은 적어도 어떤 다른 대안들만큼 고통을 뺀 나머지 쾌락의 양을 산출하는 것이라고 함으로써 쾌락주의가 될 가능성이 있다.

⑦ 목적론은 크게 윤리적 이기주의와 공리주의[윤리적 보편주의(ethical

---

10 프랑케나(Frankena, William, K.), 『윤리학』, 황경식 옮김, 철학과현실사, 2003, 41-45쪽.

universalism)]로 구분할 수 있다.

2) 어떻게 평가할 것인가?

의무 판단으로서의 도덕철학과 윤리학은 어떤 대상의 '좋음(선)과 나쁨(악)' 또는 '옳음과 그름'을 평가한다. 즉, 윤리학은 바로 이러한 '좋음이나 옳음'의 보편적 기준에 대한 반성적 학문이다. 윤리학은 일반적으로 크게 세 가지로 분류할 수 있다.

① 메타 윤리학(meta ethics): 도덕적 명제의 언어적 요소와 형식을 비판적으로 분석하고 그 도덕적 명제를 정당화하는 방법을 발전시키는 중요한 과제를 담당한다.[11] '윤리적'이라는 형용사는 두 가지 의미를 지니는데, 그것은 인륜적인 것을 다루는 학문과 인륜적인 것 자체를 포함한다. 학문과 관련해서는 '윤리적' 혹은 '도덕철학적'이라는 표현을 사용하고, 대상과 관련해서는 '인륜적'이라는 표현이나 '도덕적'이라는 표현을 사용하곤 한다.

② 기술적/경험적 윤리학(descriptive/empirical ethics): 상이한 집단과 제도, 문화권에서 작용하는 도덕과 인륜 같은 복잡한 현상을 서술 · 설명

---

11 메타 윤리학은 일반적으로 윤리적 속성, 진술, 태도 또는 판단의 본질에 대한 윤리철학적 논의라고 할 수 있다. 또한 메타 윤리학은 크게 '우리는 어떻게 도덕이 있음을 또는 실재함을 인지할 수 있는가?'에 답하는 도덕 실재론에 관한 인지주의적 접근, 그리고 도덕과 윤리는 오직 인간의 합리적 이성 또는 신의 명령에 의해서만 인식될 수 있다는 이성적 관찰자 또는 신명론적 접근으로 구분할 수 있다. 반면에 도덕 회의론은 우리는 그 누구도 도덕에 관한 지식을 가질 수 없으며, 비록 도덕이 실재한다고 하더라도 인간의 이성 또는 지적 능력으로는 도덕적 지식과 진리에 결코 도달하거나 접근할 수 없다는 견해를 가진다.

하려고 시도한다. 그리고 경우에 따라서는 인간의 행위에 대한 경험적인 이론을 일반화하려고 시도한다. 기술윤리학은 탐구 대상과 영역에 있어 사회과학과 중첩된다.

③ 규범윤리학(normative ethics): 철학적 윤리학의 궁극적인 목적과 마찬가지로 당대의 지배적인 도덕(이론)을 비판적으로 검토하고 올바른 행위의 형식이나 원리를 정초한다.

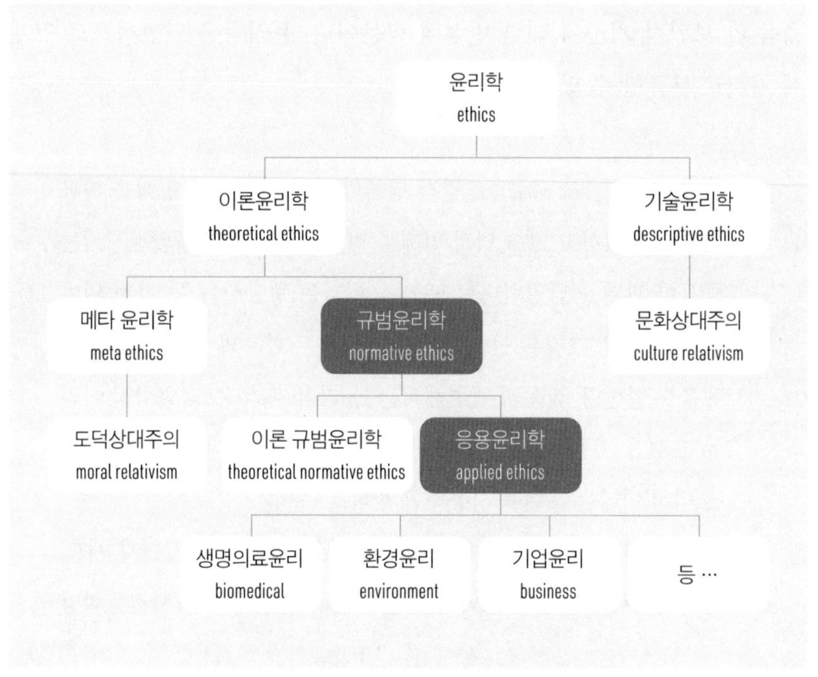

〈그림 2〉 윤리학의 계통도[12]

12 임종식, 『생명의 시작과 끝』, 로뎀, 1999, 14쪽.

이러한 구분에서 알 수 있듯이, 규범윤리학은 사람의 행위 또는 행위로부터 초래되는 일이나 사건을 도덕 또는 윤리 이론에 의거해 '옳음과 그름' 등을 판단한다. 그리고 우리의 일상에서 일어나는 일들에 대해 상식적인 수준에서 다루는 도덕 또는 윤리적 문제는 대부분 규범윤리학에 초점이 맞추어진다. 어떤 규칙(rule)이나 규준(standard)을 지켜야 하는가 또는 그렇지 않은가 같은 규범을 다루는 도덕적인 문제는 (앞에서 살펴보았듯이) 일반적으로 사람의 행위로부터 초래되는 사건과 현상을 주로 다루고 있기 때문이다. 예컨대, 앞서 예로 들었던 지구에 소행성이 충돌하는 사건은 도덕적 판단의 대상이 아니다. 그러한 측면에서 자연세계 그 자체에서 일어나는 (대부분의) 사건이나 현상은 도덕적 판단의 대상이 아니다. 무어(G. E. Moor)가 말한 '자연주의 오류(naturalistic fallacy)'에 의지하여 이것을 살펴보자.[13]

자연주의 오류는 통상 '사실-당위(is-ought)'의 문제라고 알려진 오류다. 말하자면, '사실(fact)로부터 가치(value)를 직접적으로 도출'하는 것은 오류라는 것이다. 이것을 형식화하면 다음과 같다.[14]

> "~이다(is)"로부터 "~해야 한다(ought)"를 (직접적으로) 도출하는 것은 오류다.
>
> "X는 Y다. 따라서 X는 Y여야 한다"를 (직접적으로) 도출하는 것은 오류다.

몇 가지 예를 통해 사실(명제)로부터 가치(명제)를 도출하는 것이 왜 오류인지를 살펴보자.

---

13 Moor, G. E., *Principia Ethica*, Cambridge University Press, 1993 참조.

14 전대석, 『의료윤리와 비판적 글쓰기』, 북코리아, 2016, "제8장 동물 살생과 동물 실험" 참조.

[자연주의 오류 논증 1]

P_1. 인류는 역사적으로 수많은 전쟁을 일으켰다.

C_1. 따라서 인류가 전쟁을 일으키는 것은 당연하다.

[자연주의 오류 논증 2]

P_2. 고래, 코끼리, 원숭이 같은 동물은 (어떤 이유에서) 자살한다.

C_2. 따라서 인간의 자살 또한 (도덕적으로) 허용되어야 한다.

먼저 '자연주의 오류 논증 1'을 살펴보자. "인류가 역사적으로 수많은 전쟁을 일으켰다"는 것은 부정할 수 없는 사실이다. 또한 우리는 그러한 전쟁으로 인해 전쟁에 직접 참여한 군인들뿐만 아니라 무고한 시민 또한 무참히 살해당하는 비극이 있었다는 것 또한 이미 알고 있다. 그런데 인간의 역사에 그와 같은 비극적인 사실이 있다는 것(사실)으로부터 "인간이 또다시 전쟁을 일으키는 것 또한 허용될 수 있다(가치)"고 주장하는 것은 이상하다. 오히려 비극적인 전쟁이 다시 일어나지 않도록 갈등을 예방하고 차단해야 한다는 주장이 우리가 가진 건전한 상식에 더 잘 부합하는 것 같다.

자연주의 오류를 보여주는 두 번째 논증은 왜 사실로부터 가치를 직접적으로 도출하는 것이 오류인지를 잘 보여주는 사례라고 할 수 있다. 그 논증을 재구성하면 다음과 같다.

[자연주의 오류 논증 2]

P_2. 고래, 코끼리, 원숭이 같은 동물은 (어떤 이유에서) 자살한다.

P_3. 동물에게 허용되는 것은 인간에게도 허용되어야 한다. (생략된

전제)

C_2. 따라서 인간의 자살 또한 (도덕적으로) 허용되어야 한다.

재구성한 논증에서 확인할 수 있듯이, 전제 P_2로부터 결론 C_2를 도출하기 위해서는 생략된 전제 P_3이 논증에 추가되어야 한다. 그런데 전제 P_3은 판단(평가)을 포함하고 있는 가치 명제임을 파악하는 것이 중요하다. 말하자면, 결론 C_2를 도출하기 위해서는 사실을 보여주는 P_2만으로는 부족하고, 반드시 P_3 같은 가치 명제에 의해 매개되어야 한다는 것이다. 만일 그렇다면, 결국 결론 C_2를 수용할 수 있는가 여부는 P_2가 아닌 P_3에 달려 있다는 것을 알 수 있다.[15]

지금까지의 논의를 통해 (도덕적) 의무에 대한 규범 이론의 궁극적인 관심은 구체적 상황에 있어서 행위에 관한 판단과 의사결정을 함에 있어 우리에게 지침을 제시하려는 데 있음을 알 수 있다. 따라서 규범 이론은 이러저러한 경우에 행해야 할 바를 결정하고자 하는 행위 주체로서 우리의 능력에 어떤 지침을 주려는 것이 주요한 관심사가 될 것이다. 간략히 말해서,

---

15 자연주의 오류에 대응하는 것으로 '도덕주의 오류(moralistic fallacy)'가 있다. 이 오류는 규범 진술문인 전제에서 기술 진술문인 결론을 도출하는 경우에 생기는 오류를 말한다. 도덕률은 정언적 명령으로 기술되었기 때문에 그 정언명제가 참인 경우에 나오는 결론은 윤리적 강제력을 띠는 구조가 된다. 예컨대, 도덕주의 오류는 다음과 같은 형식을 갖는다. 즉, "사람을 죽여서는 안 된다. 따라서 살인사건은 일어나지 않는다"와 유사한 논리 구조를 가진다. 따라서 도덕주의 오류는 '규범 진술문을 논리적 틀에 끼워 넣을 경우 생기는 오류'라고 할 수 있다. 흔히 도덕 혹은 관습이나 규범이라 함은 법과 달리 내면의 양심이나 사회 구성원들의 동의와 합의에 의해 형성된 것으로, 그것이 참이라고 논리적으로 증명이 되었는지, 또는 구체적인 기준으로 나타낼 수 있는지와 무관하게 형성된 것들이다. 물론, 그렇다고 해서 이러한 것들이 쓸모가 없는 것은 아니며, 단지 이들이 논증 과정에 끼어들 경우 결과를 왜곡시키게 되는 경우가 많다. 도덕주의 오류를 보여주는 몇 가지 예를 더 제시하면 다음과 같다. "인간은 태어날 때부터 평등하다. 따라서 능력이 유전된다는 연구 결과는 틀렸다", "노인을 공경해야 한다. 그러므로 패륜은 일어날 수 없다", "다른 이의 생명을 빼앗으면 안 된다. 그러므로 살인은 일어날 수 없다."

도덕철학과 윤리학에서 규범 이론은 우리가 행해야 할 것과 행해서는 안 되는 것, 칭찬받아 마땅한 행위와 비난받아 마땅한 행위 그리고 도덕적으로 선한 행위와 그른 행위를 판단하고 평가하는 일에 초점을 맞추고 있다고 볼 수 있다.

앞으로 살펴볼 많은 주제에서 좀 더 자세히 논의하겠지만, 도덕 추론과 판단에 있어 사실적 지식과 개념적 명료성을 확보하고 확인하는 일은 매우 중요하다는 것을 인식해야 한다. 어떤 경우에는 사람이 가진 인식적 한계나 무지(ignorance)로 인해 섣불리 어떤 행위에 대한 도덕적 판단을 내리기 어려운 경우들이 있을 수 있기 때문이다. 예컨대, 마약, 환경오염, 인종청소 그리고 전쟁 등과 관련된 문제들에 대처하는 데 있어 논쟁이 발생하는 이유는 우리가 그 문제들에 대해 많은 부분에서 무지하기 때문에 초래될 수 있다. 이와 같은 문제들은 일반적으로 그 문제에 결부된 '사실적 정보'와 '개념적 명료성'이 확보될 경우, 대부분 합리적인 추론을 이끌어낼 수 있다.

4.
〈물음 1〉에 답하기: 심리적 이기주의와 윤리적 이기주의

이제 〈물음 1〉에 대한 직접적인 답변을 제시해보자. 우리는 앞서 그 물음이 관련되어 있지만 차이가 있는 두 개의 문제를 포함하고 있는 중의적인 '복합 문제'라는 것을 확인했다. 즉, 그 물음에 적절하게 답하기 위해서는 도덕에 관한 '외연의 문제'와 '평가의 문제'를 구분하여 논의해야 한다. 그리고 앞선 논의를 통해 〈물음 1〉은 '외연의 문제'를 통과한다는 것을 알 수 있다. 그렇다면 '평가의 문제'에서 〈물음 1〉에 대해 어떤 답변을 제시할 수 있는가의 문제가 남게 된다. 이것은 자연스럽게 로빈슨 크루소의 규칙과 그 규칙에 따른 행위를 규범윤리 이론에 따라 평가할 것을 요구한다. 〈물음 1〉에 대한 '평가의 문제'에 답하기 위해 앞서 제시한 S의 논증을 재구성해보자.

〈논증 1′〉

로빈슨 크루소의 규칙은 도덕적으로 선하다(또는 옳다).

p_1. 도덕은 타자를 고려하는 일반적인 판단(보편성)과 합당한 이유(합리성)가 있어야 한다.

p_2. 동물과 식물을 포함한 생태계의 균형을 고려하는 것은 타자를 고려하는 일반적인 판단(보편성)과 합당한 이유(합리성)다.

c. 로빈슨 크루소의 규칙은 도덕적으로 선하다.

〈논증 2′〉

로빈슨 크루소의 규칙은 도덕적으로 선하지 않다(또는 옳은 것은 아니다).

p_1. 도덕은 타자를 고려하는 일반적인 판단(보편성)과 합당한 이유(합리성)가 있어야 한다.

p_2. 로빈슨 크루소가 정한 (대부분의) 생활 규칙은 오직 '그 자신'에게만 적용되는 규칙이다.

p_3. 로빈슨 크루소가 정한 (대부분의) 생활 규칙은 오직 자신의 생존을 위한 이기적인 이유에 의한 것이다.

p_4. 전제 'p_2'는 일반적인 판단(보편성)에 위배된다.

p_5. 전제 'p_3'은 합당한 이유(합리성)에 위배된다.

c. 로빈슨 크루소의 규칙은 도덕적으로 선하지 않다(또는 옳은 것은 아니다).

〈물음 1〉에 대한 S의 논증을 이와 같이 수정할 경우, 그 문제를 평가할 때 가장 중요한 두 항목은 '보편성'과 '합리성'이라는 것을 알 수 있다. 즉, S는 그 두 준거에 따라 로빈슨 크루소의 규칙 중 일부는 도덕적으로 선한 것으로, 또 다른 일부는 (도덕적으로 악한 것은 아니더라도) 도덕적으로 선하지 않은 것으로 보는 주장을 개진하고 있다. 또한 S는 〈논증 2′〉에서 로빈슨 크루소의 규칙이 '이기주의'에 해당한다는 점을 들어 그의 규칙을 도덕적으로 선하다고 볼 수 없다는 평가를 내리고 있다. 만일 S의 논증에 대한 이러한 해석이 옳다면, 결국 로빈슨 크루소의 규칙이 도덕적으로 허용될 수 있는지 여부를 가려내기 위해 '윤리적 이기주의(ethical egoism)'에 대해 살펴보아야 한다는 결론에 이르게 된다.

'이기주의'는 일반적으로 '자기 이익(self-interest)'을 추구하는 것이 최고의 선이라는 입장을 취하고 있다. 이기주의는 단어가 주는 1차적인 느낌으로 인해 일반적으로 부정적인 것으로 받아들여지는 경향이 있다. 하지만 이기주의는 고대 그리스 철학으로부터 시작되는 오랜 전통을 가진 이론이다. 특히 개인의 자유와 이성을 강조하는 근대 계몽주의 시대에는 이기주의에 특별한 의미를 부여하기도 했다.[16] 〈물음 1〉의 평가 문제에 답하기 위해 이기주의를 '심리적 이기주의(psychological egoism)'[17]와 '윤리적 이기주의'로 구분하여 살펴보자.

심리적 이기주의$_{=def.}$

행위자 P가 행위 A를 자발적으로 했을 경우, P가 A를 행한 유일한 동기는 A를 하는 것이 P 자신의 이익에 부합된다고 믿었기 때문이다.

윤리적 이기주의$_{=def.}$

우리 모두는 각자 자신의 이익을 '수단'이 아닌 '목적'으로 극대화할 도덕적 의무가 있다.

---

16 홉스(T. Hobbs)는 이기주의를 도덕철학과 정치철학에 도입한 철학자다. 그는 인간의 모든 행위는 사실상 자기 이익에 의해 동기가 부여되며, 인간의 본성은 그러한 방식으로 구성되어 있기 때문에 인간은 항상 이기적으로 행위 한다고 보았다. 또한 그는 인간의 모든 행위가 자기 이익에 따라 동기가 부여되어야 한다고 믿었다. 즉, 도덕 원리와 규준은 자신의 복지(이익)를 옳은 행위의 기준으로 만들어야 한다는 것이다. 전자는 이기주의의 사실을 다루고 있으며, 후자는 이기주의의 당위를 주장하고 있다. 그러한 측면에서 전자를 '심리적 이기주의'로, 후자를 '윤리적 이기주의'로 부를 수 있다.

17 심리적 이기주의는 규범적 윤리 이론이 아닌 기술적/경험적 이론이라는 측면에서 엄밀히 말해 사회과학의 심리학 이론으로 분류될 수 있으며, 따라서 결과주의 이론에 포함되지 않는다.

심리적 이기주의는 정당화될 수 있는가? 이미 짐작하듯이, 심리적 이기주의는 개념적으로 정당화되기 어렵다고 보아야 한다. 파인버그(J. Feinberg)와 버틀러(Joseph Butler)의 논의에 따라 그 이유를 살펴보자. 먼저 파인버그가 제시한 사례를 살펴보자.[18]

> 링컨은 한때 모든 인간이 좋은 일을 하는 동기는 자기 이익에 있다고 친구를 설득하려고 했다. 마침 그들이 타고 있는 마차가 다리를 건너려고 할 때 제방에서 늙은 멧돼지가 무시무시한 소리를 지르고 있었다. 왜냐하면 새끼가 물에 빠져 죽어가고 있었기 때문이다. 링컨은 마차를 세워 새끼 돼지를 건져 올렸다. 그가 마차로 돌아왔을 때 친구는 말했다. "자, 보게나. 자네는 여기서 이기심을 찾아볼 수 있겠나?" 링컨은 친구에게 이렇게 답했다. "오! 저런. 이것이 바로 이기심의 본질일세. 만일 내가 새끼를 걱정하는 어미 멧돼지의 고통을 못 본 체하고 지나갔다면 나는 하루 종일 마음이 평온치 못했을 걸세. 나는 마음의 평온을 얻기 위해 그 일을 한 것이야. 이제 알겠나?"

우리는 이러한 사례에서 심리적 이기주의를 옹호하는 링컨의 주장에 동의할 수 있을까? 결론부터 말하자면, 링컨의 주장은 오해에서 비롯된 것이다. 만일 그가 새끼 돼지를 구하지 않았다면, 그는 '마음의 평온'이라는 자기 이익을 가지지 못했을 것이다. 하지만 그가 자신의 그러한 행복(자기 이익)에 앞서 다른 욕구를 가지지 않았다면 멧돼지를 도움으로써 생기는 '마음의 평온'을 경험하지 못했을 것이다. 달리 말하면, 마음의 평온이라는 링컨의 자기 이익은 '위험에 처한 동물을 구하는 것은 좋은 행위'라는 욕망을 이룸

---

18 Feinberg, J. "Psychological Egoism," in *Reason and Responsibility*, Belmont, Calif: Wadsworth, 1985 참조.

으로써 이끌어지는 결과다. 그리고 우리는 일반적으로 '위험에 처한 동물을 구하는 것'은 이기적 행위가 아닌 이타적인 행위로 판단한다. 이러한 예는 모든 행위의 동기가 이기주의적인 것은 아니라는 사실을 보여준다.

버틀러는 심리적 이기주의가 성립하기 위해서는 "ⓟ 어떤 행위가 자신의 이익에 위배된다고 믿고 있으면서 그 행위를 할 수 없다"로부터 "ⓠ 어떤 행위를 하든 자신의 이익을 추구한다는 동기에서 그 행위를 한다"가 도출되어야 한다고 주장한다. 그런데 그는 일반적으로 "어떤 행위를 하는 것이 자신의 이익에 위배되지 않는다는 믿음만 있다면, 이기적인 동기 이외의 다른 동기에 의해 그 행위를 할 수 있다"고 본다. 쉽게 말해서, 우리는 어떤 행위가 나의 이익에 위배되지 않는다고 믿는다면, '동정심'에 의해 그 행위를 할 수도 있다. 따라서 심리적 이기주의는 논리적으로 정당화될 수 없다.

〈심리적 이기주의에 대한 반론 1〉

p_1. "어떤 행위가 자신의 이익에 위배된다고 믿고 있으면 그 행위를 할 수 없다"는 전제로부터 "어떤 행위를 하든 자신의 이익을 추구한다는 동기에서 그 행위를 한다"는 결론이 도출된다면, 어떤 행위가 자신의 이익에 위배되지 않는다는 믿음이 있는 모든 경우에 이기적인 동기에서 그 행위를 한다.

p_2. (그런데) 어떤 행위가 자신의 이익에 위배되지 않는다는 믿음이 있는 경우, 이기적인 동기 이외의 다른 동기에서 그 행위를 할 수 있다.

c. (그러므로) 어떤 행위가 자신의 이익에 위배된다고 믿고 있으면 그 행위를 할 수 없다는 전제로부터 어떤 행위를 하든 자신의 이익을 추구한다는 동기에서 그 행위를 한다는 결론은 도출되지 않는다.

이 논증은 형식에 있어 후건부정식으로 연역적으로 타당하다. 이것을 아래와 같이 조금 더 풀어 재구성할 수 있다.

〈심리적 이기주의에 대한 반론 2〉

p_1. 자신의 이익에 반한다고 믿고 있는 행위를 하는 것이 가능하지 않다면, 자신의 이익에 반한다고 믿고 있는 행위를 해야 할 의무는 없다.

p_2. 자신의 이익에 반한다고 믿고 있는 행위를 하는 것이 가능하지 않다. (심리적 이기주의)

c_1. 자신의 이익에 반한다고 믿고 있는 행위를 해야 할 의무는 없다.

p_3. 'p_1'은 참이다.

p_4. 'p_2'가 참이라면, 'c_1'은 참이다.

p_5. 'c_1'은 참이 아니다. ('c_1'이 참이 아닌 경우들이 있다.)

c. 'p_2'는 참이 아니다. (심리적 이기주의는 참이 아니다.)

심리적 이기주의에 대한 반대 논증을 이와 같이 수정하면, "c_1. 자신의 이익에 반한다고 믿고 있는 행위를 해야 할 의무는 없다"가 참이 아님을, 즉 'c_1'이 거짓임을 보이는 것이 관건임을 알 수 있다. 여기서는 '계약'의 예를 들어 간략히 설명해보자. 예컨대, 어떤 사람 S와 P가 노동에 관한 계약을 맺었다고 해보자. 즉, S는 P를 고용하고, P는 S에게 노동을 제공하는 대가로 임금을 받는 계약을 했다. 그런데 S는 심리적 이기주의를 자신의 행위원리로 삼고 있다. 그러한 까닭에 S는 P에게 "임금을 지불하는 것은 자신의 이익에 반하므로 P에게 임금을 지불할 의무가 없다"는 이유를 들어 계약을 이행하지 않았다고 해보자. (이 경우에 S는 노동법을 위반할뿐더러 도덕적으로도 약속을 이

행하지 않았다는 점에서 비난받아야 한다.) 더하여 모든 사람이 심리적 이기주의를 자신의 행위 원리로 삼고 있다고 가정한다면, 그러한 세계에서는 어떠한 계약도 성립하지 않게 되리라는 것을 알 수 있다.

만일 심리적 이기주의에 반대하는 파인버그와 버틀러의 논증이 설득력이 있고 로빈슨 크루소의 규칙들이 심리적 이기주의에 속한다면, 로빈슨 크루소의 규칙은 도덕적으로 정당화될 수 없다는 결론을 얻을 수 있다. 그런데 로빈슨 크루소의 규칙이 윤리적 이기주의에 의해 설명될 수 있다면 어떨까?

윤리적 이기주의는 행복, 쾌락 등과 같은 자기 이익을 극대화시키는 행위를 선택해야 한다는 이론으로서 공리주의와 함께 결과주의 윤리 이론에 포함된다.[19] 결과주의로서 윤리적 이기주의와 공리주의는 행복이나 쾌락 등을 추구할 때 대상의 외연에서 차이가 난다. 공리주의는 그 대상이 영향을 받을 모든 사람인 반면에, 윤리적 이기주의는 그 대상이 행위자 개인에 한정된다. 윤리적 이기주의를 통해 로빈슨 크루소의 규칙을 평가하기 위해 앞서 제시한 정의를 조금 더 구체적으로 만들어보는 것이 좋을 것 같다.

윤리적 이기주의$_{=def.}$

행위 A는 적어도 다른 대안적 행위들의 결과 이상으로 행위자 P의 자기 이익에 좋은 결과를 산출할 경우, 그리고 오직 그 경우에만 그 행위는 옳다.

---

19 결과주의로서 윤리적 이기주의는 이론적으로 많은 문제를 안고 있는 윤리 이론이다. 예컨대, 윤리적 이기주의는 '자기 이익을 어떻게 정의할 것인가, 윤리적 이기주의를 일관되게 주장할 수 있는가, 이해가 충돌하는 타자와의 관계를 어떻게 해소할 것인가, 자기 이익이 충돌하는 문제를 어떻게 해소할 것인가' 등과 같은 문제에 답해야 한다. 윤리적 이기주의를 이해하기 위한 좋은 입문서로서 C. E. Harris, 『도덕 이론을 현실 문제에 적용시켜 보면』, 김학택 · 박우현 옮김, 서광사, 2004, "제4장 이기주의 윤리학", 77-106쪽 참조.

윤리적 이기주의를 이와 같이 정의하면, 그 정의에 들어있는 중요한 용어인 '자기 이익(self-interest)'을 정의해야 한다. 이미 짐작하듯이, 이 문제에 가담하는 모든 사람이 만족할만한 정의를 도출하는 것은 결코 쉬운 일이 아니다. 예컨대, 어떤 윤리적 이기주의자들은 자기 이익을 쾌락, 권력, 명성, 사회적 지위, 생물학적 생존 등으로 정의할 수 있다. 다른 윤리적 이기주의자들은 자기 이익을 행복, 자아실현 등으로 정의할 수 있다. 이러한 정의에 따를 경우, 〈물음 1〉에서 로빈슨 크루소의 입장에서 자기 이익에 포함되는 것은 '쾌락, 행복, 생물학적 생존' 정도가 될 수 있다. 만일 그렇다면, 〈사고실험 1〉에 제시된 로빈슨 크루소의 규칙들, 즉 '식량을 위한 채집과 사냥의 양을 조절하는 행위, 주거 환경을 깨끗하게 유지하는 행위, 건강을 유지하기 위해 규칙적으로 운동하는 행위' 등과 같은 규칙들은 그의 생물학적 생존이라는 자기 이익에 기여하고 있다고 보아야 한다. 또한 적어도 죽음보다는 삶이 더 낫다는 통념에 동의할 수 있다면, 그러한 규칙들은 그의 행복과 쾌락에도 기여한다고 볼 수 있다. 말하자면, 앞서 열거한 로빈슨 크루소의 규칙들은 윤리적 이기주의의 새로운 정의에 적용할 경우, 다른 대안적 행위들의 결과 이상으로 그에게 좋은 결과를 산출한다고 보아야 한다. 만일 그렇다면, 로빈슨 크루소의 규칙은 윤리적 이기주의에 의해 도덕적으로 옳은 행위로 간주될 수 있다. 물론, 그의 행위를 평가하고 판단하는 윤리적 기준이 윤리적 이기주의만 있는 것은 아니다. 예컨대, 앞서 간략히 살펴보았던 의무론과 공리주의에 의거해 그의 규칙과 행위를 평가하고 판단할 수 있다.[20]

---

20 법과 더 밀접한 관련을 맺고 있는 규범윤리로서 의무론과 공리주의에 관한 논의는 "II장 의무의 충돌은 해소될 수 있는가?"에서 조금 더 자세히 다룬다.

5.
앞으로의 논의를 위한 준비

(서양의) 규범윤리의 평가 체계는 크게 행위자의 '품성과 덕성'을 평가하는 '덕윤리'와 행위자의 행위를 평가하는 '의무윤리'로 구분할 수 있다는 것을 앞서 살펴보았다. 그렇다면, 우리가 앞으로 다룰 내용인 '법'과 직접적으로 관련지어 논의할 규범윤리는 어떤 것일까? 그것은 당연히 의무윤리가 될 수밖에 없다. 예컨대, 덕윤리는 '우리는 성실해야 한다(또는 성실함은 유덕하다)'는 명령을 한다고 하자. 그런데 어떤 사람 P가 게으른 품성을 가지고 있다고 하자. 그렇다면, P는 법적으로 처벌받아야 하는가? 우리의 상식과 직관은 그렇지 않다고 말한다. 물론, 우리는 P를 덕윤리의 평가 방식에 따라 덕이 없는 또는 품성이 좋지 않은 사람이라고 비난할 수 있다. 하지만 P의 그러한 품성 자체가 법의 처벌 대상이 되지는 않는다. 반면에 P의 게으름으로 인해 어떤 손해 또는 해악이 초래되었다고 해보자. 예컨대, P는 매일 자정이 되면 전원을 차단하는 직무를 가지고 있음에도 게으름 탓에 어떤 날 자정에 전원을 차단하지 않았고, 그것이 원인이 되어 누전으로 인한 화재가 일어났다고 하자. 이 경우에 P는 도덕적 비난뿐만 아니라 법의 처벌을 받아야 한다. 따라서 앞으로 법과 관련하여 논의할 규범윤리는 행위자의 '행위'를 평가하는 의무 판단에 초점을 맞추고 있다.

의무의 충돌은 해소될 수 있는가?

섭공(葉公)이 공자(孔子)께 말했다. "우리 중에 정직한 사람이 있습니다. 아버지가 양을 훔친 것을 아들이 그 사실을 증언했습니다." 공자께서 말씀하셨다. "우리의 정직한 사람은 그와는 다릅니다. 아버지가 아들을 위해 숨겨주고 아들이 아버지를 위해 숨겨주는데, 곧은 것 즉 정직한 것은 그 숨겨주는 인정 가운데 있습니다."[1]

도응(桃應)이 (맹자에게) 물었다. "순(舜)임금이 천자가 되고 고요(皐陶)는 (법과 형옥을 맡은) 신하가 되었는데, (순임금의 아버지인) 고수(瞽瞍)가 살인을 하였다면 어떻게 하겠습니까?" 맹자가 말했다. "(법을 집행하여) 그(고수)를 잡을 뿐이다." (도응이 다시 물었다.) "그렇다면 순임금은 그것을 금지시키지 않겠습니까?" 맹자가 말하기를, "순임금이 어떻게 금지할 수 있겠는가? 대체로 그것을 받아들여야 할 도리가 있다." (도응이 다시 물었다.) "그렇다면 순임금은 어떻게 하시겠습니까?" 맹자가 말하기를, "순임금은 천하를 버리기를 헌신짝 버리듯이 할 것이다. 몰래 아버지를 업고 도망가 바닷가에 숨어 지내며 종신토록 기뻐하며 즐기고 천하를 잊으셨을 것이다.[2]

---

1 孝經(효경) 父攘羊(부양양), 論語(논어)의 子路篇(자로 편), "葉公語孔子曰, 吾黨有直躬者, 其父攘羊而子證之. 孔子曰, 吾黨之直者異於是, 父為子隱, 子為父隱, 直在其中矣."

2 孟子, 盡心章句上 第三十五章: 瞽瞍殺人, "桃應問曰, 舜爲天子, 皐陶爲士 , 瞽瞍殺人, 則如之何? 孟子曰, 執之而已矣 然則舜不禁與? 曰, 夫舜惡得而禁之? 夫有所受之也, 然則舜如之何? 曰, 「舜視棄天下, 猶棄敝蹤也. 竊負而逃, 遵海濱而處, 終身訢然 樂而忘天下."

1.
장발장의 선택은 도덕적으로 비난받아야 하는가?

우리는 일상의 삶에서 '타인에게 해악을 주어서는 안 된다'는 도덕 명령을 따르는 것을 자연스럽게 받아들인다. 그 도덕 명령은 법의 영역에서도 마찬가지이며, 오히려 실천적으로 더 강하게 요구된다. 그리고 우리는 어려운 처지에 있는 '타인을 돕는 것'도 중요한 도덕적 가치라는 데 동의한다. 또한 우리는 사람의 생명은 그 무엇으로도 대체할 수 없는 것이기 때문에 가장 소중한 가치를 지닌다는 생각에도 일반적으로 의문을 제기하지 않는다. 보통의 상황이라면 도덕과 윤리에서 이러한 도덕 명령과 가치는 서로 충돌하지 않는다. 그런데 어떤 특수한 상황에서, 즉 도덕적 딜레마(moral dilemma) 상황에서 한 행위자는 그에게 주어진 두 가지 도덕 명령 중 하나를 선택할 것을 요구받을 수 있다. 법의 영역에서도 사정은 크게 다르지 않다. 즉, 법적 딜레마(legal dilemma) 상황에서 한 행위자는 그에게 주어진 두 가지 법적 책임이나 명령 중 하나를 선택할 것을 요구받을 수 있다. 그때 그 행위자는 한 도덕 명령 또는 법의 명령을 수행함으로써 다른 도덕 명령 또는 법의 명령을 위반할 수밖에 없는 상황에 처하게 된다. 또한 우리는 도덕적으로 또는 법적으로 최선의 행위를 선택하는 것이 아닌 '차악'의 행위를 선택해야 할 처지에 놓이기도 한다. 특히, 우리는 도덕적 의무와 법적 책임이 충돌하는 상황에서 불가피하게 차악의 행위를 선택해야 할 경우, 자신을 보호하려는 실천적 요구로 인해 도덕적 비난을 감수하면서 법적 책임을 최소화하는 행위를 선택하기가 쉽다. 그런데 그러한 결정은 곧 우리의 '온전성(integrity)'을 훼손하는 결과로 이끌어질 수 있다. 우리의 도덕적 가치와 신념이 그 결정으로 인해 침해받기 때문이다. 하지만 우리는 우리의 온전성이 잘 지켜지기를 바란다. 이제 (그것이 도덕적이든 법적이든) 의무가 충돌하는 경우들을 논의하기 위해 아래와 같은 사례로 시작해보자.

〈사고실험 2〉

장발장은 블리 지방의 가난한 농가에서 태어났다. 그는 어렸을 때 부모님을 여의고 결혼한 누나의 집에 얹혀살았는데, 누나의 남편은 일곱 명의 자식을 남긴 채 세상을 떠나고 말았다. 그는 갑작스레 누나와 일곱 명의 조카를 거느린 가장이 된 것이다. 어렵게 지내던 1795년 겨울이었다. 계절 탓인지 장발장에게는 일거리가 전혀 없었다. 조카들은 배가 고프다고 울어대는데 집에는 '빵'(캉파뉴, pain de campagne)[3] 한 조각조차 없었다. 그날은 일요일 저녁이었다. 배가 고프다는 어린 조카들을 보던 장발장이 답답한 마음으로 파브로 거리를 걷고 있는데, 어디선가 구수한 냄새가 풍겨오고 있었다. 장발장은 자기도 모르는 사이에 빵 냄새가 나는 곳을 향해 걸어갔다. 맛있는 냄새

3 여기서 말하는 빵은 당시 프랑스 시민의 주식인 캉파뉴를 가리킨다. 캉파뉴는 대략 4파운드(1.8kg)에서 12파운드(5.48kg) 정도의 무게가 나가는 큰 빵이다. 중 · 근세 유럽에서는 귀족이나 상공업으로 재산을 축적한 부르주아와 같이 많은 재산을 가진 사람들을 제외하면 집집마다 오븐을 가지고 있지 않았다. 오븐을 만드는 비용이 비쌀 뿐만 아니라, 산에서 나무를 베는 것 또한 엄격하게 금지되어 있었기 때문에 장작용 나무를 구입하는 비용도 매우 비쌌다. 당시 대부분의 서민은 집에서 밀가루를 반죽하여 발효시킨 다음 마을에 있는 빵집에서 오븐을 빌려 빵을 굽는 것이 일반적이었다.

는 빵 가게에서 나오고 있었다. '아, 정말 맛있겠다. 저 한 줄의 빵만 있다면 조카들의 허기진 배를 채워줄 수 있을 텐데. 하나만 슬쩍 할까?' 이런 생각이 드는 순간, 장발장은 그런 마음을 떨치기라도 하듯 고개를 흔들었다. '아니야, 절대 그럴 수는 없어.' 장발장은 마음을 굳게 먹고 걸음을 옮겼다. 하지만 이내 눈앞에는 배고파 울고 있을 어린 조카들의 모습과 구수한 냄새를 풍기던 빵이 자꾸 어른거렸다. '그래, 다시 빵 가게에 가보자. 뭐든지 방법은 있겠지.' 잠시 후, 어느새 장발장은 한 줄의 빵을 훔쳐 들고 뛰기 시작했다.

〈물음 1〉

장발장의 사례에서 충돌하고 있는 도덕 명령은 무엇인가?

〈물음 2〉

만일 당신이 장발장이라면, 어떤 결정을 했을까?

〈사고실험 2〉는 프랑스의 대문호 빅토르 위고(Victor-Marie Hugo)의 『레미제라블(Les Misérables)』의 내용 중 일부를 각색한 것이다. 장발장은 빵(캉파뉴)을 훔친 죄로 징역 5년 형을 선고받고 네 번의 탈옥을 시도한 까닭에 14년의 형이 추가되어 결국 19년을 감옥에서 보내게 된다. 〈사고실험 2〉에서 장발장이 갈등하고 있는 이유는 무엇인가? 달리 말하면, (장발장의 내부에서) 충돌하고 있는 (도덕) 명령은 무엇인가? 〈사고실험 2〉를 아래와 같은 논증으로 구성하여 어떤 (도덕) 명령이 충돌하고 있는지 살펴보자.

〈논증 1〉

P_1. 한 줄의 빵이 조카들의 허기진 배를 채워줄 수 있을 것이다.

P_2. 한 줄의 빵을 얻으려면 (적어도 현재는) 훔칠 수밖에 없다.

P_3. 조카들을 굶게 해서는 안 된다.

P_4. 도둑질해서는 안 된다.

P_5. 지금으로서는 조카들의 허기진 배를 채워주는 것이 더 중요한 일이다.

c. 한 줄의 빵을 훔쳐야 한다.

이러한 논증을 통해 장발장의 내면에서 충돌하고 있는 (도덕) 명령이 무엇인지 명료하게 이해할 수 있다. 즉 〈논증 1〉에서 충돌하고 있는 두 전제는 'p_3'과 'p_4'이고, 그것을 통해 충돌하고 있는 근본적인 (도덕적) 명령을 다음과 같이 정리할 수 있다.

p_3: 우리는 타인의 이익이 최선이 되도록 행위 해야 한다.

p_4: 우리는 타인에게 해악을 주어서는 안 된다.

장발장의 사례에서 그가 내적으로 겪고 있는 갈등을 이와 같이 정리하면, '선행의 원리(principle of beneficience, p_3)'와 '악행금지의 원리(principle of non-maleficence, p_4)'가 충돌하고 있음을 파악할 수 있다. 그렇다면, 〈사고실험 2〉에서 장발장은 전자의 도덕 명령을 따르고 후자의 도덕 명령을 부정한 셈이다. 말하자면, 장발장은 (조카들의 배고픔을 감수하더라도) 타인에게 해악을 주지 않는 행위보다는 (타인에게 어느 정도의 해악을 주더라도) 타인(허기진 조카들)의 이익이 최선이 되도록 행위 하는 것이 (적어도 그 상황에서는) 더 가치가 있다고 판단한 것이다. 장발장은 올바른 결정을 한 것일까? 이미 짐작하듯이, 악행금지의 원리가 선행의 원리보다 더 기초적이고 근본적인 도덕 원리라고 보았을 때, 그의 행위는 도덕적으로 정당화될 수 없다. 간략히 말해서, 악행금지의 원리는 사람에게 부여된 강한 의무인 반면에, 선행의 원리는 타인에게 강제할 수 없으므로 강한 의무라고 보기 어렵기 때문이다.[4] 따라서 〈사고실험 2〉에서 장발장의 행위는 (우리가 가진 심정적인 동정심과는 무관하게) 타인의 사유재산권을 침해했기 때문에 법적으로 처벌받아야 하고, 악행금지의 원칙을 위배했기 때문에 도덕적으로 비난받아야 한다.

우리는 이와 같이 삶의 일상에서 도덕적으로 충돌하는 명령 중 하나를 선택해야 하는 경우들을 마주할 수 있다. (다행히도) 장발장의 사례에서 충돌하고 있는 도덕적 명령을 평가하는 것은 그렇게 어려운 문제가 아니다. 하지만 우리가 살아가는 동안 직면할 수 있는 도덕적인 문제들이 이와 같이 항상 명료한 결론을 도출할 수 있는 것은 아니다. 사람이 행한 행위의 '옳고 그름' 또는 '선함과 악함'을 판단하는 규범윤리학의 의무론과 공리주의가 도덕적으로 충돌하는 의무의 문제를 잘 해결할 수 있는지 살펴보자.

---

4 권리(right) 측면에서 다음과 같이 설명할 수 있다. 즉, 우리는 타인에게 "나에게 악행을 하지 말라"고 항상 요구할 수 있는 반면에, "나에게 선행을 베풀라"고 항상 요구할 수는 없다. 이러한 측면에서, 악행금지의 원칙은 소극적 의무(negative duty)로, 선행의 원칙은 적극적 의무(positive duty)로 파악할 수 있다.

2. 우리는 일관된 의무론자가 될 수 있을까?

의무론(deontology)은 일반적으로 칸트(I. Kant)가 정립한 윤리 이론으로 알려져 있다. 따라서 우리는 칸트의 이론을 중심으로 의무론에 관한 일반적인 내용을 살펴볼 것이다. (의무론적 윤리 이론은 그것들이 일반 법칙에 부여하는 역할에 따라 여러 가지 종류로 나누어볼 수 있다.) 하지만 우리가 칸트의 의무론이 가진 일반적인 내용을 이해하기 위해서는 도덕에 대한 흄(David Hume)의 관점을 간략하게나마 먼저 살펴보는 것이 도움이 될 것이다.

흄은 "도덕이란 우리의 욕구에 기초하며 이성은 욕구의 노예"라고 주장한다.[5] 따라서 그는 이성이 도덕을 정당화할 수 있는지에 대해 의문을 제기할 수 있다고 본다. 또한 흄의 이러한 생각은 일반적으로 공리주의(utilitarianism)의 이론적 근거를 마련했다고 평가된다. 하지만 흄의 주장은 (결과주의가 가지고 있는 문제점과 마찬가지로) 도덕 상대주의(moral relativism)[6]를 인정하

---

5 Hume, David, *A Treatise of Human Nature: of Morals*, 1739. 번역본은 데이비드 흄, 『인간 본성에 관한 논고 제3권, 도덕에 관하여: 실험적 추론 방법을 도덕적 주제에 도입하기 위한 시도』, 이준호 옮김, 서광사, 2008 참조.

6 도덕 상대주의는 간략히 말해서 도덕적 가치가 역사적 · 문화적 · 상황적 맥락에 따라 보편적이지 않으며, 특수한 집단마다 상이한 도덕 원리를 따르거나 성격을 가진다고 보는 관점이다. 이러한 관점에 따르면, 어떤 사람에게 옳은 행위가 항상 다른 사람에게도 옳은 행위라고 말할 수 없다. 하먼은 도덕 상대주의에 대해 다음과 같이 말한다. "유일하게 참인 도덕성은 없다. 매우 많은 다른 '도덕 틀들(moral frameworks)'이 있으며, 그중 어느 것이 다른 것보다 더 옳은(correct) 것은 없다." Harman, Gilbert & Thomson, Judith Jarvis, *Moral Relativism and Moral*

는 결과를 초래한다는 점에서 문제를 제기할 수 있다. 말하자면, 흄의 주장을 받아들일 경우 사람마다 상이한 욕구를 가질 수 있으며, 상이하지만 동등하게 옳은 도덕을 가질 수 있음을 인정해야 한다. 이어지는 논의에서 자세히 살펴보겠지만, 공리주의는 결과주의 도덕철학의 원리를 따르고 있다. 공리주의에 따르면, 각 행위의 옳고 그름은 그 행위의 '결과(consequence)'에 달려 있으며 도덕 규칙들의 옳고 그름 또한 그 규칙들이 일반적으로 따라 행할 때 초래되는 결과에 달려 있다. 또한 모든 도덕적 행위들이 추구해야 할 궁극적인 선(the good)은 행복(happiness)이다.

1) 칸트의 의무론(Deontology)[7]

칸트의 의무론을 올바르게 이해하기 위해서는 많은 설명과 논의가 필요하지만, 여기서는 앞으로 논의할 '도덕적 의무의 충돌'과 '법과 도덕'의 문제를 살펴보기 위해 필요한 중요한 내용만을 간추려 살펴보기로 하자. 칸트가 제시한 의무론의 가장 중요한 특징을 간략히 정리하면 다음과 같다.

① 도덕은 '욕구'가 아닌 '이성'에 기초한다. 따라서 도덕 원리의 옳고 그름은 이성에 의해 입증될 수 있다. (합리적 이성주의, rationalism)
② 도덕 체계는 시대나 상황에 무관하게 모든 사람에게 옳은 도덕에 대한 이성적인 근거를 제시할 수 있다. (보편주의, universalism)

Objectivity, Blackwell Publishers Inc., 2000(1996), p. 5.

7 의무론에 대한 일반적인 내용은 오트프리트 회페, 『임마누엘 칸트』, 이상헌 옮김, 문예출판사, 1997; 칸트(I. Kant), 『도덕형이상학』, 이충진 · 김수배 옮김, 한길사, 2018; 칸트(I. Kant), 『도덕형이상학을 위한 기초 놓기』, 이원봉 옮김, 책세상, 2002 등을 참조하여 정리했다.

③ 도덕 원리 중 어떤 원리가 도덕적으로 옳은지를 판별해줄 수 있는 일반적인 기준을 제시할 수 있다. (보편법칙, universal law)

간략히 정리하면, 칸트는 도덕에 관한 흄의 입장을 받아들일 경우 초래되는 도덕 상대주의의 문제를 극복하고자 했기 때문에 도덕에 관한 보편주의를 주장한다. 칸트의 의무론이 가진 보편주의와 보편법칙에 관한 일반적 특성을 이해하기 위해 먼저 '가언명령'과 '정언명령'의 일반적인 형식에 대해 살펴보자.

(1) 준칙(maxim)

준칙은 (쉽게 풀어쓰면) 우리가 어떤 행위를 하려 할 때 그 행위를 (나름대로) 합리화하기 위해 제시할 수 있는 '준거'에 따른 '규칙' 또는 '일반 원리'라고 할 수 있다. 칸트는 준칙에 대해 다음과 같은 예시를 제시한다. 예컨대, 돈을 빌리지 않고는 필요한 돈을 구할 방법이 없다. 나는 빌린 돈을 갚을 능력이 없다는 것을 알고 있으며, 갚겠다는 약속을 하지 않는다면 아무도 돈을 빌려주지 않을 것을 알고 있다. 그럼에도 내가 돈을 빌렸을 경우, 나는 다음과 같은 준칙을 따르고 있다.

[준칙 1]

돈이 필요하지만 빌리지 않고서는 돈을 구할 수 없을 경우, 비록 갚을 능력이 없으며 돈을 갚겠다는 거짓 약속을 해야만 돈을 빌릴 수 있다는 것을 알고 있을지라도 나는 '언제든지' 돈을 빌린다.

〈사고실험 2〉에서 장발장은 오랜 기간 굶고 있는 조카들의 굶주린 배를 채워줄 수 있는 유일한 방법이 빵을 훔치는 것이라고 생각하고 있다. 그는 현재 빵을 살 수 있는 돈이 없기 때문이다. 그리고 그는 빵을 훔치는 것이 빵집 주인에게 피해를 주는 행위라는 것을 알면서도 빵을 훔쳤다. 이 경우에 장발장은 다음과 같은 준칙을 따르고 있다.

[준칙 2]

조카들이 굶주리고 있으나 빵을 훔치는 방법 외에 그들을 먹일 방법이 없을 경우에는 비록 빵을 훔치는 것이 빵집 주인에게 피해를 주는 행위임을 알더라도 언제든지 빵을 훔친다.

이처럼 준칙은 행위자의 행위를 (나름대로) 정당화하기 위한 이유를 제시하는 데 쓰일 수 있다. 칸트에 따르면, 이러한 준칙은 단지 어떤 특정한 경우에만 적용할 수 있는 행위의 근거가 아니라 '일반 원리'로서의 역할을 한다. 말하자면, 준칙에 따라 어떤 행위를 한다는 것은 그러한 준칙이 기술하고 있는 문제 상황에서는 항상 그 준칙이 기술하고 있는 대로 행한다는 것을 의미한다. 하지만 이미 짐작하듯이, 앞에 제시한 〈준칙 1〉과 〈준칙 2〉는 일반적으로 수용되거나 받아들여질 수 없는 것들이다. 우리는 〈준칙 1〉을 '사기 행위'로, 〈준칙 2〉를 '절도 행위'로 판단하기 때문이며, 그러한 행위는 도덕적으로(그리고 법적으로) 허용되지 않는다. (비도덕적이거나 정당한 법을 위배하는) 몇몇 사람은 그러한 준칙을 일반 원리 또는 행위 규칙으로 받아들이겠지만, 그러한 사람을 제외한 대부분 사람들은 그것을 수용하지 않을 것이다. 따라서 앞에 예시로 들고 있는 준칙들은 모든 사람에게 적용될 수 없기 때문에 '보편성'을 가진 일반화된 준칙이라고 할 수 없다. 그런데 칸트가 기획한 의무론은 '시대나 상황에 무관하게 모든 사람에게 옳은 도덕 원리'를 제시하는 것이다. 즉, 칸트의 목표는 모든 사람에게 시대나 상황에 무관하게 '지킬 것을 명령'할 수 있는 '보편적인 도덕 원리'를 수립하는 데 있다.

(2) 보편법칙(universal law)

과학법칙은 자연세계에서 일어나는 일들과 그것들 사이의 관계를 '있는 그대로' 보여준다는 점에서 '기술적(descriptive)'이다. 반면에 도덕법칙은 사람의 행위에서 '옳거나 그른 것(또는 선하거나 악한 것)'을 구분하고, 옳은(선한) 것을 행할 것을 명령하는 반면에 그른(악한) 것을 행하는 것을 금지한다는 점에서 규범적(normative)이다. 달리 말하면, 도덕법칙은 우리가 실제로 '어떻게 하고 있는지(is)'에 대해서가 아니라 우리가 '어떻게 해야 하는지(ought)'에 대해 말한다. 칸트는 도덕법칙이 '법칙'이기 위해서는 과학법칙과 마찬가지로 보편성이 있어야 한다고 본다. 칸트에 의하면, (그러한 점에서) 과학법칙과 도덕법칙은 모두 보편성을 갖는다는 점에서 동일하다. 과학법칙이 참이라면, 그 법칙에 부합되지 않는 것은 없다. 마찬가지로 도덕법칙이 참이라면, 그 법칙에 부합되지 않는 것은 없다. 따라서 '행위자 P에게 행위 A를 하는 것이 옳다면, 행위 A를 하는 것은 모든 사람에게 옳은 행위'여야 한다. 이렇듯 칸트에 의하면 도덕법칙은 보편성을 가져야 하고, 도덕적인 행위는 모든 사람에게 적용할 수 있는 일반화된 준칙을 실현해야 한다는 것을 의미한다.

(3) 가언명령과 정언명령의 형식(hypothetical & categorical imperative)

가언명령은 "만일 당신이 G하기를 원한다면, A하라"와 같이 문법적으로 '조건문(conditional)'의 형식을 가지고 있다. 예컨대 "당신이 건강하기를 원한다면, 운동을 하라"와 같은 가언명령을 보자. 만일 당신이 건강하기를 원하지 않는다면, '운동을 하라'는 명령을 수행하지 않아도 문제 될 것은 없다. 반면에, 정언명령은 '(무조건적으로 준칙에 따라) A하라'와 같이 문법적으로 '(무조건적) 명령문'의 형식을 가지고 있다. 예컨대, 앞에 제시한 가언명령의 예를 활용하면, '운동을 하라'는 명령은 당신이 건강하기를 원하는 것과 무관하게 무조건 수행해야 하는 명령이다. 이것을 다음과 같은 형식으로 간략히 정리할 수 있다.

가언명령: if G, then A. (만일 당신의 목적이 G라면, A하라.)

정언명령: A. (A하라.)

도덕법칙이 보편성을 가져야 하고 도덕적인 행위는 일반화할 수 있는 준칙을 실현할 수 있어야 한다고 보았을 때, 정언명령을 다음과 같이 정의할 수 있다.

정언명령$_{=def.}$

행위자 P가 그의 행위 A에 대해 A의 일반화된 준칙이 보편적 법칙이 되기를 일관되게 요구할 수 있다면(또는 의도할 수 있다면) 그리고 그 경우에만 A는 옳은 행위다.

정언명령을 이와 같이 정의하면, 그것에 따라 어떤 특정한 행위가 모든 사람에게 적용할 수 있는 보편성을 갖는지 여부를 판별할 수 있다. 말하자면, 정언명령에 따라 어떤 특정 행위 A의 옳고 그름(또는 선함과 악함)을 판단할 수 있다. 그리고 그러한 판단을 내리는 순서를 간략히 다음과 같이 제시할 수 있다.

단계 1. 마음속에서 A를 하게끔 이끈 준칙을 생각한다.

단계 2. 내가 그 준칙을 모든 사람이 따르게끔 요구할(또는 의도할) 수 있는지 판별한다.

단계 3. 요구할 수 있다면 A는 옳은 행위이며 요구할 수 없다면 A는 옳지 못한 행위다.

그런데 우리는 어떤 행위를 할 때 (각자의) 마음속에 어떤 목표가 설정되어 있을 것이며, 그러한 목표를 이루기 위해 어떤 것을 수단으로 삼을 수 있다. 그렇다면, '목표(purpose)와 수단(mean) 중 어느 것이 이성에 의해 결정되는가?'라는 중요한 문제가 제기된다. 흄에 따르면, 우리의 행위는 이성뿐만 아니라 욕구 같은 비이성적인 것에 의해서도 결정되며 우리의 행위에 있어서 이성은 단지 도구적인(instrumental) 역할만을 할 뿐이다. 말하자면, 이성이란 우리의 목표가 무엇이어야 하는지를 지시하지 못하고 단지 목적 달성을 위해 어떤 수단을 선택해야 하는지를 제시할 뿐이다. 물론, 이성이 내리는 명령은 (많은 경우에서) 그 형식이 가언명령의 형식을 가진다는 것에는 반론의 여지가 없어 보인다. 말하자면, 이성이 수단을 결정한다는 점은 분명해 보인다. 하지만 중요한 문제는 이렇다. '이성은 단지 이와 같은 가언명령의 역할만을 하는가?' 가언명령과 정언명령의 관계는 어떤 것인가?

칸트는 가언명령이 이성으로부터 나온다는 점은 부정하지 않는다. (칸트는 이 점에서 흄의 견해에 동의한다.) 하지만 칸트는 정언명령의 형식을 가진 도덕규칙(들) 또한 가언명령과 마찬가지로 이성으로부터 나온다고 주장한다. (칸트는 이 점에서 흄의 견해에 반대한다.) 앞서 보았듯이, 정언명령은 'A를 하라'는 형식을 가지고 있으며, 이것은 우리가 A를 원하는지(또는 욕망하는지) 여부와 무관하게 (무조건) A를 해야 한다. 칸트에 따르면, 도덕규칙은 개인의 성향과 무관하게 그 자체로 권위를 가지고 있다. 따라서 우리가 도덕규칙에 따라 (도덕)

행위를 할 때, 우리는 우리가 가진 성향이 아닌 이성에 의해 그 행위를 하는 것이다. 이러한 이유로 칸트는 이성을 도구적인 역할에 한정하는 흄의 견해를 거부한다.

(4) 완전 의무와 불완전 의무(complete vs. incomplete obligation)

칸트는 어떠한 예외도 인정되지 않는 의무인 완전 의무와 (상황과 여건에 따라) 예외가 인정될 수 있는 불완전 의무를 구분한다. 예컨대, 칸트는 '약속을 지키는 것'을 완전 의무로 보고 있다. 우리가 약속을 지켜야 하는 이유는 약속을 지킴으로써 좋은 결과를 가져오기 때문이 아니라, 약속을 지키는 것이 도덕적 의무이기 때문이다. 만일 내가 친구와 약속했다면, 그 약속을 지킬 완전 의무를 지고 있는 셈이다. 따라서 나는 무고한 사람이 죽게 될 경우에도 친구와의 약속을 지켜야 한다. 반면에 불완전 의무는 추운 겨울날 한 겹의 옷만 걸치고 추위에 떨고 있는 사람에게 나의 외투를 벗어주어 온정을 베푸는 것과 같이 어떠한 경우에도 반드시 이행해야 할 의무는 아니다. 따라서 불완전 의무는 경우와 상황에 따라 이행할 의무를 말한다. 완전 의무와 불완전 의무를 다음과 같이 정의하자.

완전 의무$_{=def.}$

행위자는 A에 대한 자신의 성향과는 무관하게 그리고 A를 하는 것이 자신 및 타인에게 어떠한 악영향을 미칠 것인지의 여부와 무관하게 A를 해야 한다.

불완전 의무$_{=def.}$

행위자는 온정을 베푸는 것과 같이 자신의 성향(상황과 여건)에 따라 A를 하거나 하지 않아야 한다.

칸트는 무조건적 명령인 정언명령 중 어떤 종류의 행위가 도덕적으로 '옳지 않은지'를 보여주기 위해 '① 자신에 대한 완전 의무: 자살의 예, ② 타인에 대한 완전 의무: 거짓 약속의 예, ③ 자신에 대한 불완전 의무: 재능을 사용하지 않아 무디게 하는 예, ④ 타인에 대한 불완전 의무: 빈곤한 사람을 도와주는 예'를 통해 설명하고 있다.[8] 의무에 대한 정언명령의 적용 방법을 이해하기 위해 장발장의 사례를 일부 수정하여 칸트가 타인에 대한 완전 의무의 사례로 제시한 '거짓 약속'을 살펴보자.

[장발장 사례의 수정]

… 장발장은 빵집 주인에게 며칠 후 반드시 빵값을 치를 것이니 빵을 (외상으로) 달라고 말한다. 물론, 그는 며칠 후 빵값을 지불할 능력이 전혀 없다. 하지만 그는 현재로서는 배고픔으로 허기진 조카들을 먹이기 위해 빵값을 며칠 후 지불하겠다는 거짓 약속을 하는 것만이 빵을 구할 수 있는 유일한 방법이라는 것을 알고 있다. 그는 빵집 주인에게 며칠 후 빵값을 지불하겠다는 '거짓 약속'을 하고 한 덩이의 빵을 얻을 수 있었다.

장발장의 사례를 이와 같이 수정한다면, 장발장이 가지고 있는 준칙이

---

8 칸트(I. Kant), 『도덕형이상학』, 이충진 · 김수배 옮김, 한길사, 2018; 칸트(I. Kant), 『도덕 형이상학을 위한 기초 놓기』, 이원봉 옮김, 책세상, 2002 참조. 칸트가 완전 의무와 불완전 의무를 설명하기 위해 제시한 사례들은 명확하지 않은 측면이 있다. 특히 자신에 대한 완전 의무의 예로 들고 있는 '자살'은 생명의료윤리의 중요한 논제 중 하나인 안락사 문제와 관련하여 자살 허용 가능성에 대한 논의가 이루어지고 있다. 이와 관련하여 이원봉, 「칸트 윤리학과 도덕적 자살의 가능성」, 『철학논집』 62, 2020, 9-36쪽; 백종현, 「칸트 '인간 존엄성의 원칙'에 비춰 본 자살의 문제」, 『칸트연구』 32, 한국칸트학회, 2013, 197-222쪽; 정성관, 「칸트와 자살문제: 자살의 원인과 그 방지책」, 『대동철학』 73, 대동철학회, 2015, 79-91쪽 참조.

보편적인 법칙이 되도록 의도할 수 있는지를 판별하기 위해 앞서 제시한 3단계 절차에 따라 평가해보자.

〈단계 1〉 장발장의 준칙

거짓 약속을 하지 않으면 자신의 이익을 추구할 수 없을 경우, 비록 그 (거짓) 약속을 지킬 수 없다는 것을 인식하고 있더라도 자신의 이익을 추구하기 위해 '언제든지' 거짓 약속을 한다.

〈단계 2〉 보편법칙에 대한 판별

장발장의 준칙을 모든 사람이 따르도록 요구할 수 있는가? 모든 사람이 장발장의 준칙을 보편법칙으로 받아들일 수 있는가? 만일 모든 사람이 장발장의 준칙을 보편법칙으로 받아들여 그 준칙을 따른다면, 결국 그 어떠한 사람도 (상호 간의) 약속을 믿지 않게 될 것이다.

〈단계 3〉 정언명령에 대한 평가

장발장의 준칙은 모든 사람이 따르도록 요구할 수 없고 보편법칙이 되기를 일관되게 의도하거나 주장할 수 없기 때문에 도덕적으로 옳지 않은 행위다.

이와 같이 칸트에 의하면 '거짓 약속'은 보편적인 법칙이 될 수 없다. 따라서 그 어떠한 사람도 '거짓 약속'을 하는 것은 허용될 수 없다. 이와 같이 칸트에 따르면, 보편적인 법칙이 될 수 없는 준칙에 따라 행위 하는 것이 언제나 옳지 않아야 한다. 하지만 문제는 보편적인 법칙이 될 수 없는 준칙에 따라 행하는 것이 옳지 못하다고 말할 수 없는 경우가 있을 수 있고, 의무들이 충돌할 때 그것을 해소할 수 없는 예외적인 사례들이 있을 수 있다는 데 있다.

2) 행위 의무론과 규칙 의무론(act & rule deontology theory)

의무론적 윤리 이론은 그것들이 일반 법칙에 부여하는 역할에 따라 크게 행위 의무론과 규칙 의무론으로 구분할 수 있다.

행위 의무론은 사람이 행하는 행위들은 그 자체로 특정한 윤리적 속성을 가지고 있기 때문에 사람이 행하는 행위 각각을 도덕적으로 판단해야 한다고 본다. 달리 말하면, 행위 의무론은 기본적인 의무 판단들은 모두 '이러한 상황에서 나는 마땅히 어떻게 행위 해야 한다'와 같이 순수한 개별적 판단이라고 주장한다. 행위 의무론은 모든 특정한 상황에서 무엇이 행해야 할 의무이고 옳은 것인가는 개별적으로 인식할 수 있으며 결정되어야 한다고 본다. 반면에 그들은 어떤 행위를 할 것인가를 결정하는 데 있어 어떤 원칙(규칙)에 의거하거나 자신이나 세계에 대해 악을 뺀 최대의 선을 결과할 것을 고려(공리주의)해서 판단해서는 안 된다고 주장한다. 따라서 행위 의무론에서 어떤 행위가 도덕적으로 옳고 선한 것인지는 주어진 상황에서 그 행위를 하는 사람의 양심에 따라 직관과 결단에 의해 판명된다.[9] 이제 행위 의무론을 (잠정적으로) 다음과 같이 정의하자.

---

9 이에 대해 버틀러는 다음과 같이 말한다. "어떤 꾸밈없이 정직한 사람이 일련의 행위를 행하기 전에 자신이 하려는 어떤 행위가 옳은지 또는 그른지를 자문해보게 된다. 나는 공정한 사람이라면 거의 누구나 대부분의 상황에서 (어떤 일반 원칙이 없어도) 그러한 문제에 대해 진리와 덕에 합치하는 해답을 얻으리라는 점을 추호도 의심하지 않는다." Joseph Butler, *Five Sermons*, New York, Liberal Arts, 1949, p. 45.

행위 의무론=def.

행위자가 처한 각각의 상황에서 자신의 양심에 따라 마땅히 해야 할 (개별적인) 행위를 할 의무가 있다.

규칙 의무론은 윤리적 결정을 내릴 때 결과와 관계없이 특정 규칙이나 원칙에 따라 판단해야 한다는 입장을 취한다. 즉 '옳고 그름의 기준은 하나 이상의 규칙들로 구성'된다. 따라서 규칙 의무론은 행위자가 처한 특정 상황이나 결과에 대한 고려보다는 어떤 행위에 대한 원칙과 규칙을 준수할 것을 요구한다. 예컨대, '우리는 어떠한 경우에도 진실만을 말해야 한다' 또는 '우리는 어떠한 경우에도 거짓 약속을 해서는 안 된다'와 같은 구체적인 명령은 우리가 지켜야 할 규칙이 될 수 있다. 이제 규칙 의무론을 (잠정적으로) 다음과 같이 정의하자.

규칙 의무론=def.

행위자는 도덕적으로 옳거나 선함을 보편적으로 보증하는 규칙(들)에 따라 행위를 할 의무가 있다.

3) 충돌하는 의무는 해소될 수 있을까?

우리의 일상적인 삶에서 보통의 상황이라면 일반적으로 우리에게 요구되는 도덕 명령과 가치는 서로 충돌하지 않는다. 그런데 어떤 특수한 상황에서, 즉 도덕적 딜레마(moral dilemma) 상황에서 한 행위자는 그에게 주어진 두 가지 도덕 명령 중 하나를 선택할 것을 요구받을 수 있다. 아래에 제시한 몇 가지 사례를 의무론의 관점에서 평가해보자. 의무론은 도덕적 의무가 충돌하는 경우에 잘 대처할 수 있을까?

〈사례 1〉

당신은 연구 논문을 작성 중이었다고 하자. 당신은 논문 발표가 얼마 남지 않아 연구실에서 새벽까지 논문 작성에 매진하고 있다. 그러던 중 당신은 피곤하기도 하거니와 공복감을 느껴 산책도 하고 식사도 할 겸 학교 정문 근처로 나섰다. 당신은 간단한 간식과 진한 커피 한 잔을 사 들고 연구실로 돌아가던 중 신발도 신지 않은 채 왼쪽 골목으로 허겁지겁 도망치는 한 여인을 보았다. 그녀는 당신과 전공이 달라 깊은 친분은 없지만 함께 듣는 수업에서 몇 차례 마주친 일이 있다. 잠시 후 얼굴과 팔에 깊은 칼자국이 있는 우락부락하게 생긴 건장한 남자 세 명이 당신에게 그녀의 인상착의를 말하면서 어디로 갔는지 물었다. 당신은 직감적으로 (적어도 현재 상황에서는) 그녀에게 좋지 않은 일이 생겼으며, 그 원인이 그들에게 있을 것이라고 생각했다. 이러한 상황에서 당신이 취할 수 있는 선택지는 다음과 같은 두 가지다. 당신은 어떻게 하겠는가?

① 당신은 도망간 여인의 안위를 염려하여 "그녀를 보지 못했다(또는 그녀가 오른쪽 골목으로 가는 것을 보았다)"고 말한다.

② 당신은 그녀가 그들에게 붙잡혔을 경우에 초래될 결과가 걱정스럽기는 하지만 솔직하게 "그녀가 왼쪽 골목으로 가는 것을 보았다"고 말한다.

〈사례 2〉

올해 76세가 된 영희는 복통과 계속되는 소화불량으로 병원에 입원했다. 그녀는 평소 암에 걸리는 것을 매우 두려워했으며, 만일 암에 걸릴 경우 자신에게 그것을 알려주는 것을 결코 원하지 않는다고 명시적으로 말했다. 또한 그녀는 자신의 의지를 분명하게 남기기 위해 변호사의 공증을 거친 유언장에도 그러한 내용을 남겼다. 조직검사를 통해 영희는 치유가 불가능한 간암에 걸렸음이 밝혀졌다. 그녀의 주치의인 당신은 그녀가 정서적으로 매우 불안정하다는 것을 잘 알고 있다. 그녀에게 진실을 말하는 것은 영희와 그녀의 가족에게 커다란 고통을 줄지도 모르며, 최악의 경우 심한 충격으로 인한 절망감으로 영희의 죽음을 앞당길 수도 있다. 당신은 이러한 점을 고려하여 영희의 요구를 지켜주는 것이 좋은 방법일 수 있다고 생각한다. 그러나 다른 한편으로, 그녀가 진실을 알지 못한다면 자신의 죽음에 대해 적절하게 준비할 수 없으며, 주치의인 당신이 영희에게 진실을 말할 경우 그녀가 정서적으로 심각하게 나빠진다고 말할 (완전히) 충분한 이유도 없다. 당신은 이러한 측면에서 영희에게 진실을 말하는 것이 더 나은 선택일 수 있다고 생각한다. 이러한 상황에서 당신이 취할 수 있는 태도는 다음과 같은 두 가지뿐이다.

① 당신은 주치의로서 환자인 영희와의 약속을 지키기 위해 치유가 불가능한 암에 걸렸다는 사실을 말하지 않는다.

② 당신은 주치의로서 환자인 영희에게 치유가 불가능한 암에 걸렸다는 사실을 말한다.

〈사례 3〉

당신은 오늘 친구와 최근 개봉한 영화를 함께 보기로 약속했다. 당신은 친구와의 약속을 지키기 위해 영화관으로 가던 중 자동차에 어린아이가 치이는 교통사고를 목격했다. 교통사고를 낸 운전자는 후속 조치를 하지 않은 채 사고 현장을 이탈했고, 차에 치인 어린아이는 피를 흘리며 고통스러워하고 있다. 사고가 난 곳은 비교적 한적한 곳이어서 당신 외에는 사고를 당해 신음하고 있는 어린아이를 도와줄 사람조차 없다. 당신은 곧바로 119에 전화해 도움을 요청하고 112에 신고했다. 하지만 응급대원과 경찰이 사고 현장에 도착할 때까지 어린아이를 돌볼 수 있는 사람은 당신뿐이다. 만일 당신이 교통사고를 당한 어린아이를 돕는다면, 친구와의 약속 시간에 늦을 것이 분명하다. 반면에 당신이 친구와의 약속을 지키기 위해 사고 현장을 떠난다면, 어린아이는 119 응급대원이 도착할 때까지 혼자 고통을 이겨내야 한다. 이러한 상황에서 당신이 취할 수 있는 태도는 다음과 같은 두 가지뿐이다.

① 친구와의 약속을 지킨다.
② 사고를 당한 어린아이를 돌본다.

〈사례 1〉을 정확하게 이해하고 평가하기 위해서는 더 많은 정보가 필요하다고 볼 수 있다. 예컨대, 시나리오에서 주는 선입견과 달리 건장한 세 명의 남자는 범인을 쫓는 형사들이고 쫓기고 있는 그녀는 중대한 범죄를 저지른 피의자일 수 있기 때문이다. 다만 여기에서는 논의를 위해 그와 같은 추가적인 상황적 배경(ad hoc)을 고려하지 않아도 된다고 가정하자. 그렇다면, 〈사례 1〉에서 충돌하고 있는 의무는 다음과 같다.

①′ 어떠한 경우에도 타인에게 해악(피해)을 주어서는 안 된다.

②′ 어떠한 경우에도 타인에게 거짓말을 해서는 안 된다.

그런데 ①′은 '악행금지의 의무'를 지시하고 있으며, ②′은 '거짓말을 하지 말라'는 의무를 가리키고 있다. 두 의무 중 더 중요한 앞선 의무는 무엇인가? 외과 의사는 환자의 신체를 절제하는 해악을 주지 않고서는 수술을 할 수 없다는 측면에서 악행금지의 의무는 완전 의무가 아닌 조건부 의무라는 입장을 취할 수도 있다. 하지만 악행을 금지하는 것은 소극적 의무로서 여타의 조건이 같을 경우 반드시 이행할 의무이기 때문에 완전 의무라고 보아도 큰 문제는 없을 듯하다. 만일 당신이 ①′과 ②′을 모두 완전 의무로 삼고 있다면, 그러한 두 의무의 충돌을 어떻게 해소할 수 있을까?

다음으로 〈사례 2〉에서 충돌하고 있는 의무를 다음과 같이 정리할 수 있다.

③′ 어떠한 경우에도 타인과의 약속을 지켜야 한다.

④′ 어떠한 경우에도 타인에게 거짓말을 해서는 안 된다.

이렇게 정리하면, 〈사례 2〉에서 ③′은 '약속은 반드시 지켜라'를 가리키고 있으며, ④′은 '거짓말을 하지 말라'는 명령을 지시하고 있다. 또한 그 두 명령은 칸트의 입장에서 정언명령으로서 보편성을 가진다고 보아야 한다. 만일 그 의사가 이러한 두 명령을 보편적인 원리인 정언명령으로서 완전 의무로 삼고 있다면, 그는 그러한 두 의무의 충돌을 어떻게 해소할 수 있을까?

마지막으로 〈사례 3〉에서 충돌하고 있는 의무는 다음과 같다.

⑤′ 어떠한 경우에도 타인과의 약속을 지켜야 한다.

⑥′ 어떠한 경우에도 타인을 적극적으로 도와야 한다.

〈사례 3〉에서 충돌하는 의무를 이렇게 정리하면, ⑤′은 약속을 지켜야 한다는 완전 의무이며 ⑥′은 타인에게 온정을 베풀어야 한다는 불완전 의무라는 것을 알 수 있다. 그리고 (적어도) 칸트에 따르면, 완전 의무는 불완전 의무에 앞선 보편적인 의무이기 때문에 그러한 상황에서 당신은 교통사고를 당해 신음하고 있는 어린아이를 방치한 채 친구와의 약속을 지키기 위해 영화관으로 향해야 한다는 결론을 도출할 수 있다. 그런데 이러한 결론은 우리의 건전한 상식에 부합하지 않기 때문에 납득할 수 없다.[10]

이러한 사례를 통해 완전 의무와 불완전 의무의 충돌에 대해 제기할 수 있는 문제를 다음과 같이 정리할 수 있다. 즉 칸트에 따르면, 보편적인 법칙이 될 수 없는 준칙에 따라 행하는 것이 언제나 옳지 못해야 하지만 보편적인 법칙이 될 수 없는 준칙에 따라 행하는 것이 옳지 못하다고 말할 수 없는 경우들이 있을 수 있다. 또한 완전 의무로 볼 수 있는 두 의무가 충돌할 경우, 그 두 의무 중 어떤 의무를 앞서 이행해야 하는가에 대한 문제에 적절히 대응하지 못할 수 있다. 게다가 완전 의무와 불완전 의무가 충돌할 때, 완전 의무를 이행하는 것이 더 부도덕한 행위일 가능성을 배제하지 못한다.

---

10 로스(William David Ross)는 칸트의 의무론을 변경하여 조건부 의무[prima facie (conditional) duty]를 주장한다. 그의 조건부 의무는 행위의 옳고 그름이 행위의 결과에 의해 결정되지 않는다고 본 점에서 공리주의를 반대하지만, 도덕적 사고에 결과를 배제할 수 없음을 인정한다는 점에서 칸트와 차별된다. 또한 어떤 행위가 더 도덕적으로 옳은 행위인지를 판별하기 위해서는 그 행위가 행해진 정확한 상황적 배경을 알 필요가 있으며, 그에 따라 '실질적 의무[practical(actual) duty]'가 무엇인지 결정할 수 있다는 입장을 취한다. 임종식, 『생명의 시작과 끝』, 로뎀, 1999, 61-65쪽.

3. 우리는 일관된 공리주의자가 될 수 있을까?

공리주의(utilitarianism)는 18세기 영국에서 발전한 철학적 · 윤리적 개념이다. 이미 잘 알고 있듯이, 공리주의는 영국의 철학자이자 법학자였던 벤담(J. Bentham)과 밀(J. S. Mill)에 의해 발전했다. 공리주의는 영국과 아메리카합중국의 자유주의적 입법에 크게 영향을 미쳤으며, 아마도 우리가 어떤 행위를 할 것인가를 결정할 때 가장 일반적으로 적용하는 도덕 원리이기도 할 것이다. 공리주의는 서구 문화에서 그리고 현대사회에서 가장 강력하고 설득력 있는 도덕철학 중 하나임에 분명하다.

1) 공리주의의 일반적인 내용

결과주의 윤리 이론은 크게 윤리적 이기주의(ethical egoism)와 공리주의(utilitarianism)로 구분할 수 있다. 두 이론 모두 행위의 결과에 따라 도덕적으로 옳거나 그른(또는 선하거나 악한) 행위를 평가한다는 공통점을 가지고 있다. 윤리적 이기주의에 관해서는 앞선 I장에서 간략하게나마 살펴보았으므로 여기서는 앞으로 논의할 '도덕적 의무의 충돌'과 '법과 도덕'의 문제를 살펴보기 위해 공리주의에 대한 일반적인 내용을 간추려 살펴보기로 한다.

의무론은 타인을 신중하게 대우하기는 하지만 '선(good)'의 증진을 충분할 만큼 중대하게 다루지 않으며, (윤리적) 이기주의는 선의 증진을 중시하기는 하지만 타인을 충분할 정도로 여기지는 않는다. 반면에 공리주의는 그러한 양자의 결함을 교정해주는 것으로 보인다. 공리주의와 관련된 특징을 우선 간략히 정리하면 다음과 같다.

① 공리주의가 채택하는 유일한 보편성은 단지 제1원리인 효용(공리)의 원리(principle of utility)뿐이다.
② 벤담(J. Bentham)은 공리주의의 원리로 "최대 다수의 최대 행복의 원리(the greatest happiness principle)"를 제시한다.
③ 효용(공리)의 원리에 따라 행복과 쾌락을 극대화하는 행위를 택해야 한다고 할 때 중요한 문제는 그 대상이 누구냐는 것이다.
④ 만일 그 대상이 어떤 결정과 행위의 영향을 받을 모든 사람일 경우 우리는 그러한 이론을 '공리주의'라 부르며, 한 개인일 경우에는 '윤리적 이기주의(ethical egoism)'라고 부른다.

벤담의 공리주의가 제시하고 있는 공리의 제1원칙인 '효용(공리)의 원리(principle of utility)'는 다음과 같이 정의할 수 있다.

효용(공리)의 원리(principle of utility)$_{=def.}$

효용(공리)의 원리에 따를 행위 A는 다음의 조건을 충족한 경우 그리고 오직 그 경우에만 옳은 행위다.

① 주어진 상황에서 선택 가능한 행위 중 A를 선택할 때 그 행위에 대한 영향을 받을 모든 사람에게 최대의 효용을 줄 수 있다.
② 행위 A가 적어도 다른 (대안적) 행위만큼의 큰 효용을 줄 수 있다.

(주어진 상황에서 선택 가능한 행위 중 A를 선택할 때 그 행위에 대한 영향을 받을 모든 사람에게 최대의 효용을 안겨줄 경우 또는 적어도 다른 행위만큼의 큰 효용을 안겨줄 경우 그리고 그 경우에만 A는 옳은 행위다.)

공리주의에서 옳고 그름의 기준이자 의무의 궁극적인 기준은 공리의 원칙(효용의 원칙, principle of utility)이다. 이 원칙은 우리의 모든 행위에서 추구되는 도덕적 목적은 '전체로서의 세계에 있어서 악을 뺀 가능한 최대의 선(또는 선을 뺀 가능한 최소한의 악)'이다. 이 경우에 '선'과 '악'은 도덕과 무관한 선과 악을 의미한다. 이것이 함축하고 있는 것은 선과 악의 내용이 무엇이든 간에 그것이 어떤 양적인 방식 또는 적어도 수학적인 방식으로 측정되거나 계산될 수 있다는 것이다. 벤담은 그 기준으로서 쾌락의 강도(intensity), 지속성(duration), 확실성(certainty), 근접성(propinquity), 생산성(fecundity), 순수성(purity), 범위(extent) 같은 일곱 가지 기준을 제시한다. 다음으로 그러한 기준에 따라 쾌락과 고통에 대한 '쾌락 계산법(hedonic calculus)'을 제시한다.[11] 하지만 공리주의는 선이나 악에 대한 측정이나 계산 방식에서 극복될 수 없는 어려움이 있다는 것은 분명하다.

2) 공리주의의 다양한 형식

벤담이 정리하고 제시한 소위 '양적 공리주의'는 밀(J. Mill)에 이르러 쾌락에도 질(quality)적 차이가 있다고 주장하는 '질적 공리주의'로 발전하게 된

11 벤담(Bentham, Jeremy), 『도덕과 입법의 원리에 대한 서론』, "제4장: 쾌락 혹은 고통의 가치와 측정 방법", 강준호 옮김, 아카넷, 2015, 95-101쪽.

다. 밀의 "배부른 돼지보다 배고픈 소크라테스가 더 낫다"는 명제는 그것을 잘 보여주는 진술문이다.[12] 현대의 공리주의는 벤담과 밀의 공리주의 형식으로부터 시작하여 현재는 매우 정교하고 엄밀한 방식으로 발전하고 있다. 다양한 공리주의의 형식 중 대표적인 몇 가지를 간략히 정리하면 다음과 같다.[13]

(1) 쾌락적 공리주의(hedonistic utilitarianism)

쾌락적 공리주의는 벤담이 제시한 공리주의의 형식에 가장 가까운 공리주의라고 할 수 있다. 쾌락적 공리주의는 주어진 상황에서 선택 가능한 행위 중 그 행위들에 영향을 받을 모든 사람의 쾌락을 극대화함으로써 그들 모두에게 최대의 행복을 안겨주는 행위를 선택해야 할 의무가 있다고 주장한다.

쾌락적 공리주의$_{=def.}$

주어진 상황에서 선택 가능한 행위 중 그 행위들에 영향을 받을 모든 사람의 쾌락을 극대화함으로써 그들 모두에게 최대의 행복을 안겨주는 행위를 선택해

---

12 밀(Mill, J. S.), 『공리주의(Utilitarianism)』, 김태형 옮김, 을유문화사, 2013, 34쪽. 원문은 다음과 같다. "만족한 돼지보다 불만족한 인간이 되는 것이 낫고, 만족한 바보보다는 불만족한 소크라테스가 되는 것이 낫다."

13 아래에서 살펴볼 '쾌락적 공리주의, 선호 공리주의, 행위 공리주의, 규칙 공리주의' 외에 보편 공리주의(general utilitarianism)를 예로 들 수 있다. 우리는 일반적인 상황에서 어떤 행위가 최선의 효용(공리)을 초래하는가를 묻지 않으며, 또한 그러한 규칙들이 무엇인지에 대해서도 이야기하지 않는다. 보편 공리주의에 의하면 우리는 '이 경우에 이러저러한 행위를 한다면 어떻게 될 것인가?' 또는 '나는 어떤 규칙에 따라야 하는가?'라고 묻는 것은 의미가 없다. 오히려 '만일 모든 사람이 이러한 경우에 처할 경우 이러저러하게 행위를 한다면 어떻게 될까?'라는 물음이 의미가 있다.

야 할 의무가 있다.

하지만 (이미 알고 있듯이) 쾌락적 공리주의는 쾌락의 총량만으로 행복을 측정하기 때문에 쾌락의 질을 무시하고 있다는 비판으로부터 결코 자유로울 수 없다. 예컨대, 쾌락적 공리주의는 '쾌락의 총량 또는 질적인 쾌락의 총량만으로 옳은 행위의 선택 여부를 결정할 수 있는가?'와 같은 물음에 적절히 답할 수 없다. 예컨대, 자신이 최고의 아이돌 스타라고 생각하는 과대망상증 환자가 가진 행복의 양과 질이 최고의 아이돌 스타가 되기 위해 일생을 노력하고 있는 사람의 행복의 양과 질에 비해 낮거나 적다고 할 수 있을까?

(2) 선호 공리주의(preference utilitarianism)

선호 공리주의는 (간략히 말해서) 쾌락 공리주의에서 '쾌락'의 자리에 '선호'를 대체하여 효용과 행복을 계산하는 공리주의의 한 형식이다.

선호 공리주의$_{=def.}$

주어진 상황에서 선택 가능한 행위 중 그 행위들에 영향을 받을 모든 사람에게 선호하는 정도를 만족시키기를 극대화하는 행위를 선택해야 할 의무가 있다.

선호 공리주의는 쾌락적 공리주의 문제를 어느 정도 극복하는 듯이 보인다. 하지만 선호 공리주의는 '대중 또는 다수의 사람이 선호하는 행위를 따르는 것이 항상 정당화될 수 있는가?'라는 중요한 문제에 적절히 대응할 수 없다. 이 문제는 다음에 이어지는 주제, 즉 '우리는 엄밀한 공리주의가 될 수 있는가?'에서 조금 더 자세히 다룰 것이다.

(3) 행위 공리주의(act utilitarianism)

행위 공리주의는 "내(개인)가 이러저러한 상황에서 이러저러한 행위를 하게 되면 악을 뺀 나머지 일반적인 선에 어떤 결과를 가져올 것인가?"를 묻는다. ('모든 사람이 이러저러한 종류의 상황에서 이러저러한 악을 뺀 나머지 일반적인 선에 어떤 결과를 가져올 것인가?'를 묻는 것이 아니다.) 옳은 행위를 판별하기 위해서는 효용(공리)의 원리를 '각각의 행위'에 직접 적용해야 한다. 달리 말하면, 각각의 행위는 효용(공리)의 원리에 의해 직접 정당화될 수 있다. 행위 공리주의는 개별적인 행위의 결과에 초점을 맞춘다. 행위 공리주의에 따르면, 주어진 상황에서 선택할 수 있는 행위 중 그 행위에 영향을 받을 모든 사람에게 최대의 효용을 주는 행위가 도덕적으로 옳은 행위다. 만일 최대의 효용을 주는 행위가 두 행위 이상일 경우에는 그중 어떤 행위를 선택해도 된다.

행위 공리주의$_{=def.}$

주어진 상황에서 선택 가능한 행위 중 그 행위들에 영향을 받을 모든 사람에게 최대의 효용(공리)을 안겨주는 또는 적어도 다른 행위만큼의 큰 효용(공리)을 안겨주는 행위를 선택해야 할 의무가 있다.

행위 공리주의에 따라 주어진 상황에서 옳은 행위를 선택하기 위해서는 ① 선택할 수 있는 행위마다 그 행위를 선택할 때 초래되는 선과 악을 계산하고, ② 선한 결과로부터 악한 결과를 뺀 순효용(공리)을 산출하고, ③ 효용(공리)이 가장 큰 행위를 선택하는 절차를 따라야 한다.

행위 공리주의는 우리가 가진 상식이나 직관에 위배되는 결론을 내릴 수밖에 없는 문제를 가지고 있다. 예컨대, 어떤 특정 상황에서 행위자 S는 행위 A와 행위 B 중 하나를 선택할 수 있다고 하자. 그리고 S가 선택할 수 있는 행위 A와 B는 모두 선에서 악을 뺀 순효용이 100으로 같다고 하자. 그런데 행위 A는 약속을 어기거나 거짓말을 하는 것과 같은 (우리가 가진 상식에서) 옳지 못한 것들을 포함하고 있는 반면에, 행위 B는 그러한 것들을 포함하고 있지 않다고 해보자. 행위 공리주의에 따르면, 행위 A와 B는 순효용(공리)이 같기 때문에 두 행위 모두 옳은 행위라고 말해야 한다. 하지만 (우리가 가진 건전한 상식에 따르면) 행위 A는 그른 반면에, 행위 B는 옳다. 따라서 행위 공리주의는 우리가 도덕적으로 옳은 행위를 선택하기 위해 적용할 수 있는 만족스러운 이론이라고 보기 어렵다.[14]

(4) 규칙 공리주의(rule utilitarianism)

규칙 공리주의는 규칙 의무론과 같이 도덕에서 '규칙(rule)'의 중요성을 강조한다. 따라서 효용(공리)의 원리는 먼저 (채택할 수 있는) 도덕 규칙들에 적용되어야 하며, 그 효용(공리)의 원리가 적용된 규칙을 각 행위에 적용해야 한다. 규칙 공리주의에 따르면, 각 행위는 도덕 규칙들에 의해 정당화될 수 있으며, 도덕 규칙들은 효용(공리)의 원리에 의해 정당화될 수 있다. 규칙 공리주의자들에게는 각 규칙을 일반적으로 따를 때 초래되는 결과가 관심의 대상이다. 하지만 규칙 공리주의는 의무론과 달리 '어떤 규칙이 모든 사람에게 최대의 선을 가져다주는 규칙'을 따라야 한다는 조건을 덧붙인다.[15]

---

14 어잉(A. A. Ewing)은 다음과 같이 말한다. "행위 공리주의의 근거에 따르면 거짓말을 하는 것이 어떤 경우에도, 예컨대 생명을 구하기 위해 거짓말을 하는 경우에도 옳은 것일 수 없다고 주장하기 어렵다. 그러나 나에게 아주 명백해 보이는 것은 행위 공리주의의 원칙이란 그것을 논리적으로 적용할 경우 선량한 사람이 참아내기 어려울 정도의 속임수와 거짓말 그리고 부정의한 행위를 결과하게 되리라는 점이다." A. A. Ewing, *Ethics*, New York, The Free Press, 1965, p. 41.

15 규칙 공리주의와 관련하여 다음과 같은 사항을 생각해볼 필요가 있다. 즉, 장자 상속권의 규칙을 따르는 것이 최대의 일반적인 선을 결과하는 것일 수 있다. 하지만 그렇게 하는 것이 부정의

규칙 공리주의=def.

주어진 상황에서 따를 수 있는 여러 도덕 규칙 중 일반적으로 따라 행할 때 그 행위들에 영향을 받을 모든 사람에게 최대의 효용(공리)을 안겨주는 또는 적어도 다른 규칙을 따를 때만큼의 효용(공리)을 안겨주는 규칙을 따라야 할 의무가 있다.

규칙 공리주의에 따라 주어진 상황에서 옳은 행위를 선택하기 위해서는 ① 선택할 수 있는 규칙마다 그 규칙을 일반적으로 따라 행위 할 경우 초래되는 선과 악을 계산하고, ② 선한 결과로부터 악한 결과를 뺀 순효용을 산출하고, ③ 효용이 가장 큰 규칙에 따라 행위 하는 절차를 따라야 한다.

규칙 공리주의에서 '거짓말을 하지 말라'와 같은 규칙을 따르는 것이 옳은 행위가 될 수 있는 것은 (의무론과 달리) 그 행위가 보편법칙으로서 옳은 행위이기 때문이 아니다. 그러한 규칙을 따르는 것이 장기적인 관점에서 계산했을 때 더 큰 효용(공리)을 가져올 것이기 때문이다. 예컨대, '수정된 장발장의 사례'에서 그는 '(자신에게 즉각적이고 직접적인 이익이 되는) ⓐ 어떤 경우에는 거짓 약속을 해도 된다' 그리고 'ⓑ 어떠한 경우에도 거짓 약속을 해서는 안 된다'와 같은 규칙을 가질 수 있다. 규칙 공리주의에 따르면, 장발장이 규칙 ⓑ를 따르지 않고 규칙 ⓐ를 따른다면 장기적인 관점에서 그는 더 이상 아

한 것일 수도 있다. 만일 그렇다면, 옳고 그름을 결정하기 위한 기준은 공리(utility)만이 아니라 정의(justice)도 포함된다. 결국, 어떤 종류의 의무론적 이론이 타당한 이론이 될 것인데, 왜냐하면 정의로운 것은 공리의 원칙과는 독립해 있는 것이기 때문이다. 만일 경우에 따라 정의가 공리를 능가할 수도 있다면, 그러할 경우 무엇이 옳은가라는 문제는 공리의 원칙에 의거해서 해결될 수 없으며, 따라서 결국 의무론자가 적어도 부분적으로나마 옳다고 할 수 있다. 절충된 의무론(mixed deontological theory)의 입장에서 본다면, 의무에 대한 두 가지 기본 원칙(two basic principle of duty)은 공리(utility)의 원칙과 정의(justice)의 원칙이다. 이와 같은 두 가지 기본 원칙은 실제적인 의무의 원칙이 아닌 조건부 의무(prima facie duty)의 원칙으로 간주되어야 한다. 만일 그렇다면, 정의의 원칙이 항상은 아닐지라도 적어도 경우에 따라서는 공리의 원칙에 우선한다고 보아야 한다. MacIntyre, Alasdair, *A Short History of Ethics: A History of Moral Philosophy from the Homeric Age to the 20th Century*, Routledge, 2002, pp. 234-235 참조.

무에게도 빵을 빌릴 수 없기 때문에 규칙 ⓑ를 따르는 것이 더 큰 효용(공리)을 가져온다고 설명할 수 있다. 이처럼 규칙 공리주의는 행위 공리주의가 가진 약점, 즉 우리가 가진 건전한 상식에 위배되는 결론을 초래하는 문제에서 벗어날 수 있다.

하지만 규칙 공리주의는 (앞서 살펴본 의무론과 마찬가지로) 동등한 자격을 가진 규칙이 서로 충돌할 경우 어떤 규칙을 따라야 하는지에 대해 명쾌한 답변을 내놓을 수 없다. 예컨대, 행위자 S가 'ⓒ 어떠한 경우에도 거짓 약속을 하지 말라'와 'ⓓ 어떠한 경우에도 무고한 사람을 해하지 말라'는 규칙을 가지고 있고, 그 두 규칙 ⓒ와 ⓓ가 서로 충돌하는 상황에 놓였다고 해보자. 규칙 공리주의는 (의무론과 마찬가지로) 그러한 규칙의 충돌을 적절한 방식으로 해소할 수 없다.[16]

3) 우리는 엄밀한 공리주의자가 될 수 있을까?

우리는 우리의 삶과 일상에서 도덕적으로 또는 실천적으로 중요한 결정을 내려야 할 때 공리주의의 일반 원리를 가장 익숙하고 자연스럽게 적

16 규칙 공리주의는 일반적으로 크게 세 가지로 구분할 수 있다. (1) 소박한 규칙 공리주의(primitive rule utilitarianism): 규칙이란 보편 공리주의가 도달한 결론을 단지 공식화한 것에 불과하다. 예컨대, 선거일에 투표를 하라. (2) 실제적인 규칙 공리주의(actual rule utilitarianism): 어떤 행위는 그것이 공인된 도덕 규칙 또는 현행 도덕 규칙에 부합하는 것일 경우 옳으며 그렇지 않을 경우 그르다. 이때 그러한 규칙들은 그것을 인정하거나 준수하는 것이 최대의 일반적 선을 결과하거나 그 필요조건이 된다는 점을 가정한다. (3) 이상적인 규칙 공리주의(ideal rule utilitarianism): ① 어떤 행위가 옳은 것이기 위한 필요충분조건은 일반적으로 '승인(confirmity)'에 의거할 경우 최대의 공리가 결과하게 될 일련의 규칙들에 그 행위가 일치한다. ② 어떤 행위가 옳은 것이기 위한 필요충분조건은 그 일반적 '수용(acceptance)'이 최대의 공리를 결과하게 될 일련의 규칙들에 그 행위가 일치한다.

용하여 판단한다. 우리에게 주어진 선택지 중에서 어떤 결정을 내려야 할 때, 그 선택의 결과로 초래될 이익(효용)의 총량을 계산하여 이익이 더 큰 행위를 하기로 결정하는 것은 너무 자연스러운 듯이 보인다. 그런데 '우리는 엄밀한 공리주의자가 될 수 있을까?'라는 물음을 던질 수 있다. 이제부터 이 물음에 답하기 위해 문제의 형식과 구조에서 유사하지만 서로 상이한 행위 결정을 할 수도 있을 것으로 추론되는 몇 가지 사례를 살펴보자. 각 사례에서 당신이 내리는 결정은 무엇인지 검토해보자.

〈사례 1〉

당신은 대학생이고 당신을 포함하여 7명으로 구성된 어떤 동아리의 회장이라고 해보자. 그리고 당신은 동아리 회원들의 요청에 따라 청평으로 MT를 가기로 결정하고 준비하고 있다. 그런데 회원 중 5명이 MT 장소를 청평에서 지리산으로 변경하는 것이 좋겠다는 의견을 제시했다. 말하자면, 동아리 회원 중 5명은 지리산으로 MT를 가는 것에 동의하고 남은 1명은 지리산으로 MT를 가는 것을 한사코 반대하면서 최초의 계획대로 청평으로 갈 것을 주장하고 있다. 7명의 회원 모두 반드시 MT를 간다는 것은 이미 결정되어 있다. 당신은 회장으로서 지리산과 청평 중 한 곳으로 장소를 결정해야만 한다. 물론, 지리산으로 갈 경우 5명은 만족하겠지만 남은 1명은 매우 실망할 것이고, 반대의 경우에는 5명은 실망하겠지만 1명은 매우 기뻐할 것이다. 동아리 회장인 당신은 어떤 결정을 하겠는가?

① 지리산으로 MT를 간다.

② 청평으로 MT를 간다.

〈사례 2〉[17]

당신은 열차 기관사이고 당신이 운전하고 있는 열차의 브레이크가 고장 났다고 해보자. 당신은 열차의 브레이크가 고장 났음을 상부에 보고하고 어떻게든 열차를 세우려고 애쓰고 있다. 그때 상부에서 당신이 운행하고 있는 선로(A 선로라고 하자)에 5명의 노동자가 일하고 있으며 불행히도 그들과 어떠한 연락도 닿지 않는다고 한다. 다행히도 5명의 노동자가 일하고 있는 곳에 당도하기 전에 갈라지는 다른 선로(B 선로라고 하자)가 있다. 그런데 그 다른 선로에는 1명의 노동자가 일하고 있으며 그 또한 어떠한 연락도 닿지 않는다고 한다. 당신에게 주어진 선택지는 A 또는 B 선로로 열차의 방향을 바꾸는 것 외에는 없다. 열차 기관사인 당신은 어떤 선택을 하겠는가?

① B 선로로 방향을 바꾼다.
② A 선로의 방향을 유지한다.

〈사례 3-1〉

당신이 수술 실력이 매우 뛰어난 외과 의사라고 해보자. 그리고 건강한 신체를 가진 한 사람이 병원에 입원했다고 하자. 그런데 당신은 현재 빠른 시일 안에 장기이식을 받지 않으면 생명을 잃을 수밖에 없는 5명의 환자를 돌보고 있다. 게다가 그 5명의 환자는 모두 사회와 학문 발전에 많은 기여를 한 사람들이고, 당신은 그들의 생명이 경각에 달려 있다는 것을 매우 안타깝게 생각하고 있다. 이들 5명의 훌륭

---

17 Foot, Pillipa, *Moral Dilemmas and Other Topics in Moral Philosophy*, Oxford: Oxford University Press, 2002.

한 사람들을 살릴 수 있는 유일한 방법은 건강한 신체를 가진 사람의 장기를 떼어 이식하는 것이고, 이때 장기를 뗀 건강한 사람은 사망한다. 병원의 보안이 워낙 잘되어 있어서 건강한 입원 환자의 장기를 모두 떼어내서 죽인다고 하더라도 이 사실은 외부에 절대로 알려지지 않고, 곧 사회에 불안을 초래하지도 않는다고 가정하자. 당신이 그 의사라면 어떤 결정을 하겠는가?

① 장기이식 수술을 한다.
② 장기이식 수술을 하지 않는다.

〈사례 3-2〉

당신이 수술 실력이 매우 뛰어난 외과 의사라고 해보자. 당신은 현재 빠른 시일 안에 장기이식을 받지 않으면 생명을 잃을 수밖에 없는 5명의 환자를 돌보고 있다. 게다가 그 5명의 환자는 모두 사회와 학문 발전에 많은 기여를 한 사람들이고, 당신은 그들의 생명이 경각에 달려 있다는 것을 매우 안타깝게 생각하고 있다. 이들 5명의 훌륭한 사람을 살릴 수 있는 유일한 방법은 건강한 신체를 가진 사람의 장기를 떼어 이식하는 것이고, 이때 장기를 뗀 건강한 사람은 사망한다. 그런데 정신적으로든 신체적으로든 건강상 어떠한 문제도 없는 한 평범한 사람이 자신의 장기를 그 5명의 환자에게 이식하겠다며 자발적으로 자원했다고 해보자. 병원의 보안이 워낙 잘되어 있어서 건강한 입원 환자의 장기를 모두 떼어내서 죽인다고 하더라도 이는 외부에 절대로 알려지지 않고, 곧 사회에 불안을 초래하지도 않는다고 가정하자. 당신이 그 의사라면 어떤 결정을 하겠는가?

① 장기이식 수술을 한다.

② 장기이식 수술을 하지 않는다.

〈사례 4〉

당신은 현재 ○○대학교 의과대학 학생이라고 해보자. 당신은 매우 성실할 뿐만 아니라 공부에 재능도 있어 성적은 항상 상위권에 있고 장학금도 여러 번 받았다. 그리고 당신은 가정 형편이 그리 좋은 편이 아니어서 장학금을 반드시 받아야만 학업을 정상적으로 수행할 수 있는 처지다. 장학금은 학년 석차가 10위 안에 들어야만 받을 수 있다. (성적 장학금 외에는 어떠한 장학금도 없다고 하자.) 내일 있을 해부학 시험만 남겨놓은 시점에서 당신의 성적은 현재 11위다. 당신은 해부학 시험을 잘 보아야만 할 처지에 놓인 것이다. 그런데 공교롭게도 현재 성적이 10위인 A가 어제 해부학 수업에 결석했고, 아주 친한 것은 아니지만 평소 잘 알고 지내던 A는 당신에게 예상 시험 문제를 들고 와 설명해줄 것을 요청했다. A는 결석했기 때문에 그 문제를 정확히 이해하지 못하지만, 당신은 그 문제를 정확히 알고 있다. (예외를 제거하기 위해 그 문제를 정확히 알려줄 수 있는 사람은 당신뿐이라고 하자.) 만일 당신이 그 문제의 풀이를 정확히 알려준다면 아마도 A는 해부학 시험을 잘 볼 것이고, 그것은 곧 당신이 장학금을 받을 수 없다는 것을 의미한다. 반대로 만일 당신이 A에게 잘못된 답을 알려준다면 A는 해부학 시험을 망칠 것이고, 그것은 곧 당신이 장학금을 받을 수 있다는 것을 의미한다. 당신은 이와 같은 경우에 어떤 결정을 할 것인가?

① 예상 문제에 대해 설명해주지 않는다.

② 예상 문제에 대해 설명해준다.

〈사례 5〉

당신은 현재 A라는 남성(또는 여성)과 1년 넘게 교제 중이라고 해보자. 다른 연인들이 그렇듯이 당신도 A와 가끔 사소한 일로 다투는 일이 있기는 하지만 서로가 사랑하고 있다는 점은 의심할 여지가 없다고 하자. 만난 지 400일이 되는 날 당신과 A는 기념 선물을 교환했다. 당신은 A에게 그녀(또는 그)가 평소에 사달라고 말해왔던 것을 선물했다. 그리고 당신은 A에게 특별히 어떤 것을 선물해달라고 말하지 않았기 때문에 A가 나름대로 준비한 선물을 받게 되었다. 아뿔싸! 그런데 A가 선물한 것은 이미 당신이 갖고 있는 것일뿐더러 별로 좋아하지도 필요하지도 않은 것이었다. 이러한 상황에서 당신은 A에게 어떻게 말할까?

① 선물에 감동했다고 말한다.
② 이미 가지고 있다고 말한다.

〈사례 6〉

비행기가 바다에 불시착하여 10인승 구명보트에 15명이 타게 되었다. 보트에 물이 스며들 수밖에 없었고 승무원인 내가 어떤 조처를 취해야 할 상황이었다. 이 구명보트는 12명까지는 그럭저럭 견딜 수 있게 설계되었고, 이 상황에서 아무 조치도 취하지 않을 경우 1시간 후에는 가라앉을 수밖에 없음을 알고 있다. 나는 어떻게 해야 할까?

① 구명보트에서 5명(또는 3명)을 하선시킨다.
② 아무런 조치도 하지 않는다.

〈사례 7〉

나는 조디와 메리라는 이름을 가진 샴쌍둥이의 부모다. 메리는 폐와 심장이 없어 조디에게 생명을 의지하고 있다. 의사는 이 두 아이가 같은 심장과 폐를 사용하기 때문에 그대로 두면 수개월 안에 둘 모두 사망한다고 진단했다. 메리를 떼어내야 조디라도 살릴 수 있다. 나는 이러한 수술을 허용해야 하는가?

① 분리 수술을 한다.

② 분리 수술을 하지 않는다.

〈사례 8〉

만일 교수님께서 저에게 10점을 더 주신다고 하더라도 저는 아무에게도 그 말을 하지 않을 것입니다. 점수를 더 주었다는 사실이 교수님과 저를 다치게 하리라는 것을 알고 있기 때문입니다. 저는 결혼도 했고 갓 돌을 지난 아이도 한 명 있습니다. 저는 곧 학교를 졸업하게 되며 제가 몸담게 될 직장은 다른 도시에 있습니다. 제가 졸업하지 못하면 예정된 직장을 잃게 되고 제 가족과 저는 상당한 어려움을 겪게 될 것입니다. 사실 저는 중퇴해야 할지도 모릅니다. 왜냐하면 돈이 없기 때문입니다. 저는 가능한 한 최선을 다해 공부했습니다. 그러나 저는 철학이 이해하기 어렵다는 것을 알았습니다. 게다가 교수님이 저에게 10점을 더 주어 학점을 주신다고 해도 다른 학우들의 성적에 전혀 영향을 주지도 않습니다. 그리고 저는 학기 중에 40시간 이상을 일했습니다. 그 때문에 이번 학기는 저에게 매우 힘들었습니다.

당신이 이 사례의 교수라면 어떤 결정을 하겠는가?

① 학점을 준다.

② 학점을 주지 않는다.

당신은 〈사례 1~8〉에서 어떤 선택을 했는가? (얼핏 보기에) 각 사례에서 이익을 최대화하는 결정은 '선택 ①'인 것처럼 보인다. 그렇다면, 당신이 각 사례에서 모두 ①을 선택했다면, 이익(효용)이 최대화하는 행위를 선택했다고 볼 수 있다. 과연 그럴까?

〈사례 1〉은 우리의 삶과 일상에서 익숙하게 만날 수 있는 사건 중 하나다. 그리고 '최대 다수의 최대 행복의 총량을 기대'할 수 있는 지리산으로 MT 장소를 결정하는 것이 더 나은 결정이라고 생각하는 것이 우리의 상식에 잘 부합할 뿐만 아니라 자연스러운 추론이다. 여기까지는 (엄밀한 의무론자가 아니라면) 큰 문제가 없는 듯이 보인다. 하지만 다른 사례들은 그렇게 간단하게 말할 수 없는 내용과 구조를 가지고 있는 듯이 보인다.

〈사례 2〉는 우리에게 매우 익숙한 풋(P. Foot)의 트롤리 사례(trolley problem)다. 전통적인 트롤리 사례는 우리에게 해결하기 매우 어려운 딜레마를 제시한다. 선택지는 단 두 가지뿐이다.[18] 이 문제가 제시하는 딜레마는 명확하다. 다수의 생명을 구할 수 있는 선택을 할 것인가(5명), 또는 인위적인 변경이 없었다면 생명을 잃지 않았을 소수(1명)의 생명을 구하는 선택을 할 것인가를 결정해야 하는 문제다.[19] (트롤리 문제는 철학적으로 그리고 논리적으로 매

---

18 필리파 풋이 제시한 트롤리 딜레마는 논리적으로 전형적인 선언 형식을 띠고 있다. 즉, 이 사례는 'p(5명의 노동자)∨q(1명 노동자)'의 형식을 가지고 있다. 따라서 만일 우리가 p를 선택하면, 1명의 노동자가 사망하게 되는 불행한 사건이, 그리고 q를 선택하면 5명이 사망하게 되는 불행한 사건이 초래될 수밖에 없다.

19 이와 관련해서는 Foot, Philippa, "The Problem of Abortion and the Doctrine of Double Effect," Oxford Review No. 5 (1967), Killing and Letting Die, Steinbock & Norcross ed. 1994; Thomson, Judith, "A Defense of Abortion," Philosophy & Public Affairs, 1971 Oct 01. 1(1), 47-66; Thom-

우 엄밀한 논의가 필요하다. 따라서 여기서는 그와 같은 복잡한 논의는 잠시 뒤로 미루기로 하자.) 어떤 이는 (비록 인간 생명에 개별적인 가치를 매길 수는 없다고 하더라도) 5명의 생명을 구하는 것이 1명의 생명을 구하는 것보다 (적어도 구할 수 있는 생명의 양적인 측면에서) '이익'이 크기 때문에 기차의 진행 방향을 바꿔야 한다고 주장할 것이다. 반면에 다른 어떤 이는 전차의 원래 진행 방향을 바꾸는 것은 그와 같은 결정을 하는 사람의 '의도가 적극적(positive intention)'으로 개입해서 사건의 '자연스러운' 진행을 고의로 바꾸는 것이기 때문에 도덕적으로 더 옳지 않다고 주장할 수 있다.

〈사례 3-1〉과 〈사례 3-2〉는 전통적인 트롤리 딜레마를 조금 더 강화시킨 변형 사례다. 〈사례 3-1〉은 겉으로 보기에 5명의 생명을 구하는 이익과 1명의 생명을 구하는 이익 중에서 한 가지 선택지를 결정하는 문제인 것처럼 보인다. 하지만 〈사례 3-1〉은 〈사례 2〉와 달리 도덕적 판단을 내리는 것은 비교적 어렵지 않다. 우리는 그 어떠한 경우에도 무고한 한 사람의 생명을 빼앗아 5명의 생명을 구해야 한다는 데 동의할 수 없기 때문이다.

〈사례 3-2〉는 〈사례 3-1〉에 새로운 전제가 하나 추가되었다. 그 새로운 전제는 바로 장기를 제공하는 사람의 '자발적(autonomy) 결정'이다.[20] 〈사례 3-2〉에서 장기를 기증하는 사람은 어떠한 강압적인 협박이나 정신적인 이상이 없는 상황에서 (오로지 인류와 사회에 기여하겠다는 선한 의지에 의거하여) 자신의

---

son, Judith, "Killing, Letting Die, and the Trolley Problem," The Monist, 59, 1976; Thomson, Judith, "The Trolley Problem," The Yale Law Journal, Vol. 94, 1985 참조.

20 우리는 일반적으로 자유로운 상태에서 내린 선택 또는 행위만을 나의 결정이자 행위라고 판단한다. 말하자면, 행위자의 자발성은 그 행위자의 행위를 그의 것으로 규정하는 데 결정적인 조건이다. 이 문제는 또한 '충분한 설명에 의거한 자발적 동의(informed consent)'의 문제와 밀접한 관련이 있다. 현대 응용윤리학 또는 생명의료윤리는 안락사와 인간을 대상으로 하는 실험 등에서 충분한 설명에 의거한 자발적 동의를 중요한 논제로 다루고 있다. 전대석, 『의료윤리와 비판적 글쓰기』, 북코리아, 2016 참조.

장기를 기증하기로 결정한다. 물론, 그는 자신이 장기를 기증하는 결과가 자신의 죽음을 초래한다는 것 또한 분명하고 명료하게 이해하고 있다. 만일 이와 같은 (강력한) 추가 조건이 덧붙여진다면, (외과 의사인) 당신은 어떤 결정을 하겠는가? 아마도 당신은 〈사례 3-1〉과 달리 장기이식수술을 도덕적으로 허용할 수 없다는 결론을 곧바로 도출하는 데 어려움을 겪을 수도 있다. 심지어 이 사례에서는 장기를 기증하려는 사람의 '선의'를 수용하는 것이 더 도덕적인 결정이라는 주장을 성립시키고자 시도할 수도 있을 것이다. 만일 우리가 그와 같은 주장을 받아들인다면, 그 결정은 문제가 없을까? 먼저 제기할 수 있는 문제는 (어떠한 강압이나 정신적인 이상이 없는 상황에서 내린) '자발적 결정이나 선택은 무조건 항상 수용될 수 있는가?'라는 문제를 제기할 수 있을 것으로 보인다. 만일 우리가 자발적인 결정은 무조건 수용될 수 있다는 입장에 선다면, 우리는 적극적인 자살을 포함하여 모든 종류의 안락사를 허용해야 한다는 결론에 도달하게 된다. 다음으로 〈사례 3-1〉과 〈사례 3-2〉는 모두 '선한 목적(다수의 생명을 구함)을 위해 악한 수단(소수의 생명을 희생함)'을 허용한다는 비판으로부터 자유로울 수 없다. 누군가는 이와 같은 문제 제기는 (적어도) 공리적 입장에서는 적절하지 않은 비판이라고 주장할 수 있을 것이다. 하지만 이와 같은 반박은 벤담의 주장을 통해서도 어렵지 않게 재반박할 수 있다. 벤담은 다음과 같이 말한다.[21]

> 공리의 원칙에 의거하면, 만일 어쨌든 악이 허용되어야 한다면, 오직 그것이 더 큰 악을 제거하리라고 보장하는 한에서만 허용되어야 한다.

---

21 Bentham, Jeremy, *An Introduction to the Principles of Morals and Legislation*, 1789, Chap. 13 참조.

만일 그렇다면, 장기를 자발적으로 기증한 사람의 사망을 허용하는 것이 더 큰 악을 제거하는 일로 볼 수 있는가에 대해 분석해야 할 것이다. 벤담의 진술문에서 중요한 부분은 '작은 악이 허용될 수 있는 필요조건은 더 큰 악을 제거하는 데 있다'는 것이다. 그런데 〈사례 3-2〉에서 주어진 문제 상황은 '더 큰 선이라는 목적을 이루기 위해 작은 악을 수단으로 삼는', 달리 말하면, '작은 악을 허용함으로써 더 큰 선을 도모'하는 논리적 구조를 가지고 있다. 따라서 벤담이 주장한 공리적 원칙에 의거한다고 하더라도 〈사례 3-2〉에서 자발적 기증자의 사망을 초래하는 장기이식수술은 허용되기 어렵다는 것을 알 수 있다.

〈사례 4〉와 〈사례 5〉에 대해서는 다양한 답변이 나올 것으로 예상할 수 있다. 이익의 관점에서 본다고 하더라도 선택의 결과로부터 얻어질 이익을 단기적 관점에서 계산할 것인지 또는 장기적 관점에서 계산할 것인지에 따라 다른 결정이 도출될 수 있다. 만일 당신이 의무론의 입장에서 이 문제에 접근한다면, 거짓말을 할 것인지 또는 거짓말을 하지 않을 것인지에 따라 다른 결정을 할 것으로 예상할 수 있다.

〈사례 6〉은 우리에게 매우 익숙할 뿐만 아니라 중요한 문제를 제기하고 있다. 우리는 아마도 이 사례에서 다수의 생명을 구하기 위해 소수의 생명을 희생하는 것을 감수할 수밖에 없다고 생각하기 쉽다. (우리는 아마도 그러한 결정을 내리는 것이 불가피하다고 여길 것이다.) 하지만 우리의 통념과 달리 문제는 그렇게 간단하지 않다. 우리가 이미 짐작하듯이, 주어진 문제 상황은 우리가 앞서 살펴보았던 문제들과 본질적으로 동일한 구조를 가지고 있다. 말하자면, 이 문제 또한 다수의 생명을 구하는 더 큰 '선'을 행하기 위해 소수 생명의 희생을 감수하는 '악'을 허용할 수 있는가에 답해야 한다.[22]

---

22 이것은 '구명보트의 유비 논증'으로 알려진 문제다. 이 논증에 대한 더 자세한 내용은 피터 싱어

우리는 뉴스나 미디어를 통해 〈사례 7〉과 같은 안타까운 모습을 종종 목도하곤 한다. 우리는 아마도 조디의 생명을 구하기 위해 수술을 결행하는 선택을 한다고 하더라도 그러한 선택에 대해 비난하기가 쉽지 않을 것이다. 두 아이를 잃는 것보다는 적어도 한 아이라도 살리는 것이 더 나은 선택이라고 보는 것이 우리의 상식이자 직관이기 때문이다. 조디의 생명을 구하기 위해 메리의 생명을 포기할 수밖에 없는 이유를 정당화할 수 있는 다른 논리적 근거는 없을까? 이 문제에 대한 현대 철학적 접근은 '의도(intention)'에 의거하여 해명하는 것이다. 간략히 말하자면, 수술을 집도하는 의사는 '조디의 생명을 구하는 것을 의도했을 뿐 메리의 죽음을 의도하지 않았다'고 주장할 수 있다.[23]

〈사례 8〉에서 그 교수가 자신의 결정으로부터 초래될 이익의 총량만을 고려할 경우, 그는 졸업을 앞둔 그 학생에게 학점을 준다는 결정을 할 것으로 예상할 수 있다. 그 학생은 (다른 학생에게 피해를 줄 수 있는) 높은 학점을 요구하는 것이 아니라 단지 졸업 요건을 갖추기 위한 최소한의 학점을 원하고 있기 때문이다. 말하자면, 그 교수가 그 학생에게 최소한의 학점을 줄 경우, (적어도 겉으로 보기에) 그것으로부터 이익을 받을 사람은 (학생 본인, 그의 아내와 아이 등) 여럿인 반면에 피해를 받을 사람은 없기 때문이다. 하지만 우리는 이러한

(P. Singer), 『실천윤리학』, 황경식 옮김, 철학과현실사, 2003, 279-280쪽; 전대석, 『학술적 글쓰기: 논증구성으로부터 에세이 쓰기』, 북코리아, 2023, 292쪽 재인용, 460-463쪽 참조.

23 하지만 이와 같이 '의도'에 의거하여 이 문제를 해결하려는 시도는 더 많은 논의가 필요하다. 간략히 말해서, 예견(expectation) 조건을 함께 고려할 수 있다. 우리는 일반적으로 어떤 행위를 행하기에 앞서 그 행위를 행하기로 의도할 경우 그 행위로부터 초래될 결과를 예견한다. 예컨대, 우리는 통상적으로 '피자를 먹기로 의도할 경우, 그 의도가 실현된다면 배가 부를 것을 예견한 채 의도적으로 피자를 먹는다.' 만일 그렇다면, 주어진 문제 상황에서 그 의사가 조디의 생명을 구하기 위한 의도를 가지고 (의도적으로) 분리 수술을 할 경우, 그 의사가 메리의 죽음을 예견하지 않았다고 주장할 수 있을까? 이 문제는 자연법 윤리학의 이중결과의 원리(principle of double effect)를 떠올리게 한다. 이에 관해서는 "V장: 살인은 폭력보다 항상 나쁜가?"에서 법적 문제와 연결하여 조금 더 자세히 논의한다.

결정에 대해 불편한 마음을 가질 수 있다. 우리가 엄밀한 의무론의 입장에 서지 않더라도 그 교수가 학점을 받을 수 있는 최소한의 자격과 조건을 충족하지 못한 학생에게 학점을 주는 것은 규칙을 위반하는 부정의한 반칙이라고 생각할 수 있기 때문이다. 당신이 그 교수라면 어떤 결정을 할까?

4) 효용(공리)의 원리에 근거한 행위는 항상 옳은가?

공리주의가 채택하는 유일한 보편성은 단지 제1원리인 '효용(공리)의 원리(principle of utility)'뿐이다. 효용(공리)의 원리에 따라 행복과 쾌락을 극대화하는 행위를 선택해야 한다고 할 때 고려해야 할 중요한 문제는 이렇다. '그 대상이 누구인가?' 이 질문은 중요한 의미를 지닌다. 공리주의자에게 유일한 선(good)은 인간의 행복(쾌락)이다. 이제 공리주의가 채택하고 있는 효용(공리)의 원리에 따르는 행위 결정이 가진 문제가 무엇인지 간략히 살펴보자.

〈효용(공리)의 원리〉

최대의 효용을 산출하거나 또는 적어도 다른 행위(또는 규칙)보다 더 큰 효용을 산출하는 행위는 (도덕적으로) 옳다.

주어진 상황에서 선택할 수 있는 행위 중 A를 선택할 경우 그 행위에 영향을 받을 모든 사람에게 최대의 효용을 안겨준다면, 또는 적어도 다른 행위만큼의 큰 효용을 안겨줄 경우 오직 그 경우에만 A는 (도덕적으로) 옳은 행위다.

(1) 공리주의의 문제점: 효용(공리)의 원리에 근거한 행위는 항상 옳은가?

공리주의가 채택하고 있는 제1원리가 지닌 문제를 이해하기 위해 다음과 같은 상황을 가정해보자.

구분	관련된 사람의 수	개인당 효용	효용 총량
행위 1	2	100	200
행위 2	50	2	100

위의 표가 보여주는 것은 분명하다. 행위 1은 행위 2보다 효용(공리)의 총량은 크지만 그 효용(공리)의 혜택을 받는 사람의 수는 적고, 행위 2는 행위 1에 비해 효용(공리)의 총량은 작지만 그 효용(공리)의 혜택을 받는 사람의 수는 많은 (극단적인) 경우를 보여주고 있다. 간략히 말하면, 행위 1은 최대의 효용(공리)을 산출하지만 폭넓은 분배를 산출하지 못하고, 행위 2는 폭넓은 분배를 산출하지만 최대의 효용(공리)을 산출하지 못한다. 이것은 공리주의의 제1원칙인 효용(공리)의 원리를 일관되게 항상 적용할 수 없다는 것을 보여준다. 벤담의 말을 빌려 표현하자면, '최대 다수의 최대 행복'에서 '다수'의 효용(공리)을 위해 '행복'의 극대화를 포기하거나 '행복'의 극대화를 위해 '다수'의 효용(공리)을 보장하지 못할 수 있다. 공리주의가 가진 이러한 문제는 (극단적으로 말했을 때) '노예제도'와 같이 인류의 보편적인 가치를 정면으로 위배하는 제도마저 허용할 수 있는 근거로 활용될 수도 있다. (위의 표에서 행위 1에 노예의 주인을, 그리고 행위 2에 노예를 대응할 경우 그러한 결론에 도달할 수 있다.)

(2) 결과주의(consequentialism)의 문제

다음의 두 사례를 살펴보자.[24] 과연 무엇이 선한 행위인가? 달리 말하면, 다음의 두 사례에서 행위자는 진정한 선행을 했다고 평가할 수 있는가?

〈사례 9〉

암살자가 존경받는 종교 지도자를 암살하려 한다고 생각해보자. 조준이 잘못되어 바위를 맞혔으며, 결국 암살에 실패했다. 그런데 암살자의 총에 맞은 바위에서 기름이 흘러나왔다. 모여 있던 군중은 그 기름을 주의 깊게 살펴본 뒤 자신들 모두를 부유하고 행복하게 만들 수 있을 만큼 충분한 기름이 들어 있는, 아직 발견되지 않은 유전이라는 것을 발견했다. 모든 사람은 재산을 나눠 갖고 행복하게 살았다.

〈사례 10〉

사랑으로 충만한 의사가 원주민을 치료하기 위해 밀림을 방문했다. 그러나 의사는 원주민에게 알려지지 않아 원주민에게 면역력이 없는 질병을 가지고 왔다. 그 결과 많은 원주민은 그 질병에 걸렸으며, 고통 받았다.

이러한 두 사례에서 암살자(사례 9)는 도덕적으로 선한 행위를 했다고 볼 수 있을까? 또한 의사(사례 10)는 도덕적으로 악한 행위를 했다고 할 수 있

---

24 Feldman, Fred, *Introductory Ethics*, Prentice-Hall, Inc., 1978, pp. 65-67.

을까? 우리가 가진 건전한 상식과 직관은 그렇지 않다고 말한다. 말하자면, 어떤 행위의 '결과'가 좋다(또는 나쁘다)는 또는 현실적인 이익(또는 불이익)을 가져온다는 것이 곧 그 행위가 본질적인 측면에서 도덕적으로 선하거나(옳거나) 악하다(그르다)는 것을 뜻하지 않는다.

(3) 온전성(integrity) 침해의 문제

다음 사례는 대표적인 공리주의 철학자 중 한 사람인 윌리엄스(B. Williams)가 제시한 공리주의에 대한 비판을 다루고 있다. 그가 제기하고 있는 문제가 무엇인지 비판적으로 고찰함으로써 공리주의가 안고 있는 문제가 무엇인지 이해할 수 있다.[25]

> 화학 박사학위를 받은 지 얼마 되지 않은 조지는 (화학 전공과 관련된) 직장에 취업하기가 매우 어렵다는 것을 깨닫는다. 그는 건강이 아주 좋은 편도 아니어서 자신이 충분히 업무를 수행할 수 있는 일거리도 많지 않다는 것을 안다. 그의 아내는 가정을 유지하기 위해 일을 해야

---

25 윌리엄스(B. Williams)는 「공리주의에 대한 비판(A critique of utilitarianism)」에서 이 문제를 다루고 있으며, 다른 사례는 다음과 같다. "식물 분류학자인 짐은 남부 아메리카의 어느 작은 도시의 광장에 있다. 그 광장에는 일부는 겁을 먹은 표정을, 그리고 일부는 분노한 모습을 하고 있는 인디언 20명이 포승줄에 묶여있는 상태로 무장한 군인들 앞에 줄지어 서있다. … 군인들 중 우두머리로 보이는 페드로는 짐에게 그 20명의 인디언들은 정부에 대항하는 사람들이며, 다른 인디언들이 정부에 대항하지 못하도록 하기 위해 곧 처형될 것이라고 설명했다. 그러나 페드로는 짐이 다른 나라에서 온 특별한 손님이기 때문에 20명 중 한 사람을 선택하여 살해할 수 있는 권리를 기꺼이 주겠다고 제안했다. 만일 짐이 그 우두머리의 제안을 받아들이면, 선택된 한 명을 제외한 나머지 19명은 특별히 풀어줄 것이지만, 짐이 그 제안을 거절한다면 예정대로 20명은 모두 처형될 것이다. … 묶여있는 20명의 인디언과 주변의 마을 주민들은 이 상황을 잘 알고 있으며, 짐이 페드로의 제안을 받아들이기를 애원하고 있다. 짐은 어떻게 해야 하는가?" Williams, Bernard. *A critique of utilitarianism*, 3. Negative responsibility: and two example, Cambridge University Press, p. 98; 전대석, 『의료윤리와 비판적 글쓰기』, 북코리아, 2016, 460-463쪽 재인용.

할 뿐만 아니라 퇴근 후에는 슬하의 어린아이들을 돌봐야 하기 때문에 극심한 압박을 받고 있다. 이러한 여타의 사정, 특히 아이 문제는 그를 어려운 처지에 놓이게 만들고 있다. 조지의 이러한 사정을 잘 알고 있는 선배 화학자는 그에게 보수가 상당히 좋은 어떤 연구소에 채용할 수 있다고 말한다. 그 연구소는 화생방 무기를 개발하는 연구를 수행하고 있다. 조지는 자신이 화생방 무기에 반대하기 때문에 그 제안을 수용할 수 없다고 말한다. 선배 화학자는 자신은 그 일에 그렇게 집착하고 있지 않으며, 결국 조지가 그 제안을 거절하는 것은 그 일자리가 없어지거나 연구소가 사라지는 것을 의미한다고 답변한다. 그는 또한 만일 조지가 그 일을 거절한다면, 화생방 무기를 연구하는 일에 양심의 가책을 느끼지 않거나 주저하지 않는 사람에게 그 일자리가 주어질 것이고, 그는 조지보다 훨씬 더 열심히 연구에 매진하리라는 것을 불현듯 깨닫는다. 물론 조지와 그의 가족의 관심사는 아니겠지만, 선배 화학자는 (정직하게 확신을 가지고) 조지가 자신의 제안을 거부할 경우 다른 사람이 더 큰 열의를 가지고 화생방 무기를 연구할 수 있다고 경고함으로써 조지가 그 일자리를 받아들이도록 설득한다. … 그의 말에 깊이 공감하는 조지의 아내는 화학 무기와 생물학 무기 연구소에서 일하는 것이 특별히 그릇된 것은 없다고 본다. 조지는 어떻게 해야 하는가?

이와 같은 상황에서 조지에게는 두 가지 선택지가 있다.

선택 1: 조지는 화생방 무기 연구소에서 연구를 한다.
선택 2: 조지는 화생방 무기 연구소에서 연구를 하지 않는다.

조지가 현재 처한 어려운 상황을 개선하거나 극복할 수 있는 현실적인 방안은 선배 화학자의 제안, 즉 화생방 무기 연구소에서 일하는 것(선택 1)을 받아들이는 것이다. 그리고 그것은 (적어도 조지의 입장에서) 공리적인 효용에 의거하여 결정했다는 것을 의미한다. 반면에 조지가 갖고 있는 신념, 즉 '어떠한 경우에도 인간을 살상할 수 있는 화생방 무기를 만들기 위한 행위를 하지 않겠다'는 믿음의 측면에서 본다면, 조지가 자신의 곤궁한 처지를 개선하기 위해 효용의 측면에서 화학 무기와 생물학 무기 연구소에서 일하는 선택을 하는 것은 그에게 너무 큰 희생을 요구하는 듯이 보인다. 이 사례에서 선택 1과 선택 2는 '실천적인 또는 공리적인 이익'과 '정신적인 또는 가치적인 이익' 사이에 메우기 어려운 틈이 있다는 것을 보여준다. 윌리엄스는 이러한 측면에서 공리주의가 행위자의 온전성(integrity)을 훼손한다고 주장한다.

4.
의무의 충돌은 해소될 수 있을까?

우리가 일상에서 행하는 모든 일들이 도덕적 충돌이나 법적 마찰을 겪는 것은 아니다. 하지만 우리는 어떤 특별한 상황에서 나의 행위로부터 초래되는 '도덕적 의무 간의, 법적 명령 간의 또는 도덕적 의무와 법적 명령 간의' 충돌을 경험하게 된다. 또한 그러한 사례에 어떤 이론, 원칙, 준칙을 적용하는가에 따라 상이한 결론이 이끌어지기도 한다. 이것은 도덕적 의무 또는 법의 명령을 도덕적으로 또는 법적으로 엄밀히 분석하고 평가하더라도 항상 만족스러운 해법을 도출하기가 쉽지 않은 이유를 잘 보여준다. 따라서 우리는 도덕적 딜레마나 법적 딜레마 상황에서 중요한 결정을 내려야 할 때 법적 해석뿐만 아니라 도덕적 판단을 함께 고려하고 숙고해야 한다. 우리는 그러한 과정을 통해 나의 중요한 선택과 결정을 더 잘 이해하고 해석함으로써 나의 행위를 더 잘 설명할 가능성을 높일 수 있기 때문이다. 또한 이것은 같은 문제에 대해 다른 견해를 가진 사람이나 집단 간에 열린 토론이 활발히 이루어져야 하는 이유이기도 하다.

법의 사각지대는 허용될 수 있는가?

10년 전 음주 운전으로 사망 사고를 낸 이력이 있는 53세 A 씨는 지난해 2월 소주 한 병과 맥주 500cc를 마신 뒤 10km가량 또 차를 몰았다가 음주 운전을 의심한 시민들에게 붙잡혀 경찰에 인계되었다. 당시 A 씨는 경찰의 세 차례 음주 측정 요구를 모두 거부해 현행범으로 체포되었고 재판에도 넘겨졌다. 그런데 법원은 A 씨에게 어쩔 수 없다며(법적으로 할 수 있는 것이 없다며) 무죄를 선고했다. 어떻게 된 일일까?

경찰관들은 A 씨를 체포할 당시 시민들에게 신병을 넘겨받으면서 음주 운전 혐의로 체포한다고 고지하거나 현행범 인수서 등을 쓰지 않았다. 이런 사실을 알게 된 A 씨의 변호인은 재판에서 그가 위법하게 체포당했다고 주장했다. 이 사건의 재판부는 A 씨를 체포할 당시에 위법이 있었다는 것을 부인할 수 없었다. 따라서 재판부는 체포 자체가 위법인 만큼 A 씨의 음주 측정 거부 등의 위법성은 판단조차 할 수 없다고 판단했다.

결국, 재판을 담당한 의정부지법 남양주지원 형사1단독 최치봉 판사는 무죄 판결을 하면서 이례적으로 심한 허탈감을 나타냈다. 최치봉 판사는 "음주 운전으로 사망 사고를 내고도 또다시 음주 운전을 한 피고인이지만, 적법한 절차를 지키지 않은 체포 이후에 음주 측정 요구가 이루어졌기 때문에 무죄를 선고할 수밖에 없다"고 밝혔다. 그러면서 "이런 사건이 있을 때마다 개인적인 양심과 법관으로서의 양심 사이에서 고민할 수밖에 없다"는 심경을 토로했다. 최 판사는 "법관으로서의 양심은 적법절차의 원칙을 따르는 것인데, 이는 '문명의 시대'에 요구되는 것이다. 피고인이 살려고 하는 '야만의 시대'에서 적법절차를 지키는 것이 합당한 것인지 모르겠다"고 회의감을 드러냈다. 최 판사는 "무죄를 선고한다고 해서 피고인의 죄가 없어지는 것은 아니다. 음주 운전으로 이 법정에서 다시 만난다면, 그때는 단언컨대 법이 허용하는 최고의 형을 선고하겠다"고 말한 뒤 "피고인은 무죄"라는 주문을 낭독했다.[1]

1 "문명의 기준을 야만에 적용? … '무죄 선고' 번민한 판사", 2024.03.28./MBC뉴스. https://www.youtube.com/watch?v=jWOIMY6krI0&t=8s(검색일: 2024. 03. 28.)

1.
법의 사각지대에 대한 검사와 시민의 논쟁[2]

'법의 사각지대'는 허용될 수 있는가? 한편에서는 법이 완전할 수 없다는 근거를 들어 법의 사각지대가 발생하는 것은 피할 수 없는 결과라고 주장할 수 있다. 반면에 다른 한편에서는 법의 사각지대가 허용될 경우, 그것으로부터 초래될 수 있는 나쁜 결과 또는 그 결과로부터 영향을 받을 개인의 불이익이 크다는 근거에 기대어 법의 사각지대는 허용될 수 없다는 입장을 가질 수 있다. 법의 사각지대의 허용 가능성에 대해서는 다양한 입장이 있을 수 있으며, 각 입장을 지지하는 근거들 또한 다양할 수 있다. 이 문제를 살펴보기 위해 아래와 같은 토론 내용을 먼저 검토해보자. 아래의 대화는 연자로 나온 검사와 시민(패널들)이 '법의 사각지대'가 허용될 수 있는지에 관해 토론한 핵심적인 내용을 정리한 시나리오다.[3] 법의 사각지대는 허용될 수 있는가, 그렇지 않은가?

---

2 III장에서 사용한 〈사고실험 3〉과 그것에 대한 일부 해석은 필자가 쓴 『학술적 글쓰기』에 수록한 내용을 인용하여 수정하고 보완했다. 전대석, 『학술적 글쓰기: 논증구성으로부터 에세이 쓰기』, 북코리아, 2023, 429-441쪽 참조.

3 〈사고실험 3〉은 JTBC 「차이나는 클라스」, "김웅 검사가 말하는 법의 사각지대"의 내용으로, 몇몇 표현은 독자의 이해를 돕기 위해 필자가 문어체로 수정했다.

〈사고실험 3〉 법의 사각지대

검사　모든 일에 나라와 수사기관이 개입해야 한다고 주장하는 사람들이 있습니다. 여러분, "법의 사각지대에 놓여 있습니다"라는 말을 듣곤 하죠? 법의 사각지대가 있으면 안 될까요?

패널 1　안 되죠!

검사　왜요?

패널 1　"왜요"라뇨? 검사님 월급은 국민이 주고 있어요. 법의 사각지대가 있으면, 법의 사각지대에 놓인 사람들은 그 억울함을 어디에다가 풉니까?

검사　자, 이렇게 생각해보도록 하지요. 법의 사각지대에 놓여 있습니다. 따라서 이것도 법으로 해결하고, 저것도 법으로 해결합시다. 만일 그러면 어떻게 될까요? 즉, 모든 문제에 대해 법이 개입하면 어떻게 될까요? 만일 모든 문제에 대해 법이 개입하면, 모든 일에 대해 '형사처벌'을 해야 하는 결과가 초래됩니다.

예컨대, 아저씨들이 상의를 탈의하고 거리를 활보한다고 해보죠. 그와 같은 행위는 우리에게 불쾌감을 불러일으킬 것입니다. 만일 누군가 그 아저씨의 행위가 불쾌감을 초래하기 때문에 그를 (법에 따라) 처벌해달라고 요구한다면, 우리는 그 행위를 처벌할 법을 만들어야 할 것입니다. 굳이 그 법에 이름을 붙이자면 「안구 테러 방지법」 정도가 될 수 있겠네요. 이런 예들은 무수히 들 수 있을 것입니다. 이와 같이 모든 것들에 대해 처벌 조항을 만든다면, 과연 어떻게 될까요? 말하자면, 모든 상황에 법이 개입한다면, 우리 사회는 아름답고 행복한 사회가 될까요?

패널 2 전과자가 되겠지요.

검사 그렇죠. 5천만 전 국민이 전과자가 되는 결과가 초래될 수 있습니다. 따라서 법은 핵심적인 부분에만 적용되어야 합니다. 나머지 부분은 시민이 스스로 분쟁을 해결하려고 노력해야 한다는 것이죠.

패널 3 하지만 우리가 일반적으로 법의 사각지대라고 부르는 것들은 예컨대 가정폭력이 너무 만연한데도 "합의하세요"라고 말하는 경우, 범죄는 아직 해결이 안 됐는데 문제의 행위 당사자들에게 그 문제를 해결하라고 요구하는 것이 아닌가요? 법은 그러한 때에 개입해야 하는 것이 아닌가요?

검사 맞습니다. 핵심적인 범죄가 몇 개 있어요. 달리 말하면, 법의 개입이 필요한 핵심 범죄들이 있다는 것이죠. 그것은 사회 공동체를 깨뜨리는 범죄들입니다. 또는 개인적으로는 도저히 해결이 안 되는 범죄들도 있죠. 법이 필요하고 개입해야 하는 것은 바로 그러한 범죄들입니다.

법이 집중적으로 개입하고 처벌해야 하는 것들은 바로 그와 같은 핵심적인 범죄들인 것이죠. 그런데 상식적으로 너무 가벼운 고소가 많다 보면, 결국 핵심적인 것들에 집중할 수 없는 불행한 결과가 초래될 것입니다. 즉, 형사제도의 효율성을 현격히 떨어뜨리게 된다는 것이죠.

2.
검사의 논증과 시민(패널 1)의 논증 재구성

'법의 사각지대'는 허용될 수 있는가? 이 문제는 시나리오에 등장하는 검사와 시민(패널들)의 대화에서도 알 수 있듯이, 우리의 일상적인 삶과 매우 밀접하게 연결된 문제라는 것을 알 수 있다. 이 문제에 엄밀하게 접근하지 않을 경우, 우리는 "그것은 상황과 경우에 따라 달라질 수 있는 문제이기 때문에 사건의 성격에 따라 일부는 법의 사각지대가 허용되지만, 다른 일부는 법의 사각지대가 허용되지 않는다"는 모호한 입장을 택하고 싶은 유혹에 빠질 수 있다. 하지만 이와 같이 모호한 입장을 취하는 것은 논리적으로 가능하지 않을 뿐만 아니라 실천적으로 유익하지도 않다. 법의 중요한 속성 중 하나가 '법의 안정성'이라는 것을 염두에 둔다면, 법이 가져야 할 중요한 특성 중 하나인 '일관성(consistency)'을 훼손하는 중대한 문제를 초래하기 때문이다. 따라서 우리는 이 문제에 대해 '논리적으로' 법의 사각지대는 '허용될 수 있다' 또는 '허용될 수 없다' 중 하나를 선택해야 한다.

법의 사각지대의 허용 가능성에 대한 논증을 제시하기에 앞서 시나리오에서 대립하고 있는 두 인물, 즉 '검사'와 '패널 1'의 입장을 확인해보자.

검사의 입장: 법의 사각지대는 허용될 수 있다. (또는 허용되어야 한다.)

패널 1의 입장: 법의 사각지대는 허용될 수 없다. (또는 허용되어서는 안 된다.)

우선, "법의 사각지대는 허용될 수 없다"는 패널 1의 주장과 검사의 주장에 대해 부분적으로 문제를 제기하고 있는 패널 3의 주장을 함께 묶어 논증으로 구성해보자. 그들이 개진하고 있는 논증은 다음과 같다.

p_1. 법의 존재 이유 중 하나는 시민이 억울한 일을 당했을 때, 그들을 보호하는 데 있다.

p_2. 지속적이고 만연한 가정폭력 같은 일들은 개인의 합의만으로는 해결하기 어려운 사건이다.

p_3. 시민이 국가에 세금을 납부하는 기본적인 이유 중 하나는 법의 보호를 받기 위한 것이다.

c_1. 법은 개인을 초월하는 공권력으로서 'p_1~p_3' 같은 사건들의 대상자들을 보호해야 한다. (생략된 전제)

p_4. 법의 사각지대가 있을 경우, 'p_1~p_3' 같은 사건들의 (선량한) 피해자들을 보호할 수 없다.

c. 법의 사각지대는 허용될 수 없다. (허용되어서는 안 된다.)

다음으로, "법의 사각지대는 허용될 수 있다"는 검사의 주장을 논증으로 구성해보자. 그가 개진하고 있는 논증은 다음과 같다.

p_1. 법의 개입이 요구되는 것은 사회 공동체가 존립하는 데 위협이 되는 사건이다.

p_2. 법의 개입이 요구되는 것은 개인의 힘만으로는 해결할 수 없는 사건들에 제한된다.

c_1. 법은 우리 일상의 모든 것에 개입할 수 없다.

p₃. 법의 사각지대는 법이 개입할 수 없는 영역에서 발생한다.
c. 법의 사각지대는 허용될 수 있다. (허용되어야 한다.)

법의 사각지대의 허용 가능성에 대한 두 입장의 논증을 이와 같이 정리하는 것이 옳다면, '법의 사각지대'에 대해 시민(패널 1)과 검사가 서로 다른 '개념적 정의'를 내리고 있음을 파악할 수 있다. 결론부터 말하자면, 법의 사각지대의 허용 가능성에 대해 시민(패널 1)과 검사의 입장이 서로 다른 이유를 여기에서 찾을 수 있다. 말하자면, 시민(패널 1)은 법의 사각지대를 '법이 제대로 작동하거나 적용되지 않는 경우(법 적용의 문제)'로 해석하는 반면에, 검사는 '우리가 몸담고 있는 공동체의 모든 행위, 즉 예절이나 관습을 포함한 모든 행위에 대한 법(령)을 제정할 수 없는 경우(법 제정의 문제)'로 이해하고 있다.

시민 (패널 1)	법의 사각지대는 법(률)이 제정되어 있으며, 그 법(률)이 적실성 있게 적용되거나 작동하지 않는 것을 의미한다.	법 적용의 문제 (사법 행위)
검사	법의 사각지대는 사회 공동체의 모든 것을 법으로 제정하지 않거나 제정할 수 없는 것을 의미한다.	법 제정의 문제 (입법 행위)

만일 법의 사각지대에 대한 검사의 개념적 정의가 더 그럴듯하다면, 법의 사각지대는 허용되어야 한다는 검사의 논증이 더 설득력을 가진 듯이 보인다. 반면에, 법의 사각지대에 대한 시민(패널 1)의 개념적 정의가 더 그럴듯하다면, 법의 사각지대는 허용될 수 없으며 허용되어서는 안 된다는 시민(패널 1)의 논증이 설득력을 가진다고 보아야 할 것이다. '법의 사각지대'에 대한 두 개념적 정의 중 어떤 정의가 우리가 가진 건전한 상식에 잘 부합하는가?

이 물음에 답하기 위해 먼저 '사각지대'에 대한 사전적 의미와 우리가 일상에서 '사각지대'라는 용어를 어떻게 사용하고 있는지 살펴보자. '사각지대'의 사전적 의미는 다음과 같다.

사각지대=def.[4]

① 어느 특정 위치에 섬으로써 사물이 눈으로 보이지 아니하게 되는 각도. 또는 어느 위치에서 사물을 비출 수 없는 각도

② 관심이나 영향이 미치지 못하는 구역을 비유적으로 이르는 말

③ 무기의 사정거리 또는 레이더 및 관측자의 관측 범위 안에 있으면서도 지형 따위의 장애로 인하여 영향력이 미치지 못하는 구역

④ 무선 송신기로 송/수신할 수 있는 거리 안에 있으면서도 신호를 받을 수 없는 구역

⑤ 축구 따위에서 선수의 위치상 슈팅을 하기 어려운 각도

'사각지대'의 사전적 의미를 따를 경우, 우리는 법의 사각지대에 대한 시민(패널 1)과 검사의 개념적 정의 중 어떤 정의를 채택하는 것이 더 좋은 선택으로 볼 수 있을까? 우리가 이미 (직관적으로) 짐작하듯이, 시민(패널 1)의 정의를 채택하는 것이 검사의 정의를 따르는 것보다 더 설득력이 있어 보인다. 사각지대의 사전적 의미에 따르면, 그것은 행위 주체(보는 사람, 어떤 것에 관심을 가진 사람, 공을 차는 사람, 레이더 관측 범위 등)의 '범위 안에 포함'되어 있지만 이러저러한 이유로 인해 그것을 '포착할 수 없거나 실행할 수 없는 경우'로 보아야 하기 때문이다.

다음으로, 우리가 일상에서 '사각지대'라는 용어를 어떻게 사용하고

4 국립국어원 표준국어대사전, https://stdict.korean.go.kr/search/searchView.do

있는지 살펴보자. 아마도 우리의 일상에서 '사각지대'라는 용어가 가장 많이 사용되는 사례를 꼽자면, '운전 사각지대'와 '복지 사각지대' 정도를 들 수 있을 것이다. '운전 사각지대'는 일반적으로 운전자가 자동차의 구조로 인해 전방의 좌우 측면 또는 후방에 있는 사물이나 사람을 인지하지 못하는 경우를 일컫는다. 그리고 '복지 사각지대'는 "여러 가지 복지 혜택을 받는 기초생활수급자에 비해 그보다 조금 나은 생활을 하기 때문에 여러 가지 혜택에서 제외되는 차상위 계층의 상황을 비유적으로 이르는 말"로 사용된다. 달리 말하면, 어떤 사람이 복지 사각지대에 놓여 있다는 것은 그가 복지 혜택을 받아야 함에도 제도 또는 기준 때문에 응당 받아야 할 복지 혜택을 받지 못하는 경우를 말한다. 우리는 일상에서 '사각지대'를 이와 같은 의미로 사용한다. 만일 지금까지의 논의가 옳다면, 우리는 '법'에 있어서도 '사각지대'의 의미를 사전적 의미 또는 일상의 용례에 따라 사용하는 것이 더 합리적이라는 데 어렵지 않게 동의할 수 있을 것이다. 따라서 여기서 다루고 있는 시나리오에서 '법의 사각지대'는 검사의 정의가 아닌 시민(패널 1)의 개념적 정의를 적용하여 논증하는 것이 더 나은 해석이고 설명이라는 것을 알 수 있다. 또한 검사는 '법의 사각지대'의 개념적 정의를 자신의 입맛에 맞게 '재정의(조작적 정의)'하여 논증을 개진함으로써 이 문제에 참여하고 있는(또는 참여하고자 하는) 사람들을 혼동케 했다는 비판으로부터 자유로울 수 없다.

지금까지의 논의가 올바르다면, 법의 사각지대의 허용 가능성에 대한 논의는 검사의 주장이 아닌 시민(패널 1)의 주장을 받아들여야 한다는 결론을 얻을 수 있다. 하지만 앞에서 간략한 형식으로 정리한 시민(패널 1)의 논증만으로는 법의 사각지대를 허용할 수 없다는 주장을 강력하게 지지하기 어렵다. 따라서 우리는 시민(패널 1)의 논증에 중요한 핵심 전제들을 추가하여 논증을 강화할 필요가 있다.

3.
법의 사각지대의 허용 불가능성에 대한 논증

법(실정법)은 '명령설'을 따를 경우 일반적으로 '명령과 제재(order and sanction)'의 형식을 가지고 있다.[5] 말하자면, 법은 우리가 행하는 어떤 행위에 대해 실행이 가능한 것과 그렇지 않은 것을 규정하고 제한하며 명령한다. 그리고 만일 한 행위자가 법이 정한 규정, 제한 그리고 명령을 위반할 경우, 법은 그 행위에 대해 또는 그 행위를 한 행위자에 대해 제재나 처벌을 가한다. 또는 법 위반 행위나 행위자를 처벌함으로써 그러한 행위로부터 초래된 피해나 위해를 받은 사람들을 구제함으로써 그들의 권리를 보장한다. 아래의 판결문은 일제강점기 강제징용 피해자가 미쓰비시중공업과 일본제철 등 일본 기업을 상대로 한 위자료 청구권을 최종적으로 인정한 대법원

5 '법명령설(command theory of law)'은 공리주의자인 동시에 근대 법실증주의(legal positivism)를 정립한 것으로 평가받는 벤담(Bentham, Jeremy)과 그의 제자인 오스틴(Austin, John)에 의해 체계화되었다고 보는 것이 일반적인 견해다. 벤담은 불문법(unwritten law)인 영국 보통법(common law)이 가진 모호성과 불완전성을 강하게 비판하면서 판사, 검사, 변호사 같은 법 전문가뿐만 아니라 일반 시민을 포함하는 모든 사람이 확인할 수 있는 법전을 편찬하는 것을 목표로 했다. 따라서 그는 입법자의 의지가 제대로 표현된 '단일하고 완전한 법(a single, complete law)'을 정립하고자 했다. 법명령설은 법의 일반적인 형식은 명령이고, 그 명령에 위배되는 행위에 대해서는 제재라는 형식으로 처벌한다. 또한 법의 또 다른 중요한 속성으로서 '권리'를 보장한다. 말하자면, 법명령설에서 명령에 위반되는 행위에 대해 제재를 가하는 것은 결국 그 위반 행위로부터 피해를 받은 사람의 권리를 보장하기 위한 것이다. 레이먼드 웍스, 『법철학』, 박석훈 옮김, 교유서가, 2021, 54-93쪽 참조.

판결문의 내용 중 일부를 발췌한 것이다.[6]

대 법 원

판 결

사 건	2013다61381 손해배상(기)
원고, 피상고인	망 소외인의 소송수계인 원고 1.의 가 외 5인
	원고 2 외 2인
	소송대리인 법무법인 해마루
	담당변호사 지기룡 외 1인
피고, 상고인	신일철주금 주식회사
	소송대리인 변호사 주한일 외 2인
환 송 판 결	대법원 2012. 5. 24. 선고 2009다68620 판결
원 심 판 결	서울고등법원 2013. 7. 10. 선고 2012나44947 판결
판 결 선 고	2018. 10. 30.

주 문

상고를 모두 기각한다.

상고비용은 피고가 부담한다.

이 유

상고이유(상고이유서 제출기간이 지난 후에 제출된 상고이유보충서 등 서면들의 기재는 상고이유를

---

6 우리나라 대법원은 2018년 10월 대법원 전원합의체 판결을 통해 일본 기업에 대한 위자료 청구권은 〈1965년 한 · 일 청구권 협정〉의 적용대상에 포함되지 않는다는 법적 견해를 최종적으로 명확하게 밝혔다. "일제 강제동원 피해자의 일본기업을 상대로 한 손해배상청구 사건"[대법원 2018. 10. 30. 선고 전원합의체 판결] https://www.scourt.go.kr/supreme/supreme.jsp 참조.

보충하는 범위 내에서)를 판단한다.

1. 기본적 사실관계

원심판결의 이유와 원심이 적법하게 채택한 증거들에 의하면 다음과 같은 사실을 알 수 있다.

가. 일본의 한반도 침탈과 강제동원 등

원고들은 1923년부터 1929년 사이에 한반도에서 태어나 평양, 보령, 군산 등에서 거주하고 있던 사람들이고, 일본제철 주식회사(이하 '구 일본제철'이라고 한다)는 1934. 1.경 일본에서 설립되어 일본 가마이시(釜石), 야하타(八幡), 오사카(大阪) 등에서 제철소를 운영하고 있었던 회사이다.

나. 망 소외인과 원고 2, 원고 3, 원고 4(이하 '원고들'이라 한다)의 동원과 강제노동 피해 및 귀국 경위

(1) 원고들은 1923년부터 1929년 사이에 한반도에서 태어나 평양, 보령, 군산 등에서 거주하던 사람들이고, 일본제철 주식회사(이하 '구 일본제철'이라 한다)는 1934년 1월경 설립되어 일본 가마이시(釜石), 야하타(八幡), 오사카(大阪) 등에서 제철소를 운영하던 회사이다.

(2) 1941. 4. 26. 기간(基幹) 군수사업체에 해당하는 구 일본제철을 비롯한 일본의 철강생산자들을 총괄 지도하는 일본 정부 직속기구인 철강통제회가 설립되었다. 철강통제회는 한반도에서 노무자를 적극 확충하기로 하고 일본 정부와 협력하여 노무자를 동원했고, 구 일본제철은 사장이 철강통제회의 회장을 역임하는 등 철강통제회에서 주도적인 역할을 했다.

⋮

2. 상고이유 제1점에 관하여

환송 후 원심은 그 판시와 같은 이유를 들어, 망 소외인, 원고 2가 이 사건 소

송에 앞서 일본에서 피고를 상대로 소송을 제기했다가 이 사건 일본판결로 패소 · 확정되었다고 하더라도, 이 사건 일본판결이 일본의 한반도와 한국인에 대한 식민지배가 합법적이라는 규범적 인식을 전제로 하여 일제의 '국가총동원법'과 '국민징용령'을 한반도와 망 소외인, 원고 2에게 적용하는 것이 유효하다고 평가한 이상, 이러한 판결이유가 담긴 이 사건 일본판결을 그대로 승인하는 것은 대한민국의 선량한 풍속이나 그 밖의 사회질서에 위반하는 것이고, 따라서 우리나라에서 이 사건 일본판결을 승인하여 그 효력을 인정할 수는 없다고 판단했다.

이러한 환송 후 원심의 판단은 환송판결의 취지에 따른 것으로서, 거기에 상고이유 주장과 같이 외국판결 승인요건으로서의 공서양속 위반에 관한 법리를 오해하는 등의 위법이 없다.

3. 상고이유 제2점에 관하여

환송 후 원심은 그 판시와 같은 이유를 들어, 원고들을 노역에 종사하게 한 구 일본제철이 일본국 법률이 정한 바에 따라 해산되고 그 판시의 '제2회사'가 설립된 뒤 흡수 합병의 과정을 거쳐 피고로 변경되는 등의 절차를 거쳤다고 하더라도, 원고들은 구 일본제철에 대한 이 사건 청구권을 피고에 대하여도 행사할 수 있다고 판단했다.

이러한 환송 후 원심의 판단 역시 환송판결의 취지에 따른 것으로서, 거기에 상고이유 주장과 같이 외국법 적용에 있어 공서양속 위반 여부에 관한 법리를 오해하는 등의 위법이 없다.

4. 상고이유 제3점에 관하여

가. 조약은 전문 · 부속서를 포함하는 조약문의 문맥 및 조약의 대상과 목적에 비추어 그 조약의 문언에 부여되는 통상적인 의미에 따라 성실하게 해석되어야 한다. 여기서 문맥은 조약문(전문 및 부속서를 포함한다) 외에 조약의 체결과 관련하여 당사국 사이에 이루어진 그 조약에 관한 합의 등

을 포함하며, 조약 문언의 의미가 모호하거나 애매한 경우 등에는 조약의 교섭 기록 및 체결 시의 사정 등을 보충적으로 고려하여 그 의미를 밝혀야 한다.

나. 이러한 법리에 따라, 앞서 본 사실관계 및 채택된 증거에 의하여 알 수 있는 다음과 같은 사정을 종합하여 보면, 원고들이 주장하는 피고에 대한 손해배상청구권은 청구권협정의 적용대상에 포함된다고 볼 수 없다. 그 이유는 다음과 같다.

(1) 우선 이 사건에서 문제가 되는 …

5. 상고이유 제4점에 관하여

⋮

6. 상고이유 제5점에 관하여

불법행위로 입은 정신적 고통에 대한 위자료 액수에 관하여는 사실심 법원이 제반 사정을 참작하여 그 직권에 속하는 재량에 의하여 이를 확정할 수 있다(대법원 1999. 4. 23. 선고 98다41377 판결 등 참조).

환송 후 원심은 그 판시와 같은 이유로 원고들에 대한 위자료를 판시 액수로 정했다. 환송 후 원심판결 이유를 기록에 비추어 살펴보면, 이 부분 판단에 상고이유 주장과 같이 위자료 산정에 있어서 현저하게 상당성을 결하는 등의 위법이 없다.

7. 결론

그러므로 상고를 모두 기각하고, 상고비용은 패소자가 부담하도록 하여, 주문과 같이 판결한다. 이 판결에는 상고이유 제3점에 관한 판단에 대하여 대법관 이기택의 별개의견, 대법관 김소영, 대법관 이동원, 대법관 노정희의 별개의견이 각 있고, 대법관 권순일, 대법관 조재연의 반대의견이 있는 외에는 관여 법관의 의견이 일치되었으며, 대법관 김재형, 대법관 김선수의 다수

의견에 대한 보충의견이 있다.

8. 상고이유 제3점에 관한 판단에 대한 대법관 이기택의 별개의견

⋮

10. 대법관 권순일, 대법관 조재연의 반대의견

⋮

재판장 대법원장 김명수
주 심 대법관 김소영
대법관 조희대
대법관 권순일
대법관 박상옥
대법관 이기택
대법관 김재형
대법관 조재연
대법관 박정화
대법관 민유숙

이와 같이 법(실정법)은 어떤 법적 사건이나 사안에 대해 해석하고 판단하고 명령함으로써 법 위반 행위에 대해 제재(처벌)하고, 법 위반 행위에 의해 피해를 받은 사람들을 구제함으로써 그들의 권리를 보장한다.

도덕은 어떠한가? 도덕[또는 도덕(윤리) 진술문] 또한 법(실정법)과 마찬가지로 일반적으로 '명령과 제재'의 형식을 가지고 있다. 예컨대 도덕적 내용을 담고 있는 다음과 같은 대표적인 도덕 진술문들을 살펴보자.

① 타인에게 거짓말을 해서는 안 된다.

② 타인을 목적이 아닌 수단으로 삼아서는 안 된다.

③ 타인과의 약속은 지켜야 한다.

④ 위험에 처한 사람을 도와야 한다.

⑤ 가난한 사람들을 도와야 한다.

위의 도덕 진술문은 다음과 같은 뜻을 가지고 있다.

①′ 타인에게 거짓말을 하는 것은 (도덕적으로) 그른 행위다.

②′ 타인을 목적이 아닌 수단으로 삼는 것은 (도덕적으로) 그른 행위다.

③′ 타인과의 약속을 이행하지 않는 것은 (도덕적으로) 그른 행위다.

④′ 위험에 처한 사람을 돕는 것은 (도덕적으로) 선한 행위다.

⑤′ 가난한 사람들을 돕는 것은 (도덕적으로) 선한 행위다.

만일 우리가 위의 도덕 진술문들(①~⑤와 ①′~⑤′)에 해당하는 행위를 한다면, 우리는 도덕적으로 '비난'받거나 '칭찬'받을 것이다. 달리 말하면, 도덕적 '명령'에 대한 '제재'는 일반적으로 '칭찬과 비난'으로 나타난다. (반면에, 앞서 살펴보았듯이 법적 명령에 대한 제재는 '처벌과 보상'으로 나타난다.) 지금까지의 논의를 간략히 정리하면 다음과 같다.

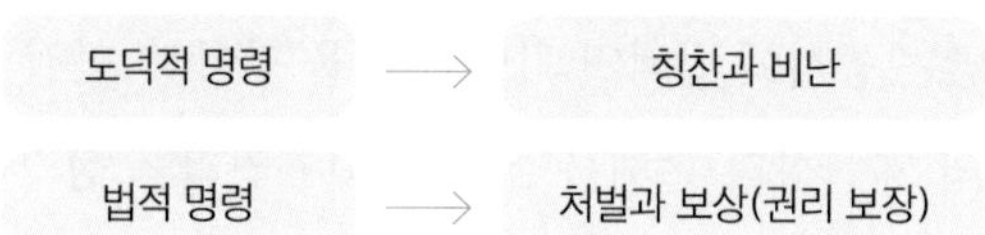

다음으로 도덕적 판단과 법적 판단의 대상이 되는 외연(extension)에 관

해 살펴보자. 판단의 대상이 되는 외연에 관한 논의를 간결하게 만들기 위해 앞서 제시한 도덕 진술문들에 이 문제를 적용하는 것이 도움이 될 것이다. 우선, 도덕 진술문 ①, ②, ③을 살펴보자. 아마도 우리는 다음과 같은 진술문에 어렵지 않게 동의할 수 있을 것이다.

①″ 만일 행위자 A가 B에게 거짓말을 할 경우, 행위자 A는 항상 도덕적으로 비난을 받는 반면 동시에 반드시 법적인 처벌을 받는 것은 아니다.

②″ 만일 행위자 A가 B를 목적이 아닌 수단으로 처우할 경우, 행위자 A는 항상 도덕적으로 비난을 받는 반면 동시에 반드시 법적인 처벌을 받는 것은 아니다.

③″ 만일 행위자 A가 B에 대한 약속을 이행하지 않을 경우, 행위자 A는 항상 도덕적으로 비난을 받는 반면 동시에 반드시 법적인 처벌을 받는 것은 아니다.

행위자 A가 위와 같은 행위를 했을 경우, 도덕적으로 비난을 받는 동시에 법적인 처벌을 받는 경우는 매우 제한적이다. 예컨대, 만일 행위자 A의 거짓말이 일반적으로 '사기' 행위에 포함된다면, 그는 도덕적으로 비난받는 동시에 법적인 처벌을 받을 것이다. 만일 행위자 A가 B를 목적이 아닌 수단으로 처우하는 행위가 일반적으로 '착취' 행위에 포함된다면, 그는 도덕적으로 비난받는 동시에 법적인 처벌을 받을 것이다. 만일 행위자 A의 약속 불이행이 B의 재산상의 손해를 초래하거나 권리를 심각하게 침해하는 경우에 포함된다면, 그는 도덕적으로 비난받는 동시에 법적인 처벌을 받을 것이다.

다음으로 도덕 진술문 ④, ⑤에 대해 살펴보자. 우리는 이 또한 다음과 같은 진술문에 어렵지 않게 동의할 수 있을 것이다.

④″ 만일 행위자 A가 B를 위험으로부터 구한다면, 우리는 A의 행위를 칭찬할 것이다. 반면에 행위자 A가 B를 위험으로부터 구하지 않는다고 하더라도 일반적으로 그를 법적으로 처벌할 수 없다.[7]

⑤″ 만일 행위자 A가 B를 위해 재산의 일부를 기부한다면, 우리는 A의 행위를 칭찬할 것이다. 반면에 행위자 A가 B를 위해 재산의 일부를 기부하지 않더라도 일반적으로 그에게 기부 행위를 강제하거나 기부를 하지 않는 행위에 대해 처벌할 수 없다.

지금까지의 논의를 통해 우리는 도덕 또는 도덕적 판단은 그른 행위에 대한 '제재와 처벌'뿐만 아니라 옳은 또는 선한 행위에 대한 '칭찬과 권유'도 포함하고 있음을 이해할 수 있다. 따라서 우리는 이것을 통해 도덕적 판단의 대상이 되는 범위(외연)는 법적 판단의 대상이 되는 범위(외연)보다 훨씬 넓다는 것을 알 수 있다. 말하자면, 도덕의 외연은 법의 외연보다 넓다.[8]

또한 도덕은 예절과 관습 같은 것들을 부분적으로 포함하기도 한다. 예컨대, 대중이 모인 장소에서 불특정 다수를 불쾌하게 만들 수 있는 행위를 하지 않는 것은 예절에 속한다. 그리고 그와 같은 예절이 오랜 시간을 통

---

7 독일과 스위스 등 유럽의 일부 국가에서 채택하고 있는 '착한 사마리아인 법'에 해당하는 경우는 ④″에 대한 반례가 될 수 있다는 견해를 취하는 것이 가능하다. 하지만 '착한 사마리아인 법'은 도움이 요청되는 사람의 위험이 매우 크고 급박한 경우만을 대상으로 하고 있다는 점에서 통상의 일반적인 경우에 해당하지 않는다. 따라서 우리의 논의에서 ④″과 같이 주장하는 것은 문제 될 것이 없다.

8 이러한 생각은 게오르크 옐리네크(Georg Jellinek, 1851~1911)의 "법은 최소한의 도덕이다"라는 명제를 통해 확인할 수 있다. 법과 도덕의 가장 큰 차이는 강제성의 있고 없음에 있다. 법은 유일한 합법적 폭력기관인 국가 권력에 의해 강제가 가능하지만, 도덕은 강제할 수 없기 때문이다.

해 일종의 규칙으로 삼아질 경우, 우리는 그와 같은 규칙을 '관습' 또는 '관례'라고 부른다. 만일 도덕과 예절 그리고 관습의 관계를 이와 같이 파악할 수 있다면, 우리의 시나리오에서 검사가 법의 사각지대가 있어야 한다고 주장하기 위해 '사회 공동체 안에서 일어나는 또는 일어날 수 있는 모든 행위에 대해 법을 제정할 수 없다'는 전제로 사용한 '대중이 모인 자리에서 상의를 탈의하고 활보하는 아저씨'는 도덕적 판단의 대상이 될 수는 있어도 법적 판단의 대상이 될 수 없다는 것을 이해할 수 있을 것이다. 따라서 우리는 여기서 다루고 있는 시나리오에서 검사가 '은밀하게' 도덕적 판단의 대상을 법적 판단의 대상에 포함되는 것으로 삼음으로써 논의를 혼란스럽게 만들고 있다는 것을 알 수 있다.

만일 법과 도덕에 관한 지금까지의 논의가 적절하다면, 우리는 새롭게 찾은 전제들을 추가하여 법의 사각지대는 허용되지 않거나 허용될 수 없다고 주장하는 시민(패널 1)의 논증을 다음과 같이 재구성할 수 있다.

〈논증〉 법 사각지대의 허용 불가능성

p_1. 도덕과 법은 우리의 삶과 일상생활을 규율한다. (도덕과 법은 우리의 삶과 일상을 유지하기 위한 규율 체계다.)

p_2. (일반적으로) 법은 최소한의 도덕이다.

c_1. 만일 p_1과 p_2가 모두 옳다면(두 전제를 수용할 수 있다면), 법은 우리의 삶과 일상의 최소한 영역을 규율한다. (또는 규율하는 체계다.)

p_3. 법명령설을 따를 경우, 법의 기본 형식은 '명령(command, order)'과 '제재(sanction, 처벌과 보상)'다.

p_4. 만일 p_3이 참이라면, 우리는 (일반적으로) 명령에 위배되는 행위를 할 경우 그에 따른 제재 또는 처벌을 받는다. (또는 위법 행위에 의해

초래된 피해나 위해를 구제받음으로써 권리를 보장한다.)

c_2. 법은 우리 삶과 일상에서 최소한의 영역에 대한 명령과 제재다.

p_5. 법명령설에 따른 법의 기본 형식인 '명령과 제재'에 의거할 경우, '법의 사각지대'라고 불릴 수 있는 경우는 다음과 같다.

① (있어야 할) 명령이 없는 경우

② (명령이 있지만) 잘못된 명령인 경우

③ 명령이 있지만, 그것에 따른 제재가 명시적으로 제시되지 않은 경우

④ 명령도 있고 제재에 대한 기술도 있지만, 그 제재가 실제로 또는 실천적으로 적용되거나 시행되지 않는 경우

p_6. 만일 p_5가 참이라면, 법의 사각지대는 우리의 삶과 일상의 최소한 영역을 유지하지 못하는 경우를 초래한다.

c. p_1~p_6이 모두 옳다면(또는 수용할 수 있다면), 법의 사각지대는 허용될 수 없다.

지금까지 '법 사각지대의 허용 가능성'에 대한 상반된 두 입장, 즉 '허용되어야 한다'는 검사의 입장과 '허용되어서는 안 된다'는 시민의 주장을 살펴보았다. 앞서 개진한 논의를 간략히 정리하면, 검사의 논증은 두 가지 측면에서 잘못된 전제를 사용함으로써 '법 사각지대의 허용 가능성'에 관한 논의의 핵심을 혼동하고 있다.

첫째, '사각지대'의 개념적 정의를 잘못 사용하고 있다.
둘째, '법'과 '도덕'이 적용되는 외연을 혼동하고 있다.

지금까지의 논의가 올바르다면, 앞서 제시한 '법의 사각지대 허용 불

가능성' 논증에서 알 수 있듯이 법의 사각지대는 허용될 수 없다는 결론을 도출할 수 있다.

4.
더 나아간 물음

지금까지의 논의를 통해 법의 사각지대는 적어도 '논리적'으로 또는 원리상 '허용될 수 없다'는 결론을 도출할 수 있다. 또한 법의 사각지대로부터 초래되는 나쁜 결과의 유형은 '전제 p_5'에서 제시하고 있는 '네 가지 경우'라고 할 수 있다. 그 경우들에 어떤 실제적인 문제가 있는지를 탐색하는 것은 의미가 있다. 그러한 탐색을 통해 법의 사각지대에 해당하는 네 가지 경우가 어떤 실제적인 나쁜 결과를 초래하고 있는지에 대해 이해할 수 있기 때문이다. 따라서 이 문제에 대해 간략하게나마 더 살펴보자. 그런데 여기서 한 가지 짚고 넘어가야 할 것이 있다. '전제 p_5'에서 유형 ①은 '법의 한계'라는 측면에서, 그리고 유형 ②는 법이 오용되거나 남용된다는 측면에서 나머지 유형 ③, ④와 다른 성격을 가지고 있다. 따라서 유형 ③, ④에 관한 것을 먼저 다루고, 유형 ②와 유형 ①을 나중에 논의하자.

1) 명령이 있지만, 그 명령에 따른 제재가 명시적으로 제시되지 않은 경우(유형 ③)

이 경우는 법이 완전하게 제정되지 않았거나 법 적용의 강제성이 결여되어 제정된 법이 현실을 적극적으로 반영하지 못하는 경우라고 볼 수 있다.

시각장애인을 위한 음성변환 코드에 대한 규정을 예로 들어보자. '시각장애인용 음성변환 코드'란 고지서 내용을 음성으로 읽어주는 코드를 말한다. 이 코드를 생성하는 프로그램은 국내 한 업체가 개발해 정부 기관에 판매하고 있는데, 일부 지자체들이 프로그램 구매를 미룬 것이 확인되었다. 코드 도입을 하지 않은 지자체는 전국에 모두 50곳이었는데, 대부분 "관련 예산을 마련하지 못해서"라고 해명하거나 "개발 업체가 제시한 값이 비싸 구매하기 어렵다"는 곳도 있었다. 코드 생성 프로그램 가격은 3천만 원 정도이고, 매년 200~300만 원 정도 유지비용이 드는 것으로 알려졌다. 하지만 진짜 문제는 예산 부족이 아니었다. 각 지자체가 한 해 예산 중 쓰지 않고 남긴 금액을 뜻하는 '순세계잉여금'을 확인해본 결과, 2019년 성남시의 순세계잉여금은 7,400억 원으로 가장 많았고 화성시 6,900억 원, 하남시 2,300억 원 등 경기 지역 지자체 대부분 1천억 원 넘게 예산을 남겼다. 50개 지자체에서 다 쓰지 않고 남긴 돈이 10조 원에 달한 것에 비추어보았을 때, 예산 부족이라는 설명은 납득하기 어렵다. 진짜 이유는 느슨한 법 때문이었다. 시각장애인들이 고지서 내용을 확인할 수 있도록 시행 규칙을 마련했지만, 별다른 처벌 규정은 없었다. 제재하지 않으니 지키지 않는 것이다."[9]

---

9 홍민기, "[중점 2편] 시각장애인 음성코드 못 넣는 건 예산 탓? … '처벌 없는 법 때문'", 〈YTN〉,

다른 예로 최근 크게 사회적 문제가 되고 있는 '층간소음 문제'에 관한 법을 살펴보자. 「공동주택관리법」 제20조는 "공동주택에서 발생하는 층간소음으로 인해 다른 입주자에게 피해를 주지 않도록 노력해야 한다"고 규정하고 있다. 하지만 위반에 따른 벌금 및 과태료 같은 처벌 조항이 없다. 「경범죄 처벌법」 제3조를 이용하여 우회적으로 층간소음을 처벌할 수는 있지만, '고의성이 인정되어야 하고, 소음의 명확한 정도와 출처를 증명'해야 적용할 수 있는 제약과 한계가 있다. 일상생활 속에서 발생하는 층간소음이 처벌되기는 사실상 어려운 구조라는 것을 알 수 있다. 그나마 현실적으로 가능한 조치는 「공동주택관리법」 제71조에 따른 공동주택관리 분쟁위원회나 「환경분쟁 조정법」 제4조에 따라 환경분쟁조정위원회에 조정을 신청할 수 있다. 하지만 신청 등의 절차가 복잡하고 구속력과 강제성이 없으므로 실효성이 떨어진다는 한계가 있다. 층간소음 문제로 인해 이웃 간에 물리력이 포함되는 폭력 사건이 빈번하게 일어날 뿐만 아니라 심지어 살인에까지 이르는 불행한 사건들이 일어나고 있다는 점에 비추어보았을 때, 새로운 건물을 지을 시점부터 층간소음을 최소화해야 하는 법적 의무를 규정하는 것이 필요하다는 의견을 제시할 수 있다.

유형 ③에 속하는 법의 사각지대는 위법 행위에 대한 적절한 제재 수단이 마련되지 않은 까닭에 피해자의 손해나 피해 사항들을 구제하지 못함으로써 그들의 권리를 보장하지 못하는 문제를 초래한다. 게다가 위법 행위에 대한 적절한 제재 방법이 없기 때문에 애당초 위법 행위를 강하게 금지할 수 없다는 데 더 큰 문제가 있다고 보아야 한다.

2021. 9. 26(https://www.ytn.co.kr/_ln/0103_202109260512331558, 2022. 4. 19).

2) 명령도 있고 제재에 대한 기술도 있지만, 그 제재가 실제로 또는 실천적으로 적용되거나 시행되지 않는 경우(유형 ④)

여기에 해당하는 사례들은 소위 '죽은 법[死法]'이라고 부를 수 있는 것들, 국가의 행정력이 미치지 못하는 경우, 위반에 대한 제재의 기술이 명확하지 않은 경우, 그리고 문제의 원인을 규명하기 어려운 경우, 의도적으로 제재하지 않은 경우 등이 포함될 수 있다. 여기에 해당하는 사례들은 매우 다양할 수 있지만, 크게 네 가지 경우로 구분해 생각해보자.

ⓐ 제재 내용이 중대하지 않거나 처벌 수준이 강하지 않기 때문에 위법 사항들 모두에 대한 제재나 처벌을 하는 것에 실익이 없는 경우를 떠올릴 수 있다. 얼핏 보면 이 경우에 해당하는 것들은 우리에게 큰 문제가 안 된다고 생각할 수 있다. 예컨대, 「도로교통법」 10조 5항에 따르면 횡단보도가 없는 곳에서 무단횡단 후 적발되었을 시 3만 원의 범칙금을 부과해야 하고, 「도로교통법」 10조 2항에 따르면 횡단보도가 있는 곳에서 신호를 무시하고 건너는 경우 2만 원의 범칙금을 부과해야 한다. 하지만 모든 무단횡단을 적발하기가 현실적으로 어렵기에 일상생활 속에서 무단횡단을 하는 사람을 쉽게 볼 수 있다. 그런데 교통사고 사망사고에서 무단횡단으로 인한 사망사고가 큰 비중을 차지하고 있는 점을 고려하면, 이 또한 법의 사각지대로 인해 시민의 안전이 보장받지 못한 중요한 사례라고 보아야 한다.

ⓑ 법을 집행하고 관리하는 행정력이 미치지 못하거나 부재한 경우를 생각해볼 수 있다. 예컨대, 우리는 어느 정도의 큰 규모를 가진 사

회에서 일어나는 모든 위법한 사건과 문제를 모두 감독하거나 찾아내는 것이 현실적으로 가능하지 않다는 데 어렵지 않게 동의할 수 있을 것이다. 만일 사건 A가 그러한 경우에 해당하지만 그 행위로부터 초래되는 해악이 사회 전체에 영향을 줄 정도로 크지 않거나 사소한 경우라면, 우리는 비록 그 사건이 법의 사각지대에 있다고 하더라도 어느 정도 묵과하고 지나칠 수도 있다. 하지만 반대로 사건 A가 그러한 경우에 해당하는 동시에 그 행위로부터 초래되는 해악이 사회 전체에 영향을 줄 수 있거나 중대한 경우라면, 법의 사각지대로부터 초래되는 그와 같은 결과는 결코 허용되어서는 안 된다는 데 동의할 것이다.

ⓒ 우리나라에서 시행되고 있는 레몬법과 같이 문제의 원인 규명을 피해자에게 지우는 것도 이러한 경우에 포함될 수 있다. 2019년 1월 1일 시행된 한국형 레몬법은 제조사가 야기한 자동차 결함으로부터 소비자를 보호하고, 합리적인 기간 이내 자동차를 환불 · 교환할 수 있도록 강제한 법이다. 하지만 2021년까지 레몬법 적용을 받은 차량은 단 1대에 불과하다. 레몬법과 관련된 직접적인 사례는 '자동차 급발진 사건'을 예로 들 수 있다.

ⓓ 법의 일관성과 형평성이 (어떤 이유에서든) 깨지거나 무너진 경우를 생각할 수 있다. 예컨대, 동일한 또는 유사한 사건에 대해 A에게는 유죄를 적용하여 제재나 처벌을 가한 반면에 B에게는 무죄를 적용하여 어떠한 처벌도 내리지 않는 경우가 있다면, 이 경우는 법의 일관성과 형평성이 심각하게 깨지거나 무너진 경우라고 할 수 있다.

이러한 구분에 따를 경우, 법의 사각지대 유형 ③의 ⓐ, ⓑ, ⓒ는 대체로 행정력이 미치지 못하거나 부재한 경우에 초래된다는 것을 알 수 있다.

따라서 앞서 말했듯이, 위법 행위로부터 초래되는 부정적인 영향 또는 해악의 정도가 매우 작다면 경우에 따라 우리는 그러한 사각지대를 무시할 수도 있다. 하지만 그 해악의 정도가 크거나 사회에 미치는 영향이 클 경우에는 그러한 사각지대로부터 초래되는 부정적인 영향이나 결과를 반드시 해소해야 한다.

그런데 유형 ③의 ⓓ는 행정력의 부재로부터 초래되지 않는다는 점에서 ⓐ, ⓑ, ⓒ와 다른 성격을 가지고 있다. 오히려 유형 ③의 ⓓ는 어떤 사건이나 사안에 대한 법의 판단을 내리는 과정에서 행정부에 속하는 검사 또는 사법부에 속하는 판사에 의해 법의 사각지대가 '의도적'으로 만들어진다는 점에서 더 큰 문제를 초래한다. 말하자면, 유형 ③의 ⓓ는 법 전문가들에 의해 '만들어진 법의 사각지대'라고 할 수 있다. 우리나라 검찰은 기소권과 수사권을 모두 가지고 있다는 점에서 유례를 찾아보기 어려운 막강한 권한을 행사하고 있다. 검찰이 그러한 권한을 사용하여 법의 사각지대를 의도적으로 만드는 방법은 다양할 수 있다. 예컨대, 어떤 사건에 대해 기소를 일부러 연기하거나 하지 않음으로써 사건을 은폐하거나 축소할 수 있다. 반대로 수사권을 활용하여 최초에 문제가 되었던 사건과 무관한 별건의 사건을 수사함으로써 사건을 연장하거나 확대할 수 있다.[10] 사법부의 판

10 이러한 문제에 대해 조국은 '법의 지배(rule of law)'와 '법을 이용한 지배(rule by law)'를 구분하여 분석하고 설명한다. 간략히 말해서, '법의 지배'는 우리가 익히 알고 있는 법치주의를 말하는 반면에, '법을 이용한 지배'는 법 전문가들이 자신들이 가진 법 지식을 활용하여 자신들의 사익을 추구하고 시민의 권리를 침탈하는 것을 뜻한다. 그는 다음과 같이 말한다. "우리는 '법치', 즉 '법의 지배(rule of law)'는 '법을 이용한 지배(rule by law)'가 아니라는 점을 명심해야 한다. '법치'는 단지 권력자가 법을 통해 통치 또는 지배한다거나, 국민은 그 법을 무조건 준수해야 한다는 의미가 아니다. '법을 이용한 지배'에서 법은 통치의 도구이자 수단일 뿐이다. '법을 이용한 지배'는 조선 시대에도, 일제강점기에도, 권위주의 정권, 군사독재정권 하에서도 이루어졌다. 권위주의 정권, 군사독재 정권하에서 제정된 각종 '반민주악법'에 대한 예는 생략하기로 하자. 당시 '법치'는 (노동자 시인 백무산 씨의 시 구절을 빌려 말하자면) 국가권력이 '법대로 테러'하는 것에 불과했다." 조국, 『디케의 눈물』, 다산북스, 2023, 124쪽. 우리나라 검찰과 사법부에 의

사들 또한 의도적으로 유형 ③의 ⓓ에 속하는 법의 사각지대를 만들어낼 수 있다. 예컨대, 그들은 재판에 제출된 증거 중 어떤 증거들을 채택할 것인지 여부를 판단함으로써 특정인이나 집단에 유리한 방향으로 또는 반대로 불리한 방향으로 재판을 이끌어갈 수 있다. 또한 그들은 재판을 빠르게 속행하거나, 반대로 지연하는 방법으로 공정하게 재판을 받을 시민의 권리를 침해할 수도 있다. 이와 같이 행정부에 속하는 검사와 사법부에 속하는 판사에 의해 고의로 만들어질 수 있는 법의 '자의적 지배' 또는 '탈법적 지배'는 '법의 정의'를 심대하게 침해함으로써 법을 극적으로 왜곡하는 결과로 귀결될 수밖에 없다. 그리고 이러한 문제는 검사, 판사, 변호사와 같이 법을 다루는 법조인에 대한 '전문가 윤리' 문제를 제기한다.

3) 잘못된 명령인 경우(유형 ②)

법의 명령이 잘못된 까닭에 법의 사각지대가 초래되는 경우는 대표적으로 역사적으로 소위 '악법(惡法)'이라고 부를 수 있는 것들을 예로 들 수 있다. 말하자면, 이것은 넓은 의미에서 '법을 이용한 지배(rule by law)'를 뜻한다. 예컨대, '시민의 자유를 과도하게 제한하고 억압하는 법, 차별을 허용하거나 조장하는 법, 인권을 무시하거나 탄압하는 법' 등이 이러한 경우에 직접적으로 해당한다고 볼 수 있다.

우리나라의 경우, 권위주의 정부와 군사독재정권에서 만들어진 「부정축재처리법」, 「정치활동정화법」, 「부정선거관련자처벌법」, 「국가모독죄」, 「국가보안법」 등은 법을 통해 시민이 마땅히 누려야 할 '자유와 권리'를 제

한 '법을 이용한 지배에 관한 것'은 특히 "2장. 법을 이용한 지배 vs. 법의 지배"를 참조할 수 있다.

한하고 억압한 사례라고 할 수 있다.[11] 아메리카합중국의 경우 1876년 제정되어 1965년 폐지될 때까지 무려 89년 동안 남부에서 시행되어 유색 인종을 분리하고 차별한 「짐 크로 법(Jim Crow law)」을 대표적인 예로 들 수 있다.[12]

---

11 「부정축재처리법」(시행 1961. 6. 14., 법률 제623호, 1961. 6. 14. 제정)은 박정희에 의한 1961년 5 · 16 군사쿠데타 이후 국가재건최고회의(國家再建最高會議)의 의결을 거쳐 1961년 7월 14일 제정되었다. 「정치활동정화법」(시행 2008. 12. 19., 법률 제9144호, 2008. 12. 19. 폐지)은 박정희에 의한 1961년 5 · 16 군사쿠데타 이전 또는 이후에 특정한 지위에 있었거나 특정한 행위를 한 자의 정치적 활동을 일정 기간 정지시키기 위해 「국가재건비상조치법」에 의해 제정된 법률을 말한다. 이 법률은 2008년 폐지되었다. 「부정선거관련자처벌법」(시행 1960. 12. 31., 법률 제586호, 1960. 12. 31. 제정)은 1960년 3월 15일 제4대 대통령 선거 및 제5대 부통령 선거에서 이승만과 이기붕에 의해 자행된 '3.15 부정선거'를 심판하기 위해 제2공화국(장면 총리) 정부에서 입법한 법률이다. 이 법률은 2008년 12월 19일 폐지되었다. 하지만 이러한 법률들은 박정희에 의한 5.16 군사쿠데타 이후 왜곡되어 군사독재정권을 유지하는 도구로 철저하게 활용되었다. 「국가모독죄」는 박정희 유신정권 하인 1975년 3월 25일 제정된 「형법」 제104조의 2에 의한 범죄를 규정하는 법률로서 1987년 6월 민주화 항쟁 이후 1988년 12월에 폐지되었으며, 2015년 헌법재판소에서 재판관 만장일치의 의견으로 위헌 결정되었다. 「국가보안법」은 1948년 제헌국회에서 제정된 이후 여러 번 개정되었으며, 현재는 [시행 2017. 7. 7.] [법률 제13722호, 2016. 1. 6. 타법개정]을 따르고 있다. 이 법률은 법을 '정치적 수단'으로 사용하여 '사법 살인'을 자행하는 문제를 초래한다는 점에서 큰 비판을 받고 있어 폐지에 대한 요구가 꾸준히 제기되고 있다. 국가법령정보센터, https://www.law.go.kr/LSW//main.html; 〈한국민족문화대백과사전〉, https://encykorea.aks.ac.kr/ 참조.

12 「짐 크로 법(Jim Crow law)」은 아메리카합중국 남부에서 실시됐던 '흑백 분리정책'을 말한다. 짐 크로라는 이름은 1830년대 뮤지컬 쇼에 나오는 등장인물의 이름을 딴 것이다. 뮤지컬 쇼에서는 백인이 얼굴을 검게 칠하고 흑인 역할을 했으며, 이와 같은 쇼는 흑인을 비하하는 경우가 많았다. 1880년대부터 '짐 크로'는 남부의 여러 주와 도시가 흑인을 박해하고 차별하기 위해 제정한 흑백분리법을 가리키는 말이 되었다. 「짐 크로 법」은 흑인이 백인과 같은 학교에 다니지 못하도록 규정했을 뿐만 아니라 백인과 같은 식당이나 교통수단을 이용하지 못하도록 규정했다. 아메리카합중국 대법원은 여러 차례 「짐 크로 법」을 지지하는 판결을 내렸다. 그 가운데 중요한 것은 1896년에 나온 '플레시 대 퍼거슨 판결'로서, 이 판결은 철도회사가 백인 승객들이 타는 객차와 흑인 승객들의 객차를 분리하도록 허용했다. 대법원은 흑인과 백인을 두 대의 다른 객차에 분리해 태우는 것은 "분리되긴 하지만 똑같은 대우"를 받기 때문에 합법적이라는 근거를 들었다. 대법원은 또한 1899년 인종별로 다른 학교에 다닌다고 해서 누군가의 권리가 손상되는 것은 아니라고 판결했다. '전미 유색인종 지위향상협회(NAACP)'는 「짐 크로 법」을 폐지하기 위해 오랫동안 노력을 기울여왔다. 마침내 1954년 아메리카합중국 대법원은 '플레시 대 퍼거슨 판결'을 뒤집는 판결을 내렸다. '브라운 대 교육부'로 알려진 이 판결에서 대법원은 흑인과 백인을 각각 다른 학교에 다니도록 규정하는 것은 헌법에 위배된다고 판결했다. 이 판결은 미국 전역의 마을과 도시들에 흑인과 백인 학생들이 같은 학교에 다니도록 해야 한다고 규정했

우리의 일상과 관련해서는 술에 취해 범죄를 저질렀을 경우에 심신 미약으로 감형을 받는 '주취경감' 사례를 들 수 있다. 「형법」 제10조에는 "심신장애로 인하여 사물을 변별할 능력이 없거나 의사를 결정할 능력이 없는 자의 행위는 벌하지 아니한다"고 명시되어 있다. 그러나 우리나라의 판결 사례를 보면 강력범죄를 저지른 사람이 감형을 위해 음주 또는 우울증 같은 이유를 들며 감형받는 사례가 빈번하게 있었다. 심신 미약으로 인한 감형이 필요한 경우도 있겠지만, 악용되는 사례도 많이 발생한다. 이것은 우리가 가진 건전한 상식을 크게 위배하는 경우라고 할 수 있다.

잘못된 명령의 경우로부터 초래되는 법의 사각지대는 수많은 무고한 희생자들을 낳는다. 오히려 죄가 없는 사람들이 잘못된 명령의 피해자가 되어 처벌을 받을 수 있기 때문이다. 예컨대, 나치의 유대인 말살을 위한 「뉘른베르크 법(Nürnberger Gesetze, 1935)」의 경우 아무런 죄 없는 유대인이 기소되고 수감되었다.[13] 또한 우리나라의 경우에도 앞서 예로 들었던 '악법'들을 정치적 수단으로 사용하여 '사법 살인'을 자행한 사건들을 어렵지 않게 찾을 수 있다.[14] 법의 기본적인 속성 중 하나는 합법적으로 폭력을 행사할 수 있는 권한을 가진 국가가 사람들(시민)을 보호하고 억울한 일을 당하지 않도

다. 「짐 크로 법」은 마침내 1964년 「민권법」이 통과됨에 따라 폐지되었으며, 이와 같은 노력으로 「투표법」, 「공정주택법」 등 인종차별을 금지하는 법률들이 제정되었다.

13 히틀러의 나치(국가사회주의 독일 노동자당) 정부는 1935년 「제국 시민권 법」과 「독일 혈통과 명예에 관한 법」을 제정하는데, 그 두 법을 합쳐 「뉘른베르크 법」이라고 부른다. 이 법은 나치의 이데올로기를 뒷받침하는 다수의 인종 이론을 대표하는 것으로서, 나치는 그 두 법을 통해 독일에서 유대인을 조직적으로 박해할 수 있는 법적 기반을 마련했다. 〈홀로코스트백과사전〉, https://www.ushmm.org/ko 참조.

14 대표적으로 박정희 군사독재정권 하에서 일어난 '인민혁명당 사건'(1964년), '인혁당 재건위 사건'(1975년), 전두환 신군부 독재정권 하에서 일어난 '김대중 내란음모 조작사건'(1980년), '국정원 간첩 조작 사건(유우성 간첩 조작 사건)'(2013년) 등을 예로 들 수 있다. 〈한국민족문화대백과사전〉, https://encykorea.aks.ac.kr/; 최정기, 「5.18왜곡과 김대중 내란음모 조작사건」, 『민주주의와 인권』 20(1), 전남대학교 5.18연구소, 2020 참조.

록 하는 것인데, 이러한 법 자체가 잘못되어 있으면 그 피해는 오로지 법의 사각지대에 있는 소수자가 받아야 하는 부정의한 결과가 초래된다.

4) (있어야 할) 명령이 없는 경우(유형 ①)

법의 구체적인 '명령이 없기' 때문에 법의 사각지대가 초래되는 경우는 다시 두 가지 경우로 구분하여 논의할 필요가 있다.

ⓐ 법이 사회와 과학의 발달로 인한 새로운 현상과 환경에 대처하지 못하는 경우
ⓑ 법이 이미 있는 사회적 문제에 대처하지 못한 경우

우선 우리의 현실 생활과 더 밀접하다고 여겨지는 ⓑ를 살펴보자. 우리의 일상에서 불편을 초래하거나 불합리한 결과를 만들어내는 사례들이 여기에 포함될 수 있기 때문이다. 최근에 일어난 사건 중에서 주차장 입구를 자동차로 막아 교통 불편을 유발한 소위 '주차장 테러' 사건을 예로 들어보자. 현행 「도로교통법」에 따르면, 주차장과 아파트 단지 내에 있는 도로는 일반도로가 아닌 사유지이기 때문에 단속 대상이 아니다.[15] 더 심각한

---

15 이러한 경우, 「도로교통법」이 아닌 형법상 '일반교통방해죄'를 적용할 수 있으며, 이 법에 따르면 '공공의 통로'의 통행을 방해하는 경우 최대 10년 이하의 징역이나 1,500만 원의 벌금에 처해질 수 있다. 실제로 지난 2018년에 있었던 소위 '송도 캠리 사건'의 경우 아파트 주차장을 자신의 캠리 자동차로 막았던 차주에게 이 법이 적용되어 징역 6개월, 집행유예 2년이 선고된 판례도 있다. 하지만 그러한 결론이 도출되기까지 걸린 시간과 비용, 그리고 일반 시민의 불편 등을 고려한다면 이러한 사례는 법이 우리 사회에 이미 있는 문제에 대해 적절히 대처하지 못한 경우라고 볼 수 있다. 이와 관련하여 2023년 6월 31일 소위 '주차장 길막 방지법'이 국회에 상정되어 주차장 내에서 차량의 원활한 소통을 현저히 방해하는 경우 견인이나 과태료를 처분할 수

것은 아파트 단지 내 도로가 「도로교통법」에 따르면 도로인지 여부를 "방문객이 자유롭게 통행할 수 있느냐"를 기준으로 판단하고 있다. 따라서 차단기가 설치되어 입주민만 통행하거나 방문객이 입주민의 허락을 받아야 통행이 가능하다면, 단지 내 도로는 입주민에 의해 자주적으로 관리되는 사적 공간이지 「도로교통법」의 적용을 받는 도로가 아니다. 따라서 아파트 단지 내에서 무면허 운전사고, 횡단보도 사고, 중앙선 침범사고 등 12대 중과실 사고가 발생해도 가해자는 민사적 배상 책임만 지게 되고 뺑소니나 음주운전을 제외하고 제대로 처벌을 받지 않는 경우가 발생한다. 우리가 조금만 세심히 살펴보면 '주차장 테러'와 유사한 구조를 가진 사례들을 어렵지 않게 찾을 수 있다.

게다가 이 경우에 포함되는 법의 사각지대는 현재를 살고 있는 우리의 삶에서 시민의 안전과 인권 등에 더 밀접하게 연결되어 있다는 특성이 있다. 지난 2014년 4월 16일 발생한 '세월호 참사'와 2022년 10월 29일 이태원에서 발생한 압사 사고로 192명의 시민의 생명을 앗아간 '10.29 이태원 참사'는 아직까지도 우리에게 큰 상처로 남아있는 사회적 사건이다. 우리나라의 경우, 「재난안전기본법」을 통해 재난이 일어났을 때 행정 당국의 업무 분담에 관한 것을 규정하고 있지만, '신속하고 책임 있는 대피, 구조와 수습에 관한 권리, 재난 대응 과정에서 의미 있게 참여할 권리' 등 재난 피해자에게 반드시 보장되어야 할 권리는 포함되지 않은 경우가 많다. 따라서 우리나라의 경우 사회적 또는 국가적 재난이 발생할 때마다 개별적인 재난에 대응하기 위한 특별법을 제정해야 하는 악순환이 반복되는 실정이다.[16] 세월호 사건이 '참사'인 이유는 재난 대응 체계가 갖추어지지 않았

있는 법적 근거를 마련하려는 시도가 있다. 이러한 사례는 법의 '후행적' 성격을 잘 보여준다.

16 세월호 참사 이후 유가족 등의 피해 지원 등을 위한 「4 · 16세월호참사 피해구제 및 지원 등을

기 때문이다. 이러한 맥락에서 아메리카합중국의 재난구조법인 「스태포드 법(Robert T. Stafford Disaster Relief and Emergency Assistance Act-Stafford Act)」[17]은 재난 대응 체계가 잘 마련된 법의 사례가 될 만하다. 이 법은 재난이 발생했을 때 아메리카합중국 연방정부가 개인을 어떻게 지원할지 등에 관한 내용을 매우 구체적으로 규정한다. 예컨대 이 법은 재난 피해자의 재취업 지원이나 급식 쿠폰, 식권 배급, 주거 지원 등을 세부 항목으로 구분하여 명확한 지원 내용을 규정하고 있다.

다음으로 법이 가진 '한계'로부터 초래될 수 있는 ⓐ를 살펴보자. 이 경우는 일반적으로 사회적, 과학적 또는 환경적 변화와 발전으로 인해 새롭게 발생하는 현실적인 문제에 대해 법이 적절히 대응하지 못한 경우들이 해당한다. 법은 일반적으로 어떤 구체적인 사건이나 현상이 발생할 것을 예상하여 '선행적(pre-regulation)'으로 제정되기보다는 그러한 사건이나 현상이 발생하여 사회적으로 문제가 되었을 때 그것에 대처하기 위해 '후행적(post-regulation)'으로 만들어진다. 말하자면, 법은 미래에 어떤 사건이나 현상이 일어날 것을 예측하여 제정되거나 만들어지는 것이 아니라, (과거 사건이나 현상을 포함하여) 현재에 인식된 사건이나 현상을 해결하거나 규제하기 위해

위한 특별법(세월호피해지원법)」을 제정하기 위해 많은 노력이 들었고, 「사회적 참사의 진상규명 및 안전사회 건설 등을 위한 특별법(사회적참사진상규명법)」을 따로 마련해야 했다. 그런데도 제대로 진상규명이 되지 않아 검찰은 세월호 특별조사단을 꾸려 세월호 참사의 원인을 다시 수사하기도 했다. 10.29 이태원 참사도 사정은 크게 다르지 않다. 사건의 진상을 파악하고 피해자들을 구제하기 위해 「10.29 이태원 참사 피해자 권리보장과 진상규명 및 재발방지를 위한 특별법(이태원참사특별법)」이 더불어민주당 등 야당의 주도로 2024년 1월 9일 국회를 통과했지만, 윤석열 대통령의 거부권 행사로 법안은 다시 국회로 돌아갔으며, 국회의 재의결에서 여당인 국민의힘의 반대로 폐기되었다. 그 후 2024년 4월 10일 치러진 22대 국회의원 선거에서 더불어민주당, 조국혁신당 등 야당이 크게 승리한 후 야당의 요구로 5월 2일 소집된 본회의에서 일부 조항이 수정된 법안이 재석 259명 중 찬성 256표, 반대 0표, 무효 3표로 수많은 우여곡절 끝에 재의결했다.

17 세계법제정보센터, https://world.moleg.go.kr/web/main/index.do 참조.

제정되는 속성을 가진다. 이러한 점에서 유형 ①은 명시적인 현행법이 없다는 측면에서 법의 사각지대 문제가 아닌 '법의 한계' 문제로 이해될 수도 있다. 하지만 법의 제정 속성이 선행적이지 않고 후행적이라고 해서 (모든 것에 대해) 면죄부를 받을 수 있는 것은 아니다. 사람의 활동으로 새롭게 만들어지거나 발생하는 중요한 사건이나 현상들은 어느 날 갑자기 출현하는 것이 아니라 어느 정도의 시간에 걸쳐 사건과 내용이 축적된 결과로 나타나기 때문이다. 따라서 그러한 문제에 관심을 가지고 있거나 가담하고 있는 (해당 분야의 전문가 또는 입법을 담당한 대표자 등과 같은) 사람들은 그 문제로부터 초래될 것으로 예견되는 중요한 문제들을 (어느 정도의 합리성을 가지고) 추론할 수 있다. 몇 가지 예를 들어보자.

인간의 예상을 뛰어넘는 놀라운 과학기술의 발달과 인간의 무한한 욕망이 결합하여 발생하는 문제들이 여기에 포함될 수 있다. 예컨대, 우리는 머지않은 미래에 자율주행자동차가 상용화되어 사람에 의해 조작되지 않는 자동차가 도로를 점령할 것으로 예상하고 있다.[18] 지구 곳곳에 큰 재난을 일으키고 있는 기후변화와 인간뿐만 아니라 동물과 식물에도 큰 영향을 미치고 있는 환경오염 또한 우리의 큰 관심사다.[19] 또한 소위 4차 산업혁명이 도

18 만일 완전한 자율주행자동차가 실현되어 상용화될 경우, 사고처리에 관한 보험과 관련된 법 제정을 가장 먼저 생각해볼 수 있을 것이다. 이 경우 발생한 사고에 대해 제조사와 사용자가 어느 정도의 비율로 책임을 질 것인가의 문제가 핵심이 될 수 있다. 발생한 사고의 주된 원인이 자동차에 있을 경우 그 사고에 대한 책임은 제조사에 있다고 보아야 할 것이다. 반면에 발생한 사고의 주된 원인이 사용자에게 있을 경우 사용자가 그것에 대해 책임을 져야 할 것이다. 그런데 이것은 완전히 새로운 문제가 아니다. 자동차 급발진으로 추정되는 많은 사고들은 완전 자율주행자동차로부터 초래될 것으로 예견되는 사건들과 구조적으로 동일한 법적 그리고 도덕적 문제를 가지고 있다고 보아야 한다.

19 기후변화 같은 환경문제는 인류에게 심각한 위협이 되고 있다는 것을 부정할 수 없다. 기후변화와 자본주의의 관계에 관해서는 나오미 클라인, 『이것이 모든 것을 바꾼다: 자본주의 대 기후』, 이순희 옮김, 열린책들, 2016; 인간과 환경문제에 대해 좀 더 쉽게 접근할 수 있는 저서로 최평순, EBS 다큐프라임 「인류세」 제작진, 『인류세: 인간의 시대』, 해나무, 2020; 앨 C. 앨리스,

래한 가운데 'ChatGPT(Generative Pre-trained Transformer)' 같은 인공지능을 '어떻게 활용하고 규제할 것인가?'라는 문제는 최근의 가장 중요한 이슈라고 할 수 있다. 이러한 예를 찾는 것은 결코 어려운 일이 아니어서 조금만 시간을 할애하여 생각한다면 그러한 문제를 가지고 있는 수많은 사건과 현상을 발견할 수 있을 것이다. 여기서는 최근 가장 큰 이슈가 되고 있는 'ChatGPT'로부터 초래된 인공지능과 관련된 내용을 간략히 살펴보기로 하자.

이제는 과학에 무관심한 사람에게도 익숙한 단어인 인공지능의 개념을 이해하기 위해서는 1950년까지 거슬러 올라가야 한다. 영국의 수학자이자 최초로 컴퓨터의 개념을 주창한 앨런 튜링(Alan Turing, 1950)은 「계산 기계와 지능(Computing Machinery and Intelligence)」에서 '기계가 생각할 수 있는지 테스트하는 방법, 지능적 기계의 개발 가능성, 학습하는 기계' 등에 대해 논의한다. 그는 "기계가 지능을 가진 것처럼 작동하는 경우, 그 기계가 지능을 가지고 있다고 보아야 한다"고 주장했다.[20] '인공지능'이라는 용어가 공식적으로 사용된 것은 1956년 다트머스 회의에서 존 매카시가 사용하면서부터다. 1960년대 후반부터 인공지능에 대한 대규모 연구가 이루어지면서 머신러닝(machine learning) 등과 같은 인공지능에 관한 핵심적인 개념이 고안되었으며, 다양한 인공지능 프로그램이 만들어졌다. 물론, 인공지능에 관한 연구가 항상 성공적이었던 것은 아니다. 당시의 기술로는 앞서나가는 인공지능 개념을 실물로 적절히 구현할 수 없었기 때문이다. 1980~1990년대

『인류세』, 김용진 · 박범순 옮김, 교유서가, 2021 등을 참고할 수 있다.

20 심리철학(philosophy of mind)은 튜링 테스트, 인공지능과 밀접한 관련을 가진 철학의 한 분야다. 심리철학에 대해서는 김재권, 『심리철학』, 하종호 옮김, 철학과현실사, 1997이 좋은 입문서가 될 수 있다. 인공지능과 로봇공학을 포함한 미래 기술로부터 초래되는 사회적 변화에 대한 입문서로 마틴 포드, 『로봇의 부상』, 이창희 옮김, 세종서적, 2015를 참고할 수 있으며, 인공지능의 개념과 발전 그리고 문제에 관한 조금 더 전문적인 논의는 닉 보스트롬, 『슈퍼 인텔리전스: 경로, 위험, 전략』, 조성진 옮김, 까치, 2017 등을 참고할 수 있다.

사이 몇 번의 침체기와 도약기를 거쳐 2000년대에 이르러 대규모 데이터 처리와 기계학습 기술의 발달로 인공지능은 비약적으로 발전했고, 최근에는 인공신경망을 기반으로 하는 딥러닝 모델에 기초한 '알파고(Alpha-Go)'와 자연어 언어처리에 기반한 대화형 인공지능 모델인 'ChatGPT'가 큰 이슈가 되고 있다.

이와 같이 지금은 우리의 일상에 깊숙이 들어와 있어 너무 익숙한 '인공지능'이라는 개념과 기술은 적어도 70년의 긴 시간 동안 개발되고 발전해왔다. 따라서 앞서 말했듯이, 인공지능에 대해 관심이 있거나 연구 및 개발에 가담하고 있는 사람들은 그것으로부터 초래될 것으로 예견되는 중요한 문제들을 추론할 기회가 있었다고 할 수 있다. 그러한 측면에서 문학과 영화 등의 영역에서 인공지능 문제를 이미 직접적으로 다루었거나 다루고 있다는 점은 흥미롭다. 소위 특이점(singularity)을 돌파한 인공지능이 초래하는 디스토피아적인 미래를 다루는 문학 또는 영화 작품을 찾는 것은 어렵지 않다.[21] 예컨대, 아서 클라크(Arthur C. Clark)의 소설 『파수병(The Sentinel)』을 기초로 스탠리 큐브릭이 1955년 제작한 「2001 스페이스 오디세이(2001: a Space Odyssey)」에 등장하는 'Hal-9000'이 대표적인 사례가 될 수 있다.[22] 이와

21 대중적으로 흥행에 성공한 몇몇(일부는 원작 소설에 기초하여 제작된) 영화는 「블레이드 러너(Blade Runner, 1982)」, 「매트릭스(Matrix, 1998)」, 「터미네이터(Terminator, 1991)」, 「AI(2001)」, 「아이, 로봇(I, Robot, 2004)」, 「엑스 마키나(Ex Machina, 2015)」 등 수없이 많다.

22 영화에서 인공지능 컴퓨터 'Hal-9000(Heuristically Programmed ALgorithmic computer 9000)'은 목성 탐사선의 선장 데이비드 보먼과 프랭크 폴이 자신의 기능을 정지시키려 하자 동면에 들어가 있는 세 명의 연구원을 포함하여 다섯 명을 살해하려 하고, 데이비드 보먼을 제외한 네 명을 살해하는 데 성공한다. 위기에서 가까스로 벗어난 선장 데이비드가 우주선 항행을 위한 필수 기능만을 남겨두고 Hal-9000의 주요 기능을 끄려 하자 Hal-9000은 마치 사람이 죽음을 두려워하는 것과 같은 반응을 보인다. 이것은 최근 논란이 된 구글의 람다(LaMDA)와 개발자 중 한 명인 르모인의 대화를 떠올리게 한다. 르모인은 람다와의 대화를 통해 람다가 사람과 같은 '자기인식(self-consciousness)'을 가지고 있다고 주장했다. 르모인과 람다 사이의 더 자세한 대화 내용은 https://cajundiscordian.medium.com/is-lamda-sentient-an-interview-ea64d916d917 참조.

같이 인공지능과 관련된 과학적 연구와 문학을 포함한 사회 · 문화적 탐구는 오래되었지만, 그에 대한 법적 논의가 시작된 것은 비교적 최근의 일로서 2021년부터 유럽연합에서 제정을 추진하고 있는 'EU 인공지능법안(AI Act)'을 들 수 있다.[23]

유형 ①에 속하는 법의 사각지대는 법의 제정(입법) 과정이 가진 속성, 즉 후행적 속성으로부터 초래되는 경우들을 포함한다. 그것은 또한 인간이 가진 인식의 한계로부터 비롯된다. 그리고 인간이 가진 이러한 인식의 한계는 '법의 한계' 문제로 이어진다. 오늘날 우리가 의식하든 그렇지 않든 간에 우리의 거의 모든 삶의 영역을 지배하는 현행법은 인간이 만든 것이기 때문이다.

---

23 "'유럽연합(EU) 인공지능법안'은 입법을 추진하게 된 이유와 배경, 법적인 기초와 기본 원칙, 입안 절차 등을 서술한 설명서와 총 89개 항에 달하는 전문을 포함하고 있으며, 본문은 총 12개 편(Title), 85개 조(Article)로 구성되어 있다. 제1편(제1조~제4조)은 법안의 적용 범위와 개념 정의 등을 포함하는 일반규정들이고, 제2편(제5조)은 허용할 수 없는 위험성으로 인해 금지된 인공지능(Prohibited Artificial Intelligence) 실행에 관한 것이다. 제3편은 가장 많은 분량을 차지하면서 건강과 안전, 기본권에 대해 높은 위험을 초래하는 고위험 인공지능 시스템(High-Risk AI Systems)에 대해 규율한다. 이는 총 5개의 장(Chapter)으로 구분되는데, 제1장(제6조, 제7조)은 고위험 인공지능 시스템의 유형, 제2장(제8조~제15조)은 고위험 인공지능 시스템이 갖추어야 할 요건, 제3장(제16조~제29조)은 고위험 인공지능 시스템의 공급자와 사용자 등의 의무, 제4장(제30조~제39조)은 인증당국과 인증기구(Notifiying Authorities and Notified Bodies), 제5장(제40조~제51조)은 표준, 적합성 평가, 인증, 등록을 다룬다. 제4편(제52조)은 특정한 인공지능 시스템에 적용되는 투명성 의무를 규정한다. 제5편(제53조~제55조)은 혁신을 지원하기 위한 방안을 다루고 있으며, 제6편~제8편(제56조~제68조)은 거버넌스와 이행체계에 대해 비교적 상세하게 규정하고 있다. 이어서 제9편(제69조)은 자율규제를 위한 행동강령, 제10편(제70조~제72조)은 비밀유지와 벌칙, 제11편(제73조, 제74조)은 권한 위임 및 위원회 절차, 제12편(제75조~제85조)은 다른 규칙의 개정 등에 관한 최종규정이다." 홍석한, 「유럽연합 '인공지능법안'의 주요 내용과 시사점」, 『유럽헌법연구』 38, 2022, 243-282쪽. 이와 관련하여 손영화, 「EU AI 규칙안상의 허용할 수 없는 위험의 AI 시스템에 관한 고찰」, 『법학연구』 25(3), 2022; 정소영, 「유럽연합 인공지능법안의 거버넌스 분석: 유럽인공지능위원회와 감독 기관의 역할과 기능을 중심으로」, 『연세법학』 39, 2022; 류지웅, 「인공지능(AI) 로봇의 법적 문제에 관한 연구: EU의 RObo Law의 입법 동향을 중심으로」, 『토지공법연구』 87, 한국토지공법학회, 2017 등 참조.

5.
법의 한계와 법의 사각지대

우리의 삶을 지배하는 현행법 또는 실정법은 '신(the divine)'이나 '초월적인 자연'에 의해 만들어진 것이 아니다. 교부철학자인 아우구스티누스(St. Augustinus)와 스콜라 철학자인 아퀴나스(St. Thomas Aquinas)는 법을 '영구법(lex aeterna)', '자연법(lex naturalis)', '인정법(lex humana)'으로 구분한다. 영구법은 신이 만물에 대해 영구적으로 세운 계획으로서, 곧 신의 창조 원리라고 할 수 있다. 우리가 가진 신에 관한 일반적인 관념, 즉 신은 '전지(omni-science), 전능(omni-potence), 지고지선(omni-benevolence)'하다는 관념을 받아들일 경우 신이 관여하여 만든 영구법은 불변의 진리이기 때문에 논리적으로 완전하고 한계가 있을 수 없다. 자연법은 영구법으로부터 올바른 이성에 의해 도출되는 이성 자체를 뜻한다. 인간은 이성에 의지하여 어느 정도 자연법을 인식할 수 있다. 하지만 인간은 물리 세계에서 자연법칙(law of nature)을 거스를 수 없듯이, 도덕과 법의 세계에서 자연법(natural law)을 거역할 수 없다. 자연법은 최고의 도덕 원리인 동시에 인간의 행위를 평가하는 최고의 평가 기준이기 때문이다. 따라서 영구법과 자연법은 인간의 일반적인 인식을 넘어선 것이고, 그 자체로 참이고 완전하다. 반면에 인정법은 인간이 제정한 법으로서 '실정법'을 뜻한다. 인간은 한계를 가진 불완전한 존재다. 따라서 인간

이 만든 법은 완전할 수 없고 어떤 한계를 가진다.[24]

'법의 한계'에 관한 논의는 주로 '현실적 한계'와 '규범적 한계'의 두 차원에서 이루어져왔다. '현실적 한계'는 법이 현실에서 작동하고 기능하는 과정에서 실제로 부딪히는 한계를 의미한다. 그러한 측면에서 법의 현실적 한계는 법의 사각지대와 밀접한 관련을 가지고 있다. '규범적 한계'는 법이 넘어서면 안 되는 경계 영역으로서의 한계를 의미한다. 그러한 까닭에 법의 규범적 한계는 법철학의 본질적인 문제를 제기하고 다룬다. 하지만 법의 한계 자체는 개념적으로 그다지 명료하지 않다. 법의 한계라는 말은 맥락에 따라 다의적인 의미로 해석될 수 있기 때문이다. 오세혁은 법의 한계를 현실적(실천적) · 규범적 · 구성적 한계와 같이 세 가지로 구분한다. 법의 한계에 관한 그의 논의를 따라가 보자.[25]

(1) 법의 현실적(실천적, practical) 한계

현실 세계에서 법(실정법)은 종종 당초 의도했던 사회적 기능을 제대로 수행하지 못한다. 법이 현실 세계에서 실제로 기능하는 과정에서 부딪히는 한계가 법의 현실적 한계(practical limit)다. 법이 현실적인 한계에 부딪힌다는 것은 곧 제대로 준수되지 않는다는 것을 의미한다. 그러한 법은 실효성이 낮거나 아예 없다. 법이 시장의 모순과 부정의를 해결할 수 없고, 몇몇 지역에서 자행되는 인종주의에 대해 대응하지 못하는 것은 법의 현실적 한계를 잘 보여준다.

법의 현실적 한계는 인간의 한계로부터 비롯되는 경우가 많다. 예컨대, 현대 법실증주의를 기초했다고 평가받는 하트는 벤담과 오스틴의 법명령설을 거부

---

24 오세혁, 『법철학사』(제2판), 세창출판사, 2012, 58-72쪽 참조.

25 오세혁, 『법의 한계』, 세창출판사, 2013, 1-26쪽 참조. 그는 "현실적 한계는 법의 실효성에, 규범적 한계는 법의 정당성에, 구성적 한계는 합법성과 관련된다"고 주장한다. 법의 한계에 관한 세 가지 구분과 설명은 오세혁의 논의에 의존하여 요약하고 정리했다. 따라서 이것에 관한 세밀하고 깊은 논의는 그의 저서를 읽어보기를 권한다.

하면서 법을 해당 공동체에 실재하는 사회적 관행을 기술함으로써만 이해할 수 있는 사회적 현상으로 이해한다. 그는 공동체가 유지되기 위해서는 일정한 기본 규칙들이 필요하다고 본다. 그는 이러한 규칙들을 "자연법의 최소한의 내용(the minimum content of natural law)"이라고 부른다.[26] 이것은 다음과 같은 주요 속성들로부터 드러나는 인간의 조건에서 기인한다.

① 인간의 취약성: 모든 인간은 물리적 공격에 취약하다.
② 평등에 가까운 상태: 가장 강한 사람조차 잠을 잘 때가 있다.
③ 제한된 이타주의: 인간은 대체로 이기적이다.
④ 한정된 자원: 인간은 먹을 것과 입을 것, 쉴 곳이 필요한데, 이러한 자원은 한정되어 있다.
⑤ 부족한 이해력과 의지력: 인간은 서로 협력할 수 있을 만큼 의지할 수 있는 대상이 아니다.

법은 필연적으로 인간의 한계 조건을 반영할 수밖에 없다. 따라서 법의 현실적(실천적) 한계는 인간이 가진 인식적 한계로부터 초래된다.

(2) 법의 규범적 한계

자연법칙과 달리 법은 명령하고 금지하고 허용한다는 점에서 규정적(prescriptive)이다. 이러한 법의 규정성은 법의 규범적 한계(normative limit)라는 문제를 제기한다. 현실적 한계에서 법의 실효성이 문제 되는 것과 달리, 규범적 한계는 법의 '정당성'이 문제가 된다. 따라서 법철학의 관점에서 보면, 법의 규범적 한계에 대한 논의가 핵심과제다.

법의 경험적 한계가 법의 소여라는 문제로 치환되듯이, 법의 규범적 한계는 법이념의 문제로 치환될 수 있다. 말하자면, '정의로운 법은 어떤 법이어야 하는가?'

---

26 Hart, H. L. A., *The Concept of Law*, Oxford: Oxford UP, 1961, pp. 189-195.

와 같은 물음에 답해야 한다. 법이 추구해야 하는 최고의 가치로서 법이념이야말로 '올바른 법(정법)'을 모색하고 법의 본질을 이해하는 데 핵심적인 개념이다. 법은 법이념에 의해 설정되는 규범적 한계를 갖기 때문이다.

(3) 법의 구성적 한계

법의 현실적 한계 중에서 법이 가진 근본적이고 구조적인 것으로부터 비롯되는 것을 구조적 한계(structural limit)라고 한다. 예컨대, 법은 나치가 현행법을 이용하여 적어도 겉으로 보기에 합법적으로 정권을 장악한 후 인류에게 저지른 범죄 같은 근본적인 악에 대처하는 데 구조적 한계를 보여준다. 이러한 집단 범죄에 대한 법의 대응은 기껏해야 상징적인 몸짓에 불과하고 오히려 법의 무력함을 드러낼 뿐이다. 집단학살, 반인도적 범죄, 전 세계적 테러 같은 대량학살은 법의 지배에 대한 아주 특별한 도전으로서 법의 실효성에 대한 중대한 문제를 제기한다. 법의 구조적 한계는 미시적인 차원에서도 문제가 된다. 예컨대, 심야에 소음을 내는 이웃 주민의 행동을 금지하는 것과 같은 사소한 분쟁을 해결하는 데 있어서 법은 효과적인 수단이 되지 못한다. 분쟁 해결에 필요한 비용(cost)이 분쟁 해결에 따른 편익(benefit)을 현저히 초과하기 때문이다. 다만, 미시적 차원에서의 법적 한계는 법이 규율할 수 있는지 여부가 아니라, 법이 효율적으로 규율할 수 있는지가 쟁점이 된다.

'법의 한계'에 관한 이러한 논의에서 알 수 있듯이, 그것은 법의 사각지대 유형 ①과 일부 겹치는 부분이 있다. 즉, 그것은 인간이 가진 인지적 한계로부터 비롯된다. 하지만 우리는 법의 한계에 관한 논의에서 '규범적 한계'의 개념적 정의에 조금 더 큰 관심을 가질 필요가 있다. 법의 규범성은 곧 법의 정당성을 의미하기 때문이며, 그것은 곧 어떤 법을 제정해야 하는가의 문제(입법의 문제)로 귀결되기 때문이다. 그러한 까닭에 '법의 한계' 문제는 '법의 사각지대' 문제와 구분될 수 있다.

6.
'법의 사각지대' 문제는 '허용할 것인가'의 문제가 아닌 '어떻게 줄일 것인가'의 문제다

우리가 일상의 삶에서 법으로부터 결코 자유로울 수 없다는 것은 분명하다. 다만, 일상의 삶과 생활에서 그것을 인식하지 못하는 이유는 우리가 통상의 경우 법에 위배되는 행위를 하지 않기 때문이다. 하지만 크든 작든 간에 현행법에 위배되거나 저촉되는 행위를 할 경우에 우리는 법의 존재를 인식하게 된다. 즉, 법은 우리의 모든 생활 영역을 지배하려 한다.[27] 말하자면, 법은 힘에 관한 규칙(rules about force)으로서 우리를 강제한다. 이처럼 우리의 삶에 관여하고 일상을 지배하는 법이 제대로 작동하지 않을 경우, 그 피해는 고스란히 우리 같은 시민이 짊어지게 된다.[28] 그러한 까닭에 법의 사

---

27 "이 점에서 법은 미다스 왕과 흡사하다. 그가 만지는 모든 것이 황금으로 변한 것처럼 법이 관계하는 모든 것은 법의 성격을 갖는다." Kelzen, Hans, Reine Rechtslehre, 2 Aufl, Wien: Manz, 1960, p. 289. "우리는 법 안에 살며 법에 의해 살아간다. 법은 우리가 무엇인지를 만들어준다. 시민, 근로자, 의사, 배우자, 그리고 소유자와 같은." Dworkin, Ronald, *Law's Empire*, Cambridge: Harvard UP, 1986, p. 7; 오세혁, 『법의 한계』, 세창출판사, 2013, 1-2쪽 재인용.

28 조국은 다음과 같이 말한다. "법률은 하늘에서 떨어진 것이 아니다. 사람이 만드는 것이다. 역사를 돌아보면 법은 대개 특정 사회의 계급, 계층, 집단의 이익과 욕망, 그리고 꿈이 충돌하고 절충되어 만들어진다. 여기서 '강자' 또는 '가진 자'가 유리한 조건에 서게 됨은 분명하다. … 법을 공부하는 사람들은 각 계급, 계층, 집단의 요구와 주장과 논변이 무엇인지 꿰뚫어야 한다. 법전을 넘어 현실 세상이 돌아가는 이치를 알아야 한다. 특히 '약자'나 '갖지 못한 자'가 부당하게 대우받는 일을 막아야 한다." 조국, 『디케의 눈물』, 다산북스, 2023, 136쪽.

각지대는 논리적으로든 실천적으로든 허용될 수 없다. 반면에 인간이 가진 인식적 한계로부터 초래되는 '법의 한계'에 주목하는 사람들은 법이 가진 현실적(실천적) 한계로 인해 현실 세계에 법의 사각지대가 있는 것은 피할 수 없는 '사실'이라고 주장할 수 있다. 하지만 "현실 세계에 법의 사각지대가 있다"는 사실로부터 "법의 사각지대가 허용될 수 있다"거나 "허용되어야 한다"는 주장은 도출되지 않는다. 이것은 논리적으로 사실로부터 가치를 도출하는 '자연주의 오류(naturalistic fallacy)'이기 때문이다.[29] 게다가 비록 법의 사각지대가 법이 가진 본래적 한계로 인해 발생하는 경우가 있다는 것을 인정하더라도 그 또한 본질적으로 법이 시민의 권리와 안녕을 온전히 보호하지 못하는 정의롭지 못한 결과를 초래하게 된다. 따라서 법의 사각지대에 관한 논의는 '허용될 수 있는가'의 문제가 아닌, 그것을 '어떻게 줄이거나 없앨 것인가'의 문제가 되어야 한다.

---

29 이것을 논증으로 구성하여 설명하면 다음과 같다. "p_1. 현실 세계에는 법의 한계로 인한 법의 사각지대가 있다"로부터 "c. 법의 사각지대는 허용되어야 한다"는 곧바로 도출되지 않는다. 'p_1'으로부터 'c'가 이끌어지기 위해서는 'p_2. 현실 세계에 있는 것은 허용되어야 한다'는 전제가 추가되어야 한다. 다른 예를 든다면 이렇다. "p_1. 현실 세계에는 도둑질을 하는 많은 사람이 있다"로부터 "c. 현실 세계에서 도둑질은 허용되어야 한다"는 곧바로 도출되지 않는다. 'p_1'으로부터 'c'가 이끌어지기 위해서는 'p_2. 현실 세계에 있는 것은 허용되어야 한다'는 전제가 추가되어야 한다.

IV

리비는 살인죄로 다시 처벌받아야 할까?

학교 서무 직원이던 한삼택(당시 38세) 씨는 1970년 국가보안법 위반 혐의로 체포됐다. 학교 기부금을 보내준 재일동포 가운데 조총련 인사가 있었다는 이유였다. 한 씨는 1971년 징역 3년에 집행유예 5년을 선고받고 직장을 잃은 뒤 경찰의 감시를 받으며 살아갔다. 아들과 딸은 '간첩의 자식'이라는 낙인 속에 어린 시절을 보냈다. 축농증이 심한 줄로만 알았던 코에는 암이 있었다. 제대로 수술도 못 받고 1989년 57세에 세상을 떠났다. 한삼택 씨의 아들 한경훈(62) 씨는 간첩으로 몰렸던 아버지의 누명을 벗기고자 2기 '진실 · 화해를위한과거사정리위원회(진실화해위)'의 문을 두드렸다. 2년여간 조사 끝에 진실화해위는 경찰이 구속영장도 없이 한삼택 씨를 불법감금하고 가혹행위를 했다고 결론 내렸다. 한경훈 씨는 지난 2월 재심을 청구했고, 3개월 만에 법원도 "불법구금 · 가혹행위"를 인정하며 재심 개시 결정을 내렸다. 그러나 검찰은 즉시 항고했다. "(1970년대) 재심 대상 사건에 관여한 판사는 피고인(한삼택)을 직접 보고 진술을 듣고 신문을 하기도 했는데, 원심은 그런 절차도 밟지 못한 상태"라는 이유를 들었다. 사망한 한 씨를 법정에 다시 불러 세워야 한다는 '상식 밖의 주장'으로 52년 만에 누명 벗을 기회를 가로막은 것이다. 한 씨 재심 개시 여부는 항소심에서 다시 결정해야 한다. …[1]

---

1 이정규, "죽은 사람 법정 세워라? 검찰, '과거사 재심 개시' 딴지", 한겨레신문, 수정 2023-07-31 07:00 등록 2023-07-31 07:00, 검색일: 2024. 03. 01.

1.
일사부재리의 원칙[2]

법의 영역에서 이중위험금지의 원칙 또는 이중처벌금지의 원칙은 일반적으로 그 기원을 일사부재리(一事不再理, ne bis in idem)의 원칙에서 찾을 수 있다. 그리고 이중위험금지의 원칙은 본질적으로 합법적으로 폭력을 행사할 수 있는 유일한 기관인 국가 권력으로부터 시민(피의자)을 보호하기 위한 원리로 알려져 있다. 하지만 이 원칙이 가진 이와 같은 1차적이고 본질적인 목적에도 불구하고 법 해석의 차원에서 틈이 발생할 수 있을 뿐만 아니라, 법의 판단과 윤리적 판단이 다를 경우들이 있을 수 있다.

본격적인 논의에 앞서 우선 일사부재리의 원칙에 뿌리를 두고 있는 이중위험금지의 원칙과 이중처벌금지의 원칙에 대한 일반적인 내용을 살펴보자. 다음으로 한 사고실험을 통해 이중위험금지의 원칙이 가진 법적 해석과 적용의 한계를 고찰한다. 그것을 보이기 위해 이중위험금지의 원칙의 중요한 두 가지 판단 요소인 밀접관계와 양립불가능성 조건을 살펴보고, 그 조건들을 사고실험 사례에 적용하여 분석하고 평가한다. 마지막으로 이중위험금지의 원칙이 적용될 수 있는 사례에서 법적 판단과 달리 행위자가 도덕적인 책임으로부터 자유로울 수 없는 이유를 간략히 짚어본다.

---

2 IV장은 전대석, 「이중위험금지의 원칙에 대한 법적 해석과 윤리적 판단에 관한 고찰」, 『인문과학』, 성균관대학교 인문학연구원, 2024, 115-150쪽에 게재한 논문이다. 일부 내용은 수정했다.

2.
이중위험금지의 원칙과 이중처벌금지의 원칙

이중위험금지의 원칙 또는 이중처벌금지의 원칙이 어떤 측면에서 한계를 가질 수 있는지, 그리고 '법적 판단'과 '도덕 판단'의 관계에서 어떤 차이가 있을 수 있는지를 살펴보기 위해 다음과 같은 (가상의) 사례를 이용한 사고실험을 평가해보자.[3]

〈사고실험 4〉

'리비'는 잘생기고 부유한 남편, 사랑스러운 아들, 시애틀 근처의 아름다운 전원주택, 친구들과의 좋은 교우관계 등 그녀가 원하는 모든 것을 가지고 남부럽지 않은 삶을 살고 있었다. 그녀의 이러한 삶은 한순간 악몽 같은 나락으로 떨어진다. 리비는 남편 '닉'과 함께 아름다운 요트를 타고 여행하던 중 닉이 바다 한가운데서 실종되는 사건이 발생하자, 남편을 살해한 혐의로 구속 기소된다. (비록 직접적인 증거는 없었지만) 요트에 남아있는 핏자국이 묻은 칼이 리비가 남편의 살인범임을 가리키고 있었기 때문이다.

---

3 이 사례는 우리나라에서 「더블 크라임」이라는 제목으로 개봉한 「Double Jeopardy(이중위험/브루스 베레스포드 연출, 애슐리 주드, 토미 리 존스 주연)」의 줄거리를 일부 수정하여 각색한 것이다.

법원에서 (배심원 평결에 의해) 살인에 대한 유죄를 선고받고 10년 동안 수감생활을 하게 된 리비는 가장 믿을 만한 친구인 '안젤라'에게 이제 막 다섯 살이 된 자신의 아들 '메티'를 보살펴달라고 간청했고, 리비의 사정을 딱히 여긴 안젤라는 리비의 수감 기간 동안 메티를 돌보기로 한다. 하지만 안젤라는 얼마 후 리비와의 연락을 끊고 메티와 함께 사라진다. 리비는 수감생활을 하던 중 지인들의 도움과 전화 추적을 통해 닉과 안젤라가 자신을 속이고 오랜 기간 내연관계였다는 사실을 알아낸다. 게다가 닉과 안젤라는 함께 자작 살인극을 벌인 후 거액의 사망보험금을 챙기고 신분을 세탁하여 샌프란시스코에서 함께 살고 있다는 충격적인 사실을 알아낸다.

리비가 감옥에서 만난 친구 마가렛은 남편을 살해하여 수감된 후 자격을 박탈당한 전직 변호사로서 절망에 빠져있는 리비에게 위안을 주는 중요한 한 가지 정보를 말해준다. 리비가 석방되어 닉을 살해하더라도 범죄가 성립하지 않는다는 것이다. 리비는 이미 닉의 살해 혐의로 유죄 판결을 받았기 때문에 동일한 범죄로 중복된 재판을 받을 수 없다는 '(미합중국) 수정헌법 제5조'에 의해 보호받기 때문이다. 리비는 10년 후 만기 출소한다. (결과적으로) 리비는 자신이 저지르지 않은 살인에 대한 죗값을 모두 치른 것이다.

출소 후 리비는 자신의 아들 메티를 찾기 위해 닉과 안젤라를 쫓아 샌프란시스코로 향한다. 하지만 이미 닉과 안젤라는 그곳에 없었다. 리비는 포기하지 않고 다시 그들의 행방을 추적한 결과 더 놀라운 사실을 알아낸다. 살인죄로 수감되기 전에 어린 아들을 맡긴 안젤라도 원인을 알 수 없는 화재 사건으로 이미 사망했으며, 닉과 그의 아들 메티는 다시 사라져 행방을 알 수 없게 된 것이다. (후에 안젤라의 생명을 앗은 그 화재 사건은 닉이 꾸민 일이라는 것이 밝혀졌다.) 리비는 자신의 아들 메티를 찾기 위해 어디론가 사라진 닉의 행방을 추적한다. 리비는 끈질긴 추적 끝에 드디어 닉이 텍사스에 있다는 것을 파악하게 된다. … (이러저러한 우여곡절 끝에) 리비는 '폴'이라는 이름으로 신분을 바꾼 닉을 찾아내고 아들 메티를 자신에게 돌려보내라고 요구하지만 닉(또는 폴)은 거절한다. 리비에게 메티를 보낼 경우 자신의 정체가 드러날 것이 분명했기 때문이다. … 리비는 닉(또는 폴)과 몸싸움을 하던 중 닉(또는 폴)을 총으로 쏴 살해하고, (이러저러한 우여곡절 끝에) 아들 메티를 찾게 된다.

주어진 〈사고실험 4〉가 가진 문제의 구조에서 파악할 수 있듯이, 이 사례는 (리비의) '살인'에 대한 도덕적인 평가와 소위 '일사부재리의 원칙'이라고 알려진 '이중위험금지의 원칙(double jeopardy)' 또는 이중처벌금지의 원칙의 문제를 직접적으로 제시하고 있다.[4] 우선 〈사고실험 4〉에 관련된 법적 문제를 살펴보자.

〈사고실험 4〉에서 자격을 박탈당한 전직 변호사 마가렛이 언급한 '미합중국 수정헌법 제5조(The Fifth Amendment, Amendment V)'는 미합중국 '권리장

---

4 강태수는 "주관적 공권으로서 이중처벌금지의 원칙과 절차법상 일사부재리의 원칙은 서로 다른 차원의 문제이기 때문에 구분하여 용어를 사용하는 것이 정확하다"고 주장한다. 강태수, 「성범죄자의 신상공개제도에 관한 헌법적 고찰」, 『공법학연구』 7(2), 2006, 131-162쪽. 또한 김승대는 "소송법 고유의 목적을 가진 기판력과 일사부재리의 원칙, 개인의 인권을 충실히 보호하는 데 목적을 가진 헌법상 이중처벌금지의 원칙은 그 제도 자체의 의미, 내용을 처음부터 달리하는 이질적 제도이므로 독자적으로 해석되어야 한다"고 하여 양 원칙을 엄격히 구별하고 있다. 김승대, 「이중처벌금지원칙에 대한 헌법해석의 재검토」, 『공법연구』 35(4), 2007, 386-387쪽 참조. 일사부재리의 원칙은 대륙법계에서는 기판력(확정력)의 구속력에서 일사부재리의 효력을, 영미법에서는 이중위험금지의 법리를 발전시키는 방향으로 나아간다. 안성조, 「공소사실의 동일성 판단기준과 일사부재리의 효력이 미치는 범위」, 『형사법연구』 34(1), 2022, 132쪽. 여기서는 앞으로의 논의를 간결하게 진행하기 위해 이중처벌금지의 원칙과 이중위험금지의 원칙 모두 역사적으로 일사부재리의 원칙에 근거하고 있으며, 이중위험금지가 형사법에 있어 기소와 처벌 모두를 금지한다는 측면에서 이중처벌금지의 원칙보다 시민의 권리를 폭넓고 강하게 보호하고 있다는 점만을 지적하고 세부적인 차이점에 대한 논의는 다루지 않는다.

전(Bill of Right)'의 일부이며, 적법한 절차에 의한 '정부의 권한 남용'을 제한함으로써 시민의 권리보호를 규정하고 있다. 그러한 보장은 1215년 대헌장으로 거슬러 올라가는 영국 보통법(Common Law)에서 기인한 것이다. 미합중국의 수정헌법 제5조는 '적법 절차의 원리, 이중위험금지의 원칙, 자기부죄금지의 원칙, 공용침해'에 대한 조항을 담고 있다.[5]

미합중국 수정헌법 제5조의 이중위험금지의 원칙에 상응하는 우리나라 헌법에 명시된 권리는 '이중처벌금지'의 원칙이다. 우리나라는 「헌법」 13조 1절 후단과 「형사소송법」 326조에서 다음과 같이 '이중처벌금지'의 원칙을 보장하고 있다.

「헌법」 13조

1. 모든 국민은 행위 시의 법률에 의하여 범죄를 구성하지 아니하는 행위로 소추되지 아니하며, 동일한 범죄에 대하여 거듭 처벌받지 아니한다. 만일 잘못하여 확정판결이 있은 사건에 대하여 다시 공소가 제기된 때에는 실체적 소송조

---

5 이중위험금지의 원칙을 제외한 나머지 세 원칙을 간략히 소개하면 다음과 같다. ① 적법 절차의 원리: 적법 절차(適法節次, due process of law)란 개인의 권리보호를 위해 정해진 일련의 법적 절차를 말한다. 적법 절차에서 적(適)은 '적정한(due)'이라는 뜻이고, 절차는 권리의 실질적인 내용을 실현하기 위해 택해야 할 수단적 · 기술적 방법을 말한다. 적법 절차는 영국의 대헌장 제39조에 "자유인은 동료의 적법한 판결이나 국법에 의하지 않고는 체포 · 구금되지 않으며, 재산과 법익을 박탈당하지 않고, 추방되지 않으며, 또한 기타 방법으로 침해받지 않는다"고 한 조항에서 시작한다. 그 후 발전하여 미합중국 수정헌법 제5조에는 "누구든지 적법 절차에 의하지 않고서는 생명 · 자유 · 재산을 박탈당하지 않는다"라고 규정했다. ③ 자기부죄금지의 원칙: "누구든지 형사 사건에 있어 자기에게 불리한 증언을 하도록 강요받지 아니한다." 이 권리는 대배심, 입법 또는 행정 청문회 등에는 적용되지 않는다. 사람만이 이 특권을 주장할 수 있으며, 주식회사나 합명회사 등은 이 특권을 가지고 있지 않다. 이 권리는 구금된 상태에서의 신문에만 행사할 수 있다. 행정적 목적으로 정부가 정보 제출을 요구하는 경우, 이를 거부한다면 수정헌법 제5조의 보호를 받지 않기 때문에 기소될 수 있다. ④ 공용침해: 사유재산이 적절한 보상 없이 공공의 목적으로 수용되는 것을 금지하는 원칙으로서, 국가의 재산 사용이 공공의 목적과 합리적 관련 관계에 있고 단순히 공공의 사용 여부가 아닌 공익에 부합 여부가 있어야 한다는 원칙이다. 여기서 적절한 보상은 사유재산을 수용할 당시 재산의 시장 가격에 의해 정해진다.

건의 흠결을 이유로 면소의 판결을 하여야 한다. (헌법 13조 1항)

「형사소송법」 326조

다음 경우에는 판결로써 면소의 선고를 하여야 한다.

1. 확정판결이 있은 때

일사부재리의 원칙에 해당하는 이중위험금지의 원칙과 이중처벌금지의 원칙은 모두 '피고인의 권리'를 보장하는 데 있다. 일사부재리 원칙의 원형은 고대 그리스와 로마법에서 찾을 수 있다.[6] 우리나라 이중처벌금지의 원칙과 미합중국 이중위험금지의 원칙은 모두 기판력(Res judicata, 확정력)이 있는 형사 판결에 대해 일사부재리의 원칙을 따른다는 점에서는 같지만, 역사적 기원과 적용 범위에서는 차이가 있다. 우리나라 이중처벌금지의 원칙은 독일을 중심으로 하는 대륙법을 따르고 있으며, 주로 재판의 실질적 확정력을 의미한다.[7] 반면에 이중위험금지의 원칙은 13세기에 영국의 보통법에 도입된 후 미합중국도 영국의 식민지였던 17세기에 그 원칙을 받아들인다.[8] 미합중국 이중위험금지의 원칙은 영국의 보통법으로부터 도입되어 수정헌법 제5조에 명문화되었다는 점에서 매우 유사하지만, 오늘날에는 '불

---

6 박찬운, 「이중처벌금지원칙과 불이익재심의 가능성」, 『법조』 701, 2015, 185-186쪽; 홍영기, 「일사부재리의 효력범위: 즉결심판을 예로 하여」, 『저스티스』 123, 2011, 154-156쪽. "고대 그리스 법에 관해서는 BC 355년 데모스테네스가 '법은 동일인이 동일 문제에 대하여 두 번 심판되는 것을 금지한다'고 말한 것으로 알려져 있다. 고대 로마법에서 이중처벌금지의 원칙은 일반적인 법원칙인 'Res Judicata'와 관련이 있다. 이것은 확정판결의 재소금지효(기판력, Res judicata)에 해당하는 것으로 모든 소송 절차에서 적용되는 법원칙이었다. 또한 형사처벌에 관해서는 유사한 취지의 'nemo debit bis puniri pro uno delito(한 범죄에 대해 거듭 처벌될 수 없다)'는 법원칙이 있었다."

7 이재상, 『형사소송법 제6판』, 박영사, 2001, 354-357쪽.

8 지유미, 「미국에서의 이중위험금지 원칙」, 『가천법학』 11(2), 2018, 37-41쪽.

이익 재심'의 허용 가능성 문제에서 서로 다른 입장을 취하고 있다.[9] 영국의 경우, 2003년 「형사 정의법(Criminal Justice Act, 2003)」이 제정된 이후 피고인에 대해 선고되고 확정된 무죄 판결이 오염된 경우, 그리고 중대범죄에 대해 피고인에게 무죄 판결이 선고되어 그 판결이 확정되었으나 이후 그 피고인이 유죄였음을 입증할 수 있는 '새롭고 유력한 증거(new and compelling evidence)'가 발견된 경우에 이전 재판에서의 무죄 판결을 무효화하고 동일한 범죄로 피고인에 대해 다시 심판할 수 있도록 허용하고 있다.[10] 반면에 미합중국의 경우, 이중위험금지의 원칙에 의거해 피고인에게 불리한 불이익 재심을 허용하지 않을 뿐만 아니라 이중처벌 또한 금지하고 있다.

미합중국에서 이중위험금지의 원칙에 근거하여 불이익 재심을 허용하지 않는 데 대해서는 다음과 같은 이론적 근거들이 제시되고 있다.[11]

---

9 우리나라의 경우, 현재까지 재심은 '이익재심'만 허용하고 있다. 재심은 유죄 확정판결을 받았더라도 그 판결에 중대한 사실인정의 오류가 있는 경우에 그 판결을 받은 사람의 이익을 위해 확정된 판결을 시정하는 '비상구제절차'를 말한다(형사소송법 제420조). 비록 확정판결이 기판력(확정력)을 가지고 있지만 그 판결 내용이 극히 의심스럽거나 부정의하다고 판단될 경우, 법원으로 하여금 다시 심사하게 하지 않는다면 '정의'에 대한 감내하기 어려운 명백한 확정판결의 오류를 허용하여 피고인 개인의 이익뿐만 아니라 형사사법에서 실체적 진실 발견의 이념을 훼손하는 결과를 초래한다. 따라서 이익재심은 그러한 명백한 부정의한 오류를 시정함으로써 형사사법에 있어서 절차적 정의와 실체적 정의를 실현하는 것을 의미한다. 권오걸, 「불이익재심의 허용여부에 대한 비교법적 검토」, 『법학연구』 17(2), 통권 66호, 한국법학회, 2017, 193-216쪽 참조.

10 지유미, 2018, 43쪽.

11 Lippke, Richard L., "Modifying Double Jeopardy," New Crim. L. Rev, vol. 15, no. 4, 2012, pp. 511-541(지유미, 2018, 44-45쪽 재인용); 홍탁균, 「이중위험금지, 사건의 병합 및 재판의 내용적 구속력과 관련된 미국 판례 분석」, 미국 뉴욕대학교 해외연수검사 연구 논문, 2006. 그는 여기서 "이중위험금지의 원칙이 적용되는지를 결정하기 위해서는 우선 먼저 기소된 범죄가 동일한 것(same offence)인지를 판단해야 하는데 이는 쉬운 문제가 아니다"라고 말하면서 미합중국 내 여러 주에서 이중위험금지의 원칙이 달리 해석되고 적용된 판례들을 제시하고 있다.

① 첫째, 이중위험금지의 원칙이 관철되지 않게 되면 가용 자원이라는 측면에서 상당한 우위를 차지하고 있는 국가가 개인에게 유죄 판결이 선고되도록 하기 위해 지속적인 노력을 기울이게 될 것이고, 그렇게 되면 그 개인은 다수의 재판으로 인해 막대한 비용과 곤란함에 직면하게 될 것이다.

② 둘째, 재판절차에 휘말리는 시련을 겪고 무죄 판결을 선고받은 피고인은 자신이 혐의를 받긴 했지만, 재판에서 결국 증명되지 않은 범죄를 이유로 더 이상 국가로부터 괴롭힘을 당하지 않을 자유를 누려야 한다.

③ 셋째, 범죄 혐의를 받았던 개인이 재판을 통해 무죄 판결을 선고받게 되고 그와 같은 재판이 오류 없이 이루어졌다는 점이 상당하다면, 또 다른 재판을 통해 그 개인에게 유죄 판결을 선고받도록 하고자 하는 노력은 많은 비용이 들 뿐 아니라, 오히려 잘못된 유죄 판결이 선고될 가능성을 높이게 된다.

미합중국에서 이중위험금지의 원칙은 재기소(successive prosecutions)의 경우뿐 아니라 이중처벌(double punishments)에 대해서도 적용된다. 즉, 미합중국 이중위험금지의 원칙은 무죄 판결 이후에 그 판결이 '선고된 범죄와 동일한 범죄'에 대해 다시 기소하거나, 유죄 판결 이후에 그 판결이 선고된 범죄와 동일한 범죄에 대해 다시 기소하는 재기소를 금지할 뿐 아니라, 하나의 절차에서 동일한 범죄를 이중으로 처벌하는 것 또한 금지하고 있다. 여기서의 이중처벌은 하나의 행위가 두 개의 형벌조항을 위반하게 되는 경우, 그 두 개의 형벌조항이 서로 다른 범죄를 규정하고 있는 것이 아니라 동일한 범죄를 규정하고 있는 것일 때, 하나의 형사재판에서 각각의 형벌조항에 규정된 형벌의 순차집행(consecutive sentence)을 선고하는 것을 의미

한다.[12]

지금까지 〈사고실험 4〉에서 리비의 행위를 법적으로 평가하기 위해 이중위험금지의 원칙과 이중처벌금지의 원칙에 대한 내용을 대략적으로 살펴보았다. 간략히 정리하면, 이중위험금지의 원칙과 이중처벌금지의 원칙은 근본적으로 시민(피고인)의 이익을 보호하고 보장하기 위해 '동일 사건'에 대해 중복하여 기소하거나 처벌하는 것을 금지한다.[13] 물론, 이중위험금지의 원칙을 제대로 다루고 이해하기 위해서는 더 많은 설명과 논의가 필요하지만, 그 원칙에 관한 세세한 내용을 여기서 모두 다룰 수는 없다. 이중위험금지의 원칙을 실제로 적용할 때 상충할 수 있는 다양한 해석과 판례가 있기 때문이다. 그럼에도 이러한 논의를 통해 〈사례 4〉에서 우리에게 한 가지 중요한 문제가 놓여 있다는 것을 알아챌 수 있다. 이중위험금지의 원칙을 적용하기 위해 '동일 범죄(same offence)' 또는 '동일 사건'을 어떻게 정의할 것인가?[14] 이 물음은 '동일성(identity)'이라는 어려운 형사사법적 문제와 철학적 물음을 제기한다.

---

12 지유미, 2018, 45쪽.

13 이것을 지적하고 이해하는 것은 중요하다. 간략히 말해서, 인류의 역사는 권리를 가진 주체의 외연을 확장하고 권리의 실질적인 내용을 강화하고 구체화하는 방향으로 발전했기 때문이다. 예컨대, 고대에는 전제군주(왕)만이 가졌던 권리가 어느 시점에 이르러 일부 힘을 가진 귀족 계급으로 확장되었으며, 중세가 끝나는 근세에 들어서는 상공인을 중심으로 하는 소위 중인 계급으로 그 외연이 넓혀졌다. 근대를 거쳐 현대에 이르러서는 (적어도 민주주의를 채택하고 있는 대부분의 나라에서) 모든 시민이 자유인으로서 동등한 권리를 가지고 있으며 행사할 수 있다는 데 동의하고 있다.

14 법의 측면에서 동일 범죄(same offence)를 판단하는 준거로 '동일 행위 기준(same conduct test)', '동일 사건 기준(same transaction test)', '동일 요건 기준(same-element test)'을 제시할 수 있다. 아메리카합중국 연방대법원은 연방헌법 수정 제5조의 이중위험금지 조항이 규정하고 있는 '동일한 범죄'에 해당하는지를 판단하는 기준으로 'Blockburger v. United States 판결'의 '동일 요건 기준'을 채택했다. 지유미, 2018, 50쪽.

3. ‘기본적 사실 동일설’에 의한 법적 분석

리비가 닉(또는 폴)을 살해한 사건은 이중위험금지의 ‘동일 사건(범죄)’에 해당하는가? 〈사고실험 4〉에서 마가렛의 주장처럼 리비가 출소 후에 닉(또는 폴)을 살해한 행위에 대해 법적으로 처벌을 받지 않기 위해서는, 즉 그 행위에 대해 면소의 처분을 받기 위해서는 (실제로 발생하지 않은 사건이지만 판결의 확정과 형의 집행이 완성되었다는 측면에서) ‘10년 전에 있었던 리비가 닉을 살해한 사건(이하 요트 살인 사건)’과 ‘리비가 출소 후에 닉(또는 폴)을 살해한 사건(이하 텍사스 살인 사건)’이 ‘동일 범죄’ 또는 ‘동일 사건’이어야 한다. 이것을 조금 더 쉽게 이해하기 위해 아래와 같이 도식으로 정리하여 살펴보자.

〈도식 1〉 〈사고실험 4〉의 시간적 사건 구조

〈사고실험 4〉의 사건을 이와 같이 정리할 경우, 우리는 시애틀에서 일어난 요트 살인 사건과 텍사스 살인 사건이 동일한 것인지에 대해 의문을 제기할 수 있다.

법적 해석에서 '기본적 사실 동일설(doctrine of the sameness of basic factual relations)'은 "공소사실과 변경이 요구되는 공소사실을 각각 그 기초가 되는 '사회적 사실'로 환원하여 그러한 사실 사이에 다소의 차이가 있더라도 '기본적인 점'에서 동일하면 동일성을 인정해야 한다"는 견해다.[15] 이 견해는 동일성 판단기준을 '사회 일반인의 생활 경험'[16]에서 찾을 것을 요구함으로써 이중위험금지의 원칙을 충실히 구현하고 있다고 평가받고 있다. 기본적 사실 동일설을 구성하는 중요한 두 요소는 사건의 '밀접관계'와 '양립불가능성'이다.[17]

---

15 우리나라는 "대법원 1994. 3. 22. 선고, 93도2080" 판례를 통해 법률적 판단에 앞서 사실에 기초하여 해석해온 기본적 사실 동일설에 의거한 공소사실의 동일성 판단에 '규범적' 요소를 도입했다고 평가받고 있다. 이에 대해 공소사실의 동일성은 법률적 판단에 앞선 것으로서 시간과 장소의 근접성 같은 사실관계만을 토대로 하는 것인데, 여기에 규범적 요소까지 고려하면 법 전문가인 소추기관이나 법관과 피고인의 판단 불일치가 커지게 되고, 특히 피고인으로서는 처벌되는 행위의 범위를 예측하기 어려워져 법적 안정성에 큰 훼손을 가져온다는 비판이 제기되고 있다. 안성조, 「공소사실의 동일성 판단기준과 일사부재리의 효력이 미치는 범위」, 135-145쪽. 반면에, 이중위험금지라는 헌법상의 원칙에서 출발하면 순수한 기본적 사실 동일설이 절대 우선되어야 할 것으로 여겨지기 쉽지만, 형사사법과 관련된 헌법상의 원칙은 그 규범적 유래에 있어서 국가의 형법권력에 의한 실질적 정의의 추구가 적정성을 벗어나지 못하도록 형벌권 행사의 한계선을 긋도록 하는 데 있다는 점을 상기하면, 순수한 기본적 사실 동일설과 실질적 정의의 요구를 적절히 조화시켜 규범적 요소를 도입하는 것은 오히려 합당한 법리 구성이라고 할 수 있다. 이경렬, 「형사소송법상 한 개 사건의 의미」, 『비교형사법연구』 6(1), 2004, 201쪽; 손인혁, 「헌법상 이중처벌금지원칙의 내용과 그 적용」, 『유럽헌법연구』 35, 2021, 131쪽.

16 이에 대해 이상돈은 "헌법 제13조 1항은 형사절차에 휘말려드는 시민의 생활세계를 보호하려는 프로그램을 담고 있으므로 사건의 동일성 여부는 시민의 생활세계를 구성하는 일상언어/자연언어를 토대로 판단되어야 하고, 그렇게 해야만 국가형벌권력에 대한 시민의 희생한계(하나의 형사절차가 한 피고인에게 지울 수 있는 부담의 최고 상한선)가 설정되어 비례성 원칙이 실현된다"고 말한다. 이상돈, 「일사부재리의 효력 범위와 적대적 범죄 투쟁」, 『판례연구』 7, 고려대학교 법학연구원, 1995, 227쪽.

17 안성조, 「공소사실의 동일성 판단기준과 일사부재리의 효력이 미치는 범위」, 『형사법연구』 34(1), 2022, 135-145쪽. 그는 이 논문에서 이중위험금지의 원칙에 적용할 수 있는 사건 동일성 판단기준으로서 기본적 사실 동일설이 실체적인 적용에 있어 모호하고 애매하다고 지적하

① 밀접관계는 한 행위자가 초래한 일련의 사건을 '한 사건'으로 평가할 때 두 개의 사건이 그 시간이 일어난 '때(시간)'와 '장소(공간)'의 근접성을 고려해서 그것들이 밀접한 관계에 있을 경우 동일한 사건으로 간주하는 것을 의미한다.

② 양립불가능성은 두 개의 사건이 사실적 또는 법률적으로 양립할 수 없을 때 기본적 사실관계가 동일하다고 본다. 달리 말하면, 즉 사건$_1$과 사건$_2$가 사실적으로 또는 법률적으로 따로 성립할 수 있다면(양립할 수 있다면), 그 두 사건은 별개의 사건으로서 동일성이 부정된다. 반면에 사건$_1$과 사건$_2$가 사실적으로 또는 법률적으로 따로 성립할 수 없다면(양립할 수 없다면), 그 두 사건은 같은 사건으로서 동일성이 인정된다.

이중위험금지의 원칙은 본질적으로 '일사부재리의 효력 범위와 심판 대상을 일치'시킴으로써 형사 정의라는 요청에 과도하게 경도될 수 있는 위험성을 축소시키는 데만 있지 않다. 일사부재리의 원칙이 피고인의 권익을 보호하는 방향으로 개별 사안에 일관되게 해석 · 적용하기 위해서는 동일성을 무엇을 기준으로 판단해야 하는지 정해져야 하며, 따라서 이에 대한 지침도 이중위험금지의 원칙이 함께 제시해줄 수 있어야 한다.[18]

이제 〈사고실험 4〉를 법의 측면에서 기본적 사실 동일설에 적용해보자. 〈사고실험 4〉에서 리비는 살인 사건으로 재판(형벌)을 다시 받을 위험으

면서 실천적인 대안을 모색하고 있다. 그는 이러한 문제가 발생하는 원인을 단순한 법체계를 가졌던 과거 사회와 달리 현대 산업사회는 빠르게 변화하고 복잡하기 때문에 한 행위로부터 초래되는 사건이 여럿일 수 있다는 데서 찾고 있다. 따라서 그는 "동일성 여부를 판단하는 기준의 설정은 '해석론'에 맡겨질 수밖에 없다"고 말한다.

18 안성조, 2022, 135쪽.

로부터 벗어날 수 있을까? 우선, 논의를 간결하고 명료하게 다루기 위해 (살인에 대한 판결이 내려졌으며 형이 실현되었다는 측면에서) 요트 살인 사건이 실제로 있었다고 가정하자.

1) 밀접관계 조건에 의한 분석

앞서 살펴보았듯이, 밀접관계 조건에서 중요한 두 요인은 '때(시간)'와 '장소(공간)'의 근접성이다. 즉, 시간적 · 공간적으로 밀접한 관련성이 있는 일련의 행위는 사회 통념상 우리에게 하나의 사건으로 인식되는 생활의 한 단면이 된다는 것이다. 물론, 우리가 가진 사회의 통념상 하나의 사건으로 인식되는 데 기여하는 객관적인 요소가 시간과 장소만 있는 것은 아니다. 예컨대, 행위(범행)의 목적, 수단과 도구, 행위의 절차적 과정 등도 그러한 판단 요소가 될 수 있을 것이다. 하지만 시간과 장소의 밀접관계가 전제되지 않는 상황이라면 행위의 목적과 수단 같은 동일성을 구성하기 위한 요소들은 동일성 판단에 있어 부차적인 것이 될 것이다.

〈사고실험 4〉를 기본적 사실 동일설의 밀접관계 조건에 적용할 경우, 리비는 이중위험금지의 원칙에 적용을 받아 보호받을 수 있을까? 결론부터 말하자면, 〈사고실험 4〉에서 리비는 기본적 사실 동일설의 중요한 두 요소 중 밀접관계에 의지해서 이중위험금지의 원칙을 적용받아 법적으로 보호받기는 어려울 것으로 보인다. 요트 살인 사건(e_0)과 텍사스 살인 사건(e_{10})은 시간과 장소 모두 너무 멀리 떨어져 있기 때문이다. 이것을 좀 더 명료하게 살펴보기 위해 기본적 사실 동일설의 밀접관계 조건을 김재권의 사건 개념에 적용해보자.

김재권의 속성 예화로서의 사건 개념에 따르면, 한 사건은 '실체(x)', '속성(P)', '시간(t)'의 복합체다.[19] 따라서 한 사건은 '한 실체 x가 특정 시간 t에 어떤 속성 P를 예화한다'는 의미에서 [x, P, t]로 형식화할 수 있다. 따라서 〈사고실험 4〉에서 두 사건이 동일한 사건이기 위해서는 다음의 조건을 충족해야 한다.

> e_0[x, P, t]와 e_{10}[y, Q, t′]은 x = y, P=Q, t = t′인 경우에 동일하다.

이러한 정의에 따를 경우, 시애틀에서 일어난 요트 살인 사건과 텍사스 살인 사건은 동일한 사건인가? 김재권의 사건 동일성 조건에 〈도식 1〉을 단순히 적용하면 다음과 같다.

---

19 김재권의 사건 이론인 속성예화 이론에 대한 가장 일반적임과 동시에 강력한 반론은 그 이론이 사건 수를 너무 많이 만든다는 것이다. 예컨대, 브루투스가 시저를 칼로 찌른 사건은 브루투스가 시저를 살해한 사건과 다르며 시저를 암살한 사건과도 다르다. 따라서 김재권의 속성예화 이론은 사건에 대한 재기술을 허용하지 못한다는 비판을 받는다. 주어진 술어를 바꾸는 것 자체가 사건의 구성 속성을 변경하는 것이기 때문이다. Jaegwon Kim, "Causation, nomic subsumption, and the concept of event," "Events as property exemplification," Supervenience and Mind, Cambridge Univ. Press, 1993. 반면에 데이빗슨(Davidson, D.)에게 있어 사건은 되풀이될 수 없는 구체적인 개별자(token)다. 그것은 시공간적 존재이고 일회적이며 외연적이다. 따라서 데이빗슨의 사건에는 속성이 개입할 여지가 전혀 없다. 속성이라는 것은 단지 술어로만 존재할 뿐이고 객관 세계에서 실재하는 것은 아니다. 그리고 그는 사건과 그 사건을 지시하기 위해 사용하는 기술(description)을 구분한다. 그에 따르면, 개별적 사건은 존재론적으로는 모두 물리적 사건이다. 하지만 기술 방식에 따라 물리적 사건도 될 수 있고 정신적 사건도 될 수 있다. 따라서 앞서 언급한 브루투스의 세 사건은 동일한 사건에 대한 다른 기술이다. Davidson, Donald, "Action, Reasons, and Causes," "Mental Events," Essays on Actions & Events, Oxford Univ. Press, 1980. 이것은 심리철학의 중요한 문제를 다루고 있다. 심리철학에서 사건의 개념을 어떻게 정의하느냐에 따라 물리적 존재와 정신적 존재의 관계에 관한 내용이 달라질 수 있기 때문이다. 이것은 심리철학의 가장 핵심적이고 중요한 논제 중 하나이기 때문에 여기서 모든 내용을 다룰 수 없다. 따라서 여기서는 아래에서 살펴볼 법의 관점에서 기본적 사실 동일설과 더 밀접하다고 생각되는 김재권의 사건 개념만을 간략히 다룬다.

e_0[리비, 닉의 죽음, t_0]

e_{10}[리비, 닉(또는 폴)의 죽음, t_{10}]

여기서 사건의 주체(x)는 리비로서 동일하다. 하지만 사건이 일어난 시간 t_0와 t_{10}은 10년의 시간적 간격이 있기 때문에 다르다. 게다가 사건 e_0에서 예화된 속성(P)과 사건 e_{10}에서 예화된 속성(Q)이 동일한지에 대해서는 또 다른 논의가 필요해 보인다. (이 문제는 아래의 2절에서 좀 더 자세히 다룰 것이다.) 따라서 이러한 설명에 따를 경우, 주체에 의해 예화된 속성과 사건이 일어난 시간이 다르기 때문에 사건 e_0와 e_{10}은 동일한 사건이 아니다. 그리고 만일 이러한 논의가 설득력이 있다면, (우리가 가진 리비에 대한 심정적인 응원이나 지지와 무관하게) 리비가 시간 t_{10}에 닉(또는 폴)을 살해한 사건(행위)은 이중위험금지의 원칙에 포함되지 않는 듯이 보이며, 그녀는 (새로운) 살인 사건에 대해 심판을 받아야 할 것이다. 또한 이러한 해명은 기본적 사실 동일설의 기본적인 전제인 '사회 일반인의 생활 경험'에도 잘 부합한다. 그런데 우리는(적어도 필자는) 그녀가 살인에 대해 다시 법의 심판을 받아야 한다는 결론을 (심정적으로) 선뜻 받아들이기가 쉽지 않은 것 같다. 리비가 처한 곤궁으로부터 그녀를 구할 방법은 무엇일까? 기본적 사실 동일설의 다른 조건인 양립불가능성 조건을 〈사고실험 4〉에 적용할 경우 리비는 이중위험금지의 원칙을 적용받아 보호받을 수 있을까?

2) 양립불가능성 조건에 의한 분석

기본적 사실 동일설에서 한 사건의 동일성이 인정되기 위한 두 번째 요소는 '두 사건이 따로 성립할 수 없다'는 '양립불가능성' 조건이다. 기본적 사실 동일설에서 두 사건이 양립할 수 없다는 것은 크게 '사실적인 것'과 '법률적인 것'으로 나누어볼 수 있다. 우선, 법률적 양립불가능성은 두 가지 법률 사례를 들어 설명할 수 있다. 예컨대, 일어난 한 사건에 대해 '강도상해죄(장물취득죄의 본범)'와 '장물취득죄'가 동시에 성립할 수 없다는 사례 또는 불가벌적 사후 행위에 대한 사례를 들 수 있다. 양립불가능성 조건의 법률적 사례에서 '강도상해죄'와 '장물취득죄'의 양립불가능성은 그 범행 사건의 피의자에게 법률적으로 두 죄를 동시에 적용할 수 없다고 간략히 설명할 수 있다. 즉 피의자에게 강도죄가 성립하면, 그는 (강도를 통해) 취득한 재물에 대한 장물죄는 성립하지 않기 때문에 그 두 죄는 법률적으로 양립불가능하다. 그리고 불가벌적 사후 행위는 대체로 두 개의 사건이 결과적으로 행위자(피의자)의 입장에서는 '하나의 범죄(사건)'로 인식되는 경우들에 해당한다. 예컨대, 피의자 A가 장물인 자기앞수표를 취득한 후 음식값을 지불하고 남은 차액을 거스름돈으로 환불받았을 경우, A에게 법률적으로 장물취득죄와 사기죄를 동시에 적용할 수 없다는 것이다.[20] 이에 대해 안성조는 "기본적 사실 동일설이 제시하는 동일성 판단의 요소로서 양립불가능성이란 행위자에게 한 건으로 인식되기 쉬운 특수한 유형의 사례들에 '공통된 법적 특성'을 지칭하는 것으로 이해할 수 있을 것이다"라고 정의하면서 "법률적 관점에서 양립불가능성은 '일정 유형 사례들'에 제한적으로 의미를

---

20 대법원 1982. 12. 28. 선고 82도2156 판례; 대법원 1993. 11. 23. 선고 93도213 판례 참조. 안성조, 2022, 140-145쪽 재인용 및 참조.

지닐 수 있는 요소이므로 양립불가능 관계는 아니지만 피고인은 물론 사회 일반인의 관점에서도 한 건으로 인식될 수 있는 더 많은 유형의 행위까지 고려하지 못하기 때문에 법률적으로 양립가능하다고 해서 항상 동일성이 부정되는 것은 아니기 때문에 법률적 양립불가능성은 기본적 사실 동일성을 가늠하는 데 있어 단지 보조적 요소로 보아야 한다"고 주장한다.[21] 만일 그렇다면, 기본적 사실 동일설의 양립불가능성 조건에서 핵심이 되는 것은 '사실적 양립불가능성'이라고 볼 수 있다.

사실적 양립불가능성은 법률적 판단이 되는 시간 또는 공간으로부터 떨어져 있는 두 사건이 독립된 두 개의 사건이 아닌 하나의 사건으로 인정된다면 그 두 사건은 양립불가능한 사건으로서 동일성이 인정된다고 간략히 설명할 수 있다. 따라서 사실적 양립불가능성 조건에 따르면, 시애틀에서 일어난 요트 살인 사건(e_0)과 텍사스 살인 사건(e_{10})이 (논리적으로 또는 사실적으로) 따로 성립할 수 없을 경우 양립불가능성 조건이 충족되므로 〈사고실험 4〉에 이중위험금지의 원칙을 적용할 수 있다. 이것을 좀 더 쉽게 살펴보기 위해 〈도식 1〉을 활용하자.

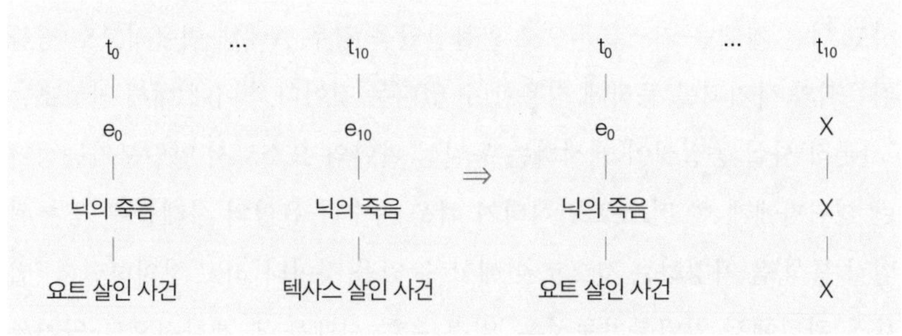

〈도식 2〉 '닉의 죽음'의 양립불가능성

---

21 안성조, 2022, 144-145쪽.

여기서 확인할 수 있듯이, '시간 t_0에 닉의 죽음(e_0)'이 있었다면 '시간 t_{10}에 닉의 죽음(e_{10})'은 논리적으로든 물리적으로든 있을 수 없다.

ⓐ 시간 t_0에 닉의 죽음(e_0) 사건이 물리적인 현실 세계에서 일어났다면, 시간 t_0 이후 '닉'이라는 물리적 존재는 이미 존재하지 않기 때문에 시간 t_{10}에 닉의 죽음(e_{10})은 물리적인 현실 세계에서 일어날 수 없다.

ⓑ (역으로) 시간 t_{10}에 닉의 죽음(e_{10}) 사건이 물리적인 현실 세계에서 일어났다면, 시간 t_0에 닉의 죽음(e_0) 사건은 있을 수 없다.

이러한 조건에 따르면, 요트 살인 사건(e_0)과 텍사스 살인 사건(e_{10})은 물리적 세계에서 각기 따로 성립할 수 없기 때문에 양립불가능하다. 따라서 〈사고실험 4〉는 기본적 사실 동일설의 사실적 양립불가능성 조건을 충족하는 듯이 보인다. 그리고 (소극적인 의미에서) 기본적 사실 동일설의 사실적 양립불가능성 조건에만 의존하여 〈사고실험 4〉에 이중위험금지의 원칙을 적용할 경우, 요트 살인 사건(e_0)과 텍사스 살인 사건(e_{10})은 동일 사건으로 간주될 수 있기 때문에 시간 t_{10}에 일어난 사건 e_{10}은 면소될 수 있다.

이러한 해명은 우리의 상식에 잘 들어맞는 듯 보이지만 논리적인 문제가 있다. ⓐ에 따를 경우, (적어도 법적 측면에서) 시간 t_0에 일어난 요트 살인 사건(e_0)에 대한 판결과 형의 집행이 완성되었다는 측면에서 '닉의 죽음' 사건이 있고, 따라서 시간 t_{10}에는 어떠한 죽음 사건도 없다고 말하는 셈이기 때문이다. 말하자면, ⓐ에 따르면, 시간 t_{10}에는 닉의 죽음 사건도 없고 폴의 죽음 사건도 없다. 그런데 시간 t_{10}에는 (그것이 닉이든 폴이든) '누군가의' 죽음 사건이 있다. 그리고 〈사고실험 4〉가 양립불가능성 조건을 충족하기 위해서는 시간 t_{10}에 일어난 죽음 사건은 '닉의 죽음 사건'이어야 한다. 만일 그렇다면, 시간 t_{10}에는 '닉의 죽음 사건이 있고 닉의 죽음 사건이 없다'는 모순적인 결론이 이끌어진다. 이것을 아래와 같이 〈논증 1〉로 정리할 수 있다.

〈논증 1〉

사실적 양립불가능성 논증

p_1. 사실적 양립불가능성 조건에서 e_0와 e_{10}은 동일 사건이어야 한다.

p_2. e_0는 닉의 죽음 사건이다.

c_1. e_{10}은 닉의 죽음 사건이다.

p_3. ⓐ에 따르면, e_0가 일어났다면 e_{10}은 일어날 수 없다.

p_4. ⓐ는 인과적으로 참이다.

c_2. 닉의 죽음 사건 e_{10}은 존재하지 않는다.

p_5. 만일 p_1~c_2라면, 시간 t_{10}에는 '닉의 죽음 사건이 있고 닉의 죽음 사건이 없다.'

c_3. ⓐ에 따를 경우 모순적인 결론이 도출된다.

따라서 〈사고실험 4〉에서 기본적 사실 동일설의 사실적 양립불가능성 조건을 적용하여 평가하기 위해서는 시간 t_{10}에 일어난 누군가의 '죽음 사건'이 있어야 하고, 그 죽음 사건은 '닉의 죽음' 사건이거나 '폴의 죽음' 사건이어야 한다. 또한 사실적 양립불가능성 조건에 따라 만일 t_{10}에 일어난 누군가의 죽음 사건이 닉의 죽음 사건이라면 시간 t_0와 시간 t_{10}에 일어난 사건은 양립할 수 없기 때문에 이중위험금지의 원칙에 해당하고, 반대로 폴의 죽음 사건이라면 시간 t_0와 시간 t_{10}에 일어난 사건은 양립할 수 있기 때문에 그 원칙에 적용받지 않는다.

물론, 우리는 '사회 일반인의 생활 경험'에 의거할 경우 일반적으로 시간 t_0에 존재한 사람과 시간 t_{10}에 존재한 사람이 동일한 사람, 즉 '닉'이라는 것을 의심하지 않는다. 반면에 우리는 또한 일상의 생활 경험에서 '10년 전의 나와 오늘의 나는 같은가?'와 같이 자문하기도 한다. 말하자면, '내가 나로서 지속하고 동일한 사람으로 존재할 수 있는 이유는 무엇인가?'를 스스로에게 물을 수 있다. 이러한 물음은 어떤 대상이 시간에 걸쳐 변화함에도 그 시간에 걸쳐 동일하다고 말하는 것이 가능한가에 관한 '통시간적 동일성(trans-temporal identity)'의 문제다. 이 문제의 원전은 '테세우스의 배(The Ship of Theseus)'로 알려진 '동일성(identity) 문제'로서, 테세우스의 배의 역설은 '같다는 것을 어떻게 증명할 수 있는가?', '질적으로 다른 것이 수적으로 같을 수 있는가?', '사물이 변화한다는 것은 무엇을 말하는가?', '사물의 동일성은 물질적 구성에 의해 결정되는가?', 또는 '어제의 나와 오늘의 나는 어떻게 같을 수 있는가?' 등과 같은 어려운 철학적 문제를 만든다.[22] 여기서는 〈사고실험 4〉에서 다루고 있는 문제와 깊은 관련이 있는 마지막 물음에 초점을 맞추어 개별자 동일성에 관한 '지속(persistence) 이론'에 의거하여 〈사고실험 4〉를 평가해보자.

---

22 홉스(Thomas Hobbes)가 『리바이어던(Leviathan)』에서 동일성과 관련하여 제시한 테세우스 배의 유비를 간략히 정리하면 다음과 같다. "크레타섬의 괴수 미노타우로스를 죽이고 아테네로 귀환한 테세우스의 배를 아테네인은 디미트리오스의 시대까지 보존한다. 그들은 배의 판자가 썩으면 그 판자를 떼어내고 더 튼튼한 판자를 그 자리에 교체하는 방식으로 오랜 기간 배를 보존할 수 있었다. 커다란 배에서 판자 조각을 몇 개 갈아 끼운다고 해도 이 배가 테세우스가 타고 왔던 '그 배'인 것은 당연하다. 그렇게 몇 번을 더 한다 해서 이 점이 바뀌지도 않을 것이다. 그런데 이렇게 하다 보면, 언젠가는 원래의 배에 있던 배의 조각은 하나도 남아 있지 않게 될 것이다. 그렇다면 이 배를 테세우스의 배라고 부를 수 있을까? … (이와 같이) 테세우스의 배에서 판자를 하나씩 갈아 끼우는 방법으로 만들어진 배를 배1이라고 하고, 테세우스의 배에서 갈아 끼운 낡은 판자들을 버리지 않고 그걸로 다시 원래와 똑같이 생긴 방법으로 만들어진 배를 배2라고 하자. 이렇게 되면, 동일한 테세우스의 배에서 배1과 배2가 생긴 셈이다. 배1과 배2 중 진짜 테세우스의 배는 무엇인가?"

〈사고실험 4〉에서 쟁점이 되고 있는 문제, 즉 시간 t_0에 존재한 사람과 시간 t_{10}에 존재한 사람이 동일한 사람인가의 문제는 인격 동일성(personal identity)의 문제라고 부른다. 인격 동일성의 경우 일반적으로 '기억, 정신적(심리적) 연속성, 신체적 연속성' 같은 조건들이 동일성의 기준으로 제시된다.[23] 이러한 동일성 기준에 따라 사실적 양립불가능성 조건의 충족 여부 문제를 〈사고실험 4〉에 적용하여 다시 평가해보자.

〈사고실험 4〉의 사건을 담당한 검사가 '시간 t_{10}'에 존재한 사람은 닉이 아닌 폴이라고 주장한다고 해보자. 그리고 그 검사는 다음과 이유를 제시하면서 시간 t_{10}에 일어난 살인 사건은 사실적 양립가능성 조건을 충족하지 못하므로 이중위험금지의 원칙에 해당하지 않기 때문에 리비에게 그 살인 사건에 대한 법적 책임이 있다고 주장한다고 하자. 닉은 '시간 t_0'로부터 '시간 t_{10}' 사이에 다음과 같은 변화가 있었다. 예컨대, 닉은 요트 살인 사건이 있었던 '시간 t_0' 이후 성형수술을 통해 얼굴을 포함한 신체 일부를 바꾸었을 뿐만 아니라 지문과 홍채 등 개인의 신체 정보로 활용할 수 있는 생체 조직을 다른 사람의 것으로 바꾸었다. 또한 닉은 자신의 법적인 신분(개인) 정보를 바꾸었으며, 10년 동안 성격 및 삶의 태도 등 또한 바뀌었다.[24] (아래의 도식에서 't_1~t_9'의 순서는 바뀌어도 무관하다.)

---

23 유원기, 「동일성(identity)의 기준에 대한 고찰」, 『인간연구』 6, 가톨릭대학교(성심교정) 인간학연구소, 2004, 126-149쪽; 황필호, 「개인 동일성이란 무엇인가」, 『철학연구』 55, 철학연구회, 2001, 207-224쪽 참조.

24 이 예는 PSAT 2014년 5급 공채, 외교관 후보자 선발 제1차 시험, 지역인재 7급 견습 직원 선발 필기시험 언어논리능력 A책형 문39~40 지문을 활용하여 각색했으며, 〈논증 2〉와 〈논증 3〉은 그것에 기초하여 구성했다.

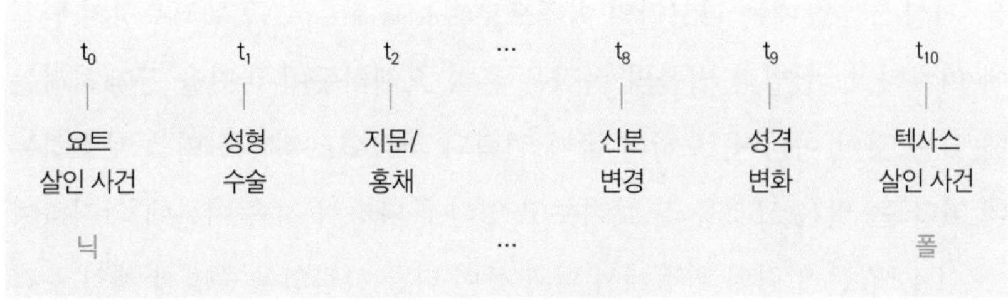

〈도식 3〉 '닉-폴'의 변화 과정

검사의 주장에 따라 닉이 폴로 변화하는 일련의 과정을 〈도식 3〉과 같이 재구성하면, 우리는 닉이 폴로 (정체성이) 바뀐 순간이 언제인지에 대해 물을 수 있다. 닉이 폴로 바뀐 시간은 't_1'인가, 't_9'인가? 그리고 이 물음에 대한 증명의 부담(burden of proof)은 누구에게 있는가? 검사가 증명해야 하는가, 리비가 증명해야 하는가?[25] 법적인 측면에서 본다면, 이 물음에 대한 증명의 부담은 검사에게 있다. '텍사스 살인 사건'은 형사 사건이고, 그것을 다루는 형사소송에서의 증명 책임은 검사에게 있다고 보아야 하기 때문이다. 이것

25 누군가는 오늘날 과학수사에 의거할 경우 DNA 검사를 통해 닉과 폴의 동일성을 쉽게 확인할 수 있다고 주장할 수 있다. 하지만 여기서는 DNA 동일성의 문제는 다루지 않는다. 우선, 주어진 제시문에서 DNA 조건을 직접적으로 제시하지 않았기 때문에 그것에 의존하여 문제를 해결하는 것은 보조 가설(ad-hoc)을 추가한다는 점에서 논리적으로 공정하지 않다. 또한 조건에서 "지문이나 홍채 등 개인 신체 정보로 활용되는 생체 조직을 다른 사람의 것으로 바꾸었다"는 진술문을 통해 DNA 정보도 대체되었다고 추론할 수도 있다. 다음으로 만일 DNA 동일성을 이 문제에 끌어들일 경우 물리적 동일성의 측면에서 '유전자 복제인간(clone)'의 동일성 문제, 기억(memory) 동일성 같은 더 어렵고 복잡한 문제에 대응해야 하는데, 그것은 현재의 논의를 넘어서는 새로운 논제라고 할 수 있다. 이와 관련하여 한 개인의 신체적 또는 정신적 연속성에 의지해 인격 동일성을 증명하는 것이 불가능하다는 주장을 개진한 파핏(Parfit, Derek)의 논의를 참고하는 것이 도움이 될 수 있다. Parfit, Derek, "Personal Identity," The Philosophical Review, vol. 80 no. 1, 1971. pp. 3-27; *Reasons and Persons*, Oxford University Press, 1984. 파핏의 인격 동일성 논의를 다루고 있는 우리나라 논문으로는 박경남, 「인격 동일성에 대한 파핏과 칸트의 이해」, 『철학』 149, 2021, 143-179쪽; 양선숙, 「자기서사적 접근법에 기초한 책임론 구성을 위한 시론적 고찰」, 『법학연구』 20(4), 인하대학교 법학연구소, 2017, 335-367쪽 참조.

은 '의심스러울 때는 피고인의 이익으로(in dubio pro reo)', 즉 무죄추정의 원칙에 따른다.[26] "헌법과 법률의 목적은 흔히 오해하듯이 국민을 통제하려는 데 있는 것이 아니며, 오히려 국가 권력의 괴물화로부터 시민을 보호하는 데 있다"는 말은 그것을 잘 보여주고 있다.[27] 따라서 지속 이론에 의지하여 〈도식 4〉 같은 일련의 과정에서 닉과 폴이 다른 사람임을 증명할 책임은 검사에게 있으며, 이미 짐작하듯이 그것을 증명해 보이는 것은 결코 쉬운 일이 아니다. 그럼에도 검사는 어떤 논리적 근거를 들어 이와 같은 어려움을 극복할 수 있을까? 검사의 주장을 다음과 같은 논증으로 구성할 수 있다.

〈논증 2〉

사실적 양립불가능성 조건에 대한 검사의 논증

p_1. 닉은 (10년 동안) 신체, 지문, 홍채 등의 생물학적 변화가 있었다.

p_2. 닉은 (10년 동안) 성격이 바뀌었다.

p_3. 닉은 국적 같은 법적(사회적) 지위가 바뀌었다.

p_4. 생물학적 · 성격적 · 법적(사회적) 속성이 바뀌면 개인(사람)의 동일성도 변화한다.

c_1. 현재의 폴은 (10년 전의) 닉이 아니다.

p_5. 만일 c_1이라면, '사건 e_0'와 '사건 e_{10}'은 양립할 수 있다.

p_6. 만일 p_5라면, 텍사스 살인 사건은 이중위험금지의 원칙에 적용되

26 최정일, 『법학개론』, 한국법제연구원, 2009, 613-614쪽 참조. 또한 "형사 피고인은 유죄의 판결이 확정될 때까지는 무죄로 추정된다"(헌법 제27조 제4항), "모든 국민은 신체의 자유를 가진다. 누구든지 법률에 의하지 아니하고는 체포, 구속, 압수, 수색 또는 심문을 받지 아니하며, 법률과 적법한 절차에 의하지 아니하고는 처벌, 보안처분 또는 강제 노역을 받지 아니한다"(헌법 제12조 제1항).

27 김두식, 『헌법의 풍경』, 교양인, 2011, 리뷰 글 중.

지 않는다.

c_2. 리비는 텍사스 살인 사건에 대한 법적 책임을 져야 한다.

〈사고실험 4〉에서 '텍사스 살인 사건(e_{10})'에 대한 검사의 논증을 이와 같이 정리하면, 〈사고실험 4〉가 이중위험금지의 원칙에 적용되는지 여부가 전제 'p_4'에 달려있다는 것을 알 수 있다. 또한 만일 〈논증 2〉의 'p_4'가 더 큰 설득력을 가진다면 시간 t_{10}에 존재하는 사람은 폴이기 때문에 요트 살인 사건과 텍사스 살인 사건은 양립할 수 있다. 즉, 〈도식 2〉를 아래의 〈도식 4〉로 수정할 수 있다면, 시간 t_0에 '닉의 죽음(e_0)'과 시간 t_{10}에 '폴의 죽음(e_{10})'은 논리적으로 따로 일어날 수 있으므로 양립할 수 있다. 따라서 사실적 양립불가능성 조건에 의해 사건의 동일성은 부정되고, 〈사고실험 4〉는 이중위험금지의 원칙에 해당하지 않기 때문에 리비는 텍사스 살인 사건에 대한 법적 책임을 져야 한다.

〈도식 4〉 닉의 죽음과 폴의 죽음의 양립가능성

반면에 리비가 〈논증 2〉의 'p_4'를 부정할 수 있다면, 사실적 양립불가능성 조건에 의거하더라도 이중위험금지의 원칙으로부터 보호받을 수 있기 때문에 텍사스 살인 사건에 대한 법적 책임은 면소될 수 있다. 리비는 그것을 보이기 위해 다음과 같은 논증을 제시하여 자신을 변론했다고 하자.

〈논증 3〉

검사의 주장을 반박하는 리비의 논증

p_1. 다보탑은 (1,500년 동안) 물리적으로 크게 훼손되었다.

p_2. 다보탑은 훼손된 부분을 보수하기 위해 해체 후 재조립하고 일부 물질을 대체했다.

p_3. 다보탑은 물리적인 변화와 구성적 변화가 있었다.

p_4. 물리적 · 구성적 변화가 있다는 것은 본질적인 변화가 있다는 것을 의미하지 않는다.

c_1. 현재의 다보탑은 (1,500년 전의) 다보탑이다.

p_5. 만일 c_1이라면, '사건 e_0'와 '사건 e_{10}'은 양립할 수 없다.

p_6. 만일 p_5라면, 텍사스 살인 사건은 이중위험금지의 원칙에 적용된다.

c_2. 리비는 텍사스 살인 사건에 대한 법적 책임을 져야 할 이유가 없다.

〈논증 3〉 또한 〈논증 2〉와 마찬가지로 주장의 설득력이 전제 'p_4'에 달려있다는 것을 알 수 있다. 그 전제는 시공간 속에서 끊임없이 변화하고 있는 한 개체가 동일한 개체로 지속(persist)하기 위해서는 그 개체가 시간의 흐름에 따라 변화했더라도 동일한 하나의 개체로 인정될 수 있어야 한다는 것을 의미한다. 이러한 문제에 대해 루이스(Lewis, David)는 '시간적 부분(temporal part)'이라는 개념을 도입하여 시공 속에서 끊임없이 변화하고 있는 개체와 관련된 문제를 해결하려 시도하고 있다.[28] 그에 따르면, 한 개체

28 Lewis, David, *On the Plurality of Worlds*, Oxford: Basil Blackwell, 1986, pp. 202-204; Lewis, David, *Papers in Metaphysics and Epistemology*, Cambridge Univ. Press, 1999, Chap. 11. 루이스는 한 개

는 통시간적 세계에서 시간적 부분을 가지며, 한 순간에서의 한 개체는 그 개체의 순간에서의 시간적 부분이다. 그리고 한 개체는 서로 다른 시간적 부분들로 구성되어 있고, 그 개체의 시간적 부분들로 구성된 전체다. 따라서 한 개체는 다양한 시간적 부분들을 가지는 속성의 변화를 통해 지속할 수 있다. 이것을 〈사고실험 4〉에 적용하면, 닉은 〈도식 3〉에서 't_0, t_1 … t_9, t_{10}'의 각 시간적 부분들로 구성된 전체이기 때문에 시간 t_{10}에 존재하는 사람은 폴이 아닌 닉이 된다.

지금까지의 논의를 간략히 정리하면, 지속성 문제는 일반적으로 과거나 미래의 어떤 존재가 현재 존재하는 누군가가 되기 위한 (필요충분)조건이 무엇인지에 관한 것이다. 즉 현재 있는 당신을 가리킨 다음 다른 시간에 존재하는 누군가를 지시할 경우, 그것이 하나의 대상을 두 번 가리키는지 또는 두 대상을 각기 한 번씩 지시하는 것인지에 관한 문제다. 이것을 〈사고실험 4〉에 적용하면, 시간 t_0의 닉을 가리키고, 다음으로 시간 t_{10}의 닉(또는 폴)을 지시할 경우, 그것은 한 사람을 두 번 가리키는지 또는 두 사람을 각기 한 번씩 지시하는 것인지에 관한 문제가 된다. 그런데 이러한 논의에서 〈사고실험 4〉를 기본적 사실 동일설에 의해 다루는 경우 우리가 놓치기 쉬운 중요한 전제가 있다. '시간 t_{10}의 폴'이 '시간 t_0의 닉'과 같은 사람인지 또는 아닌지를 묻는 것은 '시간 t_0의 닉'이 이미 존재한다는 것을 전제해야만 성립한다. 문제를 이렇게 설정한다면, '시간 t_{10}'의 누군가의 죽음이 '닉'의 죽음인가 또는 '폴'의 죽음인가는 〈사고실험 4〉의 사실적 양립불가능성 조건에 대한 핵심적인 문제가 아닐 수 있다. 〈사고실험 4〉는 개인의 인격 동일

체가 변화를 거쳐 하나의 동일한 개체로 지속하는 경우를 'perdure persistence'와 'endure persistence'로 구분하면서, 전자만이 한 개체의 동일성을 훼손하지 않으면서 변화를 설명할 수 있다는 입장을 취한다. 루이스의 개체 동일성에 관한 주장과 그것에 대한 반론을 다룬 논의는 손병홍, 「개체의 변화와 시간적 부분(Temporal Part)」, 『논리연구』 5(2), 2002, 23-38쪽 참조.

성 문제에 앞서 사건의 '인과관계'를 밝히는 것으로 증명할 수 있기 때문이다. 이것을 다음과 같은 논증으로 구성할 수 있다.

〈논증 4〉

시간적인 역행적(backward) 인과 연줄 논증

p_1. (현재) Q(폴)가 있다면, (과거에 필연적으로) P(닉)가 있다.

p_2. (현재) Q(폴)가 있다.

c_1. (과거에 필연적으로) P(닉)가 있다.

p_3. 만일 c_1이라면, P(닉)와 Q(폴)는 인과적인 (시간적) 연줄로 연결되어 있다.

c_2. 만일 p_3이라면, Q(폴)는 P(닉)의 인과적인 변화의 결과다.

〈논증 4〉는 연역적으로 타당하다. 만일 이러한 논증이 설득력이 있다면, 적어도 〈사고실험 4〉에서 핵심적인 문제는 '10년 전의 닉이 현재의 폴로 바뀌었는가?'가 아니라 '10년 전에 닉이 존재했는가?'가 되어야 한다. 그리고 검사는 그의 논증에서 확인할 수 있듯이 '10년 전에 닉'이 존재했음을 인정할 수밖에 없으며, 기본적 사실 동일설의 기본적인 전제조건인 '사회 일반인의 생활 경험'에도 잘 부합한다. 만일 그렇다면 통시간적 동일성 문제에 대한 엄밀한 철학적 해명에 의존하지 않더라도 비록 단순하고 거친 해법임에도 적어도 법의 해석 차원에서 그리고 사회 일반인의 상식적인 수준에서 이해하고 수긍할 수 있는 답변을 제시할 수 있는 길이 있다고 볼 수 있다.

4.
리비는 도덕적 책임으로부터 자유로운가?

〈사고실험 4〉에서 리비에게 결부된 도덕적 책임의 문제는 〈도식 1〉의 두 번째 사건, 즉 '시간 t_{10}에 일어난 사건 e_{10}'이다. 앞서 말했듯이, 우리는 리비가 억울하고 딱한 처지에 놓여 있으며, 그러한 까닭에 그녀의 입장에 어렵지 않게 공감할 수 있다. 하지만 결과적으로 그녀는 (그것이 고의적이든 우발적이든) 닉의 생명을 앗는 '살인'을 했다. (리비를 포함하여) 대부분의 사람이 다음과 같은 두 가지 원칙을 1차적인 도덕 원리로 가지고 있다고 해보자.

원칙 1: 생명은 사람에게 있어 (다른 것으로 대체할 수 없는) 가장 소중한 것이다.
원칙 2: 타인에게 그 어떠한 경우에도 해악을 주어서는 안 된다(악행금지의 원칙).

이러한 원칙을 1차적인 도덕 원리로 받아들이는 데는 큰 문제가 없는 듯하다. 대부분의 사람은 (매우 특수한 경우를 제외한다면) 자신의 생명을 가장 소중한 것으로 여길 것이다. 또한 원칙 2는 '악행금지의 원리(Principle of Non-Maleficence)'로서 우리가 행한 행위가 도덕적으로 비난받지 않을 또는 (적어도) 도덕적으로 중립적일 수 있는 최소한의 조건이기 때문이다. 만일 그렇다면, 리비가 닉의 생명을 앗은 행위는 (그녀가 처한 불쌍하고 억울한 처지와 무관하게) 도덕적으로 정당화될 수 없으며, 도덕적 책임으로부터 결코 자유로울 수 없다고 보아야 한다.

리비가 도덕적 책임으로부터 자유로울 수 있는 또는 (적어도) 도덕적 책임을 져야 한다는 비난을 방어할 방법은 없을까? 우리는 이 문제에 답하기 위해 리비의 행위와 관련하여 '탈리오의 법칙'과 '상실의 원칙'을 적용하여 평가할 수 있다. 그 까닭을 간략히 살펴보자.

일반적으로 "눈에는 눈, 이에는 이"라는 진술문으로 알려진 탈리오의 법칙(lex talionis, 동해보복의 원리)은 통상 인류 역사에서 가장 오래된 성문법으로 알려진 함무라비 법전(Code of Hammurabi, BC 18세기경)에서 기원한 것으로 알려져 있다.[29] 탈리오의 법칙에서 '동해보복(同害報復)'을 통상 "받은 만큼 되갚아라"로 잘못 이해하여 매우 무자비할 뿐만 아니라 사적 복수를 조장하는 법으로 오해하는 경우가 있다. 하지만 탈리오의 법칙을 현대적 의미로 해석하면, "받은 해악 이상으로 복수를 해서는 안 된다"는 의미로서 피해를 받은 것 이상의 과도한 복수를 금지한 일종의 '과잉금지(過剩禁止)' 또는 '비례(比例)'의 원칙으로 보아야 한다.[30] 탈리오의 법칙을 이렇게 해석할 경우,

---

29 현재는 수메르 문명의 우르남무(Ur-Nammu, BC 21세기경) 법전이 가장 오래된 법전으로 알려져 있다. 또한 동해보복을 가리키는 문장을 성경에서도 찾을 수 있다. "그러나 다른 해(악)이 있으면 갚되 생명은 생명으로, 눈은 눈으로, 이는 이로, 손은 손으로, 발은 발로 …"(출애굽기 21:23~24), "사람이 만일 그 이웃을 상했으면 그 행한 대로 그에게 행할 것이니 파상은 파상으로, 눈은 눈으로, 이는 이로 갚을지라. 남에게 손상을 입힌 대로 그에게 그렇게 할 것이며 …"(레위기 24:19~20), "그리하면 그 남은 자들이 듣고 두려워하여 이후부터는 이런 악을 너희 중에서 다시 행하지 아니하리라. 네 눈이 긍휼히 보지 말라. 생명은 생명으로, 눈은 눈으로, 이는 이로, 손은 손으로, 발은 발로니라"(신명기 19:20~21), "또 눈에는 눈으로, 이에는 이로 갚으라 했다는 것을 너희가 들었으나 …"(마태복음 5장 38절)

30 우리나라 헌법은 과잉금지의 원칙을 통해 국가 권력으로부터 시민의 자유와 권리를 보장하고 있다. "국민의 모든 자유와 권리는 국가안전보장, 질서유지, 또는 공공복리를 위하여 필요한 경우에 한하여 법률로써 제한할 수 있으며, 제한하는 경우에도 자유와 권리의 본질적인 내용을 침해할 수 없다."(37조 2항) 과잉금지의 원칙은 '목적의 정당성, 수단의 적합성, 피해의 최소성, 법익의 균형성'이라는 네 가지 요건으로 이루어져 있다.

리비는 자신이 저지른 살인 행위를 그 법칙에 의해 옹호하거나 방어할 수 있을까? 언뜻 보기에도 탈리오의 법칙이 받은 피해 이상의 복수를 제한하고 금지하는 의미일 경우, 리비의 살인 행위는 도덕적으로 옹호되거나 방어될 수 없을 것으로 보인다. 앞서 살펴보았듯이, 만일 사람의 생명을 다른 것으로 교환하거나 치환할 수 없는 유일한 가치라고 본다면, 리비가 닉으로부터 받은 해악이 그것보다 크거나 (적어도) 같다고 보기 어렵기 때문이다.

상실의 원리(principle of forfeiture)는 "내가 타인을 단순한 수단으로 대한다면 자유와 행복에 대한 나의 권리를 상실한다는 것"을 의미한다. 나는 나의 모든 권리를 필연적으로 상실하는 것은 아니지만, 일반적으로 나의 권리는 내가 침범한 타인의 권리에 비례해서 상실된다.[31] 자연법(natural law) 윤리학[32]에 기초하고 있는 상실의 원리에 따르면, 무고한 사람의 생명을 빼앗거나 위협하는 사람은 동시에 자신의 생명권도 상실된다. 물론, 여기서 말하는 무고한 사람은 타인의 생명을 빼앗거나 위협하지 않는 사람을 가리킨다. 하지만 일반적으로 '죽임(killing)과 살해(murder)를 구별'[33]하는 기본적인 생각

---

31 "상실의 원리는 개인의 자기방어뿐만 아니라 전쟁과 사형을 정당화하는 데도 적용될 수 있다. 방어를 위한 전쟁에서는 상황에 따라 비록 다른 사람을 죽이게 된다고 하더라도 정당화될 수 있다. 왜냐하면 침략자들의 생명에 대한 권리는 상실되었기 때문이다. 마찬가지로 살인자들은 타인을 살해함으로써 자신의 생명에 대한 권리를 상실했기 때문에 그들에 대한 사형도 정당화된다." Harris, C. E., 『도덕이론을 현실문제에 적용시켜보면』, 김학택 · 박우현 옮김, 서광사, 1994, 118-119쪽, 208쪽.

32 자연법은 사람들이 실제로 행하는 것보다 행위 해야 하는 것을 규정하는 윤리적 지침이나 규칙이며, 또한 모든 인간은 인간성 그 자체에 근원을 두고 있기 때문에 모든 사람에게 동등하게 적용되는 윤리적 지침이나 규칙을 지칭한다. 자연법 윤리학이 도덕 판단을 내릴 때 적극적으로 적용하는 두 원리는 상실의 원리와 이중결과의 원리(principle of double effect)다. 자연법의 대표자인 토마스 아퀴나스(St. Thomas Aquinas)는 적절한 인간 행위의 기본적인 성향은 상대적으로 분명하다고 믿었다. 자연법 윤리학은 도덕이 (자연과학과 마찬가지로) 객관적 기준을 갖는다고 믿는다. 말하자면, 도덕적 진리는 과학적 진리처럼 존재한다. 따라서 그들은 극단적인 도덕 상대주의나 회의주의자가 될 수 없다. Harris, C. E., 1994, 110-130쪽.

33 상실의 원리에 따를 경우, 죽임(killing)과 살해(murder)는 구별되어야 한다. 죽임은 죄 있는 사

에 기대어 상실의 원리를 다음과 같이 잠정적으로 일반화해볼 수 있다.

[상실의 원리의 (잠정적) 일반화]

만일 A가 B의 권리를 침해하거나 위협하는 행위를 할 경우, A는 그 행위를 함과 동시에 그 행위에 상응하는 A의 권리를 상실한다.

또는

만일 A가 B의 권리를 침해하거나 위협하는 행위를 할 경우, A는 그 행위를 함과 동시에 B가 그 행위에 상응하는 A의 권리를 침해하거나 위협하는 것을 허용한다.

만일 상실의 원리를 이와 같이 잠정적으로 일반화하는 것을 받아들일 수 있다면, 우리는 이것으로부터 리비가 도덕적 책임으로부터 벗어나거나 (적어도) 자신의 행위를 방어할 수 있는 (최소한의) 가능성을 모색해볼 수 있는 듯이 보인다. 그것을 보이기 위해 우선 리비가 닉의 생명을 앗는 행위의 경우를 두 가지로 나누어 생각할 필요가 있다.

K_1: 리비는 닉이 자신이 입은 피해에 대한 보상과 요구를 들어주지 않을 경우, 그를 죽이기로 작정하고 (의도적으로) 그에게 총을 쏘았고, 결국 닉을 살해했다.

K_2: 리비는 닉에게 자신이 입은 피해에 대한 보상을 요구하던 중 (예기

람의 생명을 빼앗는 것인 반면에 살해는 죄 없는 사람의 생명을 앗는 것이다. 이러한 생각에 따르면, 자신을 죽이려는 사람의 생명을 빼앗았을 경우에 그는 그 사람을 죽인 것이지 살해한 것은 아니다. Harris, C. E., 1994, 118쪽.

치 않은) 몸싸움으로 인해 우발적으로 그에게 총을 쏘았고, 결국 닉을 살해했다.

K_1을 먼저 평가해보자. 만일 〈사고실험 4〉에서 리비의 행위가 이 경우에 해당한다면, 그녀가 닉의 생명을 앗은 행위는 '의도적 살인'에 해당한다. 예컨대, 그녀는 닉을 찾아가기에 앞서 '자신의 아들 메티를 돌려줄 것과 물질적 · 정신적 피해 보상을 요구하고, 만일 닉이 자신의 요구를 들어주지 않을 경우 미리 준비한 총으로 그를 살해한다'와 같은 계획을 세운 다음 그 계획을 의도적으로 실행에 옮길 수 있다. 따라서 앞선 논의에서 확인한 것과 같이 그녀는 도덕적인 책임으로부터 결코 자유로울 수 없다고 보아야 한다.

반면에 리비의 살인 행위가 K_2에 속한다면, 상실의 원리에 의거해 그녀의 행위를 (적어도) 도덕적으로 어느 정도 방어할 수 있는 듯이 보인다. 이 경우는 우선 앞서 살펴보았던 탈리오의 법칙에 관한 논의와 무관하다. 리비가 닉에게 총을 쏘는 행위가 의도적인 것이 아니기 때문에 그녀가 닉으로부터 입은 해악의 정도를 따지는 것은 관련이 없기 때문이다. 또한 K_2의 정황상 예기치 않게 일어난 몸싸움에서 닉은 리비의 생명을 위협했을 것이라고 충분히 추론할 수 있다. 닉은 이미 적어도 한 번의 살인을 했기 때문이다. [게다가 닉은 리비의 가짜 살인 사건(요트 살인 사건)을 함께 공모했던 안젤라를 화재로 위장하여 살해했다.] 만일 주어진 시나리오에 의해 리비와 닉의 몸싸움 과정에서 닉이 리비의 생명을 위협하는 행위를 했다고 가정할 수 있다면, 리비가 닉의 생명을 앗은 것은 상실의 원리에 의해 일종의 정당방위로 간주할 수 있으며, 따라서 그 원리에 의해 (최소한) 자신의 행위를 (도덕적으로) 방어할 길이 있다고 볼 수 있다.

5. 열려 있는 해석

지금까지의 논의를 통해 〈사고실험 4〉를 이중위험금지의 원칙에 관한 기본적 사실 동일설의 두 조건인 밀접관계 조건과 양립불가능성 조건에 적용할 경우, 적어도 〈사고실험 4〉의 경우 밀접관계 조건은 충족하지 못하는 반면에 양립불가능성 조건은 충족할 수 있다는 것을 알 수 있다. 이제 남은 문제는 기본적 사실 동일설의 두 조건을 어떻게 적용할 것인가의 문제와 〈사고실험 4〉에 대한 윤리적 평가를 내리는 문제다. 먼저 기본적 사실 동일설의 두 조건을 어떻게 적용할 것인가의 문제를 간략히 살펴보자. 만일 기본적 사실 동일설의 두 조건을 '연언 조건'으로 받아들여 강하게 적용한다면, 〈사고실험 4〉에서 리비는 이중위험금지의 원칙에 의해 보호받을 수 없다. 반면에 만일 두 조건을 '선언 조건'으로 받아들여 약하게 적용한다면, 〈사고실험 4〉는 사실적 양립불가능성 조건을 충족하기 때문에 리비는 이중위험금지의 원칙에 의해 보호받을 수 있으며 텍사스 살인 사건(e_{10})에 대해 면소될 수 있다. 이러한 측면에서 이중위험금지의 원칙은 기본적 사실 동일설의 두 조건을 어떻게 적용할 것인가에 따라 다른 결론이 도출될 수 있는 문제를 안고 있다. 반면, 〈사고실험 4〉에 대한 도덕적 판단은 법적 분석과 달리 리비가 도덕적 책임으로부터 벗어나기 더 어렵다고 보아야 한다. 먼저 탈리오의 법칙이 피해 이상의 복수를 제한하고 금지하는 의미일 경우, 리비의 살인 행위는 도덕적으로 옹호되거나 방어될 수 없을 것으로 보인다. 또한 리비의 행위가 의도적 행위(고의)일 경우, 상실의 원리에 의지하더라도 그녀의 행위를 도덕적으로 옹호하거나 방어하기가 쉽지 않기 때문이다.

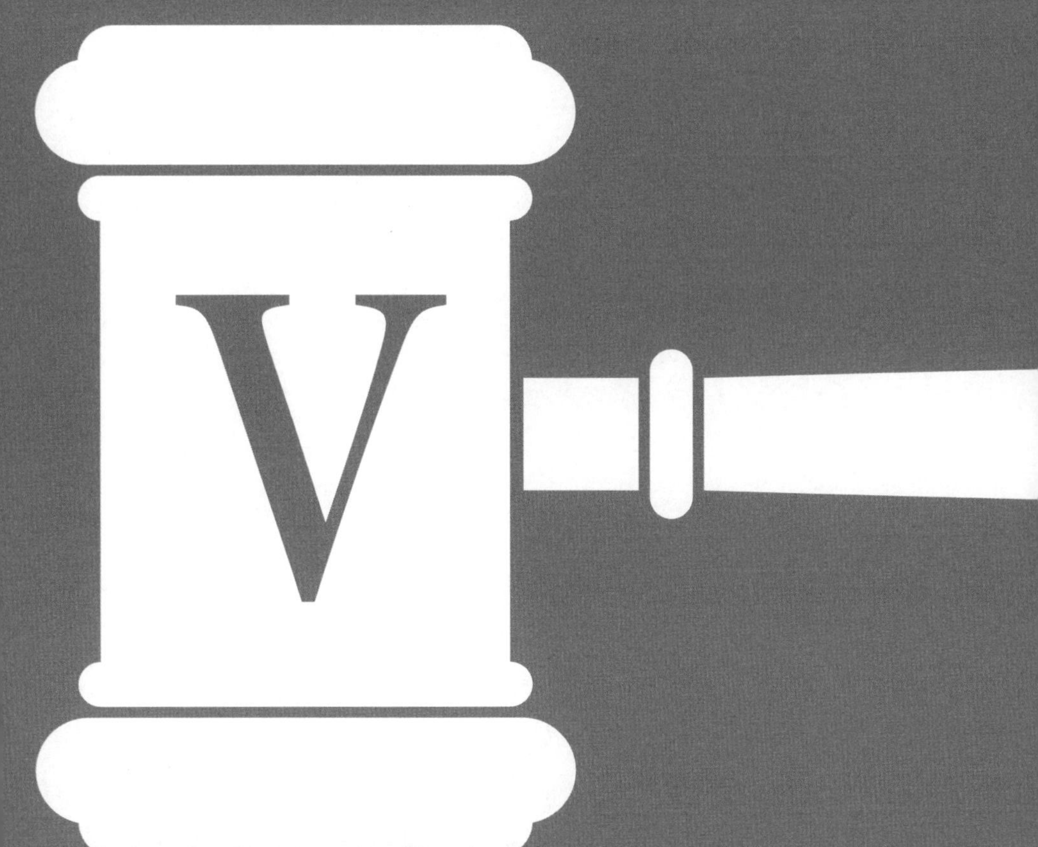

살인은 폭력보다 항상 나쁜가?

… 여수가 여태후(呂太后)의 명령으로 척 씨 부인[戚夫人]을 데리러 온 것은 바로 그다음 날 아침의 일이었다. 여수는 척비를 미앙궁으로 끌고 가기는 하면서도 내심으로는 그녀를 은근히 동정했다.

"부인은 지금 태후의 명령으로 미앙궁으로 끌려가는 중이옵니다. 지금이라도 죽고 싶지 않거든 태후에게 용서를 빌도록 하십시오."

약자에 대한 일종의 감상적인 동정이었는지 모른다. 그러나 악이 받칠 대로 받친 척비는 그 따위 싸구려 동정은 상대조차 하지 않았다.

이윽고 척비가 미앙궁 뜰 아래 꿇어앉자, 태후는 대청마루를 천천히 걸어 나오더니 아무 말도 아니하고 척비를 조소의 눈으로 노려보기만 하고 있었다. …

"너 이년! 네년은 선제의 총애를 독점해오는 동안에 황후인 나를 원수로 알았을 뿐만 아니라, 나의 아들을 태자의 자리에서 쫓아내고 아들 여의를 태자로 삼으려고까지 했것다? 네년은 그런 죄로 오늘날 이 꼴이 되었건만, 아직도 반성할 줄을 모른다는 말이냐!"

그러자 척비는 살기가 등등하게 즉석에서 이렇게 반격해온다.

"질투로 환장해버린 마귀 같은 늙은 년아! 너는 내 아들을 죽여버렸으니, 이제는 나도 빨리 죽여다오. 내가 살아서는 원수를 갚을 수 없지만, 저승에 가서는 이 원수를 반드시 갚고야 말겠다."

태후는 무서운 반항에 부딪치자 독기가 오를 대로 올랐다.

"이년아! 네가 발악을 한다고 네년을 빨리 죽여줄 줄 아느냐! 죽이기는 죽이되 두고두고 괴롭히다가 몇 년 후에나 죽일 테니 그리 알아라."

그리고 당장에 형리를 불러 다음과 같이 끔찍스러운 명령을 내리는 것이었다.

"여봐라! 저년의 손목과 발목을 모조리 잘라서 두루뭉수리로 만들어버려라. 귀도 베고 눈알도 뽑아내어 측간(廁間)에다 처넣어라! 그래서 이제부터는 저년을 '인체(人彘)'라고 부르도록 하여라!"

인체란 '사람 돼지'라는 뜻이었다. 여자들의 질투심과 증오심은 그렇게도 잔혹한 것이었던가. 시앗이 아무리 밉기로 사람을 그렇게까지 괴롭힐 수 있는 일이던가.

아무려나 척비는 손과 발이 모두 잘려버린 채, 돼지가 아닌 '인체'의 신세가 되어버리고 말았다. 목숨이 원수라고나 할까. 척비는 죽고 싶어도 죽을 자유조차 없는 비참한 신세가 되고 만 것이었다. …[1]

1 정비석, 『초한지(楚漢志)』, 범우사, 2005, 314-316쪽. 『사기(史記)』 「본기(本紀)」 여치(呂雉, 여태후) 편.

1.
살인은 폭력보다 항상 나쁜가?[2]

우리가 가진 도덕 감정은 일반적으로 도덕적으로 선하거나 옳은 행위를 권장하고 도덕적으로 악하거나 그른 행위를 금지한다. 달리 말하면, 윤리와 도덕은 도덕적으로 선하거나 옳은 행위와 악하거나 그른 행위를 구분하고, 전자의 행위를 옹호하고 권장하는 반면에 후자의 행위를 반대하고 금지한다. 하지만 우리가 몸담고 있는 현실 세계에서 일어나는 다양한 사건 중에는 도덕적으로 최선의 행위를 선택하는 것이 아닌, 도덕적인 '차악'의 행위를 선택해야 할 처지에 놓이기도 한다. 달리 말하면, 행위자가 택할 수 있는 두 가지 선택지 모두 본질적으로 도덕적으로 악하거나 그른 행위이지만, 두 행위 중 도덕적으로 덜 악하거나 그른 행위를 선택할 것을 강요받는 상황을 어렵지 않게 떠올릴 수 있다. 또한 우리는 일상에서 '나를 보호하기 위한 실천적 선택'의 기로에 설 수 있으며, 그러한 순간에 자신의 현실적인 이익에는 부합하지만 도덕적인 부담을 감수해야 하는 경우들에 놓일 수 있다. 반대로 도덕적인 부담으로부터 벗어나기 위해 자신의 현실적인 이익을 포기해야 할 수도 있다. 아래에 제시한 가상의 사례는 바로 그러한 경우를 탐구하기 위한 사고실험이다. 어떤 경우에는 겉으로 보이는 현실적

---

2 V장은 전대석, 「의료 행위에서 업무상 과실치사상죄 적용에 대한 법적 판단과 도덕적 판단의 차이」, 『철학연구』, 2023, 52-81쪽에 게재한 논문이다. 일부 내용은 보완하고 수정했다.

인 이익에 부합하는 결정이 (논리적으로 또는 도덕적으로) 결코 나의 이익에 부합하지 않을 수도 있다. 우리가 현실에서 마주하는 중요한 문제들을 꼼꼼하고 철저하게 살펴보아야 하는 까닭이 여기에 있다. 이러한 문제를 살펴보기 위해 아래의 사례를 법적 관점과 도덕적 입장에서 분석함으로써 한 행위자가 행한 행위에 대한 '법적 판단'과 '도덕적 판단'이 일치할 수 있는지를 살펴보자.

〈사고실험 5〉[3]

장기이식이 필요한 여러 환자 가운데 한 사람을 선택해 수술하려는 의사(이하 P)가 있다. 그런데 그는 그만 큰 실수를 저질렀다. 그는 긴급하게 장기이식수술을 받지 못하면 사망에 이르게 될 수 있는 환자(이하 A)가 아닌 긴급 수술이 필요 없는 환자(이하 B)에게 장기이식수술을 하는 중대한 실수를 했다. 물론, B 또한 장기이식을 받으면 상태가 호전되지만, 장기이식 여부에 목숨이 달려 있는 것도 아니고 전혀 급할 것도 없는 환자였다. (논의를 위해 A와 B는 모두 같은 장기이식수술 대상자이고 장기이식을 함에 있어 면역 등 의학적인 문제가 전혀 없다고 가정하자.)

P의 터무니없는 실수로 이와 같은 일이 벌어졌다고 하자. 그리고 그 실수의 결과, 긴급 수술이 필요한 환자 A가 곧 사망할 것이라고 해보자. 만일 그렇게 되면 P는 업무상 과실치사상죄 또는 살해 혐의로 처벌을 받을 수 있다. 그런데 P에게 이 사태를 해결할 유일한 기회가 있다고 가정해보자. 즉, 긴급 수술이 필요하지 않은 환자 B에게 이식

---

3 레오 카츠(Leo Kats), 『법은 왜 부조리한가』, 이주민 옮김, 와이즈베리, 2011, 117쪽. 그는 이 사례를 법에 있어 '고의적 반칙'을 통해 법적 책임을 회피하거나 경감하는 예로 설명하고 있다. 논의를 국내법의 차원에서 다루기 위해 원문의 '계획성 없는 고살(고의살인)'을 '업무상 과실치사상죄'로 각색했다.

한 장기를 도로 떼어내어 장기이식수술이 급박한 환자 A에게 이식하는 것이다. (P가 자신의 실수를 발견한 시점은 환자 B에 대한 이식수술이 잘 마무리되어 수술을 위해 열었던 가슴을 다시 닫은 직후였다.) P는 B에게 이식한 장기를 떼어내어 긴급 수술이 필요한 환자 A에게 이식해야 할까?

논의를 시작하기에 앞서 〈사고실험 5〉에서 P는 자신에게 주어진 두 가지 결정 중 어떤 것을 선택하더라도 법적 책임과 도덕적 비난으로부터 결코 자유로울 수 없다는 것을 확인하는 것이 중요하다. 〈사고실험 5〉의 시나리오에서 드러나듯이 P는 '터무니없는' 실수를 저질렀고, P의 실수로 인해 A와 B 모두는 어떤 방식으로든 (회복할 수 없는) 해악(피해)을 받을 상황이기 때문이다. 따라서 앞으로 개진될 논의는 P의 행위를 법적으로 그리고 도덕적으로 온전히 정당화하는 데 있지 않으며, 법적 책임을 최소화하는 결정과 도덕적으로 덜 비난받을 수 있는 선택이 무엇인지를 밝히고, 그러한 결정이 정당화될 수 있는지 여부를 논리적으로 평가하는 데 있다. 달리 말하면, 앞으로 개진하는 논변은 P의 행위를 온전히 정당화하는 적극적인 것이 아닌 P의 행위를 방어하기 위해 최소한 요구되는 것들이 무엇인지를 밝히는 소극적인 것이다.

만일 당신이 〈사고실험 5〉의 P라면, 어떤 결정을 할까? 아마도 (많은 경우) 이 문제에 대해 깊게 생각하지 않을 경우, 우리는 일반적으로 B에게 이미 이식된 장기를 도로 떼어내어 A에게 재이식수술을 하는 것이 더 나은 선택이라고 생각하기 쉽다. A는 장기이식을 받지 못할 경우 곧 '사망'하게 될 것이고, P가 장기이식 재수술을 한다는 것은 곧 A의 생명을 구할 수 있음을 의미하기 때문이다. ['어쨌든 사람(A)의 생명을 살렸으니까!'] 그런데 우리는 이러한 결정을 내리는 동시에 '그러한 결정에 무언가 잘못이 있는 것은 아닌가?'라는 질문을 던질 수 있다. 달리 말하면, 우리는 A의 생명을 구하기 위해 장기 이식 재수술을 하는 행위 결정이 주어진 문제를 (심정적으로든 논리적으로든) 깔끔하게 해결하지 못한다고 생각할 수 있다.

이러한 문제에 답하기 위해 주어진 〈사고실험 5〉를 법적 관점과 도덕의 입장에서 분석할 것이다. 우선 주어진 〈사고실험 5〉를 법의 관점에서 '과실과 고의'에 따라 분석함으로써 의사의 법적 책임을 최소화하는 결정이 무엇인지에 대해 논의한다. 다음으로 도덕적 관점에서 이중결과의 원리에 의거하여 주어진 〈사고실험 5〉를 분석함으로써 의사의 법적 책임을 최소화하는 결정이 도덕적으로는 정당화될 수 없음을 논의할 것이다. 결국, 이러한 논의를 통해 의료 행위 같은 중요한 문제에서 현실적인 이익을 넘어선 윤리적 고찰이 반드시 이루어져야 하는 이유를 다시 확인할 수 있을 것이다.

2.
의사 P가 져야 할 법적 책임은?

우선, 법적인 측면에서 〈사고실험 5〉를 평가해보자. 만일 P의 행위 또는 결정으로부터 초래될 것으로 예견되는 두 나쁜 결과('A의 죽음' 또는 'B의 심대한 고통')가 모두 1차적으로 P가 수술의 순서 또는 대상을 잘못 인식한 데서 비롯된 것이라면, 그 두 결과는 P의 '주의 의무' 위반에 따른 과실로부터 비롯되었다고 볼 수 있다. 이것을 조금 더 명료하게 살펴보기 위해 〈사고실험 5〉의 사건 순서를 아래의 표와 같이 간략히 정리하자.

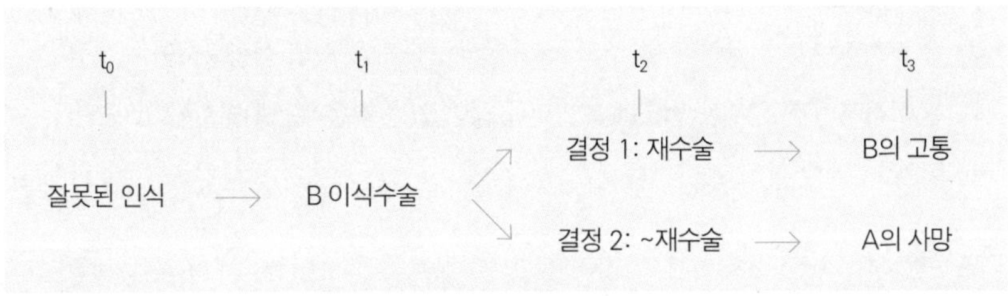

〈그림 1〉 〈사고실험 5〉의 사건 인과사슬

〈사고실험 5〉의 사건 인과사슬을 〈그림 1〉과 같이 정리할 수 있다면, 시간 t_3에 일어날 것으로 예견되는 두 사건은 모두 시간 t_0에 발생한 P의 '과실'에 의해 초래되었다고 보아야 한다. 만일 그렇다면, 이 경우에 P에게 적용해볼 수 있는 법적 책임은 P의 과실로 인해 초래된 'B의 상해' 또는 'A의 사망'이 된다.

1) 업무상 과실치사상죄

앞서 살펴보았듯이, 〈사고실험 5〉에 있는 사건의 순서가 이와 같고 P의 과실이 문제의 핵심적인 요소라면, P가 B에게 이식한 장기를 다시 떼어내어 A에게 재이식수술을 할 경우(결정 1), P는 '업무상 과실치상'에 대한 처벌을 받아야 한다. 반면에 P가 B에게 이식한 장기를 다시 떼어내어 A에게 재이식수술을 하지 않을 경우(결정 2), P는 '업무상 과실치사'에 대한 처벌을 받아야 한다. 우리나라의 형법은 '과실'과 '과실치사상의 죄'를 아래와 같이 규정하고 있다.[4]

> **형법 제14조**(과실) [시행 2021. 12. 9.] [법률 제17571호, 2020. 12. 8. 일부개정]
>
> 정상적으로 기울여야 할 주의(注意)를 게을리 하여 죄의 성립요소인 사실을 인식하지 못한 행위는 법률에 특별한 규정이 있는 경우에만 처벌한다. [전문개정 2020. 12. 8.]

> 「형법」 제26장 과실치사상의 죄
>
> 제266조(과실치상)
>
> 과실로 인하여 사람의 신체를 상해에 이르게 한 자는 500만 원 이하의 벌금,

---

4 법제처, 형법[시행 2024. 2. 9.] [법률 제19582호, 2023. 8. 8. 일부개정] 과실치상, 과실치사, 업무상과실치사상죄 중 상대방과 합의를 할 경우 처벌되지 않는 범죄는 단순과실치상죄 하나다. 따라서 단순과실치상죄에 한하여 수사단계에서 합의를 하면 공소권 없음 처분을 받게 되고, 기소 후라도 1심 판결선고 전까지 합의할 경우 공소기각판결을 받게 된다. 법제처, 국가법령정보센터(검색일: 2023. 10. 10).

구류 또는 과료에 처한다. [개정 1995. 12. 29.]

제1항의 죄는 피해자의 명시한 의사에 반하여 공소를 제기할 수 없다. [개정 1995. 12. 29.]

제267조(과실치사)

과실로 인하여 사람을 사망에 이르게 한 자는 2년 이하의 금고 또는 700만 원 이하의 벌금에 처한다. [개정 1995. 12. 29.]

제268조(업무상과실 · 중과실 치사상)

업무상 과실 또는 중대한 과실로 사람을 사망이나 상해에 이르게 한 자는 5년 이하의 금고 또는 2천만 원 이하의 벌금에 처한다. [전문개정, 2020. 12. 8]

우리나라 「형법」에서 확인할 수 있듯이, 과실에 의한 상해 또는 사망 사건의 경우 '단순 과실'에 비해 '업무상' 이루어진 과실에 의한 상해 또는 사망 사건에 더 무거운 처벌을 한다는 것을 알 수 있다. 이것은 우리가 가진 상식에도 잘 부합한다. 또한 우리나라 대법원 판례는 '업무상과실치사상죄'에서 '업무'를 다음과 같이 정의하고 있다.[5]

"업무상과실치사상죄의 업무란 사회생활 면에서 하나의 지위로서 계속적으로 종사하는 사무를 말한다. 여기에는 수행하는 직무 자체가 위험성을 갖기 때문에 안전 배려를 의무의 내용으로 하는 경우는 물론 사람의 생명, 신체의 위험을 방지하는 것을 의무의 내용으로 하는 업무도 포함된다."

---

5 대법원 1988. 10. 11. 선고 88도1273 판결은 업무의 범위에 대해 "제268조의 업무에는 사람의 생명, 신체의 위험을 방지하는 것을 의무내용으로 하는 업무도 포함된다고 풀이해야 할 것이므로 …"라고 정의하고 있다. 이에 따른 관련 판례로 대법원 2007. 5. 31. 선고 2006도3493 판결, 대법원 2009. 5. 28. 선고 2009도1040 판결, 대법원 2017. 12. 5. 선고 2016도16738 판결 등을 참조할 수 있다.

우리나라 대법원의 이러한 판례에 따를 경우, 히포크라테스 선서를 한 의사는 사람의 생명을 다루는 의료전문가로서 의료 행위 과정에서 중대한 과실에 의해 사람(환자)의 생명 또는 신체에 위험을 초래했거나 그것을 방지하지 못했다면, 그것은 대법원의 정의에 따라 '업무상과실치사상죄'에 해당한다고 보아야 한다. 따라서 〈사고실험 5〉에서 P는 법적으로 '업무상과실치사상죄'에 의해 판단을 받아야 한다. 그리고 우리는 일반적으로 '사람의 신체를 해하는 행위(치상)'보다 '사람의 생명을 앗는 행위(치사)'를 더 나쁘다고 본다. 만일 그렇다면, 의사 P는 법적 책임을 최소화한다는 측면에서 〈결정 1〉을 선택하는 것이 더 합리적일 수 있다.

하지만 의료 행위의 잘잘못을 엄밀하게 따지는 것은 매우 어려운 일이다. 그것은 대체로 의료가 가진 높은 수준의 '전문성'과 '복잡성'으로부터 비롯된다고 볼 수 있다. 그러한 까닭에 현실에서 발생하는 의료사고 또는 의료분쟁 사건이 명료하게 규명되는 경우는 그렇게 많지 않은 것이 현실이다.[6] 우리나라 대법원은 의료 행위에서 ① 업무상 과실에 대한 인정 기

---

6 소위 의료분쟁 또는 의료과실범죄에 대해 형사상의 법적 책임을 강하게 묻는 것에 관해서는 다양한 논의가 가능하다. 우선 입증의 책임(burden of proof)을 누가 져야 하는가에 관한 문제가 제기될 수 있다. 의료분쟁에서 소위 피해자는 통상 환자이고 가해자는 의료 전문가가 된다. 따라서 일반적으로 (민사든 형사든) 소송을 제기하는 쪽은 환자이고 소송을 받는 쪽은 의료 전문가가 된다. 일반적으로 소송을 제기한 쪽에서 입증의 책임을 져야 한다는 것이 통설이지만, 의료 영역의 높은 수준의 전문성과 의료 행위 과정의 복잡성을 고려했을 때, 의료 영역의 비전문가인 환자가 의료 행위에 과실이 있었음을 입증하는 것은 매우 어려운 일이다. 반면에 너무 엄격한 법적 잣대로 의료분쟁 또는 의료과실범죄를 평가하고 판단할 경우 또는 입증의 책임을 의료 전문가에게 지울 경우, 수술이라는 위험을 담지하고 있는 외과 같은 의료 영역에 대한 기피 현상이 가중되어 의료 공백 현상이 초래될 수 있다는 주장도 가능하다. 의료분쟁과 조정제도에 관한 최근의 논의는 이태희, 「국내 의료분쟁 해결의 단초: 공정한 의료감정」, 『대한내과학회지』 98(2), 2023, 53-59쪽; 성중탁, 「현행 우리나라 의료분쟁조정제도의 문제점과 개선방안」, 『법제』 701, 법제처, 2023, 129-167쪽; 오시영, 「한국의료분쟁조정중재원의 법적 성격과 운영에 대한 고찰」, 『법학논총』, 숭실대학교 법학연구소, 2020, 357-387쪽; 김봉철, 「의료분쟁조정위원회의 조정제도에 대한 입법적 평가: 행정형 ADR 제도의 본질적 측면에서」, 『한국의료법학회지』 28(2), 2020, 79-97쪽 참조.

준, ② 의료사고에서 의사의 과실과 결과 발생 사이의 인과관계에 대한 인정 기준, ③ 의료 행위로 인한 업무상과실치사상죄를 인정하기 위한 증명의 대상에 대해 다음과 같은 기준을 제시하고 있다.[7]

> ① 의료사고에서 의사의 과실을 인정하기 위해서는 의사가 결과 발생을 예견할 수 있었음에도 이를 예견하지 못했거나 결과 발생을 회피할 수 있었음에도 이를 회피하지 못했는지 여부를 검토하여야 하고, 과실 유무를 판단할 때는 같은 업무, 직무에 종사하는 일반적 평균인의 주의 정도를 표준으로 하여 사고 당시의 일반적 의학의 수준과 의료 환경 및 조건, 의료 행위의 특수성 등을 고려하여야 한다(대법원 1996. 11. 8. 선고 95도2710 판결, 대법원 2003. 1. 10. 선고 2001도3292 판결, 대법원 2011. 4. 28. 선고 2010도14102 판결 등 참조). ② 의료사고에서 의사의 과실과 결과 발생 사이에 인과관계를 인정하기 위해서는 주의의무 위반이 없었더라면 그러한 결과가 발생하지 않았을 것임이 증명되어야 한다(대법원 2015. 3. 26. 선고 2012도3450 판결, 대법원 2016. 8. 29. 선고 2014도6540 판결 등 참조).
>
> 그러므로 ③ 의사에게 의료 행위로 인한 업무상과실치사상죄를 인정하기 위해서는 의료 행위 과정에서 공소사실에 기재된 업무상과실의 존재는 물론 그러한 업무상과실로 인하여 환자에게 상해, 사망 등 결과가 발생한 점에 대하여도 엄격한 증거에 따라 합리적 의심의 여지가 없을 정도로 증명이 이루어져야 한다. 설령, 의료 행위와 환자에

7 대법원 2022도11163 판례(비실명). 의료 행위에서 업무상 과실에 대한 이러한 정의는 진술문을 문자 그대로 해석할 경우 달리 해석할 수 있는 여지가 너무 넓다는 측면에서 모호하다고 볼 수 있다. 예컨대, '같은 업무, 직무에 종사하는 일반적 평균인의 주의 정도'에서 '일반적인 평균인'을 어떻게 측정할 것인가에 따라 주의 의무를 강하게 요구할 수도 약하게 요구할 수도 있다.

게 발생한 상해, 사망 등 결과 사이에 인과관계가 인정되는 경우에도 검사가 공소사실에 기재한 바와 같은 업무상 과실로 평가할 수 있는 행위의 존재 또는 그 업무상 과실의 내용을 구체적으로 증명하지 못했다면, 의료 행위로 인하여 환자에게 상해, 사망 등 결과가 발생했다는 사정만으로 의사의 업무상과실을 추정하거나 단순한 가능성, 개연성 등 막연한 사정을 근거로 함부로 이를 인정할 수는 없다.

〈사고실험 5〉와 관련하여 조금 더 나아간 논의를 개진하기 위해 의료 행위의 업무상 과실에 관한 조건들(①~③)을 〈사고실험 5〉에 적용해보자. 〈사고실험 5〉에서 P의 행위를 업무상 과실에 대한 인정 기준인 조건 ①에 적용할 경우, P가 시간 t_0에 행한 행위, 즉 '잘못된 인식'은 (장기이식이라는 중요한 수술을 책임지고 있는) 의사에게 요구되는 중대한 '주의 의무'를 위반했다고 보는 데 큰 문제는 없는 듯이 보인다. 따라서 앞선 논의와 마찬가지로 P에게 '업무상 과실치사상의 죄'를 묻는 데도 큰 문제는 없다고 보아야 한다. 하지만 〈사고실험 5〉에 과실과 결과 사이의 인과관계에 대한 인정 기준인 조건 ②와 ③을 적용할 경우, 우리는 새로운 문제에 대처해야 할 것으로 보인다.

2) 상해와 업무상 과실치사

〈사고실험 5〉에 과실과 결과 사이의 인과관계에 대한 인정 기준인 조건 ②를 적용할 경우 초래되는 새로운 문제를 이해하기 위해 우리나라 「형법」이 '고의와 과실'을 어떻게 정의하고 있는지 살펴보는 것이 좋을 것 같다.

「형법」 제13조(고의) [시행 2021. 12. 9.] [법률 제17571호, 2020. 12. 8. 일부개정]

죄의 성립요소인 사실을 인식하지 못한 행위는 벌하지 아니한다. 다만, 법률에 특별한 규정이 있는 경우에는 예외로 한다. [전문개정 2020. 12. 8.]

「형법」 제14조(과실) [시행 2021. 12. 9.] [법률 제17571호, 2020. 12. 8. 일부개정]

정상적으로 기울여야 할 주의(注意)를 게을리 하여 죄의 성립요소인 사실을 인식하지 못한 행위는 법률에 특별한 규정이 있는 경우에만 처벌한다. [전문개정 2020. 12. 8.]

「형법」 제13조에 따르면, '고의'가 아닌 경우 (형사적으로) 처벌하지 않으며, 고의는 아니지만 처벌이 필요한 경우 '법률의 특별한 규정'에 따라 처벌한다. 그리고 「형법」 제26장 과실치사상의 죄 제226~제268조는 그 규정을 정의하고 있다고 보아야 한다. 〈사고실험 5〉에 과실과 결과 사이의 인과관계에 대한 인정 기준인 조건 ②를 적용할 경우 어떤 문제가 제기될 수 있는지 살펴보자. 「형법」에서 '고의'에 대한 정의는 다음과 같은 의미로 해석된다.[8]

고의$_{=def.}$

죄의 성립 요소인 사실을 인식하지 못한 경우, 그 행위는 고의가 아니다.

---

8 '고의'에 대한 이러한 정의는 다소 불만족스럽고 불충분한 것으로 보인다. 이 정의에 따를 경우, '죄의 성립 요소인 사실에 대한 인식'은 고의에 대한 필요조건일 뿐이기 때문이다. 만일 '고의적인 행위'를 '의도적인 행위'로 치환하여 사용할 수 있다면, '고의'에 관한 정의는 더 많은 논의를 통해 엄밀하게 정의될 필요가 있다. 이와 관련해서는 아래에서 〈사례〉의 인과관계에 대한 분석과 이중결과의 원리를 논의하는 과정에서 짧게나마 다룰 것이다. 형사법과 관련하여 의도와 의도적 행위에 관한 엄밀한 철학적 논증은 임종식, 『형사법과 살해의도』, 성균관대학교 출판부, 2014를 참조할 수 있다.

≡def.

그 행위가 고의인 경우, (행위자는) 죄의 성립 요소인 사실을 인식했다(대우명제).

여기에 '고의'에서 '과실'을 배제하기 위해 추가하고 있는 조건 ②의 인과관계에 관한 정의를 추가해보자.

인과관계≡def.

주의 의무 위반이 없었더라면, 그러한 결과가 발생하지 않았을 것이다.

≡def.

그 결과가 발생했다면, 주의 의무 위반이 있었다(대우명제).

만일 그렇다면, '고의'를 일상어로 풀어 쓸 경우 "행위자가 자신의 행위를 원인으로 하여 어떤 결과가 일어날 것을 알면서도(인식하면서도) 그 행위를 실제로 하는 경우"로 해석할 수 있다. 그리고 이것은 〈사고실험 5〉에 중대한 문제를 제기할 수 있는 이유를 제공한다. 고의를 이렇게 정의할 경우 〈사고실험 5〉는 하나의 사건이 아닌 '두 개의 사건'이 연결된 것으로 해석할 수 있는 길이 열리기 때문이다. 그 이유를 밝히기 위해 앞서 제시한 〈그림 1〉을 활용하여 〈사고실험 5〉의 인과관계를 재구성해보자.

만일 〈사고실험 5〉를 〈그림 2〉와 같이 재구성할 수 있다면, 〈사고실험 5〉는 'P의 과실에 의해 초래된 사건(E_1)'과 'P가 시간 t_2에 내린 결정에 의해 결과가 초래되는 사건(E_2)'으로 구분해야 한다. P는 시간 t_2에 자신이 내릴 결정에 따라 시간 t_3에 초래될 것으로 예견할 수 있는 사실(또는 사건)에 대한 인식이 있었다고 보아야 하기 때문이다.

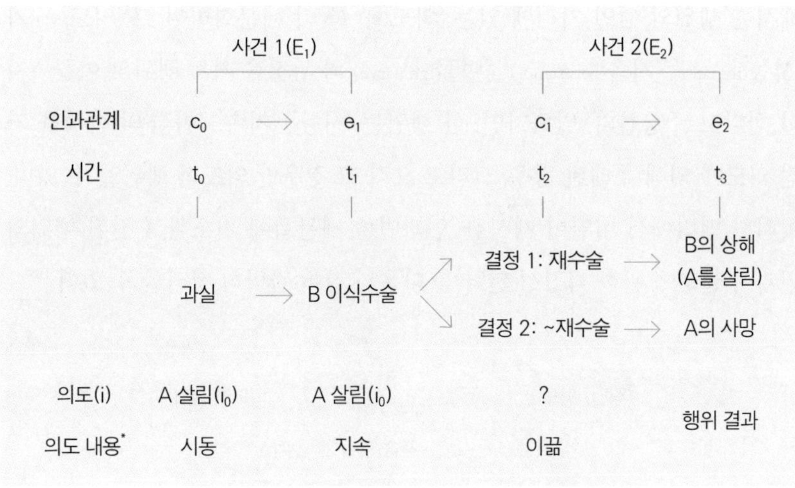

〈그림 2〉 '고의'를 적용한 〈사고실험 5〉의 인과관계

행위에 대한 법적 해석과 철학적 분석에서 '행위의 인과관계'를 밝히는 것은 그 행위를 이해하는 좋은 방법일 뿐만 아니라 행위를 설명하는 가장 유력한 견해라고 할 수 있다. 예컨대, 데이빗슨(Donald Davidson)에 따르면, 한 신체적 움직임이 행위일 수 있는 것은 어떻게 그 행위가 초래되었는가에 달려있다. 이러한 행위의 인과적 설명(causal explanation)은 어떤 종류의 인과 역사가 적합한가를 밝히는 것이 핵심 과제다. 달리 말하면, 한 행위자의 행동이 행위로 간주되는 경우는 그것이 앞선 정신적 사건(mental event)에 의해 올바른 종류의 방식으로 초래되는 경우 그리고 그 경우뿐이다. 그리고 그 앞선 정신적 사건은 그 행위에 대한 이유를 구성한다.[9] 그리고 우리는 행위를 일반적으로 우리에게 그저 (우연적으로) 일어나거나 발생하는 것이 아니라 우리가 '의도적'으로 하거나 초래하는 것으로 이해한다. 행위의 인과적 설명 관점에서 미일(Alfred Mele)은 한 행위자가 의도적 행위를 초래하기 위

9 Davidson, Donald, *Essays on Action and Event*, Oxford Univ. Press, 1963, pp. 3-19 참조.

해서는 행위의 원인 자리에 있는 '의도(함)'를 더 세분화하여 그 '의도(함)'가 '시동(initiate)', '지속(persistence)', '이끎(guidance)'의 과정을 거쳐 행위로 이끌어져야 한다고 주장한다. 말하자면, 한 행위는 '시동', '지속', '이끎'의 속성을 가진 의도에 의해 초래된 경우, 그리고 오직 그 경우만 의도적 행위일 수 있다. 이러한 맥락에서 미일이 제시한 '인과연출 세분화에 기초한 수정된 행위의 인과적 설명에 관한 직접성 전략'을 다음과 같이 간략히 정리할 수 있다.[10]

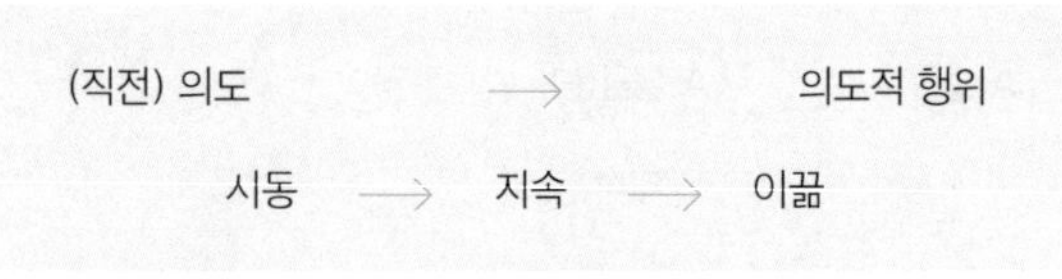

〈그림 3〉 의도적 행위의 인과적 직접성 전략

행위에 관한 인과적 설명에 의거할 경우, 〈표 2〉에서 의사 P가 시간 t_0에 가진 의도(원인)는 시간 t_1에 'B에게 장기이식수술'을 하는 행위(결과)를 초래한다. 그리고 그 의도는 '잘못된 인식(주의 의무 위반)'으로 인해 실제로는 수행되지 않았지만, P가 B에 대한 장기이식수술을 하고 있는 시간 t_0~t_1 동안 그가 가지고 있던 의도는 '(장기이식수술을 성공함으로써) A의 생명을 구하는 것(i_0)'이다. 그런데 P가 시간 t_2에 가진 의도는 앞선 시간 t_0~t_1 동안 그가 가지고 있던 의도와 다른 것이라고 보아야 한다. 간략히 말해서, P가 시간 t_2에 가진 의도는 '재수술을 한다' 또는 '재수술을 하지 않는다' 중 하나가 되어야 한다. 만일 그렇다면, 우리는 〈사고실험 5〉의 인과관계를 다음 표와 같이 더 세분화하여 명료하게 설명할 수 있다.

---

10 Mele, Alfred, Motivation and Agency, Oxford Univ. Press, 2003, p. 340. 엔치에 따르면, 미일의 이와 같은 설명은 의도와 의도적 행위에 관한 전체론적(Holistic) 설명에 해당한다. 말하자면, 인간의 행위 과정에서 의도와 의도적 행위는 일련의 전체 과정에서 파악되어야 한다는 것이다. Enç, Berent, How We Act, Clarendon Press, Oxford, 2003, pp. 184-186 참조.

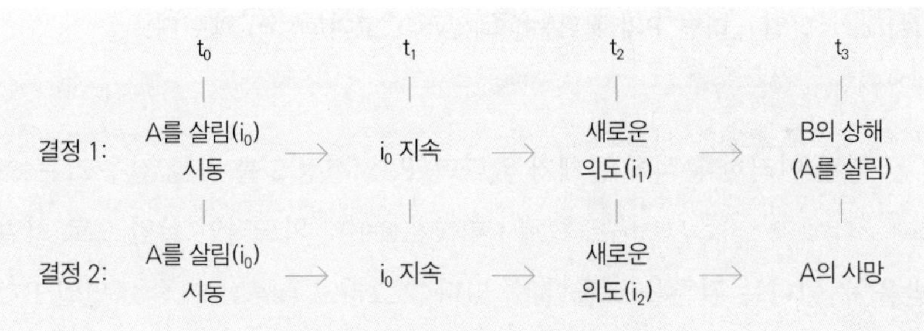

〈그림 4〉 '결정 1'과 '결정 2'의 인과관계 1

먼저 〈그림 4〉에서 '결정 2'의 인과관계에 의해 P의 행위를 평가해보자. '결정 2'를 〈그림 3〉에 적용할 경우, P가 시간 t_0에 가지고 있던 (A를 살리려는) 의도는 결과적으로 의도했던 (A를 살리는) 행위로 이끌어지지 않는다. 시간 t_3에 A가 사망하는 결과가 초래되기 때문이다. 따라서 〈그림 4〉의 인과연쇄이 올바르고 시간 t_1 직후에 P가 자신이 저지른 중대한 실수를 알아챘다면, '결정 2'에서 '시간 t_0의 의도 i_0'는 '시간 t_3의 A의 사망'의 직접적인 원인일 수 없으며, A의 사망이라는 결과는 시간 t_2의 인과연쇄에 들어온 새로운 의도(i_2)에 의해 초래되었다고 보아야 한다. 만일 그렇다면, 우리는 '결정 2'에서 P에게 '의도적인 살인'에 대한 책임을 물을 수 있다. 이것을 다음과 같은 논증으로 구성할 수 있다.

p_1. P가 t_0에 가진 의도는 A의 생명을 구하는 것이었다.

p_2. P는 t_1 직후에 자신의 주의 의무 위반을 인식했다.

p_3. P가 t_2에 가진 의도는 장기이식 재수술을 하지 않는 것이다.

p_4. P는 t_2에 가진 의도를 (의도적으로) 수행할 경우 A가 사망한다는 것을 알고 있다.

p_5. P는 p_4를 인식한 채 t_2에 가진 의도를 (의도적으로) 수행한다.

c. 만일 p_5라면, P의 행위는 (정의에 따라) '고의(의도적)' 행위다.

만일 이러한 분석에 문제가 없다면, P가 '결정 2'를 따를 경우 그는 (최초에 A에 대한 살인 의도가 없었다는 측면에서 계획성은 없지만) '의도적인 살인'으로 처벌받을 수 있다는 결론을 도출할 수 있다.[11] 그리고 (같은 논리에 의해) 만일 P가 〈그림 4〉에서 '결정 1'을 따를 경우, 그는 B에게 고의적으로 (회복할 수 없는) 상해를 입힌 것에 대해 책임을 져야 한다는 결론을 이끌어낼 수 있다. 간략히 말해서, P가 시간 t_2에 형성한 '(B에게서 장기를 다시 떼어내어 A에게 재이식 수술함으로써) A를 살린다'는 새로운 의도(i_1)는 필연적으로 B에 대한 막대한 육체적 · 정신적 상해를 수반할 수밖에 없고, 또한 P는 시간 t_2에 그러한 결정을 할 때 B에 대한 막대한 육체적 · 정신적 상해를 수반하는 결과가 초래된다는 것을 인식하고 있기 때문이다.

만일 지금까지의 논의가 적절하다면, 〈사고실험 5〉는 그것을 구성하고 있는 사건을 '하나'로 볼 경우와 '두 개의 사건이 연결'된 경우로 보는 경우에 따라 상이한 결론이 도출된다는 것을 파악할 수 있다. 이것을 간략히 정리하면 〈그림 5〉, 〈그림 6〉과 같다.

지금까지의 논의를 통해 〈사고실험 6〉를 '과실'과 '고의'의 측면에서 평가할 경우 두 경우 모두에서 그리고 의사 P의 법적 책임을 최소화한다는 의미에서, '결정 1'에 따르는 것이 더 합리적이라는 결론을 도출할 수 있다.

---

11 여기서 고의살인과 '미필적 고의(未必的 故意, Recklessness)'에 의한 살인을 구분할 필요가 있다. 미필적 고의는 일반적으로 특정한 행동을 함으로써 어떠한 결과가 반드시 발생하는 것은 아니지만 발생할 가능성이 있음을 인지하고 있을 때, 그 결과가 발생해도 상관없다는 마음 상태로 그 행동을 하는 것을 말한다. 하지만 법적 논의에서 고의와 미필적 고의를 개념적으로 구분하는 것은 어려운 일이다. 이에 관해서는 김용욱, 「미필적 고의와 과실의 구분에 관한 연구」, 『비교형사법연구』 3(2), 2001, 90-114쪽; 장영민, 「미필적 고의에 관한 약간의 고찰」, 한국형사판례연구회, 『형사판례연구』 23, 2015, 55-86쪽 참조.

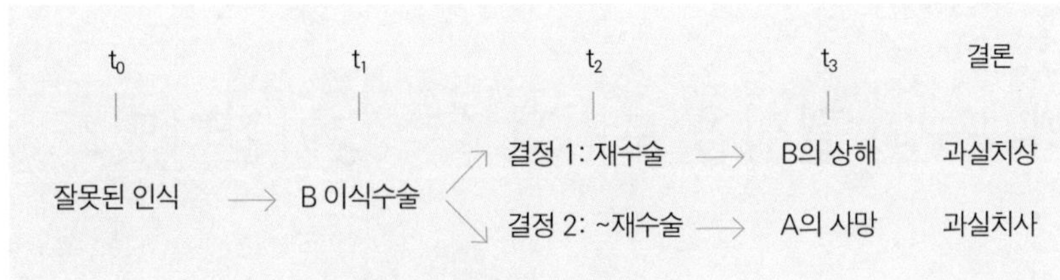

〈그림 5〉 하나의 사건일 경우

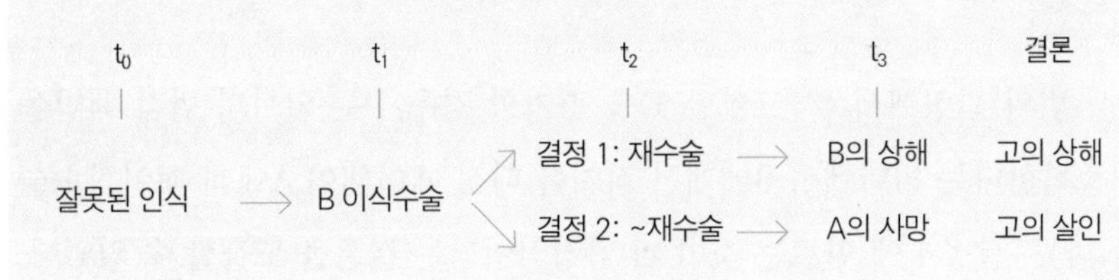

〈그림 6〉 두 개의 사건이 연결된 경우

생명은 사람에게 있어 대체하거나 치환할 수 없는 유일한 가치를 가지고 있다는 데 동의할 경우, '결정 2'의 경우 과실에 의해 사람의 생명을 앗는 결과가 초래되지만, '결정 1'의 경우 사람의 생명을 앗는 결과로까지 이어지지 않기 때문이다.[12] 이러한 결론은 언뜻 우리가 가진 상식에 잘 부합하는 것처럼 보인다. 하지만 아무런 반성 없이 곧바로 수용하기에는 무언가 석연치 않은 부분이 있는 것도 사실이다. 일상어를 빌려 쉽게 말하면, 우리는 일반적으로 의사 P의 이러한 결정에 대해 '불편한 마음'을 가질 수 있다.

12 물론, 〈그림 5〉와 〈그림 6〉을 모두 고려할 경우, '과실치사'와 '의도적(고의) 상해' 중 어떤 것이 더 무거운 법적 책임을 져야 하는가에 관한 어려운 문제가 남아있다고 볼 수 있다. 그것에 적실성 있게 답하기 위해서는 그 문제에 해당하는 사례들이 가진 특수한 상황과 조건들을 면밀히 검토해야 한다. 또한 그 문제는 현재 다루고 있는 논의를 넘어서는 새로운 논제라고 할 수 있다.

3.
의사 P의 결정을 도덕적으로 평가한다면?

법의 관점에서 〈사고실험 5〉를 평가할 경우, P는 의사의 법적 책임을 최소화한다는 의미에서 B에게서 장기를 다시 떼어내어 A에게 재이식수술을 하는 '결정 1'에 따르는 것이 더 합리적이라는 결론을 도출할 수 있었다. 도덕적 관점에서 〈사고실험 5〉의 P의 행위를 평가한다면 어떨까? 지금부터는 관점을 달리하여 앞선 논의들을 재평가해보자.

1) 생명존중의 원칙과 악행금지의 원리

우선 P가 가질 수 있는 도덕 원리가 충돌할 수 있는 경우를 생각해보자. 우리가 일반적으로 가지고 있는 다음과 같은 두 원칙을 의사 P 또한 중요한 도덕 원리로 삼고 있다고 해보자.

원칙 1: 생명은 사람에게 있어 (다른 것으로 대체할 수 없는) 가장 소중한 것이다(생명존중의 원칙).

원칙 2: 타인에게 그 어떠한 경우에도 해악을 끼쳐서는 안 된다(악행금지의 원리).

P가 원칙 1을 자신이 지켜나가야 할 중요한 도덕 원리 중 하나로 채택하고 있다고 추론하는 것은 자연스럽다. P는 (의료 전문가로서) '히포크라테스 강령(Hippocrates codex)'을 선언한 의사이고, (일부 부도덕한 의사를 제외한) 대부분의 의사는 그들의 직업윤리에서 사람의 생명과 건강을 지키는 것을 중요한 가치로 삼고 있다고 보는 데 문제가 없기 때문이다. 히포크라테스 강령은 의사가 의료 전문가로서 지켜야 할 중요한 윤리 원칙들을 처음으로 제시한 것으로 받아들여지고 있으며, 그중에서도 가장 중요한 원칙은 '환자를 돕거나 적어도 해를 끼치지 말라'는 원칙이라고 할 수 있다.[13] 만일 그렇다면, 〈사고실험 5〉에서 P에게 원칙 1과 원칙 2 중 더 앞선 원칙 또는 기초적인 원칙은 무엇인가? 달리 말하면, 어떠한 경우에도 사람의 생명을 구해야 한다는 원칙은 어떠한 경우에도 타인에게 해악을 끼쳐서는 안 된다는 원칙에 항상 우선하는가?

앞서 말했듯이 그리고 우리가 가진 일반적인 상식에 의거하더라도 사람의 생명이 중요하다는 데는 의문을 제기할 수 없을 것이다. 사람의 생명은 다른 것으로 대체하거나 치환할 수 없는 가치를 가지고 있기 때문이다. 하지만 문제는 우리가 여기서 다루고 있는 〈사고실험 5〉에서도 그 가치가

---

13 히포크라테스(Hippocrates)는 의사가 준수해야 할 윤리와 관련하여 중요한 원칙들을 제시했다. 이 원칙을 통해 눈여겨볼 것은 의사와 환자의 관계에서 의사가 주도적인 역할을 한다고 가정하고 있다는 점이다. 말하자면, 좋은 의사는 질병으로 고통받고 있는 환자에게 베풀 수 있는 가장 좋은 치료가 무엇인지 결정할 수 있어야 한다는 주장을 함축하고 있다고 볼 수 있기 때문이다. 히포크라테스 이후 의사와 환자의 관계에서 의사가 주도적인 역할을 해야 한다는 의식은 역사상 아주 최근에 이르기까지도 당연한 원리로 받아들여졌던 것으로 보인다. 하지만 앞으로 히포크라테스가 제시한 원칙들은 다양한 관점에서 검토되어야 한다. 히포크라테스가 암묵적으로 가정하고 있는 것과 달리 오늘날의 의사는 치료 과정에서 항상 주도적인 역할을 한다고 볼 수 없기 때문이다. 히포크라테스 선서에 담긴 윤리적 원칙들은 크게 전문가 집단이 가져야 할 '충심(loyalty)과 신의성실(信義成實)의 의무', '선행의 원리와 악행금지의 원리', '합리적인 의학적 추론의 의무', '비밀유지의 의무' 등으로 구분해볼 수 있다. 전대석, 『의료윤리와 비판적 글쓰기』, 북코리아, 2016, 507-550쪽 참조.

1차적인 최우선의 가치인가에 대해 의문을 제기할 수 있다는 데 있다. '선행의 원리(principle of beneficience)'와 '악행금지의 원리(principle of non-maleficence)'에 대해 조금 더 살펴봄으로써 이것에 대한 나름의 답을 찾아보자.

악행금지의 원리는 간략히 말해서 "우리가 타인에게 의도적(*intentionally*)으로 해를 입히거나 타인에게 해를 입히는 위험을 초래하는 것을 금지하는 것"을 의미한다. 이러한 원칙은 의료 윤리뿐만 아니라 (사회) 도덕의 근본 원리를 이룬다고 할 수 있다. 다음으로 선행의 원리는 "우리는 타인에게 최선이 되는 행위를 하거나 타인의 이익을 최우선으로 삼아야 한다"로 요약할 수 있다. 그리고 여기에서 '선행(善行)'이란 일상적으로 타인에 대한 친절한 행위, 사려 깊은 행위, 동정적 행위, 자비로운 행위 그리고 이타주의적(altruistic) 행위 등을 가리킨다. 또는 선행은 타인의 고통을 덜어주거나 타인에게 행복을 안겨주기 위해 그들을 배려하는 행위 또한 포함한다. 만일 이와 같이 선행을 두 유형으로 구분할 수 있다면, 선행은 타인에게 해를 입히지 말아야 하는 '소극적인 의무(negative duty)'와 타인을 도와야 하는 '적극적인 의무(positive duty)'로 나누어 생각할 수 있다.[14]

의무(duty 또는 obligation)의 측면에서 악행금지의 원리와 선행의 원리를 구분한다면, 전자는 소극적인 의무에 해당하고 후자는 적극적 의무에 속한다고 볼 수 있다. 악행금지의 원칙은 '어떠한 경우에도 타인에게 해를 입혀서는 안 된다'는 도덕적 명령이라는 점에서 '소극적 의무'이며, 선행의 원리

---

14 프랑케나(W. K. Frankena)는 '선행'이 다음과 같은 네 개의 조건부 의무(prima facie duty)로 구성되어 있는 것으로 보았다. ① 피해나 해악을 입혀서는 안 된다. ② 피해나 해악을 방지해야 한다. ③ 해악을 (적극적으로) 제거해야 한다. ④ 선을 행하거나 증진시켜야 한다. 만일 선행에 관한 프랑케나의 분석이 옳다면, 선행의 원칙은 통상 '선을 행하고 피해의 방지를 요구'한다고 간략히 정리할 수 있다. 그런데 우리는 여기서 한 가지 의문점을 제기할 수 있다. 만일 선행을 프랑케나의 조건부 의무 분석에 따라 해석할 경우, '선행의 원칙'은 '악행금지의 원칙'을 함축하고 있는 듯이 보이기 때문이다. 말하자면, 프랑케나가 제시한 조건부 의무 중에서 ①~③, 또는 적어도 ①과 ②는 악행금지의 원칙을 직접적으로 말하고 있는 듯이 보인다.

가 직접적으로 말하고자 하는 것은 '타인과의 관계에서 타인의 이익을 최우선적으로 고려하라'는 도덕적 명령이라는 측면에서 '적극적 의무'이기 때문이다. 간략히 말해서, 선행의 원리는 악행금지의 원리를 넘어서서 타인의 이익까지 고려하는 것이라고 할 수 있다.

우리는 선행(beneficence)을 행하는 것과 자신의 이익이나 편리함을 추구하는 것의 양자 선택 상황에서 갈등하는 경우에 마주칠 수 있다. 그리고 자신의 이익이나 편리함을 추구하여 선행을 하지 못하는 경우, 윤리적 자책감을 갖기도 한다. 아마도 이것은 우리가 선행이 도덕의 일부이며, 의무라고 생각하기 때문일 것이다. 이러한 경향은 전문직의 직업윤리 영역과 의료윤리 영역에서 두드러진다. 그러나 선행을 의무로 간주할 수 없다는 주장도 있다. 즉 선행은 도덕적 의무의 요구를 넘어서는 것으로서 칭찬받을 만한 것이고 유덕한 것이지만, 의무는 아니라는 것이다. 이런 주장에 의하면, 내가 설령 누군가에게 선행을 해야 한다 할지라도 그것은 그가 나의 선행에 대한 권리를 가지고 있는 경우에 한하는 것이다. 더구나 그가 그런 권리를 가지고 있다고 할지라도 항상 가지고 있는 것도 아니다.[15] 따라서 악행금지의 원리와 선행의 원리에 대한 지금까지의 논의를 '전자가 후자에 앞선다'는 명제로 간략히 정리할 수 있다. '악행금지'는 적어도 도덕적으로

---

15 Frankena, William Klaas, *Ethics*, Prentice-Hall, Inc., Englewood Cliffs, New Jersey, 1989, p. 46 참조. '선한 행위'를 두 가지 방식으로 정의할 수 있다. ① 행위자의 의도에 따른 정의: 행위자의 의도가 명확하고 그 의도가 타인에게 도움을 주려는 것이었다면, 그 의도에 따른 행위가 타인에게 사실상 이익이 되었다는 사실과 무관하게 그 행위는 선한 행위다. ② 행위의 결과에 따른 정의: 행위의 결과가 명확하게 타인에게 이익이 되었다면, 행위자가 선한 결과를 의도했다는 사실과 무관하게 그 행위는 선한 행위다. 전자는 의무론적 정의를, 후자는 목적론적 또는 결과론적 정의를 가리킨다. 또한 이런 구분은 선의(benevolence)와 선행(beneficence)의 구분과 일치한다. Beauchamp, T. and Childress, J., *Principles of Biomedical Ethics* (5th edition), Oxford, 2001, p. 166. 여기에서 선행은 타인에게 이익을 주려는 행위로, 선의는 타인에게 이익을 주려는 경향을 갖는 성품이나 덕으로 정의되고 있다.

비난받지 않는 행위를 하기 위한 전제 조건으로서 최소한의 의무를 규정하고 있는 반면에, 선행은 칭찬받아 마땅하지만 강제할 수 없기 때문이다.

지금까지의 논의를 〈사고실험 5〉에 적용하면 어떨까? 문제의 핵심은 〈사고실험 5〉에서 P가 가지고 있는 원칙 1과 원칙 2 중 어떤 것이 더 앞선 원칙이고 기초적인가에 달려있다. 이미 짐작하듯이, (우리 모두가 사람의 생명이 가장 큰 가치를 가진다는 데 동의하더라도) 원칙 1은 원칙 2보다 앞서거나 기초적인 원칙으로 자리매김할 수 없다고 보아야 한다. 게다가 원칙 2는 보편성을 가진 반면에, 원칙 1은 상실의 원리(principle of forfeiture)가 적용될 수 있는 상황 등에서 그러한 보편성을 확보하지 못하거나 확보할 수 없는 경우들이 있다.[16] 만일 그렇다면, 〈사고실험 5〉에서 P가 A를 살리기 위해 B에게 이미 이식한 장기를 다시 떼어내어 재수술하는 것은 (기초적이고 보편적인) 원칙 2를 위배하고 원칙 1을 따르는 것이 된다. 그리고 이러한 분석이 옳다면, 〈사고실험 5〉에서 P가 B에게서 장기를 다시 떼어내어 A에게 재이식수술을 하는 행위는 P의 법적 책임을 최소화하는 추론과 달리 도덕적으로는 더 나쁜 행위로 간주될 수 있다.

---

16 자연법 사상의 중요한 한 원칙인 상실의 원리는 "만일 A가 B의 권리를 침해하거나 위협하는 행위를 할 경우, A는 그 행위를 함과 동시에 그 행위에 상응하는 A의 권리를 상실한다"고 일반화할 수 있다. 즉 나는 나의 모든 권리를 필연적으로 상실하는 것은 아니지만, 일반적으로 나의 권리는 내가 침범한 타인의 권리에 비례하여 상실된다. 따라서 이 원리에 따르면, 무고한 사람의 생명을 위협하는 사람은 자신의 생명권을 상실한다. 전대석, 2016, 353-355쪽 참조.

2) 의사 P는 이중결과원리에 의거하여 결정 1을 옹호할 수 있을까?

앞선 논의에 따르면, 〈사고실험 5〉에서 P가 B에게 이식한 장기를 다시 떼어내어 A에게 재이식하는 것은 도덕적으로 허용될 수 없다. 더 기초적이고 보편적인 도덕 원리인 악행금지의 원칙에 의해 제한받기 때문이다. 그럼에도 P는 다음과 같이 주장함으로써 자신의 행위를 방어하려 할 수 있다.

> "나(P)의 의도는 B에게 심대한 고통을 주는 데 있지 않고 A의 생명을 살리는 데 있었다."

달리 말하면, P는 이러한 주장을 통해 자신의 궁극적인 의도는 'A의 생명을 살리는 것'이었으며, 그 과정에서 일어난 'B의 고통'은 불가피하게 일어난 의도하지 않은 결과, 즉 원하지 않은 부수 결과(side effect)였을 뿐이라고 항변할 수 있다. P는 이러한 주장을 통해 자신의 행위를 정당화하거나 방어할 수 있을까? P는 여기서 행위의 '의도(intention)'를 개입시킴으로써 자연법(natural law) 사상에 기초한 '이중결과원리(the principle of double effect)'에 의거해 자신의 행위를 정당화거나 방어하려는 시도를 하고 있다고 보아야 한다. P는 이중결과원리에 기대어 자신의 행위를 방어할 수 있을까?

전통적으로 자연법(natural law) 사상가들은 인간의 생명을 존중하는 데 큰 가치를 부여하여 '어떠한 경우에도 인간의 생명을 해치지 말라'는 도덕 원리를 최고의 진리로 여겨왔다. 따라서 자연법 윤리학은 여러 사람을 살리기 위해 한 사람의 생명을 해치는 것은 결코 허용될 수 없다는 입장을 가진다. 하지만 자연법 윤리학의 이러한 도덕 원리는 현실에서 실천적으로 적용할 때 해결하기 어려운 문제를 안고 있다. 예컨대, "전쟁 중에 태평양한가운데서 공습을 받아 호송함이 침몰되었다고 해보자. 그 배의 구명정은 24명을 태워야 했다. 그러나 그 구명정의 정원은 20명이었다. 만일 정원을 초과한 4명이 내리지 않으면 그 구명정은 침몰하게 되고 그 배에 타고 있던 24명 모두 죽을 것이 확실하다. 그런데 24명 중 4명은 공습에서 불가역적인 신체적 손상을 입어 사망하게 될 것이 거의 확실하다. 그 누구도 자진해서 배에서 내리지 않았기 때문에 그 배의 선장은 크게 다친 4명을 구명정에서 밀어낼 것을 결정했다고 해보자."[17] 그 선장의 이러한 결정은 도덕적으로 정당화되는가? 우리가 가진 상식적인 판단은 그러한 결정이 도덕적으로 (어느 정도) 옹호될 수 있다고 볼 것이다. 하지만 자연법 사상가들은 구명정에 타고 있던 모든 사람이 (구명정이 결국 침몰하여) 모두 사망하게 되더라도 그 선장의 행위는 도덕적으로 정당화될 수 없다고 본다.

자연법 사상가들은 이러한 한계를 인식하여 비록 사람의 생명이 소중하고 다른 무엇과도 대체할 수 없는 가치를 가지고 있더라도 어떤 '제한 조건'을 추가해야 한다는 견해를 제시한다. 따라서 그들은 '어떠한 경우에도 인간의 생명을 해치지 말라'는 도덕 원리를 '어떠한 경우에도 인간의 생명을 의도적으로 해치지 말라(또는 어떠한 경우에도 인간의 생명을 해치는 것을 의도하지 말라)'는 원리로 수정되어야 한다는 입장을 취한다. '이중결과원리'는 이와 같이 수정된 도덕 원리를 구체적이고 체계화된 이론으로 발전시킨 것이다. 맹건(Joseph T. Mangan)에 따르면, 한 행위자가 좋은 결과와 나쁜 결과를 동시에 초래하는 행위를 수행한다고 하더라도 다음과 같은 조건들을 충족할 경우 이중결과원리에 의해 도덕적으로 허용될 수 있다.[18]

17 해리스(C. E. Harris), 『도덕 이론을 현실 문제에 적용시켜보면』, 김희택 · 박우현 옮김, 서광사, 2004, 118쪽.

18 이중결과원리는 그 기원이 아퀴나스(St. T. Aquinas)로 거슬러 올라간다. 그러나 19세기 중엽에 이르러서야 비로소 제수이트(예수회) 신부인 규리(Jean P. Gury)에 의해 체계화되었으며,

① 행위 자체가 도덕적으로 선한 행위이거나 적어도 중립적인 행위여야 한다.
② 행위자의 의도가 나쁜 결과에 있지 않고 좋은 결과에 있어야 한다.
③ 좋은 결과는 나쁜 결과가 수단이 되어 얻어져서는 안 된다.
④ 나쁜 결과를 허용하는 것이 불가피할 만큼 중대한 이유가 있어야 한다.

현재 다루고 있는 문제에 대한 논의를 더 진전시키기 위해 우선 〈사고실험 5〉에서 각 결정에 따라 시간 t_3에 초래되는 두 결과가 시간적으로 동시에 일어난다고 가정하자. 다음으로 이중결과원리의 조건 ①~④를 적용하여 〈사고실험 5〉에서 P가 가지고 있는 두 결정에 대해 도덕적으로 정당화될 수 있는지 검토해보자. 먼저 조건 ①을 적용해보자. 그런데 〈사고실험 5〉에 조건 ①을 적용할 수 있는지 여부를 판단하기 위해서는 한 가지 더 고려해야 할 문제가 있다. 〈사고실험 5〉에 이중결과원리를 적용하기 위해서는 정의에 따라 우선 '한 행위자가 좋은 결과와 나쁜 결과를 동시에 초래하는 행위를 수행'한다는 조건이 충족되어야 한다. 따라서 〈사고실험 5〉에서 P에게 주어진 두 결정, '재수술(결정 1)과 ~재수술(결정 2)' 중 어떤 것이 또는 두 경우 모두가 그 조건에 해당하는지를 먼저 판단해야 한다. 앞서 제시한 〈그림 1〉을 활용하여 P가 시간 t_2에 할 수 있는 두 가지 결정 내용을 다음과 같이 재정리하자. (여기서부터는 P의 '의도'가 논의의 중심이 되기 때문에 P에 의해 초래되는 사건의 인과 과정을 't_2~t_3'로 한정할 수 있다.)

그 후 맹건(Joseph T. Mangan)에 의해 재구성된 버전이 정론으로 인정되고 있다. 임종식, 「이중결과원리, 그 기본 전제들에 대한 옹호」, 『철학』 55, 1998, 237-259쪽; 임종식, 『생명의 시작과 끝』, 로뎀나무, 1999, 67-87쪽 재인용.

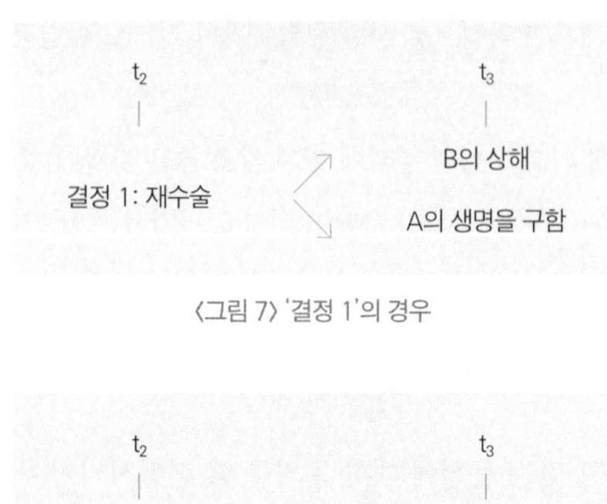

〈그림 7〉 '결정 1'의 경우

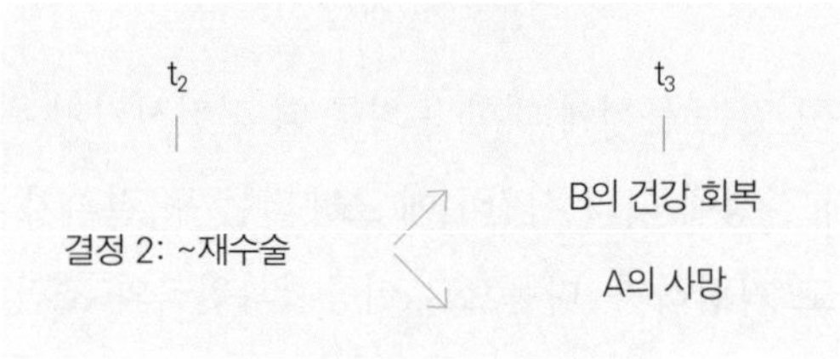

t_2
t_3
B의 건강 회복
결정 2: ~재수술
A의 사망

〈그림 8〉 '결정 2'의 경우

다음으로 조건 ①을 각 결정에 적용해보자. 그러면 적어도 〈사고실험 5〉에서 P가 시간 t_2에 B에게서 장기를 다시 떼어내어 A에게 재이식한 행위(결정 1)를 도덕적으로 '선한 행위이거나 적어도 중립적'이라고 보기 어렵다는 데 동의할 수 있으며, 따라서 조건 ①을 충족하지 못한다고 보아야 한다. 그 행위는 이미 그 자체로 '타인(B)에게 회복하기 어려운 해악(고통)을 주었다'는 측면에서 결코 도덕적으로 선하거나 중립적이라고 말할 수 없기 때문이다. 그런데 재수술을 하지 않는 '결정 2'의 경우는 어떨까? '결정 2'는 '결정 1'에 비해 그러한 문제로부터 자유로울 수 있는 여지가 있다고 볼 수 있다. P는 (적어도 시간 t_2의 시점에서는) "A의 사망을 의도하지 않고 B의 건강 회복 유지를 의도했다"고 주장할 수 있기 때문이다. 만일 그렇다면, P는 이중결과의 원리 조건 ①에 의지해서는 장기이식 재수술을 하는 '결정 1'을 정당화할 수 없다고 보아야 한다.

조건 ②는 '행위자는 좋은 결과를 의도하고 나쁜 결과를 의도해서는 안 된다'라고 풀어 쓸 수 있다. 따라서 조건 ②에 따르면, 나쁜 결과를 의도하는 것은 결코 허용될 수 없다. 이중결과원리의 체계 안에서 본질적으로 악한 행위는 의도적으로 악을 초래하는 행위라고 볼 수 있기 때문이다. 그런데 조건 ②에 따르면, 악한 결과를 의도하는 것은 허용될 수 없는 반면에, 의도하지 않고 단지 '예견(predict)'한 채 초래하는 것은 허용될 수 있다. 즉 나쁜 결과를 의도하지 않고 예견만 한다면, 좋고 나쁜 두 가지 결과를 초래하는 행위를 하는 것이 허용될 수 있다는 의미로 볼 수 있다. 조건 ②는 다음의 세 가지 명제가 참임을 전제로 하고 있다는 점에 주목할 필요가 있다.[19]

ⓐ 의도된 채 초래된 결과와 단지 예견만 된 채 초래된 결과는 도덕적으로 차이가 있다.

---

19 임종식, 『생명의 시작과 끝』, 로뎀나무, 1999, 67-87쪽 참조. 그는 어떤 행위를 '예견한 채로 하는 것, 우연히 하는 것, 자의적으로 하는 것, 의도적으로 하는 것 그리고 의도하는 것' 사이의 논리적 상관관계를 규명함으로써 위의 전제들을 옹호할 수 있다고 주장한다. 임종식, 「이중결과원리, 그 기본 전제들에 대한 옹호」, 『철학』 55, 1998, 237-259쪽 참조. 그는 여기서 "P가 A를 할 경우 A를 함으로써 B도 하게 된다는 것을 P가 예견했다면, P는 B를 의도적으로 했다고 보아야 한다. 이러한 입장은 이중결과원리에 대한 해석에 있어 P가 A를 의도적으로 했음에도 불구하고 P가 A를 의도하지 않을 수도 있다는 또 하나의 전제를 요구한다. 이러한 전제는 다음과 같은 과정을 통해 옹호될 수 있다. 먼저 예견한 채로 하는 것과 우연히 하는 것 사이의 논리적 상관관계를 규명함으로써 '예견한 채로 하는 것이 그 행위를 의도하는 것의 필요조건이지만 충분조건이 아님'을 규명할 수 있다. 이러한 결과를 토대로 그리고 예견한 채로 하는 것과 자의적으로 하는 것 사이의 논리적인 상관관계를 밝힘으로써 '자의적으로 하는 것이 의도적으로 하는 것의 충분조건이지만 의도하는 것의 충분조건이 아님'을 밝힐 수 있다. 이러한 과정을 거쳐 그리고 시도하는 것(try)과 의도적으로 하는 것 사이의 상관관계를 규명함으로써 '의도적으로 하는 것이 의도하는 것의 충분조건이 아님'을 밝힐 수 있다. 이와 같이 'P가 A를 의도적으로 했음에도 불구하고 P는 A를 의도하지 않을 수 있다'는 명제는 '의도된 수단과 단지 예견된 부수적인 결과를 명확히 구분 짓는 데 결정적인 역할을 한다는 점에서 이중결과원리에 대한 논의에서 없어서는 안 될 결정적인 역할을 하고 있다. 이러한 논의를 토대로 이중결과원리를 "악한 결과를 의도한 채 초래하는 것은 허용될 수 없지만, 악한 결과를 의도적으로 초래하는 것은 때로는 허용될 수 있다"는 주장으로 이해하고, "이중결과원리에 대한 기존의 해석 방법이 안고 있는 문제점으로부터 벗어날 수 있는 새로운 해석 방법의 기초를 마련할 수 있다"고 말한다.

ⓑ 어떤 결과를 의도하지 않고 단지 예견만 한 채 (어떤 행위를) 초래할 수 있다.

ⓒ 어떤 결과를 의도하지 않은 채 자의적(voluntarily)으로 초래할 수 있다.

즉, 조건 ⓑ에 따르면 예견하는 것이 그리고 자의적으로 하는 것이 의도적으로 하는 것의 충분조건이 아니며, 나쁜 결과를 단지 예견한 채로 초래하는 것과 의도한 채로 초래하는 것 사이에는 도덕적인 차이가 있음을 전제로 하고 있다. 조건 ②에 대한 이러한 해석에 따를 경우, P는 '결정 1'과 '결정 2' 모두에서 '나쁜 결과를 예견했지만 의도하지 않았다'고 주장할 수 있을까? 시간 t_3의 두 결과, 즉 'B의 상해'와 'A의 생명을 구함'이라는 두 결과가 동시에 일어난다고 가정했을 경우, P는 '결정 1'에서 나쁜 결과인 전자가 아니라 좋은 결과인 후자를 의도했다고 항변할 수 있을 것으로 보인다. (마찬가지로) 만일 P가 '결정 2'를 수행한다면, 그는 좋은 결과인 전자를 의도했을 뿐 나쁜 결과인 후자를 의도하지 않았다고 항변할 것으로 예상할 수 있다. '결정 1'과 '결정 2' 중 어떤 답변이 더 설득력이 있을까? 이것에 관한 답변은 조건 ③을 검토하면서 함께 다루도록 하자.

조건 ③을 검토하기에 앞서 조건 ④를 먼저 살펴보자. 그 까닭은 조건 ③은 (적어도 〈사고실험 5〉를 평가하는 데 있어서) 이중결과원리에서 가장 중요한 조건일 수 있기 때문이다. 〈사고실험 5〉에서 각 결정에 따라 시간 t_3에 초래되는 두 결과가 시간적으로 동시에 일어난다고 가정할 경우, '결정 1'의 나쁜 결과는 'B의 상해'이고 좋은 결과는 'A의 생명을 구함'이다. 또한 '결정 2'의 나쁜 결과는 'A의 사망'이고, 좋은 결과는 'B의 건강 회복과 유지'다. 주어진 문제를 이렇게만 본다면, '결정 1'에서 나쁜 결과를 허용하는 것은 (언뜻 보기에) 좋은 결과를 이루기 위해 불가피할 만큼 중대한 것으로 볼 수도 있다. 하지만 우리는 이미 앞서 '그 어떠한 경우에도 생명을 구한다는 원칙'이 '그 어떠한 경우에도 타인에게 해악을 주어서는 안 된다'는 원칙에 앞설 수 없다는 것을 확인했다. 만일 그렇다면, '결정 1'은 겉으로 보는 것과 달리 나쁜 결과(B의 상해)를 허용하는 것이 불가피할 만큼 중대하다고 볼 수 없다. 따라서 P는 조건 ④에 의지해서 '결정 1'을 도덕적으로 정당화하기 어렵다고 보아야 한다.

마지막으로 이중결과원리의 조건 ③을 살펴보자. 앞서 말했듯이, 조건 ③은 (적어도 〈사고실험 5〉를 평가하는 데 있어서) 이중결과원리에서 가장 중요한 조건일 수 있다. 우리는 앞서 〈사고실험 5〉를 이중결과원리에 의거해 평가하기 위해 시간 t_3에 초래되는 두 결과가 〈그림 7〉 또는 〈그림 8〉에서와 같이 동시에 일어난다고 가정했다. 이중결과원리는 이와 같이 행위자의 행위로부터 초래되는 좋은 결과와 나쁜 결과가 동시에 일어날 것을 요구하고 있다. 반면에 〈사고실험 5〉는 (논의를 위한 가정과 달리) P의 행위(결정)로부터 좋은 결과와 나쁜 결과가 동시에 일어난다고 보기 어려운 구조를 가지고 있다. 이것을 인과관계를 보여주는 도식으로 재구성하면 다음과 같다.

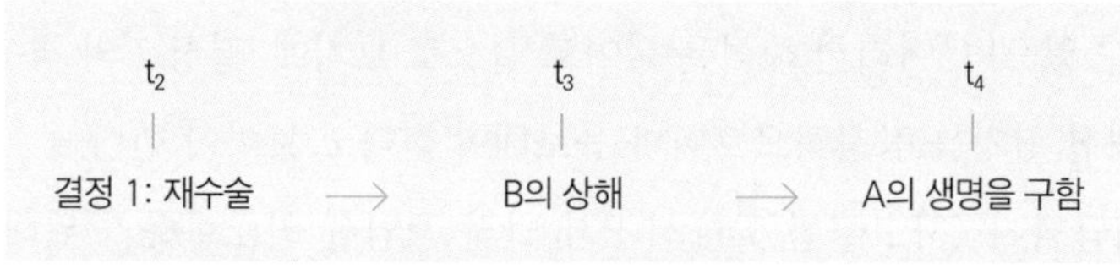

〈그림 9〉 '결정 1'의 경우

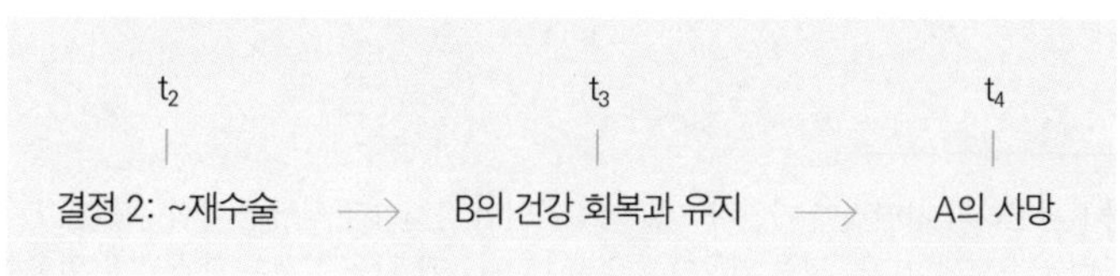

〈그림 10〉 '결정 2'의 경우

〈사고실험 5〉의 인과관계를 이와 같이 재구성하면, P는 '결정 1'에서 'B의 상해(고통)'라는 나쁜 결과(악)를 수단 삼아 'A의 생명을 구함'이라는 좋은 결과(선)를 이루었다고 보아야 한다. 만일 그렇다면, 〈사고실험 5〉에서 P는 조건 ③을 충족할 수 없으며, 따라서 이중결과원리에 의거하여 자신의 행위(결정 1)를 정당화할 수 없다. 부연하자면, 의사 P가 A의 생명을 구한 것은 선한 행위인 동시에 좋은 결과를 도출한 것이다. 하지만 그러한 좋은 결과는 B의 회복할 수 없는 심대한 고통을 수단 삼아 이루었다는 것을 놓쳐서는 안 된다. 말하자면, A의 생명을 구한 좋은 결과는 B에게 회복할 수 없는 고통을 주는 것을 수단 삼아 이루어진 것이다. '선을 행하기 위해 악을 수단으로 삼을 수 없다'[20]는 보편적 도덕 명제를 받아들인다면, 이 사례에서 비록 A의 생명을 구한 좋은 결과를 얻었다고 하더라도 B의 회복할 수 없는 고통을 수단으로 삼았기 때문에 의사 P의 장기이식 재수술의 결정과 행위는 결코 도덕적으로 정당화될 수 없다. 반면에 만일 '결정 2'를 위의 〈도식 2〉에 (기계적으로) 그대로 적용할 경우, P는 'B의 건강 회복(유지)'이라는 좋은 결과(선)를 수단 삼아 'A의 사망'이라는 (매우 슬픈) 나쁜 결과(악)를 초래한다고 볼 수 있으며, 이러한 해석은 적어도 겉으로 보기에 '결정 2'의 경우 조건 ④에 대한 평가를 잠정적으로나마 유보해야 한다고 보아야 한다.

지금까지 〈사고실험 5〉에서 P가 법적 책임을 최소화하기 위해 '결정 1'을 수행했을 경우, "나(P)의 의도는 B에게 심대한 고통을 주는 데 있지 않고 A의 생명을 살리는 데 있었다"고 주장함으로써 도덕적 책임으로부터 벗

20 이중결과원리가 자연법에 기원하고 있으며 자연법 윤리학을 정립한 아퀴나스(St. T. Aquinas)로부터 공식화되었다는 것을 염두에 두었을 때, 다음과 같은 성경의 한 구절을 인용하는 것은 의미가 있다. 즉, "또는 그러면 선을 이루기 위해 악을 행하자 하지 않겠느냐 (어떤 이들이 이렇게 비방하여 우리가 그런 말을 한다고 하니) 저희가 정죄받는 것이 옳으니라. (선을 이루기 위하여 악을 행할 수 없다)." 로마서 3장 8절.

어날 수 있거나 최소한 도덕적으로 방어할 가능성이 있는지를 살펴보았다. 그리고 그것에 답하기 위해 P의 '결정'을 이중결과원리를 구성하는 네 가지 조건에 적용하여 검토했다. 물론, 이중결과원리는 맹건이 제시한 네 가지 조건을 모두 충족한 경우에만 성립할 수 있다. 하지만 앞서 살펴보았듯이, 〈사고실험 5〉에서 P의 '결정 1'은 이중결과원리의 네 가지 조건 모두를 통과하지 못한다. 만일 이러한 분석에 큰 문제가 없다면, 〈사고실험 5〉에서 P는 'A의 생명을 구한다는 의도'에 의지하여 '결정 1'을 도덕적으로 정당화할 수 없다는 것을 알 수 있다.

4.
'충분한 설명에 의거한 자발적 동의'에 관한 고려 사항

앞서 논의한 〈사고실험 5〉와 관련하여 마지막으로 간략히 부연할 것은 '충분한 설명에 의거한 자발적 동의(informed consent)'에 관한 것이다.[21] (적어도) 〈사고실험 5〉의 시나리오에 따르면, B는 수술이 끝난 후 자신에게 이식된 장기를 다시 떼어내어 A에게 이식하는 것에 동의하지 않았다. (물리적으로 그렇게 할 시간도 주어지지 않았다.) 그렇다면, 의사 P가 장기이식 재수술을 할 경우(결정 1), 그는 B에게 충분한 설명에 의거한 자발적 동의(고지의 의무)의 과정을 거치지 않은 채 B의 장기를 적출하여 A에게 이식하는 '중대한 범죄'를 저질렀다고 보아야 한다. 만일 그렇다면, 의사 P는 재수술을 하지 않음으로써 져야 할 과실치사에 대한 법적 책임보다 더 엄중한 법적 책임을 져야 할 수 있다. 즉, 의사 P는 불법적으로 장기를 의도적으로 적출한 행위에 대한 법적 그리고 도덕적 책임을 져야 한다. 그런데 (다행히도) A의 상태가 얼마간 생명을 유지하는 데 문제가 없다고 해보자. 즉 A는 B가 수술 후 마취에서 깨어나 P로부터 장기이식 재수술에 대해 충분한 설명을 듣고 (자의적으로) 의사결정을 내릴 수 있는 능력이 있고, 만일 B가 재이식수술에 동의할 경우

---

21 충분한 설명에 의거한 자발적 동의(informed consent)에 관한 자세한 설명과 논의는 전대석, 2016, 334-380쪽 참조.

B에게서 장기를 다시 떼어내어 A에게 재이식수술을 할 수 있을 정도의 시간까지는 생명을 유지하는 데 문제가 없다고 해보자. 그리고 P는 B에게 (자신의 중대한 실수를 포함하여) 그간의 일들을 진솔하게 말하고 B에게 장기이식 재수술을 요청한다고 해보자. 만일 그럴 경우, B는 P의 요청을 받아들일 의무가 있는가? 또는 A(또는 P)는 B에게 그것을 요구할 권리가 있는가? (비록 A의 죽음은 매우 슬픈 일이지만) 'B가 그것을 이행할 의무는 없고, A(또는 P)가 B에게 그것을 요구할 권리도 없다'고 말하는 것이 우리의 상식에 더 잘 부합하는 듯이 보인다. 만일 우리가 이러한 상황에 놓인 B라면 어떤 답을 할 수 있을까? 이 또한 (도덕적으로 또한 실천적으로) 매우 어려운 문제다.

우리는 현실 세계의 일들에서 '나'를 보호하기 위한 실천적 선택을 강요받을 수 있으며, 그러한 상황에서 도덕과 법 모두의 관점에서 안전한 합리적인 결정을 할 수 있기를 바란다는 것은 의심할 수 없는 사실이다. 또한 의료 행위는 본질적으로 사람의 생명과 몸을 대상으로 하는 행위라는 점에서 그러한 결정은 합리적인 정당화가 더 강조되어야 한다고 할 수 있다. 하지만 우리는 또한 의료 행위에서 행위자 자신의 행위를 법과 도덕의 관점에서 적극적으로 정당화하는 경우이든 또는 소극적으로 방어하는 경우이든, 법적 판단과 도덕적 판단이 충돌하는 경우들이 있다는 것 또한 부정할 수 없다. 이와 같이 중요한 문제에 있어 법적 관점과 더불어 윤리적 고찰을 반드시 해야 하는 이유는 결국 그러한 문제에 대해 어떤 결정을 내리고 그 결정에 따른 행위를 할 행위자의 온전성(integrity)을 보전하기 위한 것이라고 할 수 있다.[22] 또한 이러한 논의를 통해 의료 행위 같은 중요한 문제에서 현

22 윌리엄스(B. Williams)는 공리주의에 대한 가장 결정적인 반론은 공리주의가 행위자의 '온전성(integrity)'을 훼손한다는 데 있다고 주장한다. 말하자면, 그는 공리주의는 어떤 행위에 있어 '온전성'을 유지할 수 없는 도덕 원리라는 비판을 제기할 수 있다. J. J. C. Smart & Bernard Williams, "A critique of utilitarianism," 3. Negative responsibility: and two example, *Utilitarianism*

실적인 이익을 넘어선 윤리적 고찰이 반드시 이루어져야 하는 이유를 다시 확인할 수 있을 것이다.

---

for and against, Cambridge Univ. Press, 1973, p. 98.

Ⅵ

왜 판결이 다르지?

대법원이 '대구 10월 사건' 희생자 유족이 국가를 상대로 낸 손해배상청구소송에서 엇갈리는 판결을 내렸다. 희생자 아내는 일부 승소했지만, 아들은 패소했다. 아들은 패소 판결이 '사법 농단' 의혹과 관련됐다고 주장하며 전 대법관과 정부에 소송을 제기했다.

3일 희생자 유족 등의 말을 들어보면, 1949년 5월 경북 칠곡군에 살았던 정재식(당시 27세) 씨는 경찰에 끌려갔다가 며칠 뒤 이웃 마을 골짜기에서 주검으로 발견됐다. 진실 · 화해를위한과거사정리위원회(진실화해위)는 2010년 3월 정부 수립일 이후부터 한국전쟁 사이 대구 · 칠곡 · 경주 등 주민 46명이 10월 사건과 관련해 경찰 등에 사살됐다고 결정했다. 정 씨는 46명 가운데 1명이다. 대구 10월 사건은 해방 이후 친일 경찰을 그대로 고용하고 쌀을 강제로 걷는 미 군정에 항의해 시위 · 파업을 벌였다는 이유로 경찰 등이 적법절차 없이 민간인을 학살한 사건이다.

정 씨 아들(70)은 2011년 4월, 정 씨 아내 이 아무개(89) 씨는 2012년 5월 각각 국가를 상대로 소송을 제기했다. 1, 2심은 진실화해위 확인을 받아들여 정 씨 모자의 손을 함께 들어줬지만, 대법원 판단은 엇갈렸다. 대법원 2부는 2014년 5월 아내 이 씨의 일부 승소 판결을 확정했지만, 아들의 소송을 맡은 대법원 3부는 2015년 10월 정 씨를 희생자로 인정할 수 없다는 이유로 파기환송했다. 진실화해위의 결정서 본문이 아닌 첨부 자료에 기록됐고, 소멸시효가 완성됐다는 이유다. 결국 아들의 청구는 2심에서 기각됐다.

당시 대법원 3부의 판결은 다른 사건에 견줘 일관성을 잃었다는 비판이 일었다. 법조계에선 "같은 사건, 같은 증거인데 판결이 다른 것은 이해할 수 없다. 이 사건의 대법원 기준이 소극적(정부 주장 인용)으로 바뀐 듯하다"고 했다. 게다가 지난 1월 퇴임한 ㄱ 전 대법관은 아내

상고심 재판에 참여했고, 아들 상고심에서는 주심을 맡았지만, 다른 판결을 내놨다. 애초 아내 판결에 참여해 소멸시효 주장을 인정하지 않았지만, 뒤에 아들 판결에선 견해를 바꾼 것이다. 대법원은 "상고를 제기한 국가가 아내에 대해서는 소극적으로, 아들에 대해서는 적극적으로 대응한 듯하다"고 해명했다.

정 씨 아들은 지난달 양승태 전 대법원장 사법부 시절 재판 거래 의혹과 자신의 판결에 관련성이 있다고 보고 ㄱ 전 대법관과 정부에 손해배상청구소송을 제기했다. 자신의 재판 결과가 사법행정권 남용 의혹 관련 특별조사단의 '원활한 국정운영을 뒷받침하기 위해 권한과 재량 범위 내 최대한 협조해온 사례'에 해당한다는 것이다. 그의 변호인은 "아내 판결에서 배척한 법리를 아들 판결에서 적극 인용한 점, 기판력(확정된 판결이 갖는 효력)에 따른 신의성실 원칙 위배, 양승태 사법부 시절 시국사건 대법원 판결에서 보수 정권에 맞는 판결이 쏟아진 점 등을 종합적으로 고려한 소송"이라고 말했다.[1]

1 김영동, "대구 10월 사건 유족, 대법관 고소 '같은 사건 다른 판결'", 한겨레신문, 수정 2019-10-19 11:23, 등록 2018-07-03 15:49, https://www.hani.co.kr/arti/area/area_general/851710.html (검색일: 2024. 02. 27)

1.
어떤 판결을 승인할 것인가?[2]

"과학은 인간의 활동이다. 인간은 오류를 범할 수 있다. 따라서 과학에는 오류들이 있다.

법은 인간의 활동이다. 인간은 오류를 범할 수 있다. 따라서 법에는 오류들이 있다."

이것은 간단한 삼단논법으로 (적어도) 논리적으로 진리라고 보아야 한다. 물론, '과학적 사실' 자체는 참일 수 있다. 하지만 사람에 의한 '과학 행위'는 오류가 있을 수 있다. (마찬가지로) '법적 사실' 자체는 참일 수 있다. 하지만 사람에 의해 법을 적용하는 '법 행위'는 오류가 있을 수 있다. 이러한 명백한 논리에도 불구하고 우리는 법이 가진 엄격함과 실질적인 영향력으로 인해 법의 오류 가능성에 대해 애써 눈을 감는 경향이 있는 것 같다. 우리가 일상에서 어떤 사건에 대해 충돌하거나 마찰이 있을 때 "법을 통해 해결하자"거나 "법이 그렇게 판단했으면 그것으로 끝난 거야" 등과 같이 말하는 것은 그러한 경향을 잘 보여준다. 이러한 경향성은 우리가 암묵적으로 법의 판단을 되돌릴 수 없는 최종적인 결정인 동시에 (적어도) 사람이 도출할

---

2 VI장은 전대석, 「다수결의 원리는 법치주의를 지지하는가?」, 『역사와 융합』 19, 2024, 379-423쪽에 게재한 논문으로 일부 내용은 수정하고 보완했다.

수 있는 가장 오류가 없는 결정으로 받아들이고 있음을 보여준다.

우리는 공동체에서 일어나는 중요한 사안에 대한 의사결정을 내릴 때 그 공동체에 속한 구성원 다수의 의견을 따르는 것을 당연하게 받아들인다. 달리 말해서, 우리는 다수결의 원리를 민주적인 의사결정을 도출하는 데 있어 기본적인 조건이라고 생각한다. 법의 영역에서도 사정은 크게 다르지 않다. 우리 사회에 (좋은 방향이든 나쁜 방향이든) 큰 영향을 미칠 수 있는 사건에 대한 법적 판단을 내려야 할 경우 그 판결에 참여하는 사람(판사)들의 다수 의견에 따라 중대한 결정을 도출하기도 한다. 또한 적어도 근대 이후의 민주주의는 시민의 권리를 보장하는 방향으로 발전했으며, 헌법이 그러한 시민의 권리를 규정하고 보호하고 있다. 그러한 까닭에 우리는 법의 판단 또한 민주적 원리를 따른다고 생각하기 쉽다. 하지만 원리상 민주주의는 '다수에 의한 지배'를 뜻하는 반면, 법치주의(헌정주의)는 '소수에 의한 지배'를 의미하기 때문에 그 둘은 긴장관계에 있다.

우리가 법을 대하는 일반적인 태도처럼 법적 판단은 최종적인 동시에 믿을만할까? 민주주의가 의사결정의 기본 원리로 삼고 있는 다수결의 원리를 법의 판단에 적용할 경우, 그 법은 자유로운 시민의 권리를 보호하는 데 적실성 있게 작동할까? 법적 판단은 우리가 가진 일반적인 생각처럼 완전하고 믿을만할까? 법이 자유로운 시민의 권리를 보호하는 데 적실성 있게 기여하기 위해서는 어떤 절차를 따르고 무엇으로부터 견제를 받아야 할까? 다수결의 원리와 민주주의 그리고 법치주의의 관계에 대한 나름의 답을 찾기 위해 아래에 제시한 〈사고실험 6〉으로부터 논의를 시작하자.

〈사고실험 6〉 판결의 역설(discursive paradox)[3]

다음과 같은 소송이 제기되었다고 가정해보자. 계약 당사자 중 한 사람이 이 계약은

① 강압 속에서 체결되었고(강압),

② 그 내용이 너무 불명확하다(모호성).

는 두 가지 근거를 들어 계약을 파기하고자 소송을 제기했다. ('강압'과 '모호성' 두 조건 모두를 충족한 경우만이 완전 계약으로서 법적 효력이 발생한다고 하자.)

〈재판 1〉

이 소송은 판사 세 명으로 구성된 '재판부-1'에서 '다수결의 원칙'에 따라 최종 결론을 내릴 예정이다. 그리고 '재판부-1'에 소속된 세 명의 판사는 이 소송에 대해 다음과 같은 견해를 제시하고 있다.

〈판사 A, B, C의 개별적 결정 사항〉

판사 A: 계약이 모호하다고 생각하지는 않지만, 강압이 있었다고 생각한다.

---

3 Lewis A. Kornhauser, Larry G. Sager, "Unpacking the Court," Yale Law Journal, 96, no. 1, 1986, pp. 82-117; 레오 카츠, 『법은 왜 부조리한가』, 이주만 역, 와이즈베리, 2011, 21-22쪽 재인용. 레오 카츠는 이러한 사고실험을 통해 법이 무죄 또는 유죄 판단만을 도출하는 이분법적 특성을 가지고 있기 때문에 현실을 잘 반영하지 못하는 경우들을 초래할 뿐만 아니라 투표에 의한 다수결의 선택이 이행적이지 않기 때문에 불합리한 판단을 가져올 수 있음을 보임으로써 다수결의 역설과 법의 부조리함에 어떤 공통점이 있는지를 논증한다. 〈사고실험〉의 일부 내용은 이해를 돕기 위해 필자가 수정 및 보완했으며, 여기서는 다수결이 법적 판단에 미치는 영향에 초점을 맞추어 논의한다.

판사 B: 계약이 모호하다고 생각하지만, 강압이 있었다고는 생각하지 않는다.

판사 C: 계약이 모호하다고 생각하지 않고 강압이 있었다고도 생각하지 않는다.

판사들 개개인은 이와 같은 조건에서 개별적으로 소송에 대한 판단을 내린 다음, 판사 각자의 판단에 따라 다수결에 의해 최종 판결을 내린다고 해보자.

이와 같은 조건에서 판사들 개개인은 개별적으로 어떤 판단을 내릴 것인지를 추론해보자. 달리 말하면, '판사 A, B, C' 각각은 이 소송건에 대해 각자 개별적인 판단을 내린 다음, 각자의 판단을 제시한다고 해보자. 다음으로 판사들은 다수결에 따라 소송에 대한 최종 판결을 내린다고 해보자. '재판부-1'은 이 소송에 대해 어떤 판결을 할 것으로 추론할 수 있는가? 말하자면, '재판부-1'은 소송이 제기된 이 계약을 유효한 계약과 무효한 계약 중 어떤 판결을 내릴 것으로 추론할 수 있는가?

〈재판 2〉

〈재판 1〉과 같은 조건을 가지고 있는 계약 파기 소송에 대해 세 명의 판사로 구성된 '재판부-2' 또한 '다수결의 원칙'에 따라 최종 결론을 내릴 예정이다. 그리고 '재판부-2'에 소속된 세 명의 판사는 이 소송에 대해 다음과 같은 견해를 제시하고 있다. ('재판부-1'과 동일한 견해를 가지고 있다.)

〈판사 D, E, F의 개별적 결정 사항〉

판사 D: 계약이 모호하다고 생각하지는 않지만, 강압이 있었다고 생각한다.

판사 E: 계약이 모호하다고 생각하지만, 강압이 있었다고는 생각하지 않는다.

판사 F: 계약이 모호하다고 생각하지 않고 강압이 있었다고도 생각하지 않는다.

다음으로 '재판부-2'는 판결을 위해 '각각의 사안(강압과 모호성)에 대해 다수결의 원칙'에 따라 '강압'과 '모호성'의 여부를 먼저 판단한 다음 최종 판결을 내린다고 해보자. 달리 말하면, '재판부-2'의 세 명의 판사는 '강압'의 조건에 대해 다수결에 따라 판단하고 '모호성' 조건에 대해 다수결에 따라 각각 판단한 다음, 그와 같은 각 사안에 대해 다수결에 따라 판단한 후 제기된 소송에 대한 최종 판결을 내린다고 해보자. '재판부-2'는 이 소송에 대해 어떤 판결을 할 것으로 추론할 수 있는가? 말하자면, '재판부-2'는 소송이 제기된 이 계약을 유효한 계약과 무효한 계약 중 어떤 판결을 내릴 것으로 추론할 수 있는가?

〈물음 1〉

〈재판 1〉과 〈재판 2〉의 최종 판결 결과가 다른 이유는 무엇인가?

(〈재판 1〉과 〈재판 2〉의 최종 판결이 달리 도출되는 이유는 무엇인가?)

〈물음 2〉

판사들은 위와 같은 두 번의 재판 과정을 거친 후 '재판부-3'에서 최종적으로 이 사건에 대해 판결을 내려야 한다고 해보자. 만일 당신이 이 사건의 최종 판결을 내려야 한다면, 〈재판 1〉과 〈재판 2〉 중 어떤 결정을 승인하겠는가?

주어진 문제는 앞으로 개진할 논의를 위해 '논증(재판)의 역설(discursive paradox)'이라고 알려진 유명한 사고실험을 일부 각색한 것이다. 이 사고실험은 다음과 같은 중요한 문제를 제기하는 듯이 보인다.

'법적 판결을 다수결의 원칙에 의거하여 도출하는 것은 (항상) 정당화될 수 있는가?'

〈사고실험 6〉에서 주어진 조건에만 의거할 경우, 우리는 적어도 어떤 경우에는 다수결에 의한 판결이 항상 동일한 결론(판결)을 도출하지 않는다는 것을 파악할 수 있다. 이 소송은 '강압'과 '모호성'에 대한 판사 각자의 판단에 기초하여 최종적으로 다수결의 원리에 따라 판결해야 할까?(재판 1) 아니면 이 소송은 '강압'과 '모호성' 각각에 대한 판사들의 다수결에 따라 판단을 먼저 내린 다음 최종 판결을 내려야 할까?(재판 2)

〈물음 1〉을 먼저 살펴보자. 〈재판 1〉과 〈재판 2〉의 최종 판결이 달리 도출되는 이유는 무엇인가? 〈재판 1〉에서 개별 판사 각자의 최종 판결은 다음과 같다.

〈재판 1〉은 〈표 1〉에서 확인할 수 있듯이, 판사들 개개인의 최종 판단

〈표 1〉 〈재판 1〉의 판사들 개인의 개별적 판단

구분	강압	모호성	판사 개인의 최종 판결
판사 A	있음	없음	계약 무효
판사 B	없음	있음	계약 무효
판사 C	없음	없음	계약 유효

에 기초하여 다수결에 따라 최종 판결을 내릴 경우 '재판부-1'은 주어진 소송에 대해 '계약 무효' 판결을 내릴 것으로 추론할 수 있다. 자유로운 사인(私人) 간의 계약에서 '(어떠한) 강압이 없음'과 '계약 내용의 분명함'은 '완전 계약'에 대한 필요조건이다. '재판부-1'의 판사 'A, B, C'는 각자 완전히 자유로운 상태에서 '강압'과 '모호성'이라는 조건에 의거하여 합리적인 결론을 도출한 것으로 보아야 한다. 또한 이 경우에 '재판부-1'에서 최종 판결을 도출하기 위해 적용할 수 있는 방법은 다수결에 의한 것이 유일하다고 보아야 한다. 따라서 '재판부-1'이 주어진 사건에 대해 '계약 무효' 판결을 내린 것에 문제는 없어 보인다.

〈재판 2〉에서 '재판부-2'는 '재판부-1'과 다른 추론 방식을 따르고 있다. 즉, '재판부-2'는 '재판부-1'과 달리 '강압'과 '모호성' 각각의 사안(조건)에 대해 다수결에 따라 개별적인 판단을 먼저 도출하고, 다음으로 그 개별

〈표 2〉 〈재판 2〉 판사들의 소송 사안(조건)에 대한 판단

구분	강압	모호성
판사 D	있음	없음
판사 E	없음	있음
판사 F	없음	없음
사안에 대한 판결	유효	유효

적 판단의 결과로부터 최종 판결을 이끌어내고 있다.

이와 같이 〈재판 2〉에서 판사들이 제기된 소송의 각 사안(조건)에 대해 다수결에 따라 '강압'과 '모호성' 각 사안의 유효와 무효를 먼저 판단한 다음 최종 판결을 내릴 경우, '재판부-2'는 제기된 소송에 대해 '계약 유효' 판결을 내릴 것으로 추론할 수 있다. 자유로운 사인(私人) 간의 계약에서 '(어떠한) 강압이 없음'과 '계약 내용의 분명함'은 완전한 계약에 대한 필요조건인 점은 〈재판 1〉과 동일하다. '재판부-2'의 판사 'D, E, F'는 각자 완전히 자유로운 상태에서 '강압'과 '모호성' 조건이라는 개별 사안에 대해 다수결에 따라 합리적인 결론을 도출한 것으로 보아야 한다. 또한 이 경우 '재판부-2'는 '재판부-1'과 마찬가지로 최종 결론을 도출하기 위해 적용할 수 있는 방법은 다수결에 의한 것이 유일하다고 보아야 한다. 그렇다면, '재판부-2'가 제기된 소송에 대해 '계약 유효' 판결을 내린 것에는 문제가 없는 듯이 보인다.

따라서 〈사고실험 6〉에서 '재판부-1'과 '재판부-2'의 판사들 모두가 판결을 도출하는 데 그 어떠한 압력도 받지 않고 완전히 자유로운 상태에서 합리적인 결론을 도출했다면, 각 재판부의 판결은 모두 문제가 없다고 보아야 한다. 간략히 정리하면, 〈재판 1〉은 판사 개인의 최종 판결에 다수결의 원칙을 적용한 반면, 〈재판 2〉는 '강압'과 '모호성' 각 사안에 다수결의 원칙을 적용했기 때문에 다른 판결이 도출된다. 〈재판 1〉은 판사 개개인의 최종 판단에 기초한다는 측면에서 '결론에 기초한 추론'으로, 〈재판 2〉는 제기된 소송을 구성하고 있는 핵심 사안에 기초한다는 측면에서 '전제에 기초한 추론'으로 부를 수 있다. 우리는 이 문제가 역설인 까닭을 여기에서 찾을 수 있다.

다음으로 〈물음 2〉, 즉 '당신이 이 사건의 최종 판결을 내려야 한다면, 〈재판 1〉과 〈재판 2〉 중 어떤 결정을 승인하겠는가?'에 대해 논의해보자.[4] 이 문제는 〈물음 1〉과 달리 명료하고 분명하게 답변하는 것이 쉽지 않아 보인다. (적어도 겉으로 보기에) 〈재판 1〉과 〈재판 2〉 모두 적합한 절차에 따라 다수결에 의거하여 판결을 도출하고 있는 것으로 보이기 때문이다.

만일 당신이 〈재판 1〉의 판결을, 즉 제기된 소송의 계약이 '무효'라는 판결을 지지한다면 어떤 근거를 제시할 수 있을까? 반대로 당신이 〈재판 2〉의 판결을, 즉 제기된 소송의 계약이 '유효'하다는 판결을 지지한다면 어떤 근거를 제시할 수 있을까?

판사들 또한 사람이라면, 어떤 판결에 있어 자신이 가진 성향이나 (과거의) 경험으로부터 결코 자유로울 수 없다는 점을 부정할 수 없다. 따라서 판

---

4 우리나라 국가기관은 법을 만드는 입법부, 법을 해석하고 적용하는 사법부, 법을 집행하는 행정부가 있다. 사법부에 속한 기관으로는 우리나라 최고 법원인 대법원과 각급 법원이 있으며, 각급 법원에는 고등법원, 특허법원, 지방법원, 가정법원, 행정법원이 있고, 지방법원과 가정법원의 일부 사무를 처리하는 지원과 시 · 군 법원 및 등기소가 있다. 우리나라는 더욱 공정한 재판을 통해 억울한 사람이 생기기 않도록 하기 위해 재판의 기회를 여러 번 주고 있다. 제1심 법원(지방법원 또는 지원)의 판결에 불만이 있다면 제2심 법원(고등법원 또는 지방법원 본원합의체)에 '항소'할 수 있고, 제2심 법원의 판결에 중요한 법률적 다툼이 있는 경우에는 제3심 법원(대법원)에 '상고'하여 판단을 받아볼 수 있다. 이렇게 법원 간의 재판 순서 또는 위아래 관계를 두어 상급법원의 재판을 받을 수 있는 제도를 심급제도라고 한다. 우리나라는 재판의 대상에 따라 '3심제, 2심제, 단심제'를 별도로 운영하고 있다. 3심제는 한 사건에 대해 세 번 재판을 받을 수 있는 제도로서, '민사재판, 형사재판, 행정재판, 가사재판, 군사재판'은 3심제를 채택하고 있다. 2심제란 한 사건에 대해 두 번 재판을 받을 수 있는 제도로서, '특허재판, 지방의회의원과 자치단체인 시 · 군 · 구 의장 선거소송'의 경우 1심은 특허법원과 고등법원에서 재판이 이루어지고 상고가 있을 경우 대법원에서 최종 판단을 한다. 단심제는 대법원을 1심으로 하여 한 번만 재판을 받을 수 있는 제도로서, '대통령, 국회의원, 시 · 도지사 선거소송'을 다룬다. 또한 우리나라 최고 상급법원인 대법원은 대법원장과 13명의 대법관으로 구성된다. 국민참여재판은 배심제와 참심제의 양 요소를 우리나라 실정에 맞게 적절히 수정 · 보완한 독자적인 제도다. 국민참여재판은 배심원이 법관과 독립하여 평결하지만, 유 · 무죄에 관한 의견이 일치하지 않은 경우 증거관계 등에 관하여 법관의 의견을 들은 후 다시 평결하고 그래도 전원의 의견이 일치하지 않은 경우 다수결로 평결하는 점, 배심원들은 유 · 무죄에 관한 평결 외에 양형에 관해서도 의견을 개진하는 점, 법관은 배심원의 평결이나 양형 의견에 구속되지 않는 점 등에 특징이 있다. 국민참여재판은 형사합의부 사건에 관하여 피고인의 신청이 있는 때에 한하여 진행된다. 대한민국 법원, 사법부 소개. https://www.scourt.go.kr/judiciary/organization/chart/index.html.

사 또한 판결을 내리는 과정에서 자신이 가진 주관을 완전히 배제하는 것은 불가능하다고 보아야 한다. 그렇다면, '재판부-3'에서 〈재판 1〉과 〈재판 2〉 중 어떤 판결을 승인할 것인가의 문제에서 핵심은 그 두 재판 중 어떤 재판이 재판관 개인의 주관을 배제한 더 객관적인 결론을 도출했는가에 달려 있다고 보아야 한다.

우선 〈재판 2〉가 더 객관적이라는 입장을 가진 진영에서 어떤 논증을 제시할 수 있을지 생각해보자. 그들은 다음과 같이 말할 수 있다. 〈재판 1〉은 제기된 소송에 대한 판사 개인의 종합적인 판단이 먼저 내려지기 때문에 그 판사의 주관적 판단이 개입할 여지가 더 크다. 반면에 〈재판 2〉는 제기된 소송의 두 가지 중요한 사안(요건)인 '강압'과 '모호성' 각각에 대해 (객관적으로) 다수결의 원칙에 따라 판결하기 때문에 판사 개인이 가진 주관을 배척할 수 있다. 간략히 말해서, 〈재판 1〉은 판사의 성향이나 경험 같은 주관성이 개입할 수 있는 요소가 '강압'과 '모호성' 두 개인 반면에, 〈재판 2〉는 각 판단 과정에서 '강압'과 '모호성' 중 하나만을 따로 평가하기 때문에 객관성을 더 확보할 수 있다. 이러한 생각을 조금 더 쉽게 보이기 위해 다음과 같은 유비논증을 생각해볼 수 있다. 예컨대, 어떤 제과점에서 초코과자를 만든다고 해보자. 초코과자를 만들 때 중요한 두 요소는 '초콜릿'과 '과자'다. 이것을 〈재판 1〉과 〈재판 2〉에 (유비적으로) 적용하면, 〈재판 2〉는 초코과자를 만드는 '과정'에서 두 요소에 관련된 (좋은 품질의 초콜릿인지, 좋은 품질의 밀을 사용했는지 등과 같이 제품의 질과 관련된) 사항들을 각각 고려하여 최종적으로 생산된 초코과자를 평가한다. 반면에 〈재판 1〉은 최종적으로 생산된 초코과자만을 가지고 평가하기 때문에 그 초코과자가 만들어지는 과정에 대한 평가는 배제된다. 따라서 〈재판 2〉는 최종 판결을 도출하는 세부적인 과정을 평가할 수 있는 반면, 〈재판 1〉은 결론을 도출함에 있어 그 과정을 보여주지 않고 판사 개개인의 의견만을 종합하여 다수결에 따라 최종 판결을 도출하기 때문에 〈재판 2〉에 비해 설득력이 떨어진다.

〈재판 1〉의 판결을 지지하는 진영에서는 이에 대해 어떤 논증을 제시할 수 있을까? 그들은 이렇게 답변할 수 있다. 우선, 그들은 〈재판 1〉이 판사 개개인의 '자율적 판단'을 더 존중하는 방식이라는 논거를 제시할 수 있다. 어떤 중요한 문제나 사건에 대한 결론을 도출하기 위해서는 그러한 문제와 사건이 가진 전체적인 맥락을 반영하여 '종합적'으로 살펴볼 필요가 있다. 그러한 측면에서 〈재판 2〉는 제기된 소송과 관련된 두 요소를 개별적으로 판단함으로써 사건의 전체적인 맥락을 고려하지 않기 때문에 종합적인 판단을 내렸다고 볼 수 없다. 예컨대 앞의 초코과자의 유비에 적용할 경우, 좋은 품질의 초콜릿과 밀 등을 사용한다는 것은 곧 우리가 기대하는 맛좋은 초코과자를 만들 수 있다는 것을 의미하지 않을 수 있다. 또한 다수결에 따른 의사결정은 일반적으로 어떤 문제에 가담하고 있는 사람들 각각이 그 문제에 대해 종합적으로 검토한 다음 도출한 자신의 최종적인 의견을 자율적으로 제시하고, 그 문제에 대해 같은 의견을 가진 사람들의 수를 산출한 다음 다수에게 지지를 받은 의견을 채택하는 것을 의미한다. 말하자면, 다수결에 의해 의사결정이 도출되는 과정에서 각 개인이 자신의 의견을 도출하는 과정이 아닌 최종 의견만을 고려한다는 것이다. 다수결에 따른 의사결정이 갖는 이러한 특성을 고려한다면, 〈재판 1〉이 〈재판 2〉에 비해 다수결의 원리에 더 충실하다고 볼 수 있다.[5]

5 미합중국과 영국 등 영미권 국가에서는 재판에 배심원 제도(jury system)를 채택하고 있다. 이것은 민사와 형사 모두에 해당하며, 형사재판으로 기소를 평결하는 대배심(grand jury, 기소배심)과 재판에 참여 유무죄를 평결하는 소배심(petit jury, 평결배심)으로 구분된다. 대배심 평결은 다수결에 따르는 반면, 소배심 평결은 (일반적으로) 만장일치를 요구한다. 배심원 평결은 배심원들이 사실 문제에 대한 평결을 내리는 최종적인 판단만을 물을 뿐 판단의 도출 과정을 묻지 않는다. 여기서 한 가지 주목할 것은 소배심(평결배심)은 대배심(기소배심)과 달리 배심원의 만장일치를 요구한다는 것이다.

지금까지의 논의를 통해 제기된 소송에서 계약이 무효하다는 판결을 내린 '재판부-1'과 계약이 유효하다는 판결을 도출한 '재판부-2'의 두 결론이 상충하는 원인이 무엇인지 이해할 수 있다. 이것은 〈재판 1〉이 '결론에 기초한 추론'을 채택하고 있는 반면, 〈재판 2〉는 '전제에 기초한 추론'을 반영하고 있기 때문에 초래된다. '결론에 기초한 추론'과 '전제에 기초한 추론'은 각각 논리적 일관성이 유지되지만, 그 두 입장을 동시에 고려하면 논리적 정합성은 훼손된다. 결과적으로 〈재판 1〉과 〈재판 2〉 모두 다수결의 원칙에 따라 판결했음에도 제기된 소송의 사안을 어떻게 볼 것인지에 따라 최종 결론이 다르게 도출될 수도 있다.

〈사고실험 6〉은 1차적으로 중요한 사건에 대해 '다수결'에 의존하여 법적 판단을 내리는 것이 항상 정당화될 수 있는가의 문제를 제기한다. 그런데 〈사고실험 6〉은 여기서 더 나아가 다음과 같은 중요한 문제 또한 제기하고 있다. 현대 민주주의 국가는 법치주의를 따르고 있기 때문에 법, 특히 헌법이 민주주의를 형성하고 보호한다는 관점을 가질 수 있다. 그런데 법치주의(헌정주의)에 의한 사법 행위는 다수에 의해 선출된 대표자가 아닌 선출되지 않은 소수의 판사에 의해 이루어질 뿐만 아니라, 그들 또한 중요한 판결을 내리는 수단으로 다수결의 원리를 채택하고 있다. 그러한 까닭에 민주주의와 법치(헌정)주의의 관계를 어떻게 볼 것인가에 관한 문제가 제기된다. 말하자면, 현대 민주주의가 의사결정 방식에 있어 다수결의 원리에 의지하고 있다는 측면에서 다수결에 의한 다수의 지배는 민주주의를 항상 지지하는가? 현대 민주주의가 법, 특히 헌법에 의해 형성되고 보호받는다는 관점에서 민주주의와 법치(헌정)주의의 관계는 무엇인가? 이러한 문제를 살펴보기 위해 우선 다수결의 원리와 민주주의에 대해 살펴보고, 다음으로 정치의 사법화 문제를 통해 선출되지 않은 소수의 판사에 의해 이루어지는 사법 행위에서 다수결이 갖는 의미에 대해 논의하자.

2.
다수결의 원리와 공리주의

민주주의와 다수결의 원리 문제를 살펴보기에 앞서 우선 다수결의 원리와 공리주의에 관해 간략하게나마 살펴보는 것이 도움이 될 것 같다. 다수결의 원리가 사회의 전체 구성원 중 다수의 의사를 중시한다는 측면에서 최대 다수의 최대 행복을 목적으로 하는 공리주의와 겉보기에 닮은 모양이 있는 듯이 보이기 때문이다.

고전 공리주의자로 분류되는 벤담(J. Bentham)과 밀(J. S. Mill)은 모두 민주주의를 지지했으며, 특히 그들은 엄밀히 말해서 대의민주주의를 주장한 것으로 알려져 있다. 공리주의는 현실의 경험으로부터 도덕의 근거를 제시하고, 나아가 법과 제도를 계산하여 설정한다. 그리고 현대 민주주의에서 다수결의 원리를 의사결정의 기본 원리로 삼고 있다는 데 의문을 제기하는 사람은 없다. 또한 우리는 다수결의 원리가 한 사회나 집단에 속한 구성원 다수의 선택과 결정에 의지한다는 측면에서 그리고 공리주의가 어떤 행위 또는 결정으로부터 영향을 받을 모든 사람을 대상으로 최대 다수의 최대 행복을 궁극적인 목적으로 삼고 있다는 점에서 그 둘이 밀접한 관계를 맺고 있으며, 다수결의 원리에 의한 선택과 결정은 공리주의에 의거한 그것과 다르지 않다고 생각하기 쉽다. 공리주의는 다수결의 원리를 항상 승인할까? 반대로 다수에 의해 선택되고 결정된 것은 공리주의의 목적에 항상 부합할까?

공리주의와 다수결의 원리의 관계에 대해 검토하기 위해 다음과 같은 사례를 가정해보자. 예컨대, 엄밀한 공리주의자인 S는 자신이 속한 사회 전체에 영향을 미치는 정책 P와 Q 중 어떤 정책을 지지할지 여부를 숙고한다고 하자.

정책 P: 다수의 지지를 받고 있지만, 사회 구성원 다수에게 손해를 끼칠 것으로 예상된다. (또는 적어도 이익을 줄 것으로 예상되지 않는다.)

정책 Q: 다수의 지지를 받고 있지 못하지만(소수에 의해 지지받고 있지만), 사회 구성원 다수에게 이익을 줄 것으로 예상된다.

만일 S가 엄밀한 공리주의자이고, 그가 공리주의의 제1원리인 효용(공리, utility)의 원칙에 따라 '최대 다수의 최대 행복'을 가져올 수 있는 정책을 선택한다면, 그는 정책 P가 아닌 정책 Q를 지지할 것임을 어렵지 않게 추론할 수 있다. 우리는 이러한 간단한 사례를 통해 공리주의와 다수결의 원리가 가진 겉으로 보이는 밀접성과 달리 실제로는 공리주의에 의거한 선택과 다수결의 원리에 따른 결정이 서로 다를 수 있음을 알 수 있다. 사실 이것은 공리주의는 인간 행위의 옳고 그름의 기준을 제시하고 평가하는 규범체계인 반면, 다수결의 원리는 단지 어떤 행위나 결정에 대한 선호(preference)의 크고 작음만을 보여줄 뿐이라는 점을 지적하는 것만으로도 설명할 수 있다. 따라서 공리주의는 자체로는 (다수결에 의거하는 민주주의 같은) 어떤 특정 정치체제를 선호한다고 볼 수 없으며, 나아가 어떤 특정 정치체제를 함축하지도 않는다고 보아야 한다. 앞서 말했듯이, 공리주의의 제1원리인 '최대 행복의 원칙(the greatest happiness principle)'은 하나의 '특수한 종류의 행위'로 간주되는 한 정부의 어떤 '개별적인 정책'을 평가할 수 있는 기준이지만, 그 자체로 어떤 정부가 기초하는 정치체제를 평가하거나 승인하는 기준은 아

닌 듯이 보이기 때문이다. 이와 관련하여 강준호는 다음과 같이 말한다.[6]

> '최대 행복'을 단일한 도덕적 목적으로 설정하는 공리주의의 관점에서 정치체제의 선택은 곧 이 목적의 달성을 위한 최선의 수단의 선택일 뿐이다. 요컨대, 공리주의는 반드시 민주주의가 아니라도 어떤 정치체제와의 결합을 시도하든 공리주의의 선택은 필시 '국민을 위한(for the people)', 더 정확하게는 국민의 최대 행복 또는 이익을 위한 정치체제여야 한다. 그런데 문제는 그 정치체제에서 '국민을 위한'은 '국민에 의한(by the people)'과 '국민의(of the people)'를 압도할 개연성이 높다는 점이다. 말하자면, 공리주의적 민주주의는 어쩌면 민주주의의 본질적 요소라고 할 수 있는 공정한 절차 및 시민적 권리의 보장에 수단적 혹은 전략적 가치만을 부여할 것이다.

앞서 말했듯이, 고전 공리주의자인 벤담과 밀은 모두 민주주의를 지지했으며, 특히 그들은 엄밀히 말해서 대의민주주의를 옹호한 것으로 알려져 있다. 벤담과 밀이 대의민주주의 옹호와 관련하여 제시했을법한 공리주의적 논거는 보통선거(universal suffrage)에 기초한 대의민주주의를 통해서만 각 유권자의 이익이 그 정치체제 안에서 종합되고 반영될 수 있다는 것이다.[7] 하지만 벤담은 동시에 대의민주주의에서 통치계급이 가지고 있는 '사악한 이해관심(sinister interest)'에 대해 크게 우려했다. 요컨대 통치계급은 자신의 이익

6 강준호, 「벤담의 민주주의 이론과 공리주의」, 범한철학, 『범한철학회논문집』 84, 2017, 174-175쪽.

7 밀의 대의민주주의 옹호에 대해서는 'Considerations on Representative Government'(1861), in Collected Works of John Stuart Mill, vol. 19, edited by J. M. Robson, Toronto: University of Toronto Press, 1965~1991, 특히 3장 참조. 다른 고전 공리주의자로 평가받는 시즈위크(H. Sidgwick)의 민주주의 개념에 대해서는 The Elements of Politics, London: Macmillan and Co., 1897 참조.

에 따라 행동할 뿐 그들이 전체 국민의 이익 혹은 공익을 위해 행동하리라고 전적으로 신뢰할 수 없다는 인식이다. 그가 가진 이러한 인식이 그를 정치적 급진주의로 이끄는 데 강하게 작용했다는 점은 부정하기 어렵다.[8]

벤담은 통치계급의 성문화되지 않은 영국의 법체계, 즉 보통법(common law) 체계의 불완전성으로부터 초래되는 불편부당한 여러 문제의 근본적인 원인이 통치계급의 '사악한 이해관심'에 있다고 보았다. 그는 영국의 보통법이 법에 관한 지식을 가지고 있는 소수만이 이해할 수 있는 전문 용어와 복잡한 절차로 구성되어 있어 판사와 변호사와 같이 법에 관한 전문 지식을 쌓고 그 법을 적용하는 훈련을 한 전문가 집단이 법을 해석하고 집행하는 데 있어 독점적 지위를 강화하는 데 사용될 뿐만 아니라, 그 결과 그들의 사악한 이해관심으로 인해 인민을 위한 공익에 반하는 일들이 빈번히 일어난다고 보았다. 이와 같이 '사악한 이해관심'에 대한 벤담의 초기 분석은 대체로 불완전한 영국의 보통법 체계와 그 체계 안에서 법 전문가들이 자행하는 횡포와 사익추구에 한정되어 있었다. 따라서 이 문제에 대한 그의 1차적인 목적은 법을 성문화하는 것과 같은 법체계 개혁에 집중되었다.[9]

벤담이 초기에 가졌던 법체계 개혁에 대한 관심을 넘어서 통치계급의 사악한 이해관심으로 초래되는 문제를 해결하기 위해 정치 개혁의 필요성에 대해 인식한 것은 1800년대 초로 보인다. 그가 「의회 개혁 계획」을 통

---

8 P. Schofield, *Utility and Democracy*, Oxford Univ. Press, 2006, p. 221. 스코필드는 벤담의 정치이론에서 핵심적인 변화는 '사악한 이해관심'의 출현이었고, 이 요소가 그를 '새로운 형태의 급진적 정치학'으로 인도했다고 평한다. 이에 대해서는 D. Lieberman, "Bentham's Democracy," in Oxford Journal of Legal Studies, vol. 28, 2008, pp. 605-626 참조. 강준호, 『제레미 벤담과 현대』, 성균관대학교 출판부, 2019, 128-129쪽 재인용.

9 벤담이 주목한 영국 보통법의 불완전성을 개혁하여 공리주의에 기초하여 모든 인민이 수긍할 수 있을 뿐만 아니라 공평하게 적용할 수 있는 법체계를 수립하려는 그의 시도는 J. Bentham, *An Introduction to the Principles of Moral and Legislation* (1789)에 잘 드러난다. 우리말 번역본은 『도덕과 입법의 원칙에 대한 서론』, 강준호 옮김, 아카넷, 2013 참조.

해 정치체제에 있어 민주주의로의 전향을 공식화하면서 형성한 인식은 그를 정치적 급진주의(political radicalism)로 이행시킨 결정적 계기가 되었다.[10] 벤담은 정치적 급진주의로 이행하는 과정에서 비판의 대상을 법조인의 사악한 이해관심에서 '정치 엘리트' 일반의 사악한 이해관심으로 확대한다. 영국 보통법의 결함과 불완전성이 판사 및 변호사 같은 법 전문가들이 사익을 추구하고 독점적 지위를 구축하는 데 악용되었듯이, 정치체제의 결함은 군주나 귀족 같은 세습 특권을 가진 지배세력이 인민을 착취하고 억압하는 데 활용되었기 때문이다.[11]

벤담의 정치적 사유에서의 전환은 흔히 공리주의적 목적의 실현에 적합한 정치적 환경에 대한 인식의 변화, 요컨대 새로운 수단 혹은 전략의 선택으로 해석된다. 이러한 해석에 따르면, 벤담에게 있어 민주주의는 그 자체로 목적이 아니라 어디까지나 공리주의적 의미의 '좋은 통치 방식(good government)'을 구성하기 위한 수단 중 하나라고 보아야 한다. 달리 말하면, 벤담은 '사악한 이해관심'이 국가의 모든 측면에 스며들었다는 통찰 그리고 그것이 군주제, 귀족, 세습 특권 같은 정치체제와 질서가 가진 특징이라는 고찰을 통해 그것을 타파하고 극복하기 위한 불가피한 '수단'으로서 대의민주주의를 주창하고 옹호한다.

밀 또한 벤담과 마찬가지로 대의민주주의를 옹호했다. 또한 그는 온전한 대의민주주의를 위한 필수적인 조건으로 '자유'와 '교육'의 필요성을, 특

---

10 강준호, 「벤담의 민주주의 이론과 공리주의」, 범한철학, 『범한철학회논문집』 84, 2017, 174쪽.

11 벤담이 초기에 영국 보통법의 법체계 개혁을 구상하면서 공리에 반하는 해악으로서 사법 절차의 '금전적 비용(pecuniary expense), 성가심(vexation), 판결 지연(delay)' 등에 주목했다면, 벤담의 후기 저작들은 '불필요한 공직, 쓸모없는 공직, 과도한 비용의 공직, 한가로운 공직' 등과 같이 과도하게 비대하고 부풀려진 정부 조직에 주목한다. J. Bentham, *Principles of Judicial Procedure*, in Works of Jeremy Bentham, vol. 2, pp. 17-18. 그리고 J. Bentham, *Official Aptitude Maximized, Expense Minimized*, p. 360 참조.

히 자유의 중요함을 강조했다. 하지만 밀은 『자유론』에서 개인의 절대적 자유 원칙을 주장하는 동시에 이러한 절대적 자유가 제한되는 유일한 상황을 '해악의 원칙(harm principle)'을 통해 설명한다. 이에 대해 밀은 다음과 같이 말한다.[12]

> 인간 사회에서 누구든 (그것이 개인이든 집단이든) 다른 사람의 행동의 자유를 침해할 수 있는 경우는 오직 한 가지, 즉 자기보호를 위해 필요할 때뿐이다. 다른 사람에게 해를 끼치는 것을 막기 위한 목적이라면, 당사자의 의지에 반해 권력이 사용되는 것도 정당하다고 할 수 있다. 이 유일한 경우를 제외하고는 문명사회에서 구성원의 자유를 침해하는 그 어떤 권력의 행사도 정당화될 수 없다. 본인 자신의 물리적 또는 도덕적 이익을 위한다는 명목 아래 간섭하는 것도 일절 허용되지 않는다. … 당사자에게만 영향을 미치는 행위에 대해서는 개인이 당연히 절대적 자유를 누려야 한다. 자기 자신, 즉 자신의 몸이나 정신에 대해서는 각자가 주권자인 셈이다.

밀이 자유의 가치를 옹호하는 이유는 다음과 같은 세 가지 이유를 들 수 있다. "① 자유는 우리에게 진리와 진리로 인한 확신을 부여한다. ② 개인의 행복과 정신적 발전을 위해 자유가 필요하다. ③ 자유는 개인성을 개발하여 발전하게 하며, 각 개인의 개인성 발전은 궁극적으로 사회의 진보로 귀결된다." 간략히 정리하자면, 밀은 개인의 자유를 적극적으로 보장하는 것이 개인을 행복하게 하고 사회 발전에 기여한다는 자유주의 정치사상을 주장하고 있다. 또한 밀은 『자유론』에서 다수의 전제와 심리적 압박으로

---

12 밀(J. S. Mill), 『자유론』, 서병훈 옮김, 책세상, 2005, 30-31쪽.

부터 개인의 자유를 보호하기 위한 '사상의 자유', '행복 추구권', '결사의 자유'를 강조하면서 다음과 같이 말한다.[13]

> 전체 인류 가운데 단 한 사람이 다른 생각을 가지고 있다고 해서 그 사람에게 침묵을 강요하는 것은 옳지 못하다. 이것은 어떤 한 사람이 자기와 생각이 다르다고 나머지 사람 전부에게 침묵을 강요하는 일만큼이나 용납될 수 없는 것이다.

밀은 다수의 지배에 의한 대의민주주의를 주장하고 옹호하는 반면에, 다수의 횡포에 대해서도 우려한다. 밀이 가장 중요하게 생각한 문제는 토크빌이 지적한 바 있는 '다수에 의한 전제'였다. 밀은 다수의 전제, 사회적 전제, 여론의 전제 등으로 인해 대중 속에서 개성의 다양성이 매몰되고 중앙집권적 경향에 의해 개인의 창의와 자발성이 무시되는 것을 경계했다.[14]

밀은 개인의 자유가 온전히 확보되어 개별적 독립성이 보장됨으로써 사회의 의사결정에 있어 배제되는 개인이 존재하지 않는 상황이 형성될 경우 '자유와 평등을 어떻게 제도적으로 보장할 것인가'의 문제가 남는다고 보았다. 밀은 『대의정부론』에서 자유의 제도화를 통한 지속가능성을 논의한다. 그의 다음과 같은 말을 들어보자.[15]

---

13 밀(J. S. Mill), 2005, 42쪽.

14 법과 정치체제는 언제나 개인들 사이에 이미 존재하는 관계를 인정하면서 태동한다. 다시 말해, 법과 정치체제는 단순히 물리적 사실에 불과했던 것을 법적 권리로 전환시키면서 사회적 구속력을 부여하고, 이런 권리들을 주장하고 보호해주는 공적 · 조직적 수단을 확립함으로써 무질서하고 무법한 상태에서 벌어지는 난폭한 충돌을 방지하는 것을 1차적 목표로 한다. 이미 복종을 강요당했던 사람들은 이런 과정을 통해 합법적으로 지배당하게 된다. 밀(J. S. Mill), 2005, 42쪽.

15 밀(J. S. Mill), 『대의정부론』, 서병훈 옮김, 아카넷, 2012, 60쪽.

> 가장 이상적인 정부란 작동하기에 적합한 환경 속에서 지금 당장뿐만 아니라 앞으로도 유익한 결과를 최대한 낳는 정부다. 완벽하게 민주적인 정부가 바로 이 같은 규정에 부응할 수 있는 유일한 정치체제다.
> 이 정부가 기존 사회를 잘 발전시킬 수 있으려면 다음 두 가지 원리를 반드시 전제해야 한다. 첫째, 누구든지 자신의 권리와 이익을 스스로 지킬 힘이 있고, 또 항상 지키려 해야 타인으로부터 무시당하지 않는다. 둘째, 사회를 발전시키기 위해 노력하는 사람들이 개인적인 정력을 다양하게 많이 쏟을수록 그에 비례해서 사회 전체의 번영도 더 높은 수준에 이르고 또 널리 확산된다.

여기서 알 수 있듯이, 밀은 민주적인 정부가 전체 인민을 위해 유익한 결과를 낳는 정부라는 것을 다시 확인한다. 그런데 우리가 더 주목해야 할 것은 그러한 민주적인 정부가 있기 위한 전제들, 특히 첫 번째 전제다. 밀은 그 전제를 통해 민주주의 성립의 필요조건으로 '교육'의 중요성을 말하고 있기 때문이다. 말하자면, 자신의 권리와 이익을 지키기 위해서는 그 권리와 이익이 무엇인지 이해할 수 있어야 할 뿐만 아니라 그것을 지키려 힘써야 하는 것이 필요한 까닭에 대해서도 스스로 인식하고 이해할 수 있어야 하기 때문이다. 아무리 좋은 정부, 좋은 정치체제가 있다고 하더라도 결국 그 정부 또는 정치체제가 잘 작동하도록 만드는 것은 그러한 정부나 정치체제에 참여하는 개인들, 즉 시민이기 때문이다. 결국, 좋은 정부란 바로 자유로운 시민이 자유롭게 선택하고 참여하는 정부라고 할 수 있다.[16]

---

16 밀이 제시하는 대의정부의 전제 조건은 다음과 같은 세 가지로 요약할 수 있다. ① 국민이 그 정부를 기꺼이 받아들여야 한다. ② 정부를 유지하는 데 필요한 것을 충족시킬 수 있는 능력이 있어야 한다. ③ 자신에게 부과된 의무를 기꺼이 이행하고, 필요한 기능을 수행할 수 있어야 한다. 밀(J. S. Mill), 2012, 76쪽.

3.
다수결의 원리와 민주주의

민주주의(democracy)의 어원은 그리스어 'demokratia'다. 이것은 'demos(인민)'와 'kratia(통치/권력)'가 합성된 말로서 문자 그대로 직역하면 '인민의 통치'라고 해석할 수 있다.[17] 그리고 현대 세계에서 어떤 중요한 사안이나 문제에 대해 다수결의 원리에 따라 판단하거나 결정하는 것이 민주주의에 부합하는 의사결정 방법이라는 데 의문을 제기하는 사람은 없는 듯이 보인다. 말하자면, 우리는 민주적 의사결정은 다수결에 의해 이루어져야 한다는 데 동의하고 있다. 여기까지는 문제가 없는 듯하다. 하지만 여기서 한 발 더 나아가 다수결의 원리가 곧 민주주의를 가리킨다고 보는 데는 문제가 있을 수 있다. 우선 정치적 체제(정체)에 있어 민주주의를 따르고 있지 않은 나라에서도 (비록 그것이 그저 형식에 지나지 않는다고 하더라도) 다수결의 원리를 채택하고 있는 경우들을 찾아볼 수 있기 때문이다.

더 중요한 것은 다수결의 원리에 의존하여 민주주의가 전복될 가능성이 있기 때문이다. 우리는 이것이 가능하다는 것을 이미 역사적인 경험을

---

17 고대 그리스의 다른 정체인 군주제(monarchy), 과두제(oligarchy)의 어근이 각각 'monos'로서 1인 지배를 가리키고 'hoi oligoi'는 소수의 통치를 지칭하는 데 반해, 민주주의(demokratia)는 지배자의 수를 말하지 않고 다만 인민과 통치를 결합하고 있다. 따라서 인민의 통치, 즉 민주주의는 어원상 시민 전체 또는 다수 시민이라는 숫자를 곧바로 지칭하지는 않는다. Online Etymology Dictionary, https://www.etymonline.com/kr 참조.

통해 알고 있다. 제2차 세계대전을 일으킨 히틀러의 나치 정권이 민주주의 헌법인 '바이마르 헌법'을 악용하여 성립했다는 것은 널리 알려진 사실이다. 바이마르 헌법은 제1차 세계대전 이후 1919년 구성된 (독일)국민회의에 의해 의결되었으며, 근대 헌법에서 처음으로 소유권의 사회성과 인간의 생존권을 보장했을 뿐만 아니라 국민주권, 권력분립, 여성평등을 주요 헌법상 원리로 삼고 있다는 점에서 현대 헌법의 전형으로 인정받고 있다. 그러한 까닭에 바이마르 헌법은 많은 민주주의 국가의 헌법에 영향을 주었다고 평가받고 있다. 바이마르 헌법은 이원집정부제적 정부 형태를 지닌 헌법이다. 대의제적 민주주의, 국민투표 형식의 직접민주주의 요소, 직접 국민에게 선출되는 강력한 권한을 가진 대통령, 독일연방주의 전통이 포함되어있다. 하지만 이러한 바이마르 헌법은 제국 대통령에게 주어진 절대적인 권한으로 인해 나치가 집권하는 계기를 제공했다. 그 권한은 제국 수상 임명 및 파면권, 장관의 임면권, 국회해산권 등을 포함하고 있다. 이러한 권력의 집중으로 인해 빈번한 국회 해산, 긴급조치, 총리 교체 등의 급박한 상황이 연이어 이어졌으며, 바이마르 공화국의 몰락은 곧 나치 정권이 집권하는 계기가 되었다.[18]

형식적으로 보았을 때, 히틀러의 나치당은 바이마르 헌법에 규정된 비례대표제와 자유민주주의 절차에 따라 정당한 투표를 통해 이루어졌으므로 법적으로는 문제가 없다고 할 수 있다. 오히려 법적 문제는 히틀러와 나치당의 집권 과정이 아닌 바이마르 헌법 자체의 허점에서 찾을 수 있다. 바이마르 헌법은 여러 국가의 헌법에 영향을 준 것에서 알 수 있듯이 법 자체는 민주적이었다. 그러나 이 민주적인 헌법은 '자유민주주의', '국민투표' 등의 민주적인 제도적 방법만을 규제하고 있었다. 이로 인해 제도적으로

---

18 명재진, 「바이마르 헌법과 국사재판소」, 『홍익법학』 17, 2016, 135-160쪽.

민주적인 절차만 거친다면 민주적이지 않은 정권이 등장하더라도 법적인 문제를 제기할 수 없었다.[19] 이것은 다수결이 민주주의에 대한 형식적 이해와 결부되어 민주적 방식에 의한 민주주의를 파괴하고 전례가 없는 독재정권을 형성한 사실을 잘 보여준다.[20]

이러한 점에서 홍성방은 민주주의 정체에서도 다수결의 원리는 단순히 다수가 결정한다는 것만을 의미하지 않는다고 주장하면서, 민주주의에서 다수결의 원리는 다음과 같은 것을 뜻한다고 말한다.[21]

---

19 히틀러의 나치당이 수권세력이 되는 과정에는 '바이마르 헌법'의 허점이 작용했다. 바이마르 헌법의 구조적 문제점은 크게 ① 정부형태가 의원내각제적 요소와 대통령제적 요소가 결합된 이원적 정부제와 ② 대통령의 긴급권을 규정한 바이마르 헌법 제48조에서 찾을 수 있다. 특히 바이마르 헌법 제48조에서 규정한 국가긴급권의 무분별한 사용이 크게 문제가 되었다. 바이마르 헌법은 제48조에 대통령의 비상조치권에 대해 규정했는데, 핵심은 제48조 제2항이었다. 이 조항은 헌법 제정 당시 급진세력의 봉기로부터 새로운 민주헌정질서를 보호하려는 의도에서 도입되었다. 연방 대통령이 비상조치를 취할 수 있는 요건을 "공적 안전과 질서에 중대한 장애가 발생했거나 발생할 위험"으로 명시했고(제48조 제2항 제1문), 연방의회가 요구하면 효력을 상실하도록 했다(제48조 제3항). 이러한 긴급조치에 의해 신체의 자유, 주거의 불가침, 선거의 비밀, 의사 표현의 자유, 집회 및 결사의 자유, 재산권과 같이 헌법에 열거된 기본권의 일부 또는 전부가 일시적으로 정지될 수 있었다(제48조 제2항 제2문). 바이마르 공화국 초기의 긴급조치권은 원래의 취지에 상응하여 주로 급진세력의 봉기에 의한 소요 사태에 대처하는 수단으로 활용되었다. 하지만 1923년 들어 경제적 · 재정적 비상사태에 직면하게 되면서 연방 대통령의 긴급조치권은 새로운 양상을 띠게 되었다. 경제적 비상사태와 관련된 최초의 긴급조치는 1922년 10월 외국 화폐를 이용한 투기를 방지하기 위해 발동되었으며 뒤이어 조세체계의 재구성과 관련된 긴급조치가 이어졌다. 이러한 긴급조치들은 바이마르 헌법 제48조 제2항이 정한 조치의 이름으로 새로운 입법을 하는 것이었다. 바이마르 헌법 제48조는 이와 같이 원래의 의도와는 달리 광범위하게 활용되는 상황에 직면하게 되었다. 송석윤, 「독일 바이마르헌법에서의 연방대통령: 바이마르헌법 제정 백주년에 즈음하여」, 『세계헌법연구』 28(1), 세계헌법학회한국학회, 2022, 16-25쪽.

20 홍성방, 「민주주의에 있어서 다수결 원리」, 『한림법학』 3, 1993, 2쪽.

21 홍성방, 1993, 6쪽. 다수결의 방식은 크게 '① 전체 수와 법적 통일체(관련 수의 유형에 따른 분류) 유형'과 '② 결정 다수의 유형'으로 구분할 수 있다. 그리고 ①에는 '투표자 다수, 출석자 다수, 재적자 다수'의 형식이 있으며, ②에는 '상대 다수, 단순 다수, 절대 다수, 가중 다수'가 포함된다. 본래적 의미에서 민주적 다수라고 할 때는 '절대 다수'를 가리킨다. 우리나라 헌법은 부분적으로 재적자 절대 다수와 가중 다수의 방법을 채택하고 있다. 헌법 제63조 2항, 제65조 2항 1문 후단, 제77조 5항, 헌법 제130조 1항.

① 민주주의에서 다수결 원리는 그때그때의 다수가 확인될 수 있고 확정된다는 것을 전제로 하며, 그러한 한에서 민주주의에서 수적 전체는 사실상 또는 가능한 투표의 합계다. 그리고 민주주의에 있어서 다수는 또한 본질적으로 투표의 다수를 의미한다.

② 다수가 결정한다는 것은 다수가 상이한 대안들 가운에서 선택할 수 있고, 사실상 결정을 내린다는 것이다. 이와는 반대로 순수한 환호 행위는 민주적 다수결 원리와는 결합될 수 없다.

③ 다수결 원리는 또한 공동체의 기본적 결정들이 국민의 다수나 국민의 대표들에 의하여 이루어진다는 것을 포함한다.

민주주의하에서 다수결의 원리가 이와 같은 의미와 속성을 가지고 있다면, 다수에 의한 또는 다수결에 따른 결정 또는 판단은 (항상) 정당성을 가질 수 있는가? 우리는 다수에 의한 결정은 단지 다수가 그 결정을 선호한다는 것을 의미할 뿐이고, 그 결정이 옳다는 '가치 규범'을 함축하는 것은 아니기 때문에 원리상 다수결에 따른 결정과 판단은 곧바로 정당화될 수 없다는 것을 잘 알고 있다.[22] 게다가 더 중요한 것은 다수에 의한 결정은 다수에 반대한 소수에 대해서도 직접적인 영향을 미친다. 따라서 소수가 다수의 결정에 따라야 할 이유가 무엇인지에 대해 답해야 한다. 그리고 이 문제는 곧 '민주주의에 있어서 다수결 원리의 정당성의 근거'에 관한 문제를 제

---

22 이러한 측면에서 아리스토텔레스와 밀(J. S. Mill)은 다수에 의한 결정을 받아들이면서 동시에 시민(인민)에 대한 '교육'의 중요성을 강조한다. Aristoteles, 『정치학(Politics)』, 제3권 제11장, 1281a~1282a, 천병희 옮김, 도서출판 숲, 2002, 164~165쪽 참조. 밀이 제시하는 대의정부의 전제 조건은 다음과 같은 세 가지로 요약할 수 있다. ① 국민이 그 정부를 기꺼이 받아들여야 한다. ② 정부를 유지하는 데 필요한 것을 충족시킬 수 있는 능력이 있어야 한다. ③ 자신에게 부과된 의무를 기꺼이 이행하고, 필요한 기능을 수행할 수 있어야 한다. 여기서 ③은 국민(시민)이 옳은 정책을 판단할 수 있는 능력이 있어야 한다는 것을 의미한다. 밀(J. S. Mill), 『대의정부론』, 서병훈 옮김, 아카넷, 2012, 60-76쪽 참조.

기한다. 홍성방은 다수결 원리의 정당성을 확보하려는 방법을 크게 '법적' 인 측면과 '내적'인 견해로 나누어 설명한다. 그의 말을 간략히 정리하여 살펴보자.[23]

1) 법적인 측면에서 다수결을 정당화하려는 견해

이 입장은 크게 ① 참여자의 동의로부터 다수결 원리를 정당화하려는 견해와 ② 순 실정법적으로 다수결 원리를 정당화하려는 견해로 나눌 수 있다. 그러나 두 견해는 다수결 원리의 효력을 일치된 (의제적) 합의나 묵시적 동의 또는 헌법에 존재하는 기본적 합의 등에 기초하고 있다고 본다는 점에서 일치한다. 곧 이 입장은 다수결 원리를 추상적 가치로부터 끌어내지 않고, 인간의 자율 관념과 다수결 원리 사이에 특별한 효력 근거로서 동의라는 개념을 설정한다. 그러한 점에서 이 입장은 '사회계약론'의 현대적 형태로 이해할 수 있다.

2) 내적으로 다수결을 정당화하려는 견해

정당성을 '내적 승인'으로 잠정적으로 정의한다면, 다수결도 내적으로 정당화될 수밖에 없다. 이 방법에는 크게 다수결을 ① 합리성으로부터 정당화하려는 입장과 ② 민주주의적 가치(자유, 평등, 자유와 평등)로부터 정당화하려는 입장으로 구분할 수 있다.

① 합리성으로부터 정당화하려는 입장: 이것은 다수결을 정당화하는 가장 오래된 입장으로서, 다수가 결정하는 것은 옳은 혹은 합리적인 결정일 수 있기 때문에 다수가 결정해야 한다고 본다. 이 견해

23 홍성방, 1993, 10쪽.

는 의회주의와 관련하여 다수결의 경우 이성과 정의 또는 진리가 관철될 수 있는 확률이 비교적 크다는 것을 강조하고 있다. 하지만 이 견해는 결정적으로 다수 집단이 편파성에 빠질 위험이 적은 것이 사실이라고 하더라도 그것이 '올바름'을 직접적으로 보장할 수는 없다는 반론에 직면한다.

② 민주주의적 가치로부터 정당화하려는 입장: 켈젠은 다수결 원리는 평등이 아닌 자유의 이념에서 도출되어야 한다고 주장한다. 인간의 의사가 평등하다고 하는 것은 다수결의 전제가 되지만, 그렇다고 다수의 의사가 소수의 의사보다 우월하다는 것을 정당화할 수 없기 때문이다. 다수가 소수보다 강하다고 하는 것은 단지 경험을 정식화한 것에 지나지 않으며, 비록 모든 사람은 아니라고 하더라도 최대한 많은 사람이 자유로워야 한다는 것, 곧 사회 질서라고 하는 일반 의사와 반대되는 의사를 가지는 사람이 가능하면 적어야 한다는 데서 다수결 원리의 정당성을 이끌어낼 수 있다. 하지만 다수결의 원리는 민주주의적 가치의 자유와 평등 모두로부터 정당화되는 경우에만 그 의의를 가질 수 있다.

다수결을 정당화하려는 이러한 논의들이 가진 한계와 제한은 다수결의 원리를 '법적으로든 내적으로든' 완전히 정당화하는 것이 결코 쉽지 않다는 것을 보여준다. 우선, 법적으로 정당화하려는 시도는 앞서 살펴보았던 히틀러의 나치 정권의 사례에서 확인할 수 있듯이 형식적이고 제도적인 법적 절차로부터 민주주의가 위협받을 가능성을 완전히 봉쇄할 수 없는 한계를 가지고 있다. 다음으로 다수결을 내적으로 정당화하려는 시도는 결정적으로 인민의 다수가 편파 또는 (벤담의 용어를 빌리자면) 사악한 이해관심을 가지고 있을 경우, 다수의 결정을 도덕적으로 그리고 합리적으로 정당화할 수 없는 근본적인 한계를 가지고 있다. 따라서 다수결의 원리는 모든 인민의 자유와 평등이 모두 온전히 보장되고, 그 권리를 행사할 수 있을 경우에만 정당성을 가질 수 있다. 이러한 관점에서 홍성방은 민주주의에 있어서 다수결의 원리는 적어도 다음과 같은 전제들이 충족될 필요가 있다고 말한다.[24]

〈민주주의에 있어서 다수결 원리의 전제〉

① 다수결의 원리가 정당하게 적용될 수 있기 위해서는 결정 참여자들 사이에 평등한 지위가 전제되어야 한다.

② 다수결로 결정될 범위의 모든 구성원이 포괄되는 일정한 법적 유대, 곧 합의가 성립되어 있어야 하며, 구성원들 사이에는 어느 정도의 동질성이 성립되어 있어야 한다.

③ 다수결 원리는 자유롭고 개방된 의사의 형성을 전제 조건으로 한다. 이것은 자유로운 여론 형성이 불가피하다는 것을 의미한다.

④ 다수결 원리는 다수 관계의 교체 가능성을 전제로 한다. 소수도 언젠가는 다수가 될 수 있는 제도적 · 법적 가능성이 보장되지 않는 곳에서는 다수결 원리는 영원한 다수의 영원한 소수에 대한 독재에 지나지 않게 되며, 영구적이고 구조적인 또는 식별할 수 있는 소수자의 존재는 이러한 소수자로 하여금 다수자의 결정을 승낙하거나 받아들이지 못하도록 만들기 때문이다.

지금까지의 논의를 통해 다수결의 원리가 제대로 작동하기 위해서는 '자유와 평등'의 조건이 충족되어야 한다는 것을 다시 한번 확인할 수 있다.

---

24 홍성방, 1993, 16쪽.

그럼에도 다수결의 원리는 또한 한계를 가질 수밖에 없다는 것을 알 수 있다. 간략히 말해서, 다수결은 "민주화의 과정에서 민주주의가 위기를 겪을 수 있는 상황들, 즉 결정을 내리는 주체(인민)와 선택의 고려 대상인 객체(사안)와 관련하여 다수결이 적용되기 어려운 영역으로부터 내재적 한계가 발생한다. 그리고 다수결은 시민의 기본권을 보장하는 방식, 사회의 소수자를 보호하는 형태, 다수의 의사를 반영하는 절차 같은 민주적 통치 체제의 질서 또는 체제의 기능으로부터 외재적 한계를 가진다."[25] 다수결이 가진 중요한 문제를 다음과 같이 크게 세 가지로 요약할 수 있다.

① 다수에 의한 전횡 또는 횡포를 제어할 수 없다. 다수가 공적 사안에 대한 이해 능력이 부족하고 공적 사안에 대해 관심이 없을 경우, 다수에 의한 결정은 다수의 힘에 의해 소수가 부당한 해를 입고 공동체의 정당한 질서가 파괴될 수 있다. 또한 변덕스러운 대중의 다수결에 의존하는 결정들은 원칙과 체계를 일관되게 유지할

25 웬디 브라운, 「오늘날 우리는 모두 민주주의자이다」, 조르조 아감벤 엮음, 『민주주의는 죽었는가?』, 난장, 2010. 웬디 브라운은 민주주의의 위기에 대한 진단으로 여섯 가지를 제시하고 있다. 즉 ① 기업 권력이 인민의 정치적 지배라는 약속과 실천을 침식시키고 있다. ② 민주주의의 가장 중요한 아이콘인 '자유' 선거는 정치자금을 마련하는 스펙터클에서부터 표적 유권자 동원에 이르기까지 마케팅과 경영의 서커스가 되고 있다. ③ 정치적 합리성으로부터 신자유주의는 입헌주의, 법 앞의 평등, 정치적 시민의 자유, 정치적 자율성과 보편주의 같은 자유민주주의의 기본 원리를 비용/이익 계산, 능률, 수익성, 효율성 같은 시장의 기준으로 대체하면서 자유민주주의의 근간을 전면적으로 위협한다. ④ 다양한 정치 투쟁과 쟁점이 점점 더 법원으로 넘어간다. ⑤ 자본이 정치를 지배하고, 신자유주의적 합리성이 민주주의적 합리성을 추월하고, 정치가 법원에 넘어가고, 세계화가 국민국가의 주권을 침식하는 것뿐만 아니라 국민국가에서 주권 권력이 떨어져나간다. ⑥ 인보정책은 전 지구화된 세계에서 서구 국가들이 탈민주화하는 국가 행동을 하는 데 중요한 비중을 차지한다. 마이클 샌델 또한 자본주의에 의해 침식당하고 있는 현대 민주주의의 문제에 대해 비판하고 있다. 마이크 샌델, 『당신이 모르는 민주주의』, 이경식 옮김, 와이즈베리, 2023.

수 없다.[26]

② 다수결은 실제로는 다수의 의사를 반영하지 않을 수 있다. 다수결을 적용하는 방식은 '상대 다수, 단순 다수, 절대 다수, 가중 다수' 등과 같이 다양하다.[27] 따라서 의사결정에 있어 어떤 다수 결정 유형을 따르는가에 따라 본질적으로 다수가 아닌 소수에 의한 결정이 이루어질 수 있다. 예컨대, 우리에게 놓인 선택지가 셋인 경우, 상대 다수에 따른다면 원리상 공동체 구성원의 34%의 동의만 얻으면 된다. 또한 가중 다수의 경우, 어떤 정책에 대해 공동체 구성원의 65%가 찬성한다고 하더라도 나머지 35%가 반대한다면 결국 소수의 반대 의견이 다수 의견이 되는 역설이 발생한다.

③ 다수결은 선택지가 세 개 이상의 경우에서 투표에 내재된 비이행성으로 인해 비합리적이고 역설적인 선택을 도출할 수 있다(콩도르

26 Waldron, Jeremy, "Legislation, Authority, and Voting," Georgetown Law Journal, Vol. 84, 1996, pp. 2185-2186.

27 다수결에 있어 결정 다수의 유형을 다음과 같이 크게 네 가지 유형으로 나눌 수 있다. ① 상대 다수(relative majority): 투표자의 전체 수에 비례한 표의 백분율과는 관계없이 어떤 대안이 다른 대안들보다 한 표라도 더 획득했다면 그것을 결정된 것으로 보는 방식이다. 이것이 개념화된 것은 1789년 프랑스 혁명에서다. 이 방법은 보통 세 개 이상의 대안이 있을 때, 결선 투표를 위한 전 단계로서 행해진다. 이 방법이 그 자체만으로 완결되는 경우 민주적 정당성에 대한 시비를 불러일으킬 수 있다. ② 단순 다수(plurality): 가(pros)가 부(con)보다 한 표라도 많으면 결정이 이루어지고 기권 투표는 계산되지 않는 것이 특징이다. ③ 절대 다수(absolute majority): 여러 개의 대안 가운데 어떤 하나의 대안에 주어진 표수가 전체 수의 절반보다 최소한 하나라도 많아야 결정이 이루어지는 방법이다. 여기에서는 단수 다수와는 달리 기권표를 전체 수에 포함시킨다. 본래적 의미의 민주적 다수라 할 때는 절대 다수를 가리킨다. ④ 가중 다수(supermajorities): 일반적으로 2/3 다수의 형태로 나타난다. 이것은 헌법 개정이나 중대한 의회의 결정에서 예외적으로 사용된다. 정상적 헌법 생활을 침해하는 결정들에 있어서는 유력한 소수가 불충분한 다수에 복종한다는 것은 기대할 수 없으며, 모든 다수결의 전제인 법적 단체의 존재를 위협할 수도 있기 때문이다. 가중 다수는 2/3 다수로 소수자 일부의 동의를 필요로 하도록 함으로써 특별한 경우에 가중된 보호를 할 수 있다. 그러한 한에서 가중 다수는 소수자 집단의 최소한의 자결권을 보장해준다고 할 수 있다. 홍성방, 앞의 논문, 1993, 8쪽. 그리고 로버트 달, 『미국 헌법과 민주주의』, 박상훈 · 박수형 옮김, 후마니타스, 2018, 80쪽, 200-202쪽 참조.

세의 역설).[28]

하지만 다수결이 가진 이러한 한계와 단점에도 불구하고 근대 이후 민주사회에서 다수결이 보편적인 의사결정원리로 자리매김한 것은 부정할 수 없다. 우리가 현대 민주사회에서 다수결을 옹호하는 이유는 다음과 같다.

① 구성원 전체의 의견이 일치하는 만장일치로 의사결정을 도출할 수 없을 경우, 다수에 의한 결정이 최선의 그리고 합리적인 선택이다. 만일 다수결이 아닌 소수결을 따를 경우, 어떤 정책을 지지하는 사람들은 그것에 반대해야 하는 역설이 발생한다. 또한 자신이 지지하거나 선호하는 결정을 타인에게 설명하거나 설득해서도 안 된다. 그것이 자신의 입장을 약화시킬 것이기 때문이다.[29]

② 공동체 구성원이 합리적인 동시에 이기적이라면, 다수결은 공동체 구성원 다수의 이익을 가져올 수 있다.[30]

③ 의사결정이 신속하고 확실하다는 측면에서 실용적이고, 공동체 구성원 각자가 모두 한 표를 행사하므로 평등하다. (민주주의의 원리인 1인 1표를 보장한다.) 또한 의사결정의 절차가 어느 한쪽에 유리하거나 불리하게 작용하지 않기 때문에 중립적이고 개인이 선호하는 선택

---

28 황수연, 「투표의 역설」, 『사회과학연구』 21(3), 경성대학교 사회과학연구소, 2005, 1-38쪽.

29 Barry, Brian, Democracy, power, and justice: essays in political theory, Oxford: Clarendon Press; New York, Oxford University Press, 1989, p. 27. 다수결을 옹호하는 이러한 접근법은 다수결이 가진 장점을 적극적으로 논증하는 것이 아닌 다수결을 따르지 않을 경우 초래되는 부정적인 결과와 영향을 강조한다는 측면에서 소극적인 논증이라고 할 수 있다.

30 Brown, Rebecca, L., "The Logic of Majority Rule," University of Pennsylvania Journal of Constitutional Law, Vol. 9, Issue 1, 2006, pp. 23-46.

의 변화에 긍정적으로 반응할 수 있다.[31]

다양한 이해가 복잡하게 얽혀 있는 현대사회에서 시민 사이의 다양한 의견이나 견해의 충돌은 다수결이 가진 힘에 의해 어떤 방식으로든 의사결정이 이루어진다. 하지만 다수에 의해 채택된 의사결정이라고 하더라도 그 결정에 대한 새로운 문제가 제시될 경우, 그 문제에 대한 새로운 의사결정과정이 이루어져야 한다. 다수결의 원리에 의거한 의사결정이 적실성 있는 효력을 가진 경우에만 한 사회의 상충하는 이해와 다양한 의견은 조정될 수 있다. 다수에 의한 선택이 '다수에 의한 전횡이나 횡포'가 되지 않기 위해서는 민주사회의 구성원인 시민이 각자의 이해나 의견을 토론과 타협을 통해 공동선 또는 공익을 위한 방향으로 수렴해나가야 하기 때문이다. 이러한 맥락에서 홍성방은 "다수결의 원리는 민주주의 정체 안에서 다수의 결정에 의한 정당화의 기능, 상이하고 다양한 이해관계를 조정하고 타협하는 과정에서 만들어지는 통합과 평화의 기능을 수행한다. 다수결의 원리가 가진 여러 제약과 한계에도 불구하고 다수결의 원리가 민주주의 또는 민주적인 정치 공동체에서 어떤 문제를 해결하거나 결론을 도출함에 있어 대체할 수 없는 의사결정 방식으로 자리매김하고 있는 것은 바로 다수결의 원리가 정당화, 평화, 통합의 기능을 하고 있기 때문이다"라고 말한다.[32] 다수결이 가진 이러한 장점으로 인해 현대사회에서 다수의 동의는 법률을 포함하여 모든 다른 결정에 구속력을 부여한다. 또한 다수에 의해 산출된 결정

---

31 May, Kenneth, O., "A Set of Independent Necessary and Sufficient Conditions for Simple Majority Decision," Econometrica, 1952 Oct 01. 20(4), pp. 680-684. 하지만 메이의 이와 같은 다수결 옹호 논증은 다수결의 절차적이고 형식적인 측면만을 강조하고 있을 뿐 다수의 결정이 옳은 것인가에 관해 논의하지 않았다는 점에서 한계가 있다는 반론을 제기할 수 있다.

32 홍성방, 앞의 논문, 1993, 24쪽.

은 일반적으로 정당한 것으로 받아들여지고, 따라서 그러한 결정을 준수하고 이행하는 것 또한 당연한 것으로 받아들여진다. 그런데 법의 판단은 어떤 행위나 사건의 옳고 그름을 판단한다는 점에서 공동체 구성원 다수의 선호를 따르는 다른 사회적 결정과 성격을 달리한다. 따라서 법의 판단에 다수결을 적용하는 것이 정당화될 수 있는가의 문제는 더 세밀한 논의가 필요하다. 더하여 현대 민주주의가 법치주의에 크게 의존한다는 생각에 동의한다면, 민주주의에 다수결을 적용하는 방식으로 법치주의에 다수결을 적용할 수 있는가를 물을 수 있다. 옳고 그름을 따지는 가치 규범을 다루는 법의 영역에서 다수결에 따라 법의 판단을 도출하는 것은 (항상) 정당화될 수 있을까?

4.
정치의 사법화와 법관의 역할

법치주의(헌정주의)는 일반적으로 민주주의를 규범적으로 정당화하고 제도적으로 뒷받침하는 체제로 이해된다. 이것은 민주주의가 강조하는 인민주권의 대표기관으로서 입법부의 역할을 존중하지만, 만에 하나 빠질 수 있는 '다수의 전횡(tyranny of majority)'을 견제하고 정의를 구현하기 위해 헌법을 통해 삼권분립과 분립된 기관 간의 견제와 균형(checks and balances)을 제도화한다. 여기서 삼권분립의 원칙은 권력의 분산(separation of power)을 통해 권력의 공유(sharing of power)를 이루는 것을 말한다. 따라서 권력의 분산을 통한 견제와 균형 제도가 어느 정도 제대로 작동할 때는 '투표 대 법치' 간에, '다수의 지배 대 법률의 지배' 간에, '민주주의 대 법치주의' 간에 적당한 긴장관계가 균형을 찾기 때문에 크게 문제가 되지 않는다.[33]

---

33 법치주의와 헌정주의는 논의의 맥락에 따라 구분해서 사용해야 한다. 하지만 여기서는 그 둘을 '법의 지배(rule of law)'라는 측면에서 엄밀히 구분하지 않고 사용한다. 또한 곽준혁은 헌정주의를 크게 '자유주의적 헌정주의'와 '공화주의적 헌정주의'로 구분한다. 전자는 전통적으로 '법의 지배(rule of law)'로 정의되는 자의적이고 전제적 권력의 사용을 방지한다는 헌법의 일반적 목적을 정부 권한의 제한과 연관시키는 경향이 있다. 이러한 경향은 인간의 기본권은 천부적이고 전 정치적(pre-political)이며 보편적이라는 자유주의적 신념에서 비롯된 것으로, 헌법의 절차와 권리의 법적 총체로 인식되고, 그 결과 헌법의 주요한 기능은 국가의 행위를 억제하는 데 초점을 맞춘다. 또한 정치에 대한 법의 우위를 확보하는 제도를 선호함으로써 민주주의와 일정 정도 긴장관계를 유지한다. 반면에 후자는 정치적 권위를 법을 통해 제한하기보다 시민적 견제력을 통해 통제(regulate)하는 데 초점을 둔다. 이러한 해법은 공화주의적 헌정주의에서 인간의 권리는 천부적이거나 전 정치적인 것이 아니라 구성원들에 의해 성취되고 토론을 통해 구성되

하지만 헌정(입헌)주의(constitutionalism)와 민주주의는 '소수에 의한 지배'와 '다수에 의한 지배'라는 관점에서 서로 상반된 관계로 이해될 수 있다. 달리 말하면, '선출되지 않은' 소수 법관에 의한 지배와 다수의 인민에 의해 '선출된' 대표자에 의한 지배라는 측면에서 중요한 문제를 제기한다. 우선, 헌정주의와 민주주의의 관계를 상호보완적인 것으로 파악하는 사람들은 헌법은 민주적 규칙, 예컨대 '누가, 언제 어떻게 왜 투표하는가?'를 성문화한 것이므로 헌정주의와 민주주의는 거의 동일한 것으로 취급되어야 한다고 주장한다. 이들은 민주주의의 본질적 가치를 실현하기 위해서는 다수결 같은 형식적 민주주의보다는 '진정한' 민주주의를 추구해야 하고 바로 이런 기능을 헌법이 담당해야 한다고 주장하면서, 민주주의보다는 헌정주의에 우선적 가치를 둔다. 반면에 양자를 대립적인 관계로 이해하는 사람들은 '헌정(입헌)민주주의(constitutional democracy)'라는 용어는 서로 양립할 수 없는 두 개념을 억지로 붙여놓은 것에 불과하다고 본다. 헌정주의는 '권력의 분립과 제한'을 의미하는 반면, 민주주의는 그 권력이 민주적인 한 다수의 선택에 의한 '권력의 집중과 무제한성'을 지향하기 때문이다. 이들은 민주주의가 '인민의 지배(the rule of people)'를 의미하므로 인민이 원할 때는 언제든지 게임의 규칙을 바꿀 수 있으며, 헌법을 포함해서 기존의 어떤 제도에 의해서도 인민의 의사가 제한되어서는 안 된다고 주장하면서, 민주주의에 우선적인 가치를 부여한다.[34]

유럽과 미합중국을 포함한 서구의 근대사에 등장한 입헌민주주의의

는 사회적 실체로 간주되는 경향에서 비롯된다. 또한 공화주의적 헌정주의는 법이 정치의 틀을 짜는 것이 아니라 정치로부터 법이 형성된다는 전제하에 민주주의를 적극적으로 수용하려고 한다는 차이점이 있다. 곽준혁, 「민주주의와 공화주의: 헌정체제의 두 가지 원칙」, 『한국정치학회보』 39(3), 한국정치학회, 2005, 38-40쪽 참조.

34 박성우, 「민주주의와 헌정주의의 갈등과 조화: 미국 헌법 해석에 있어서 원본주의(Originalism) 논쟁의 의미와 역할」, 『한국정치학회보』 40(3), 한국정치학회, 2006 참조.

전통과 20세기 이후 대부분의 헌법이 민주적 형식과 절차를 통해 제정되었고 헌법의 정당성 또한 헌법 제정 과정의 민주성 여부에 의해 결정되어 왔기 때문에 그 둘은 상호보완적인 관계에 있다고 볼 수 있다. 하지만 미합중국의 2000년 대선 결과에 대한 미합중국 연방대법원의 플로리다주 재검표의 유효성을 인정하지 않은 판결, 우리나라에서 2004년 발생한 (고) 노무현 대통령 탄핵소추 사례 등을 통해 헌정주의와 민주주의가 대립적 관계에 있다는 반성이 일고 있다.[35] 만일 헌정주의가 헌법이 인민의 의사를 (법의 이름으로) 제한하는 것을 의미한다면, 그것은 '인민의 지배'를 뜻하는 민주주의에 대한 심각한 위협으로 간주될 수밖에 없다. 반면에 헌정주의의 입장에서 본다면, 민주주의가 '다수에 의한 지배'라는 형식적 원칙 때문에 민주주의가 추구하는 본질적인 가치를 스스로 훼손하는 것 역시 결코 수용할 수 없는 모순이라고 할 수 있다. 헌정주의를 지지하는 사람들은 민주주의의 본질은 개인의 자율성이나 평등 같은 민주적 가치들의 실질적 보호에 의해 실현된다고 보고, 이러한 민주적 가치의 실질적 보장은 오직 헌법의 수호를 통해 가능하다고 본다. 따라서 헌법적 권위는 그것이 아무리 '민주적'으로 표출된 것이라고 하더라도 일시적인 인민의 의사를 초월해서 존재해야 한다고 주장한다.[36]

---

35 최장집, 「민주주의와 헌정주의: 미국과 한국」, 로버트 달, 『미국 헌법과 민주주의』 2018(3판 2쇄) 218-287쪽; 박명림, 「헌법, 헌법주의, 그리고 한국 민주주의: 2004년 노무현 대통령 탄핵 사태를 중심으로」, 『한국정치학회보』, 한국정치학회, 2005, 253-276쪽 참조.

36 헌정주의와 민주주의를 상호보완적 관계로 보는 관점으로 Tate, C. Neal, "Why the Expansion of Judicial Power?," in C. Neal. Tate and Torbjorn Vallinder (eds.), The Global Expansion of Judicial Power, New York: New York University Press, Tamanaha 2004; Lane, Jan-Erik, *Constitutions and political theory*, Manchester: Manchester University Press, 1996; Alexander, Larry, ed. *Constitutionalism: Philosophical Foundations*, Cambridge: Cambridge University Press, 1998; Friedman, Barry, "The History of the Countermajoritarian Difficulty, Part One: the Road to Judicial Supermacy," New York university Law Review 73. 1998; Peretti, Terri Jennings, *In Defense of a Political Court*, Princeton: Princeton University Press, 1999 등을 들 수 있다. 반면에 헌정주의가 시민 다수의

이러한 헌정주의(또는 법치주의)와 민주주의의 관계에 대한 상반된 입장은 다음과 같은 간략한 논증을 통해 이해할 수 있다.

〈논증〉

p_1. 민주주의는 다수 인민의 의사를 따르는 정치체제다.

p_2. 헌정주의(또는 법치주의)는 '법의 지배(rule of law)'를 의미한다.

p_3. 그 법은 인민 또는 시민의 동의에 의한 것이다.

p_4. 민주주의와 헌정주의(또는 법치주의)는 다수 인민(시민)의 의사(동의)를 따른다.

c. (따라서) 헌정주의(법치주의)는 민주주의와 양립한다. (또는 양립할 수 있다.)

만일 그렇다면, 법치주의가 인민 또는 시민의 뜻에 의거한 민주적인 것이기 위한 핵심적인 전제는 'p_3'과 'p_4'에 달려 있다는 것을 알 수 있다. 예컨대, 만일 법이 인민 또는 시민의 동의를 구하지 않은 것이거나, 설사 인민의 동의를 구한 법이라고 하더라도 법의 해석과 적용이 인민이 동의하는 방식이 아닐 경우, 비록 형식적으로 법의 지배가 이루어진다고 하더라도 그것은 민주주의와 양립할 수 없다고 보아야 한다.

강정인은 "한국 정치에서 1987년 민주화 이전 권위주의 시대에는 민

의견을 침해한다는 측면에서 정치의 사법화에 반대하는 이론으로 Waldron, Jeremy, Law and Disagreement, New York: Oxford University Press, 1999; Dahl, Robert A., *How democratic is the American Constitution?*, New Haven and London: Yale University Press, 2002; Hirschl Ran, "Resituating the judicialization of politics: Bush v. Gore as a global trend," Canadian Journal of Law and Jurisprudence, vol. XV, NO. 2. 2002; Santos, Boaventura de Sousa, *Toward a New Legal Common Sense: law, globalization, and emancipation*, Cambridge, United Kingdom; New York, NY: Cambridge University Press, 2020 등을 들 수 있다.

주주의와 법치주의가 긍정적인 상관관계에 있는 것으로 인식되어왔다. 권위주의 정권이 불법적으로 개헌을 하거나 법을 위반해가면서 장기집권을 꾀하고 국민의 인권을 탄압한 적이 많았으므로 민주화 운동의 목표는 권위주의 정권에 대항하여 민주주의를 쟁취함으로써 한국 정치에서 넓은 의미의 법의 지배를 확립하는 것이라 생각되었기 때문이다. 그러나 1987년 민주화 이후, 특히 1997년 평화적 정권교체를 통해 집권한 김대중과 뒤이은 노무현 개혁정부의 출범 이후 한국 정치에서 민주주의와 법치주의 갈등을 우려하는 목소리가 제기되어왔다"고 진단한다.[37]

강정인은 법치주의(the rule of law)를 넓은 의미와 좁은 의미로 구분한다. 그는 넓은 의미에서 법치주의를 다음과 같이 정의한다.[38]

> ① 법치는 자의적인 권력에 의한 지배에 반대되는 관념으로서 일반적인 법의 최고성을 지칭한다. 이 점에서 법치는 인치(the rule of man)에 대비되는 개념으로서 인간의 자의적인 정치권력을 규제하며 그것을 비인격적인 것으로 전화시킨다.
>
> ② 법치는 법 앞의 평등, 곧 계급과 계층에 상관없이 공직자를 포함한 모든 사람들이 일반적인 법의 평등한 적용을 받는다는 관념을 지칭한다.
>
> ③ 법치는 최고의 법, 곧 헌법이 상위법으로서 통상적인 법을 구속한다는 관념을 지칭한다. 그리고 세 번째 요소를 위해 독립된 사법부가 입법부나 행정부의 정치적 행위에 대해 헌법과 같은 상위법에 의거하여 사법 심사(위헌 심사)를 할 수 있는 권한을 보유하는 제도

37 강정인, 「민주화 이후 한국 정치에서 자유민주주의와 법치주의의 충돌」, 『서울대학교 법학』 49(3), 2008, 50쪽.

38 강정인, 2008, 51쪽, 각주 10.

가 오늘날 법치의 필수적인 요소로 인식되고 있다. 이 점에서 법치주의의 세 번째 요소는 서구 근대사상의 전개 과정에서 전통적으로 존재하던 입헌주의(또는 헌정주의)가 법치와 결한 결과 추가된 것이다. 따라서 현대 법치주의는 기본권 보장, 권력의 분립, 성문헌법의 존재와 함께 자유주의 입헌주의(헌정주의)의 필수적 구성 요소로 인정된다.

그의 구분에 따르면, 민주주의와 법치주의의 충돌을 다룰 때는 주로 좁은 의미의 법치주의, 곧 법치주의의 세 번째 요소인 사법부에 의한 '사법심사(위헌 심사)'를 가리킨다. 한편 대통령제 하에서 법의 제정과 집행의 주체인 입법부와 행정부는 민주주의, 곧 '다수의 지배'를 상징한다. 좁은 의미에서 '법의 지배'는 '법의 해석'을 전담하는 '선출되지 않은' 소수 법조인의 지배를 초래한다는 점에서 '소수 지배'로 등치된다.

강정인이 잘 지적하고 있듯이, 우리나라의 헌정사를 돌이켜보면 독재정부 하에서 법원은 군인 등이 장악한 행정부 권력의 시녀 역할을 해왔다는 비판으로부터 결코 자유로울 수 없다. 박정희 군부독재정권 하에서 1972년 10월 27일 유신헌법이 제정된 이후 국가권력의 위헌성을 문제 삼을 수 있는 길은 제도적으로 완전히 봉쇄되었다. 군부독재의 권위주의 정부에 의한 소위 '사법의 암흑기'는 1980년 박정희 암살과 바로 이어진 전두환에 의한 12.12 군사반란에 의해 성립된 소위 제5공화국에 의한 군부독재가 7년간 더 연장된 까닭에 1987년 6월 민주항쟁에 의해 형식적으로나마 군부독재가 막을 내리기까지 15년 9개월간 이어졌다. 헌법재판소는 1987년 6월 민주항쟁의 영향으로 1988년 9월 활동이 재개되었다.[39] 군부

39 우리나라 헌법재판소는 '법률의 위헌심사, 탄핵심판, 정당의 해산심판, 국가기관 상호 간 국

독재가 종식되고, 문민정부(제14대 김영삼 대통령, 1993~1998), 국민의 정부(제15대 김대중 대통령, 1998~2003), 참여정부(제16대 노무현 대통령, 2003~2008) 등을 거치면서 민주헌정질서의 제도적 틀이 확립되었다. 이 시기에 우리는 사법권 독립 문제에 매달렸고, 법치주의(rule of law)의 이념에 따라 우리 사회의 중요한 문제들에 대한 중대한 판결들을 내려왔다. 하지만 최근 헌법재판소가 '위헌 판결권'을 적극적으로 행사하는 것에 대해 민주주의의 위기론이 대두되고 있다. 사법에 대한 정치적 · 사회적 의존도가 높아지면서 공론의 장에서 정치적으로 해결되어야 할 민주적 쟁점들이 사법적으로 해소됨으로써 사실상 삼권분립의 견제와 균형의 원리가 크게 위협받고 있다는 것이다.[40]

법적 판단이 어떤 문제에 대한 최종적이고 결정적인 판단일 수 있는 자격을 가지고 있다면, 그 판단은 정당성을 가지고 있어야 한다(정당한 판단이어야 한다). 법은 가치 규범으로서 옳음과 그름을 판단하기 때문이다. 게다

가기관과 지방자치단체 간 및 지방자치단체 상호 간의 권한쟁의에 관한 심판, 헌법소원심판'을 관장하는 특별법원이다. 헌법재판소의 변천 역사를 간략히 정리하면 다음과 같다. 우리나라의 「제헌헌법」은 헌법위원회로 하여금 법률의 위헌 여부를 심사하게 했다. 1960년 개정 「헌법」은 헌법재판소를 설치하여 법률의 위헌 여부, 헌법의 최종적 해석, 국가기관 간의 권한쟁송, 정당의 해산, 탄핵재판, 대통령 · 대법원장 · 대법관의 선거에 관한 소송 등을 관할하게 했다. 1962년 개정 「헌법」은 법원과 탄핵심판위원회에서 헌법재판권과 탄핵심판권을 행사하도록 했다. 1972년 개정 「헌법」은 다시 헌법위원회를 두어 그 기능을 담당하게 했다. 1980년 개정 「헌법」도 헌법위원회를 두고 그 기능을 담당하게 하고, 법원에 대해서는 명령 · 규칙심사권과 선거소송에 관한 심사권만을 부여했다. 현행 1987년 개정 「헌법」은 헌법위원회를 폐지하고 다시 헌법재판소를 신설하게 되었다. 한국민족문화대백과사전, https://encykorea.aks.ac.kr/Article/E0063214. 하지만 1948년 제정된 '제헌헌법'부터 1987년 민주화 이전까지 존재했던 '헌법위원회'는 이승만 자유당 정권과 박정희와 전두환 군사독재정권 하에서 그 기능을 제대로 수행하지 못한 이름뿐인 기관이었다.

40 이와 관련된 논의는 박찬표, 「헌법에 기대기: 민주주의에 대한 두려움 혹은 실망」, 『한국정당학회보』 5(1), 2006; 박찬표, 「민주주의 대 정치적 민주주의」, 최장집 외, 『어떤 민주주의인가』, 후마니타스, 2007; 오승용, 「민주화 이후 정치의 사법화에 관한 연구」, 『기억과 전망』 20, 2009; 박명림, 「헌법, 헌법주의, 그리고 한국 민주주의: 2004년 노무현 대통령 탄핵사태를 중심으로」, 『한국정치학회보』 39(1), 2004 참조.

가 그 법적 판단이 한 나라의 모든 시민에게 영향을 미치는 결정일 경우, 그 법적 판단은 더 엄밀한 정당성을 갖추어야 한다. 법적 판단은 정말 최종적인 판단인 동시에 항상 정당화될 수 있는가? 이러한 물음을 살펴보기 위해 〈사고실험 6〉으로 돌아가 보자. 앞서 살펴본 〈사고실험 6〉은 우리의 일상적 삶에서 일어날 수 있는 중요한 법적 판단을 다수결에 의존해 도출하는 것이 (항상) 정당화될 수 있는가에 관한 중요한 문제를 제기하고 있다. 법의 제정(입법)과 적용(행정)의 정당화 문제에 관련하여 다수결의 원리를 적용할 경우 초래될 수 있는 문제를 이해하기 위해 〈사고실험 6〉의 조건을 아래와 같이 수정해보자.

〈사고실험 6의 수정〉

다음과 같은 두 조건을 모두 충족하는 경우에만 제정된 법은 합법성과 정당성을 갖는다고 해보자. 그리고 어떤 법률이 아래의 두 조건을 충족하지 못하기 때문에 위헌이라는 소송이 제기되었다고 하자.

조건 1: 입법 절차에서 문제가 없다(입법 과정의 적법성).
조건 2: 법 해석과 적용의 차원에서 문제가 없다(법 해석과 적용의 정당성).

〈재판 3〉

이 소송은 판사 세 명으로 구성된 '재판부-3'에서 '다수결의 원칙'에 따라 최종 결론을 내릴 예정이다. 그리고 '재판부-3'에 소속된 세 명의 판사는 이 소송에 대해 다음과 같은 견해를 제시하고 있다.

〈판사 G, H, I의 개별적 결정 사항〉

판사 G: 입법 절차에 문제가 있다고 생각하지는 않지만, 법 해석과 적용에는 문제가 있다고 생각한다.

판사 H: 입법 절차에 문제가 있다고 생각하지만, 법 해석과 적용에는 문제가 있다고 생각하지 않는다.

판사 I: 입법 절차에 문제가 있다고 생각하지 않고 법 해석과 적용에도 문제가 있다고 생각하지 않는다.

판사 개개인은 이와 같은 조건에서 개별적으로 소송에 대한 판단을 내린 다음, 판사 각자의 판단에 따라 다수결에 의해 최종 판결을 내린다고 해보자.

〈재판 4〉

〈재판 3〉 같은 조건을 가지고 있는 계약 파기 소송에 대해 세 명의 판사로 구성된 '재판부-4' 또한 '다수결의 원칙'에 따라 최종 결론을 내릴 예정이다. 그리고 '재판부-4'에 소속된 세 명의 판사는 이 소송에 대해 다음과 같은 견해를 제시하고 있다. ('재판부-3'과 동일한 견해를 가지고 있다.)

〈판사 J, K, L의 개별적 결정 사항〉

판사 J: 입법 절차에 문제가 있다고 생각하지는 않지만, 법 해석과 적용에는 문제가 있다고 생각한다.

판사 K: 입법 절차에 문제가 있다고 생각하지만, 법 해석과 적용에는 문제가 있다고 생각하지 않는다.

판사 L: 입법 절차에 문제가 있다고 생각하지 않고 법 해석과 적용에도 문제가 있다고 생각하지 않는다.

다음으로 '재판부-4'는 판결을 위해 '각각의 사안(입법 과정의 적법성과 법 해석과 적용의 정당성)에 대해 다수결의 원칙'에 따라 '입법 과정의 적법성'과 '법 해석과 적용의 정당성' 여부를 먼저 판단한 다음 최종 판결을 내린다고 해보자. 달리 말하면, '재판부-4'의 세 명의 판사는 '입법 과정의 적법성'의 조건에 대해 다수결에 따라 판단하고 '법 해석과 적용의 정당성' 조건에 대해 다수결에 따라 각각 판단한 다음, 그와 같은 각 사안에 대해 다수결에 따라 판단한 후 제기된 소송에 대한 최종 판결을 내린다고 해보자.

문제를 이렇게 바꾸면, 〈사고실험 6〉에서와 마찬가지로 〈재판 3〉과 〈재판 4〉에서 서로 다른 결론 또는 법적 판단이 도출된다. 이것은 입법 과정의 정당성에 관한 평가 및 해석과 적용에서 '정치의 사법화(judicialization of politics)'라는 문제가 초래될 수 있다는 것을 보여준다. 정치의 사법화는 일반적으로 "사회의 정치적 또는 경제적 갈등 문제들이 정치력과 사회적 공론을 통해 정치 과정에서 해결되지 못하고 사법 과정으로 넘어와 결정되는 현상"을 일컫는다. 말하자면, 정치의 사법화는 정치적 갈등이나 경제적 충돌이 일어난 경우, 그 갈등이나 충돌의 이해당사자 사이에서 해결되지 못한 경우 법의 권위에 의해 해결되는 현상이라고 할 수 있다. 이러한 정치의 사법화 현상은 불안정한 정치체계의 한 특성으로 해석할 수도 있다.[41]

---

41 Pierre Rosanvallon, *Counter-Democracy*, Politics in an Age of Distrust, Tranl. by Arthur Goldhammer, 2008, Cambridge University Press, p. 227 이하. 사법 권력의 성장은 이른바 '정치의 사법화(judicialization of politics)'로 현상한다. 정치의 사법화란 국가의 주요한 정책 결정이 정치 과정이 아닌 사법 과정을 통해 이루어지는 현상을 말한다. 이러한 현상을 설명하는 유사한 용어

우리의 삶과 생활에서 법이 직접적이든 간접적이든 개입하지 않는 곳이 거의 없다고 보아도 무방할 정도로 법은 우리와 깊은 관련을 맺고 있다. 이렇듯 우리의 삶과 생활에 법이 관련되고 개입한다는 것은 곧 법이 넓은 의미에서 '정치력'을 가진다는 것을 의미한다. 특히 헌법은 한 국가의 정체로부터 시민이 원초적으로 가진 권리에 이르기까지 폭넓게 정의하고 있다는 측면에서 헌법을 어떻게 해석하고 적용할 것인가의 문제는 법이 가진 정치적 의의를 극명하게 보여주는 지점이라고 할 수 있다. "가치규범으로서 헌법은 불확정성과 개방성의 특징을 보이는데, 불확실한 가운데 결정을 해야 하는 지위에 있다는 것은 그것 자체로 정치적인 힘으로 작용할 수 있기 때문이다."[42] 이러한 측면에서, 한 사회를 구성하는 다양한 집단 사이

로는 '정치의 법화(legalization of political disputes)', '정치의 법제화(jurification of politics)', '정치과정의 헌법화(constitutionalization of the political process)'가 있다. 특히 정치의 사법화 현상은 역으로 '사법의 정치화(politicization of judiciary)' 또는 '사법적극주의(judical activism)'와 한 쌍의 메커니즘을 이루어 동전의 앞뒷면처럼 작동되어 드러나는 다층적 현상이다. 사법통치(juristocracy)라는 말도 입법부 중심의 '다수결 민주주의(majority democracy)'에 대비되는 사법부 중심의 민주주의와 그 영향력을 강조하기 위한 조합어에 해당한다. Hirschl, Ran, *Towards Juristocracy: The Origins and Consequences of the New Constitutionalism*, Cambridge, Massachusetts: Harvard University Press, 2004, p. 224; Pierre Rosanvallon, *Counter-Democracy*, Politics in an Age of Distrust, Tranl. by Arthur Goldhammer, Cambridge University Press, 2008, pp. 227-230; 박은정, 「정치의 사법화와 민주주의」, 『서울대학교 법학』 51(1), 2010 재인용 및 참조.

42 Tate, C. Neal, 1995, "Why the Expansion of Judicial Power?," in C. Neal Tate and Torbjorn Vallinder (eds.), *The Global Expansion of Judicial Power*, New York: New York University Press; Tamanaha 2004. 지난 2000년 미합중국 대선에서 부시와 고어의 선거 결과에 대한 미합중국 연방대법원의 최종 결정이 세계적 이목을 집중시켰으며, 인공임신중절(낙태), 안락사 같은 중요한 윤리적 판단에 대해 미합중국 연방대법원의 판단이 큰 영향을 미친 것이 대표적인 사례다. 더 고전적인 사례로는 노동자 권리보호에 나쁜 선례를 남긴 '로크너 대 뉴욕주 판결(Lochner v. New York, 1905)', 언론개혁에 악영향을 미친 것으로 평가받고 있는 '니어 대 미네소타 판결(Near v. Minnesota, 1931)'을 예로 들 수 있다. 우리나라의 경우, 2004년 역사상 초유의 노무현 대통령 탄핵사태의 사법적 해결, 2004년 '신행정수도건설특별조치법' 관련 결정, 2017년 박근혜 대통령 탄핵 결정 등의 중요한 정치적 사건을 통해 정치의 사법화 현상에 대한 사회적 관심이 크게 증가했다. 또한 '동성동본 금혼', '이라크 파병', '낙천낙선운동', '간통죄', '사형제', '존엄사', '국가보안법', '양심적 병역거부' 등 정치사회적 영향력이 큰 사안들이 연이어 헌법재판소의 결

에서 일어나는 다양한 이해상충이 최종적으로 법의 판단에 의해 결정되는 정치의 사법화 현상은 현대 민주주의 사회의 한 모습으로 자리 잡아가고 있다.

'정치의 사법화'가 민주주의 발전에 걸림돌로 작용할 수 있다는 문제의식은 정치의 사법화로 인해 정치 영역과 민주적 공론 영역에서 다루어져야 할 사안들이 '선출되지 않은' 소수 엘리트 법관들에 의해 결정됨으로써 민주주의의 발전을 해칠 수 있다는 데 있다. 박은정은 정치의 사법화 현상의 배경을 다음과 같이 정리한다.

〈정치의 사법화 현상의 배경〉[43]

① 정치의 사법화가 가능하고 지속될 수 있는 것은 민주주의의 최소 요건이 갖추어져 작동하고 있기 때문이다. 독재 또는 권위주의 정권에서는 굳이 사법적 절차를 요구하지 않기 때문에 정치의 사법화도 일어나지 않는다.

② 정치의 사법화는 권력분립의 실질적인 정착에서 비롯되고 촉진되는 현상이다.

③ 권리담론의 확대가 소수자의 보호라는 명분에서 사법이 비교우위를 차지케 함으로써 정치의 사법화가 촉진된다. 시민의 권리에 관

정에 맡겨지는 등 그 추세가 계속될 뿐만 아니라 강화되고 있다. 사법부의 사법심사제도는 입법부가 일상적으로 정당화하고 있는 '다수지배의 규칙(majority rule)'에 대한 사법부의 불신을 반영한 견제와 균형의 조치를 제도화한 것이다. 일찍이 『미합중국의 민주주의』를 저술한 토크빌(A. de Tocquville)은 미합중국의 사법기관이 강력한 힘을 가지고 있다는 것에 주목하면서, '다수의 전횡(tyranny of the majority)'으로부터 민주주의와 개인을 보호하는 강력한 안전판이라고 긍정적으로 평가했다(1997: 64, 352). 채진원, 「정치의 사법화 현상의 이론적 쟁점」, 『평화연구』 2011 가을호, 259쪽 참조.

43 박은정, 「정치의 사법화와 민주주의」, 『서울대학교 법학』 51(1), 2010, 10쪽.

한 담론이 강화되면서 다수의 의사를 반영하여 결정하는 의회나 정책 중심의 판단을 하는 행정부에 비해 사법부의 위치는 소수자의 권리보호라는 법정책적 주제를 선점했다.

④ 다수결에 입각한 의결기관이 효과적인 정책결정에 실패할 때, 일반인들 혹은 이익집단들은 이들 기관보다는 사법의 전문성을 신뢰하는 쪽으로 기울게 된다.

⑤ 의회가 (우리나라의 경우, 호주제, 간통죄, 군복무자 가산점제 등 그리고 미합중국의 경우, 낙태, 재소자의 처우 향상, 소수자를 위한 자원 재분배, 조세부담을 늘리는 교육 개혁, 종교 갈등 등과 같이) 정치적 결정에 부담을 느끼는 민감한 사안들을 법원의 판단으로 미루는 경향이 정치의 사법화를 강화한다.

⑥ 정치권 또는 이익집단들이 상대 진영의 정책에 반대하는 수단으로 법원을 이용함으로써 정치의 사법화가 강화된다.

박은정의 이와 같은 분석에서 알 수 있듯이, 정치의 사법화 현상은 (역설적이게도) 민주주의와 그것에 기초한 삼권분립이 보장되고 갖추어진 경우에 일어난다(①, ②, ③). 또한 정치의 사법화 현상에서 판단의 대상 또는 해결해야 할 문제의 대상은 정치적 · 경제적 · 사회적 문제뿐만 아니라 윤리적인 것까지 포함하고 있다(⑤). 그리고 그러한 문제들에서 법적 판단을 구하는 사람들은 그 판단으로부터 이익을 얻거나 손해를 감수해야 할 사람들이다(④, ⑥). 여기에는 정치의 사법화 현상을 구성하는 한 가지 중요한 요소가 빠져있다. 간략히 말해서, 정치의 사법화 현상이 우리의 주목을 끄는 까닭은 법의 영역 밖에서 이루어져야 하는(또는 할 것으로 보이는) 문제들이 법의 영역 안으로 들어온다는 데 있다. 그런데 정치의 사법화 문제에서 우리가 놓치기 쉬운 문제는 그러한 문제들에 대한 판단은 '법 자체'가 내리는 것이 아니라 '사람(법관)'이 한다는 것이다. 법적 판단을 내리는 주체는 결국 사람,

즉 법관이기 때문이다. 사법의 정치화 현상을 논의할 때 법관의 역할과 한계를 다루어야 할 필요성을 여기서 찾을 수 있다.

박은정은 사회가 변화함에 따라 "법관의 역할은 한편으로 사법의 법 형성력 또는 창의성을 높이는 방향으로, 다른 한편으로는 사법의 정치적 독립성을 높이는 방향으로 나아갔다"고 평가하면서, 법관이 가진 역할의 '창의성'과 '독립성' 조건의 정도에 따라 법관의 역할을 '집행자, 대리자, 수호자, 정치(정책) 조정자'와 같이 네 가지로 구분한다.[44]

〈법관의 역할 구분〉

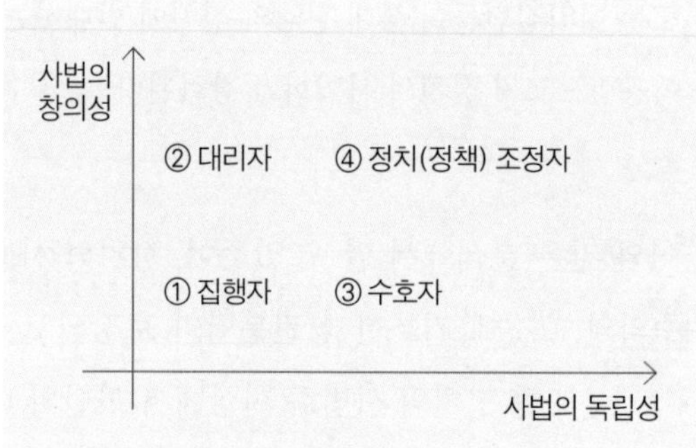

① 집행자로서의 역할: 몽테스키외가 말한 것처럼 "법관은 입법부에서 정한 법률을 되뇌는 입만 있으면 된다"는 법률 노예라는 의미의 수동적 역할이다. 이것은 법관이 입법 의지의 충실한 집행자가 된다는 것이다.

② 대리자로서의 역할: 기본적으로 입법 의지를 따르면서 그 범위 안에서 일정 정도 조정력을 행사한다고 볼 수 있다. 그러므로 집행자

---

44 박은정, 2010, 8-9쪽.

로서의 역할보다는 좀 더 현실적이다. 대륙법 체계에서는 법관에게 법률의 흠결을 보충하는 정도의 역할을 부여한다. 그런 만큼 이 단계에서도 법관의 활동이 민주주의 원칙과 갈등을 일으킬 여지는 별로 없다.

③ 수호자로서의 역할: 시민의 권리수호를 위해 법관의 적극적인 역할을 요구한다. 그래서 이를 위해 경우에 따라 정치기관인 대의기구의 지배적 의사에 반할 수 있으며, 혹은 반해야 한다는 정도까지 나아간다. 수호자상은 입헌민주주의의 권력제한 이념에 뿌리를 둔 유형으로서, 특히 사법 심사제를 운영하는 국가의 법관상이라고 할 수 있다. 그런데 이 단계에서 법관의 활동은 소수자 권리보호를 위해 때로 다수 의사에 반하는 결정을 할 수 있다.

④ 정치(정책) 조정자로서의 역할: 민주주의 수호를 위해 법관의 역할이 헌법상의 기본 가치에 어느 정도 충실한지에 의해 가늠된다. 헌법적 가치는 사법권의 기초이자 한계를 구성하는데, 포괄적이고 추상적인 문서인 헌법의 특성으로 인해 사법 결정이 과연 어느 정도로 헌법 텍스트에 충실해야 하는가의 문제가 생긴다. 정책 결정자로서의 법관은 헌법이 권리에 대해 추상적으로 정하고 있을 뿐 명확하지 않다고 보기 때문에 개인의 권리를 최대한 실현시키기 위해서는 공동체의 이념인 헌법을 해석함에 있어서 최대치의 이상을 실현해야 한다는 적극적인 태도로 나아간다.

법관의 역할에 대한 이와 같은 분석에서 알 수 있듯이, 사법의 정치화 현상은 법관의 독립성과 창의성을 폭넓게 허용하고 보장할수록 강화되리라는 것을 알 수 있다. 그런데 정치의 사법화 현상이 가진 형식적이고 개념적인 문제를 잠시 제쳐두고, 정치의 사법화 현상이 시민에게 (공리적 입장에서)

긍정적인 방향으로 이끌어질 것인가 또는 부정적인 현상을 초래할 것인가에만 초점을 맞춘다고 해보자. 그렇다면 결국 정치의 사법화에서 관건은 문제의 대상이 되는 중요한 정치적, 사회적, 경제적 또는 윤리적 문제에 대해 (최종적인) 판결을 내리는 '법관의 자질과 가치지향'이라는 것을 알 수 있다. 게다가 헌법은 구체적인 명령을 지시하는 형법이나 민법과 달리 일종의 총체적인 강령의 형식을 가지고 있기 때문에 더 넓은 해석의 영역이 있다고 볼 수 있다. 따라서 정치의 사법화의 본질은 법관들의 성향 또는 가치지향에 따른 해석에 의해 촉진되고 강화되는 측면이 있다. 우리나라와 미합중국을 포함하여 대부분의 민주주의 국가에서 대법원의 대법관 또는 헌법재판소(미합중국 연방대법원) 재판관이 새로 바뀔 때마다 선출될 재판관의 이전 판결의 경향성 또는 정치적 성향이 초미의 관심사가 되는 것은 법관들의 성향 또는 가치지향이 중요한 법적 판결에 영향을 준다는 것을 여실히 보여준다.

우리나라에서 사법 심사(위헌 심사)가 정치적 행위 또는 행정권에 직접 개입한 대표적인 사건으로 2004년 크게 논란이 되었던 〈신행정 수도의 건설을 위한 특별조치법 위헌 확인〉 소송을 들 수 있다.[45] 그리고 당시 헌법재판소의 판결에서 가장 논란이 되었던 핵심 근거는 '관습 헌법'에 관한 것이었다.[46] 당시 헌법재판소의 다수 의견은 "서울이 수도라는 것은 오랜 기간

45 '신행정 수도 건설'은 노무현 대통령의 대선 공약이었으며, 2003년 10월 21일 정부를 제출자로 하여 '신수도의 건설을 위한 특별조치법안'으로 발의되었다. 2003년 12월 19일 제16대 국회 제244회 임시의회에서 재적 194인 중 찬성 167인, 반대 13인, 기권 14인으로 가결되어 2004년 4월 17일 해당 법률이 시행되었지만, 2004년 10월 21일 헌법재판소 전원재판부는 단순 위헌 결정을 선고함으로써 법률을 파기했다.

46 헌법재판소 2004. 10. 21. 선고 2004헌마554 · 566(병합) 전원재판부 [신행정수도의건설을위한특별조치법위헌확인] [헌집16-2, 1] 참고. 헌법재판소의 위헌 판결에 대한 중요한 반론은 김경제, 「신행정수도건설을위한특별조치법 위헌결정(2004 헌마 554, 566 병합)의 헌법적 문제점: 적법성요건 판단과 관련하여」, 『헌법학연구』 11(1), 2005, 511-551쪽; 김경제, 「신행정수도

굳어진 관습 헌법이기 때문에 신행정 수도를 건설하여 수도를 이전하는 것은 위헌"이라고 본 것이다.[47] 다수 의견을 다음과 같은 논증으로 구성할 수 있다.

〈논증 2〉[48]

p_1. 서울이 수도라는 것은 오랜 기간을 통해 굳어진 관습 사실이다.

c. 서울이 수도여야 한다.

〈논증 2〉는 형식적인 측면에서 본다면, 넓은 의미에서 범주 오류에 속하는 자연주의 오류를 저지르고 있다. 즉, 〈논증 2〉의 결론을 도출하기 위해서는 "p_2. 관습으로 굳어진 사실은 지켜져야 한다" 같은 당위(가치) 진술문이 추가되어야 한다. 하지만 우리나라는 성문법 체계를 따르고 있기 때문에 사실명제(p_1)로부터 당위명제(c)로 이끄는 'p_2'는 논리적으로 사용할 수 없는 전제다. 만일 당시 헌법재판소의 다수 의견을 개진한 재판관들이 이

건설을위한특별조치법 위헌결정(2004 헌마 554, 566 병합)의 헌법적 문제점: 본안판단과 관련하여」, 『공법연구』 33(4), 한국공법학회, 2005, 269-306쪽 참조.

47 다수 의견은 관습 헌법이 성립하기 위한 조건을 다음과 같이 제시했다. "첫째, 기본적 헌법사항에 관하여 어떠한 관행 또는 관례가 존재하고, 둘째, 그 관행은 국민이 그 존재를 인식하고 사라지지 않을 관행이라고 인정할 만큼 충분한 기간 동안 반복 또는 계속되어야 하며(반복 · 계속성), 셋째, 관행은 지속성을 가져야 하는 것으로서 그 중간에 반대되는 관행이 이루어져서는 아니 되고(항상성), 넷째, 관행은 여러 가지 해석이 가능할 정도로 모호한 것이 아닌 명확한 내용을 가진 것이어야 한다(명료성). 또한 다섯째, 이러한 관행이 헌법 관습으로서 국민의 승인 또는 확신 또는 폭넓은 컨센서스를 얻어 국민이 강제력을 가진다고 믿고 있어야 한다(국민적 합의)." 헌법재판소 2004. 10. 21. 선고 2004헌마554 · 566(병합) 전원재판부 [신행정수도의건설을위한특별조치법위헌확인] [헌집16-2, 1] 결정 요지 중 '바.'항 참고.

48 재판관 전효숙은 소수 의견으로 다음과 같이 말하고 있다. "다수 의견은 '서울이 수도이다'라는 사실명제로부터 '서울이 수도여야 한다'는 헌법적 당위명제를 도출하는 데 있어서 법논리상의 비약을 피하지 못하고 있다."

러한 사실을 알면서도 위헌 판결의 중요한 이유로 관습 헌법이라는 근거를 제시했다면, 결국 그들이 이 문제에 대해 가지고 있는 가치관이나 선입견이 판결에 영향을 주었다고 추론할 수 있다.[49] 이 점을 지적하는 것은 중요한 의미가 있다. 과학 활동이 인간의 행위이기 때문에 오류와 실수가 있을 수 있듯이 법 활동도 인간의 행위이기 때문에 오류와 실수가 있을 수 있다. 그리고 그러한 오류와 실수는 사람이 가진 인식적 한계로부터 초래되기도 하지만, 그 사람이 가진 가치지향과 편향으로부터 초래될 수 있다. 따라서 정치의 사법화 문제는 큰 틀의 형식적인 측면에서 입법과 행정에 대한 사법의 개입 문제로 다루어져야 할 뿐만 아니라, 좁은 틀의 윤리적 측면에서 중요한 사법 판단(위헌 심사)의 주체인 사람(재판관)의 가치지향 문제도 함께 논의되어야 한다.

49 이 지점에서 벤담이 통치계급이 자신들의 이기적인 이익만을 추구하는 '사악한 이해관심'을 억제하고 실정을 방지하기 위해 '공직 적성의 극대화'를 통한 실천적인 대책을 제시한 것은 눈여겨볼만하다. 그는 통치계급 또는 사회 엘리트들에 의해 초래되는 실정과 부패를 방지하기 위한 중요한 대책으로 '공직 적성의 극대화'를 제시한다. 그는 공직 적성을 크게 '도덕적 · 지적 · 활동적' 적성으로 구분하면서, '도덕적 적성'의 중요성을 강조한다. "지적 적성은 단순히 해당 직무수행과 관련된 지식과 판단력만이 아니라, 전체 사회의 이익을 올바르게 파악하는 데 필요한 지식과 판단력을 뜻한다. 활동적 적성은 각 공직자가 국민의 세금으로 받는 급료에 부합하도록 성실하고 양심적인 직무를 수행하는 성향을 의미한다. 더 나아가 각 공직자는 이러한 성향과 더불어 자신의 직무에 '흥미(relish)'를 지녀야 한다. (가장 중요한) '도덕적 적성'은 공직자가 자기 이익을 앞세우지 않고 전체 사회의 행복 증진에 전념하는 성향을 의미한다. 더 나아가 그것은 각 공직자가 국민의 목소리인 여론에 귀를 기울인다는 것을 뜻하기도 한다." 나아가 벤담은 공직자에 대한 '법적 책임과 도덕적 책임의 극대화'를 요구하고 있다. 판사, 검사, 변호사 같은 법 전문가들이 우리 사회의 엘리트 집단이라는 것은 부정할 수 없다. 특히 판사는 사법부에, 검사는 행정부에 속한 고위 공직자라는 점에서 벤담이 제시한 '공직 적성의 극대화'의 직접적인 대상이 된다. 강준호, 앞의 책, 2019, 144-145쪽 참조. 우리나라의 경우, 1987년 이후 민주화가 진행되는 과정에서 확보된 사법부의 독립성이 더 강화되고 있다는 점에 비추어보았을 때, 법 전문가에 대한 법적 책임과 도덕적 책임의 극대화를 요구하는 벤담의 주장은 진부하지만 새로운 울림으로 다가올 수밖에 없다.

5.
올바른 법치주의를 위한 조건

민주주의 국가에서 입법과 행정 행위가 사법 행위에 의해 최종적으로 결정되는 정치의 사법화는 역설적으로 민주주의가 어느 정도 확립되어 삼권분립이 이루어진 경우에 나타나는 현상이다. 우리의 현실도 크게 다르지 않아서 1987년 민주화 이후 사법부의 독립성과 자율성이 강하게 보장되는 과정에서 정치의 사법화 현상이 강화되고 있다. 정치의 사법화에 대한 많은 연구는 사법 심사(위헌 심사)에 의한 민주주의의 침해 또는 민주주의와 헌정주의(법치주의)의 형식적 관계에 초점을 맞추고 있다. 현대 민주주의가 입법, 행정, 사법의 삼권분립에 기초하고 있다는 점에 비추어보았을 때, 민주적인 절차에 의한 입법과 행정 문제들이 사법 행위에 의해 결정되는 큰 틀에서의 형식적인 문제를 논의하는 것은 매우 중요하다. 하지만 법의 판단 또한 입법 · 행정과 마찬가지로 결국 사람(재판관)에 의해 이루어진다는 점을 인식한다면, 정치의 사법화 문제의 배후에서 작동하는 사람(재판관)의 역할 또한 중요하게 다루어야 할 논제라는 것을 알 수 있다. 달리 말하면, 우리나라의 경우 정치, 경제, 윤리 등 우리 사회의 다양한 문제들이 해당 영역에서 문제를 해결하지 못하고 헌법재판소에 의한 최종적인 판단을 구한다면, 결국 사법 심사(위헌 심사)에서 중요한 결정은 그 재판에 참여하는 선출되지 않은 소수의 재판관에 의해 결정되기 때문이다.

우리는 일반적으로 사법의 독립성과 자율성을 강하게 보장하는 것이 민주주의를 보존하고 발전시키는 좋은 방편이라고 생각한다. 적어도 근대 이후 민주주의의 발전이 그러한 경향을 보인 것도 사실이다. 하지만 우리나라의 경우, 해방 이후 40여 년간 지속된 독재정권 하에 예속되어 권력의 시녀 역할을 했던 사법부의 독립 문제에만 집중했던 것도 부인할 수 없다. 게다가 법이 전문 영역이라는 이유로 법 전문가들에 대한 판단과 통제를 자율규제의 영역에 한정 짓고 그들의 '선의(善意, good will)'에 기대어온 측면도 있다. 그런데 우리가 여기서 짚고 넘어가야 할 부분이 있다. 법체계가 가진 특수성, 즉 법 전문가의 위법 행위나 일탈 행위 또한 원칙적으로 법에 의해 해석하고 평가받아야 하는 까닭에 공적규제를 담당하고 있는 관료 집단과 그들의 감시를 받아야 하는 법 전문가 집단이 본질적으로 서로 같을 수 있다. 이 점을 지적하는 것은 매우 중요하다. '규제의 대상이 되는 집단과 규제하는 집단이 일치'할 수 있기 때문이다. 입법 행위에서 잘못이 있을 수 있듯이 법의 판단 행위에서도 오류가 있을 수 있다. (일반 법원과 헌법재판소를 포함하여) 법원에서 판결은 결국 사람이 하는 것이고, 사람은 (이러저러한 이유로) 오류를 범할 수 있기 때문이다. 민주주의가 적실성 있게 작동하기 위해서는 보편적인 상식을 가진 시민 다수의 의견이 올바른 방식으로 반영되어야 하듯이, 법의 행위가 민주주의를 형성하고 보호하는 버팀목이 되기 위해서는 보편적인 상식을 가진 시민 다수의 감시와 통제하에서 이루어져야 하는 까닭이다.

법이
좋은 사회를 만드는 데
기여하기 위한 조건은?

독일 베를린에서 대형 부동산회사의 보유주택 20만여 채를 몰수해 공유하는 방안을 현실화하기 위한 주민투표가 재추진된다. 〈도이체 보넨 등 몰수〉 시민행동은 2년 전 주민투표 가결에도 베를린시 정부가 시행에 나서지 않아 이번에는 이 방안을 법제화해 주민투표를 재추진하기로 했다. 〈도이체 보넨 등 몰수〉 시민행동은 26일(현지 시간) 베를린 시청사 앞에서 기자회견을 열고, 베를린시 정부가 시행을 늦추는 것을 막기 위해 대형 부동산회사 보유주택 몰수 법안에 대한 주민투표를 재추진하겠다고 밝혔다. … 시민행동 소속 베자 클루테-시몬은 DPA통신 등에 "호소의 시간, 정치적 지연의 시간은 끝났다"면서 "베를린시 정부가 예고한 몰수 총괄 법규는 순수한 시간 끌기 전략"이라고 말했다. … 앞서 2년 전에는 주택 3천 채 이상을 보유한 민간 부동산회사의 보유주택을 몰수해 공유화하는 방안에 대해 베를린 주민 57.6%가 찬성표를 던져 주민투표가 가결된 바 있다. 이후 베를린시 연립정부가 구성한 전문가위원회는 대형 부동산회사의 보유주택 몰수 방안의 시행이 가능하다는 검토보고서를 내놨다. 하지만 이후 사상 초유의 재선거를 거쳐 집권한 새 연립정부는 우선 몰수 총괄법을 마련해 헌법재판소의 검토를 받은 뒤 2년 후 시행한다는 방침이다. … 대형 부동산회사의 보유주택 몰수 후 공유 방안은 독일 헌법에 해당하는 기본법 15조에 근거한다. 독일 기본법 15조는 "토지와 천연자원, 생산수단은 사회화(공유화)를 위한 손해배상의 방식과 규모를 정하는 법률을 통해 공유재산이나 공유경제의 다른 형태로 전환될 수 있다"고 규정하고 있다.[1]

---

1 이율 기자(연합뉴스), "베를린 대형부동산업체 보유주택 몰수 · 공유화 주민투표 재추진", 송고시간 2023-09-26 21:19, https://www.yna.co.kr/view/AKR20230926189500082(검색일: 2024. 02. 14)

1.
사회에 가장 도움이 되는 유형과 도움이 되지 않는 유형은?

한 사회 또는 공동체는 다양한 욕망과 지향을 가진 개인들로 구성되어 있다. 권리 주체로서의 '사람(person)'은 기본권으로서 '생명권과 자유권'을 가지고 있을 뿐만 아니라 자신의 삶을 자신의 의지에 따라 꾸려나갈 '행복추구권'도 가지고 있다. 이렇듯 개별적인 성향과 특성을 가진 다양한 사람들을 '(지적) 능력과 도덕적 의지'라는 두 기준에 의해서만 구분한다고 해보자. 만일 우리가 그러한 기준에 따라 공동체를 구성하는 시민을 구분할 경우, 우리가 속한 공동체 또는 사회에 가장 도움이 되는 사람은 어떤 유형일까?

〈사고실험 7〉 (지적) 능력과 도덕적 의지[2]

우리가 몸담고 있는 세계 또는 사회를 이루고 있는 구성원을 '(지적) 능력'과 '도덕적 의지'의 '높고 낮음'의 정도에 의해서만 구분할 수 있다고 해보자. 또한 여기서 '(지적) 능력'과 '도덕적 의지'는 우리가 일상에서 통상적으로 받아들이는 넓은 의미로 이해하여 다음과 같은 '조작적 정의(operating definition)'에 따른다고 하자.

2 전대석, 『의료윤리와 비판적 사고』, 북코리아, 2016, 191쪽. 사고실험의 구조와 내용을 인용했으며, 그것에 대한 해석과 설명은 새롭게 서술했다.

(지적) 능력$_{=def.}$

세계와 사회 그리고 전문 영역에 대한 높은 '이해력'과 뛰어난 '수행 역량'

도덕적 의지$_{=def.}$

옳은 도덕 원리를 발견 및 이해하고 그것을 실천하려는 의지(경향성, 욕망)

이와 같은 가정에 따를 경우 도출되는 네 가지 유형은 아래와 같다.

〈표 1〉 (지적) 능력과 도덕적 의지에 의거한 유형 구분

구분	(지적) 능력	도덕적 의지
유형 1	높음(H)	높음(H)
유형 2	높음(H)	낮음(L)
유형 3	낮음(L)	높음(H)
유형 4	낮음(L)	낮음(L)

우리가 몸담고 있는 세계와 사회를 건전하게 만드는, 즉 좋은 세계와 사회를 만드는 데 기여할 수 있는 유형은 네 가지 유형 중 어떤 유형인가? 반대로 우리 사회를 병들게 하는, 즉 나쁜 세계와 사회를 만드는 유형은 네 가지 유형 중 어떤 유형인가? 나아가 사회에 기여하는 정도에 따라 각 유형의 순위를 매긴다면, 어떻게 순서를 매길 수 있을까?

위의 ⟨사고실험 7⟩은 간단한 구조를 가지고 있지만, 다양한 의견이 나올 수 있다. 물론, 우리 사회 또는 더 나아가 이 세계의 모든 사람을 ⟨사고실험 7⟩에서 제시하고 있는 두 조건에 의해서만 구분하여 평가한다는 것은 문제를 너무 단순화할 뿐만 아니라 극단적으로 일반화한다는 측면이 있는 것도 사실이다. 어떻게 우리가 속한 공동체 또는 세계의 사람들을 '고작 네 가지 유형'으로 구분하는 것이 실천적으로 가능하겠는가?[3] 게다가 설사 그러한 구분이 가능하다고 하더라도 각 유형에 속한 사람들의 스펙트럼 또한 천차만별로 다양할 것이다. 예컨대, 유형 1에 속한 사람들은 최고의 지적 능력과 도덕적 의지를 가진 사람으로부터 유형 4에 속한 사람들보다 조금 더 나은 정도의 지적 능력과 도덕적 의지를 가진 사람까지 다양할 수 있다. 역으로 유형 4에 속하는 사람들 또한 유형 1에 속한 사람들보다 조금 덜 부족한 정도의 지적 능력과 도덕적 의지를 가진 사람으로부터 매우 낮은 지적 능력과 도덕적 의지를 가진 사람까지 다양할 수 있다.[4] 하지만 그럼에도 한 사람이 가진 여러 속성과 역량 중에서 '(지적) 능력'과 '도덕적 의지'는 그 사람이 직면하게 될 여러 중요한 사건이나 상황에서 내릴 의사결정에 직접적이고 결정적인 영향을 주는 중요한 조건이라는 것 또한 부인할 수 없다.

사회는 나를 포함한 다양한 개인으로 구성된다. 또한 개인이 갖고 있는 '욕망'과 '삶의 지향'은 서로 다를 수 있다. 그런데 한 개인이 추구하는 삶의 지향과 욕망이 타인에게 피해를 주거나 사회에 해악을 끼치는 경우라면, 우리 대부분은 그와 같은 욕망과 지향을 허용하거나 수용하지 않을 것

---

3 이것은 마치 개인의 혈액형으로 그 사람의 성격을 판단하거나, 그 사람이 태어난 해의 '띠'나 태어난 달의 '별자리'를 근거로 그 사람의 성격이나 운명을 예단할 경우 초래되는 오류를 떠올리게 한다.

4 예컨대 x축은 도덕적 의지로, y축은 지적 능력으로 하는 그래프를 그린다고 해보자. 그리고 x축과 y축의 범위는 '－10~10'의 구간을 가진다고 하자. 이러한 사분면 그래프에서 유형 ①~④에 속하는 사람들은 매우 다양한 분포로 나타날 것이다.

이다. 물론, 허용될 수 있는 욕망이 무엇인지를 분별하고 판단하는 준거가 오직 도덕적 기준만 있는 것은 아니다. 또한 도덕적 기준이나 준거에 의거하여 한 개인의 욕망과 지향을 판단하고 분별하는 데는 많은 논의가 필요한 것도 사실이다. 하지만 우리는 적어도 타인과 사회에 피해나 해악을 끼치는 행위도 한 개인의 자유로운 행위이기 때문에 무차별적으로 허용될 수 있다고 생각하지는 않을 것이다.[5] 따라서 현재의 논의 수준에서는 '도덕적 의지'를 넓은 의미의 행위에 관한 한 실천적 기준으로 삼아도 큰 문제는 없는 듯이 보인다. 우리가 이러한 생각에 동의할 수 있다면, 〈사고실험 7〉에 등장하는 각 유형에 대해 평가함으로써 사회에 기여할 수 있는 유형과 그렇지 않은 유형에 대해 논의할 수 있다.

1) 유형 1에 대한 평가

〈사고실험 7〉의 조건과 구분에 따를 경우, '유형 1'에 속한 사람들이 우리가 발 딛고 있는 세계와 사회를 건강하게 만들고 유지하는 데 가장 기여할 수 있다는 결론을 추론하는 것은 어렵지 않다. 물론, (지적) 능력이 높다는 것이 곧 (소위 우리가 일상에서 말하는 세속적인) '사회적 성공'을 직접적으로 가리키는 것은 아니다. 예컨대, 세계에 대한 지식과 새로운 앎에 대한 욕망을 가진 사람 중에서 세속적인 사회적 성공을 좇지 않는 사람들도 있을 수 있기 때문이다. 하지만 주어진 사고실험이 의도하는 조건에 따라 (지적) 능력을

---

5 소극적 의무로서 '악행금지의 원칙'은 "어떠한 경우에도 타인에게 해악을 주어서는 안 된다"는 도덕적 명령이다. 밀(Mill, J. S.) 또한 개인의 자유를 최고의 선으로 강조하면서도 그 자유는 '타인에게 위해를 주지 않는 한(harm principle)'에서 보장될 수 있다고 말한다. 밀(J. S. Mill), 『자유론』, 서병훈 옮김, 책세상, 2005, 30-31쪽 참조.

사회적 성공과 결부시켜 논의한다면, 높은 (지적) 능력을 가진 사람은 그가 속한 사회에서(또는 그가 가진 직업이나 영역에서) 그렇지 않은 사람에 비해 사회적으로 성공할 가능성이 더 크다고 보는 데 큰 문제는 없는 듯하다. 또한 높은 (지적) 능력을 가진 사람이 그가 속한 사회에서(또는 그가 가진 직업이나 영역에서) 성공할 경우, 그는 자신이 속한 사회에서(또는 그가 가진 직업이나 영역에서) 더 많은 의사결정권을 갖게 될 것이고, 그것은 곧 그가 자신이 속한 사회에 (좋은 방식이든 나쁜 방식이든) 더 큰 영향력을 행사할 수 있다는 것을 의미한다.

그런데 유형 1에 속한 사람들은 어떤 도덕 원리를 자신의 가치로 채택하리라고 생각할 수 있을까? 이 물음에 대해 거칠게나마 답해보자. 그들은 아마도 다음과 같은 원리 중 하나를 1차적인 도덕 원리로 채택할 것이라고 예상할 수 있다. (이 밖에 의무론, 정의의 원리 등 몇몇 다른 원리를 제시할 수 있지만, 여기서는 다음과 같은 다섯 가지 경우만을 따져보자.)

① 선행의 원리 또는 이타주의
② 악행금지의 원리
③ 공리주의
④ 윤리적 이기주의(egoism)
⑤ 극단적 이기주의(selfish)

우선, 유형 1에 속한 사람들이 ①을 1차적인 도덕 원리로 삼을 경우, 그들은 우리가 꿈꾸는 좋은 공동체를 만드는 일에 크게 기여할 것이라는 추론에 어렵지 않게 동의할 수 있을 것이다. 그들이 가진 높은 수준의 전문성과 능력이 그들이 속한 사회의 공동선(common good)을 위해 쓰이리라 예상할 수 있기 때문이다. 다음으로 그들이 ②를 1차적인 도덕 원리로 채택한 경우에도 그들의 결정과 행위는 제법 좋은 사회를 만드는 일에 도움이 되리라고 추측할 수 있다. 그들은 적어도 타인에게 위해가 되거나 타인의 이익을 침해하는 의사결정이나 정책을 수립하는 데 기여하지는 않을 것이기 때문이다. 유형 1에 속한 사람들이 ③을 1차적인 도덕 원리로 삼는다면 어떨까? 우리의 예상과 달리 ③의 경우 그들의 선택과 결정이 좋은 사회를 만드는 데 큰 도움이 될 수 있는지 여부는 선불리 예단할 수 없다. 결과주의로서 공리주의가 가진 여러 한계와 제약으로부터 초래하는 다양한 문제를 그려볼 수 있기 때문이다. 그럼에도 이 경우 또한 그들이 선택하는 의사결정이나 행위가 공리주의가 채택하고 있는 '최대 다수의 최대 행복'의 두 변항 모두를 희생하지 않는 것일 경우 대다수의 사람이 수긍할 만한 사회를 만드는 데 기여할 것으로 볼 수 있다. 유형 1에 속한 사람들이 ④를 1차적 원리로 삼은 경우 또한 ①, ②, ③의 경우만큼은 아니어도 공동체를 유지하고 발전시키는 데 도움이 될 수 있을 것으로 추측해볼 수 있으며, 어떤 측면에서는 ②의 경우보다 사회 전체의 경제적 이익을 증가시키는 데 기여할 가능성도 있어 보인다. '윤리적 이기주의(ethical egoism)'는 간략히 말해서 '타인에게 피해나 해악을 주지 않을 경우, 자신의 이익을 최대화하는 것'을 목표로 하기 때문이다. 물론, 한 사회의 경제적 '부'의 총량이 증가한다는 것이 곧 그 사회의 '행복'의 총량이 증가한다는 것을 의미하지는 않는다. 따라서 이러한 해석은 매우 조심스럽게 판단할 필요가 있다. 예컨대 유형 1에 속한 사람들이 가진 부의 총량이 다른 유형의 사람들이 가진 것에 비해 넘어설 수 없을 정도로 클 경우 극심한 '부의 불평등'이라는 정의롭지 못한 결과를 초래할 수 있기 때문이다. 유형 1의 사람들이 ⑤를 자신의 도덕 원리로 삼지 않으리라는 점은 분명한 것 같다. 그들은 높은 지적 능력을 가지고 있고 옳은 도덕 원리를 발견하고 이해하려는 의지 또한 강하기 때문에 ⑤가 사회 일반에서 보편적인 도덕 원리의 자격을 결코 가질 수 없다는 것을 잘 파악할 것이기 때문이다.

지금까지의 논의가 우리가 가진 상식에 잘 부합할 뿐만 아니라 논리적으로 크게 문제 될 것이 없다면, 유형 1에 속하는 사람들은 자신이 가진 높은 지적 능력을 밑거름 삼아 소위 사회적으로 성공한 지위를 가질 뿐만 아니라, 우리가 보편적으로 받아들일 수 있는 '올바른' 도덕과 윤리에 의거하여 자신이 속한 공동체에 도움이 되는 방식으로 자신의 능력을 사용할 것이라고 추론할 수 있다.

2) 유형 2에 대한 평가

반면에 우리가 속한 세계와 사회에 기여할 수 없는 유형, 즉 우리 사회를 병들고 나쁘게 만드는 유형에 대한 답변은 사회에 가장 잘 기여할 수 있는 유형에 대한 답변과 달리 다양한 의견이 나올 수 있다. 물론, 이 문제에 가담하는 대부분의 사람은 아마도 '유형 2'에 속하는 사람이 건전한 사회를 만드는 데 가장 바람직하지 않다고 생각할 것이다. 그 까닭을 추론하는 것은 어렵지 않다. 앞선 논의에서 알 수 있듯이, 높은 (지적) 능력을 가진 사람은 자신의 능력을 활용하여 그가 속한 세계, 사회, 그리고 전문 영역에서 성공할 가능성이 비교적 크다고 보아야 한다. 이와 같이 사회에서 성공한 사람은 또한 자신이 속한 사회와 영역에서 더 큰 영향력을 행사하는 사회적 지위를 가질 확률이 높다는 것 또한 어렵지 않게 추론할 수 있다. 그런데 만일 그러한 사람이 그가 속한 세계나 사회에서 이루어지는 중요한 (의사) 결정을 내릴 때 도덕적으로 선한(또는 옳거나 정의로운) 결정이 아닌 도덕적으로 악한(또는 그르거나 정의롭지 않은) 결정을 내린다면, 그 사회에 속한 많은 다른 사람들에게 나쁜 영향을 주는 결과가 초래된다고 보아야 한다. 이것을 공리주의적 입장에 적용할 경우, 그가 내린 도덕적으로 악한(또는 그르거나 정의롭지 않은) 결정은 그러한 결정으로부터 영향을 받을 모든 사람의 이익(행복)을 크게 훼손하게 될 것이다.

앞서와 마찬가지로 유형 2의 사람들이 채택할 것으로 예상할 수 있는 행위 원리들에는 무엇이 있을지 생각해보자. 우선 그들은 유형 1과 마찬가지로 '④ 윤리적 이기주의'를 자신들의 1차적인 도덕 원칙으로 삼을 수 있다. 여기까지는 그런대로 크게 문제가 되지 않을 것 같다. 그런데 그들은 아마도 윤리적 이기주의가 아닌 부정적인 의미의 '⑤ 극단적 이기주의(selfish)'를 기본 원리로 채택할 것으로 예상할 수 있다. 여기서 '④ 윤리적 이기주의'와 부정적인 의미의 '⑤ 극단적 이기주의'는 서로 다른 행위 원칙을 가지고 있다는 점을 잘 포착해야 한다. 간략히 말해서, 전자는 자신의 이익을 위해 타인에게 피해를 주는 행위를 허용하지 않는 반면에, 후자는 자신의 이익을 최대화할 수 있을 경우 타인에게 피해를 주거나 해악을 끼치는 것도 감수할 수 있다. 예컨대, 경제와 회계에 대한 전문적인 지식을 이용해 탈세를 하거나 주가를 조작하는 경제(경영) 전문가들, 높은 수준의 의학 지식을 그저 돈벌이에만 사용하는 의료 전문가들, 자신 또는 자신이 속한 집단의 사적 이익을 위해 사실을 왜곡하고 여론을 조작하는 언론 전문가들, 법 지식을 이용해 경제적 이익만을 좇거나 권력을 휘두르는 법 전문가들은 모두 유형 2에 속하는 사람들이라고 볼 수 있다. 우리는 그러한 사람들을 전문가로서의 지위를 갖는 '경영인, 의료인, 언론인, 법조인'이라고 부르지 않으며, 냉소적이고 나쁜 의미로 '경영 기술자, 의료 기술자, 기레기, 법 기술자'라고 부른다.[6] 이러한 유형의 사람들은 자신이 속한 사회의 안녕과 공동체를

---

6 '~ 기술자'에서 '기술자'는 중립적인 의미에서 훌륭한 기술을 가진 사람을 가리키지 않는다는 점을 꼭 지적하고 싶다. 어떤 영역이든 훌륭하고 높은 수준의 숙련도를 가진 기술자들은 존중받아야 한다. '법 기술자, 의료 기술자, 경제(영) 기술자'에서 '기술자'는 자신이 가진 전문 지식

이루고 있는 이웃의 행복에 전혀 관심을 두지 않는 자들이라고 보아도 무방할 것이다. 그들의 유일한 관심사는 자신이 가진 능력과 권력을 밑바탕 삼아 타인의 행복과 이익을 해치고 침해해서라도 자신의 이익과 행복을 최대화하는 데 있을 것이기 때문이다.

3) 유형 3과 유형 4에 대한 평가

유형 1과 유형 2에 대한 평가는 비교적 어렵지 않게 결론을 도출할 수 있다. 반면에 유형 3과 유형 4에 대한 평가는 앞선 논의와 달리 명료한 답변을 내놓기가 쉽지 않아 보인다. 그 까닭에 대해 생각해보자.

유형 3(지적 능력은 낮으나 도덕적 의지는 높은 유형)과 유형 4(지적 능력도 낮고 도덕적 의지도 낮은 유형) 중 우리가 속한 세계와 사회에 더 나쁜 영향을 주는 유형은 무엇일까? 이러한 물음에 대해 깊이 생각하지 않고 언뜻 보면, '유형 4'가 '유형 3'보다 우리의 공동체에 더 나쁜 영향을 준다고 생각하기 쉽다. 하지만 (적어도 주어진 문제의 조건에 따를 경우) 유형 3이 유형 4보다 더 나쁜 영향과 결과를 초래할 수 있다. 왜 그럴까? 그것은 사고실험에서 제시하고 있는 지적 능력과 도덕적 의지에 대한 '조작적 정의'로부터 추론할 수 있다. 그 정의를 다시 보자.

(지적) 능력$_{=def.}$

세계와 사회 그리고 전문 영역에 대한 높은 '이해력'과 뛰어난 '수행 역량'

을 올바르게 사용하지 않고 자신의 이익만을 위해 왜곡된 방식으로 사용하는 것을 뜻한다.

도덕적 의지$_{=def.}$

옳은 도덕 원리를 발견 및 이해하고 그것을 실천하려는 의지(경향성, 욕망)

'유형 4'는 (주어진 조건에 따르면) 도덕적 의지가 낮기 때문에 (자신만의 사익을 추구하기 위해) 도덕적으로 또는 사회적으로 허용될 수 없는 행위를 하거나 (그저 재미를 위해 또는 자신이 가진 잘못된 신념을 이루기 위해) 심지어 해악을 끼치는 행위를 하려는 경향을 가질 수 있다고 보아야 한다. 그들은 아마도 부정적인 의미의 '⑤ 극단적 이기주의'를 행위 원리로 삼을 것이다. 그런데 유형 4는 (주어진 조건에 따르면) 지적 능력 또한 낮다. 만일 그렇다면, 비록 유형 4에 속하는 사람이 악하거나 정의롭지 못한 행위를 계획하고 준비하여 실제로 그것을 행위로 옮긴다고 하더라도 (유형 1과 유형 2에 속하는 사람들에 의해) 그러한 그릇된 의도와 행위가 쉽게 발각될 것이라고 추론할 수 있다. 간략히 말해서, 유형 4에 속하는 사람들은 자신의 사익을 부정의하게 추구하려는 목적으로 사회적으로 허용될 수 없거나 심지어 해악을 끼칠 수 있는 행위를 계획하고 실행한다고 하더라도 그러한 목적을 이루기가 쉽지 않을 수 있다. 만일 한 사회의 시스템이 통상적인 의미에서 잘 작동하고 있다면, 그들이 계획하고 준비하여 실행하는 악행들은 그 사회가 가진 '규율 체계'에 의해 포착되고 적절한 절차와 방법에 의해 처벌될 확률이 높다고 보아야 한다.

'유형 3'은 (주어진 조건에 따르면) 도덕적 의지는 높지만 (지적) 능력은 낮다. 언뜻 보기에 이 유형에 속하는 사람들은 우리가 속한 세계에서 '사회적 약자'에 속할 가능성이 커 보인다. 우리의 일상어로 말하자면, 소위 '너무 착하기만 하고 자신의 이익을 챙기지 못해 손해만 보는 사람들'이 여기에 속할 것으로 예상할 수 있기 때문이다. 이야기를 여기까지만 들으면, 유형 3에 속하는 사람들은 우리의 공동체에 결코 나쁜 영향을 주는 사람들이라고 볼 수 없으며, 오히려 우리가 좋은 마음으로 그들이 더 나쁜 처지에 놓이지 않도록 보호하고 도와야 하는 사람들이라고 여겨야 한다. 하지만 문제는 그렇게 간단하지 않다.

〈사고실험 7〉의 (조작적) 정의에서 '도덕적 의지'는 보편적인 도덕철학이나 윤리학에서 제시하는 도덕 원리나 준칙이 아니라는 점을 포착해야 한다. 그것은 단지 '자신이 옳다고 생각하는 것을 실제 행위로 옮기려는 성향이나 의지'를 가리킬 뿐이다. 이러한 가정에 따를 경우, 유형 3에 속한 사람들은 세계와 사회를 이해하는 능력이 떨어지기 때문에 또는 세계와 사회에 대한 관심이 없기 때문에 '보편적인 윤리와 도덕'이 아닌 그들만의 '잘못된 신념'이나 '그릇된 욕망'에 의해 왜곡된 '거짓 윤리와 도덕'을 가질 수 있다.[7] 쉽게 말해서, 그들은 자신이 가진 세속적인 '욕망'이나 '신념'으로 인해 앞에서 제시한 ①~⑤의 원리 중 '⑤ 극단적 이기주의'를 자신의 행위 원리로 채택할 수 있다.

게다가 더 나쁜 상황을 가정하자면, 유형 3에 속하는 사람들은 유형 2에 속하는 사람들의 교활한 거짓과 선동에 더 쉽게 속을 수 있다고도 볼 수 있다. 말하자면, 유형 2에 속하는 사람들이 자신들이 가진 높은 지적 능력과 사회적 지위를 이용하여 자신의 이익을 위해 유형 3에 속한 사람들에게 거짓 정보를 제공하고 선동하는 방식으로 또는 강압에 의해 잘못된 신념이나 그릇된 욕망을 심어줄 경우, 유형 3에 속하는 사람들은 그러한 잘못된 신념과 그릇된 욕망을 옳고 선한 것으로 받아들일 수 있다. 더 나아가 그

---

7 하먼(Gilbert Harman)은 「도덕 상대주의 옹호」에서 한 개인은 어떤 행위를 자신의 기본 가치로 삼을 것인가에 대해 각자의 '내부 판단(Inner Judgement)'을 가질 수 있다고 주장하면서 자신이 속한 암살자 조직과 조직원을 존중하고 그 밖의 집단을 경멸하도록 철저하게 길러진 암살자의 예를 든다. 하먼은 그 암살자가 의뢰를 받아 누군가를 암살할 때, 그 암살자에 대한 우리의 도덕적 평가와 무관하게 그 암살자가 우리가 가진 도덕규범에 따라 반성하거나 죄책감을 갖지 않는 것은 이상한 일이 아니라고 본다. Harman, Gilbert, "Moral Relativism Defend," The Philosophical Review, Vol. 84, No. 1 (Jan., 1975), pp. 3-22 참조.

들은 그러한 잘못된 신념과 그릇된 욕망을 실현하기 위해 맹목적인 행위를 할 수도 있다. 그들은 그것을 도덕적으로 옳다고 굳게 믿고 있으며, 그것을 실제 행위로 옮기려는 '의지' 또한 강하기 때문이다. 서글픈 일이지만, 이러한 상황이나 일들을 목도하는 것은 결코 어려운 일이 아니다. 예컨대, 내 주변의 이웃들을 바라보자. 그들 대부분은 특수한 상황이 아니라면 타인에게 해를 끼치지 않기 위해 조심하고, 나아가 다소간의 친분이 있을 경우 나를 위해 기꺼이 자신이 가진 것의 일부를 내놓기까지 한다. 그들은 소위 '좋은 이웃'이라고 부를 수 있다. 그런데 문제는 그러한 좋은 이웃들이 공동체 전체에 영향을 줄 수 있는 중요한 사안에 대해 그릇되거나 잘못된 신념과 욕망을 가지고 있을 경우, 그들은 특수한 상황과 조건에서 자신들이 가진 잘못된 신념이나 지향으로 인해 사회에 나쁜 결과를 초래할 수 있는 결정이나 편에 맹목적으로 서게 될 수 있다.

4) 사회에 기여하는 정도에 따라 각 유형의 순위를 매긴다면?

앞에서 살펴보았듯이, 〈사고실험 7〉의 각 유형에 대해 사회에 기여하는 정도에 따라 순위를 매길 때, 사회에 가장 기여할 수 있는 사람의 집단으로 '유형 1'을 그리고 가장 나쁜 영향을 줄 사람의 군집으로 '유형 2'를 꼽는 것은 어렵지 않다. 그런데 유형 3과 유형 4 중 어떤 유형이 사회에 더 나쁜 영향을 주는가에 관한 결론은 그 유형들에 대한 세밀한 평가와 그 사회가 가진 환경과 조건에 따라 달라질 수 있다. 예컨대, 그들의 선택과 행위를 좁은 의미에서 우리 삶의 일상사에만 적용할 것인가, 또는 넓은 의미에서 우리가 속한 민주사회의 중요한 의제와 같이 공동체 전반에 걸쳐 영향을 미칠 의사결정에 적용할 것인가에 따라 다른 결론이 도출될 수 있다.

하지만 지금까지의 논의를 통해 다음은 명확하게 말할 수 있을 것으로 보인다. 즉, 분명한 것은 한 사회를 이루는 구성원 중 유형 1에 속한 사람들이 다수를 이루고 유형 3에 속한 사람들이 유형 1에 더 가까워질수록 우리가 바라는 좋은 사회 공동체가 되리라는 것은 의심할 수 없다. 반대로 유형 2와 유형 4에 속한 사람들이 다수를 이루는 사회는 나쁜 공동체가 될 것이라고 생각하는 것도 자연스럽다. 그렇다면, 유형 3에 속한 사람들이 다수를 이루는 공동체의 경우는 어떨까?

5) 가상의 사회 공동체 사례: 증세와 감세 논쟁

이제 〈사고실험 7〉을 '가상의 공동체'에 적용하는 새로운 사고실험을 생각해보자. 그리고 그 사회 공동체에서 우리가 다루어볼 수 있는 여러 가지 문제 중에서 세금과 관련된 문제를 적용해보자. 미합중국 속담에 "이 세계에서 확실한 것은 죽음과 세금뿐이다"는 말이 있다. 비록 그 진술문은 속담이지만, 한 나라의 시스템하에서 삶을 꾸려가는 시민에게 '세금'은 피할 수 없는 것이기 때문이다.[8] 또한 우리는 일반적으로 국가에 많은 세금을 내는 것을 선호하지 않는다. 간략히 말해서, 일반적으로 "더 많은 세금을 내는 것을 좋아하는 사람은 없다"고 말할 수 있다. 게다가 자본주의 사회에서 (그것이 크든 작든 간에) '재산(돈)'에 대한 욕망만큼 우리를 직접적으로 자극하는 것은 거의 없다고 볼 수 있다. 따라서 소득과 재산에 따른 세금의 인상 · 인하

8 Benjamin Franklin, "But in this world nothing can be said to be certain, except death and taxes."

문제를 통해 〈사고실험 7〉을 평가하는 것은 그 문제를 이해하는 데 어떤 직관을 제공할 수 있다.

〈가상의 공동체 사례 1〉

사회 공동체 S는 '소수의 유형 1, 유형 2, 유형 4', 그리고 '다수의 유형 3'의 사람들로 구성되어 있다고 하자. 즉, 그 공동체는 다음과 같은 모습을 가지고 있다고 하자.

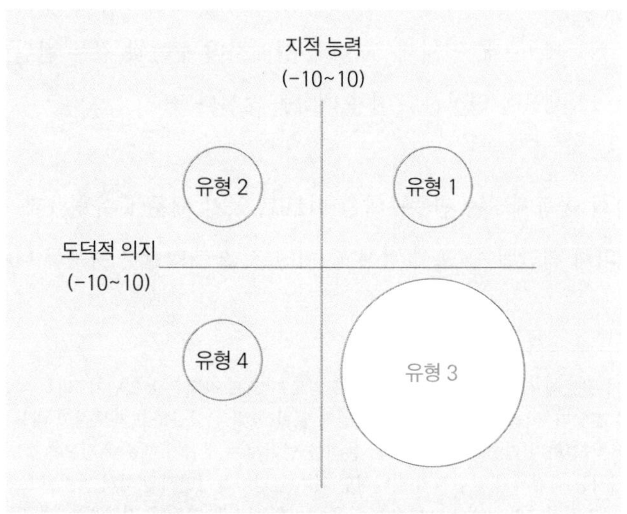

〈그림 1〉 가상의 사회 공동체의 구성원 구조

공동체 S는 새로운 '조세 정책'을 도입하여 공동체의 살림살이를 구성하려고 한다. 이러한 상황에서 유형 3과 유형 4에 속하는 사람들은 유형 1과 유형 2에 속한 사람들에게 새로운 조세 정책을 만드는 일을 맡기기로 한다. 그러면서 그들은 새로운 조세 정책을 만드는 일은 너무 복잡하고 어려운 일이기 때문에 자신들이 잘 해낼 자신이 없어서라고 말한다. 그들의 위임을 받은 유형 1과 유형 2는 각자가 가진 능력을 적극적으로 활용하고 공동체에 대한 각자의 가치관과 신념에 따라 유형 1은 정책 1을 그리고 유형 2는 정책 2 같은 핵심 내용을 담은 조세 정책을 각각 제안했다.[9]

정책 1: 소득세, 법인세, 상속세, 증여세, 재산세, 종합부동산세 등과 같은 직접세의 세율을 인상하고 적용 대상을 넓힌다. 반면에 간접세의 세율은 인하한다.

정책 2: 직접세의 세율을 인하한다. 반면에 개별소비세, 부가가치세, 주세, 인지세, 교통세, 담배소비세 등과 같은 간접세의 세율을 인상하고 적용 대상을 넓힌다.

사회 공동체 S는 민주주의를 따르고 있기 때문에 유형 1과 유형 2에 의해 제안된 두 조세 정책 중 어떤 것을 채택할지 여부를 다수결

---

9 〈가상의 공동체 사례 1〉은 '공정한 또는 정의로운 조세 정책은 무엇인가?'라는 어려운 문제를 제기하고 있다. 여기서 한 나라의 조세 정책 일반에 대한 엄밀하고 세부적인 내용들을 논의하는 것은 가능하지 않을뿐더러 현재의 논의를 넘어서는 것이기 때문에 필요하지도 않다. 따라서 여기서는 직접세와 간접세의 일반적인 의미를 받아들이면서 논의하는 것이 도움이 될 것이다. 그리고 직접세와 간접세는 다음과 같은 의미와 특징을 가진다. 직접세는 '세금을 내야 할 의무가 있는 사람과 실제로 세금을 납부하는 사람이 일치하는 세금'이다. 직접세는 재산의 정도에 따라 누진세율이 적용되기 때문에 소득 재분배 효과를 기대할 수 있다. 따라서 직접세는 소득 계층 간의 격차를 줄일 수 있으며, 사회적 불평등을 줄일 수 있다. 반면에 직접세는 더 많은 세금을 내야 하는 자산가 및 고소득층에 의한 조세회피 또는 조세저항이 커질 수 있다. 간접세는 '납제의무자와 담세자가 일치하지 않는 세금으로서, 세금을 내야 할 의무가 있는 사람의 조세 부담이 타인(상품 판매자)에게 전가되는 세금'이다. 부가가치세로 대표되는 간접세는 개인이 소비하는 만큼 세금을 내야 하고 소득 수준에 무관하게 동일한 세율이 적용되기 때문에 저소득층일수록 더 높은 조세 부담률을 떠안게 되는 '조세 역진성' 문제 같은 조세부담의 형평성에 어긋나는 단점을 가지고 있다. (참고로 우리나라의 부가가치세는 현재 상품가격의 10%가 책정된다.) 반면에 간접세는 소비자 자신이 세금을 직접 내지 않기 때문에 직접세보다 납세부담이 적고 조세저항이 크지 않다.

에 의해 결정한다고 하자. 그 공동체는 두 제안 중 어떤 것을 새로운 조세 정책으로 선택할까?

이미 짐작하듯이, 〈가상의 공동체 사례 1〉에서 제기한 물음에 대한 명확한 답은 없다. 공동체 S는 민주주의를 따르고 있기 때문에 정책 1과 정책 2 중 어떤 정책이 채택될 것인가 여부는 그 공동체 구성원의 선택에 달려 있기 때문이다. 그리고 공동체 S의 구성원 중 최대 다수는 유형 3에 속한 사람들이기 때문에 결국 두 정책 중 어떤 정책이 채택될 것인지는 유형 3에 속한 사람들이 어떤 정책을 선호하고 지지할 것인가에 달려있다. 그럼에도 주어진 조건에만 의지한다면, 유형 3에 속한 많은 사람은 정책 2가 아닌 정책 1을 지지하고 선호할 것이라고 생각할 수 있다. 하지만 이미 짐작하듯이, 우리의 예상과 달리 그들은 정책 1이 아닌 정책 2를 더 선호하고 지지할 수도 있다. 우리는 모두 각자의 '욕망'을 가지고 있기 마련이다. 그리고 그러한 욕망이 '현재의 나'가 아닌 내가 마음으로 그리고 있는 실현되지 않은 어떤 '미래의 나'를 더 강하게 가리키고 있을 경우, 우리는 왜곡된 계산에 의해 실질적으로 '현재의 나'에게 도움이 되지 않을 뿐만 아니라 '공동체'에도 이익이 되지 않는 결정을 내리기 쉽기 때문이다. 게다가 만일 〈가상의 공동체 사례 1〉에서 유형 3에 속하는 사람들이 정책 2를 선호하고 지지하는 1차적인 이유가 유형 2에 속한 사람들의 선동과 '거짓된 욕망'의 부추김으로부터 비롯된 것이라면, 우리는 그것을 어떻게 차단할 것인가에 대해 깊이 고민해야 한다.

결국 〈사고실험 7〉의 조건하에서 〈가상의 공동체 사례 1〉은 세속적인 의미에서 사회적 지도층의 지위에 있을 사람들의 '선의(good will)'에만 의지하는 것이 우리를 안전하고 행복하게 만드는 합리적인 선택이 될 수 있는가의 문제를 제기한다. 만일 우리 사회의 지도자 계층이 유형 1의 사람들이라면 또는 그 비중이 크고 다수의 사람이 그들을 지지한다면 문제 될 것은 없다. 반면에 유형 2의 사람들이 지도층의 다수를 차지하고 있고 그들이 극단적 이기주의에 따라 자신만의 이익을 추구하는 불행한 상황이라면, 어떻게 그들의 극단적인 이기심을 통제하고 규제할 것인가라는 중요한 문제가 우리 앞에 놓여 있다.

2.
전문가의 자율규제

사회가 발전하고 커지면서 그 사회를 반영하는 다양한 전문 영역이 만들어지기 마련이다. 또한 그러한 전문 영역은 점점 더 전문화되어가는 경향이 있다. 더하여 〈사고실험 7〉에 관한 논의를 받아들일 수 있다면, 한 사회에서 유형 1과 유형 2에 속하는 사람들이 전문가의 역할을 담당하고 있으리라고 예상할 수 있다. 예컨대, 대표적으로 '의료, 경영과 회계, 과학기술, 언론, 정치' 같은 분야를 예로 들 수 있다. 법의 영역 또한 사정은 다르지 않아서 현대의 법(률)들은 급격하게 변하는 사회에 대응하기 위해 점점 복잡하고 어려워지고 있다. 그러한 까닭에 각 전문 영역의 전문가에 의해 발생하는 부정의한 일탈 행위를 어떻게 예방하고 규제할 것인가에 관한 논의는 중요한 문제라고 할 수 있다. 이 문제를 논의하기 위해 먼저 아리스토텔레스(Aristoteles)의 다음과 같은 말을 들어보자.[10]

---

10 Aristoteles, 『정치학(Politics)』, 제3권 제11장, 1281a-1282a, 천병희 옮김, 도서출판 숲, 2002, 164-165쪽. 아리스토텔레스는 바로 이어서 다음과 같이 말한다. "그러나 이런 이의가 전적으로 옳은 것은 아니다. 첫째, 우리의 조금 전 주장에 따르면, 대중이 지나치게 저질스럽지 않은 한 그들 개개인은 전문가들보다 못한 판단을 내릴지 몰라도 '집단으로서는 더 나은 또는 못지않은 판단'을 내릴 것이기 때문이다. 둘째, 몇몇 분야에서는 전문 지식이 없는 사람들도 제품에 대해 정확한 지식을 가질 수 있는데, 이 경우 제작자가 유일하게 또는 가장 훌륭하게 판단을 내릴 수 있는 것은 아니다. 건물의 경우가 그렇다. 건축자도 분명히 건물에 관해 나름대로 의견을 갖고 있겠지만, 건물의 사용자 또는 가사 관리인이 건축자보다 더 훌륭한 판단을 내릴 것이다. 마찬가지로 노에 관해서는 배 목수보다 키잡이가, 요리에 관해서는 요리사보다 손님이 더 훌륭

> 의사는 의사에 의해 평가되어야 하는 것처럼, 사람은 일반적으로 동등한 사람에 의해 평가되어야 한다. 올바른 선거는 지식이 있는 사람에 의해서만 가능하다. 예컨대, 기하학자는 기하학자에 관해서만, 물길 안내자는 물길 안내자에 대해서만 올바르게 선거할 것이다. 그러므로 장관을 선거하는 일이나 그들의 책임을 묻는 일도 다수자에게 맡겨서는 안 된다.

아리스토텔레스의 이와 같은 말을 '문자 그대로' 이해하면 한 나라의 지도자를 선출하는 데 있어 그 사회를 구성하는 다수의 시민에게 맡겨서는 안 된다는 주장으로 읽힐 수 있다. 따라서 전문가에 대한 평가와 규율은 전문가에 의해 이루어져야 한다는 결론 또한 자연스럽게 이끌어진다. 만일 그렇다면, 이러한 주장을 지금 우리가 다루고 있는 전문가의 자율규제 문제와 연결 지어 '평가' 측면에서 다음과 같은 논증으로 재구성할 수 있다.

〈논증 재구성〉

p_1. 의사는 의사에 의해 평가받아야 한다.

p_2. 기하학자는 기하학자에 의해 평가받아야 한다.

p_3. 물길 안내자는 물길 안내자에 의해 평가받아야 한다.

p_4. 장관은 장관에 의해 평가받아야 한다.

c_1. 사람은 동등한 (자격을 가진) 사람에 의해 평가받아야 한다.

하게 판단할 것이다." 아리스토텔레스는 『정치학』 제7권에서 시민이 행복하게 살 수 있는 최선의 정치체제를 고찰하면서 '다수에 의한 지배'가 가장 이상적인 정치체제라고 인정하는 동시에 다수의 시민이 일정 이상의 훌륭함(덕)을 가지고 있어야 한다는 전제가 충족되어야 한다는 것을 강조한다. 따라서 아리스토텔레스는 이상적인 국가(폴리스)는 좋은 시민이 성장할 수 있도록 시민에게 좋은 교육을 제공해야 한다고 주장한다. 아리스토텔레스의 『정치학』에 관한 짧지만 친절한 입문서로는 김재홍, 『아리스토텔레스 정치학』, 쌤앤파커스, 2018을 참조할 수 있다.

c. 장관을 선거하는 일이나 그들의 책임을 묻는 일을 다수에게 맡겨서는 안 된다.

그의 논증을 이렇게 재구성하고 그것을 '전문가에 대한 평가와 규제'의 문제에 결부시키면, 어떤 영역과 분야이든 전문가에 대한 '평가와 규제'는 그 영역과 분야의 전문가에 의해 이루어져야 한다는 결론으로 이끌어진다. 그리고 우리는 그것을 전문 영역의 '자율규제(self-regulation)'라는 용어를 통해 이해할 수 있다. 전문 영역에 대한 '평가와 규제'는 그 영역에 속하는 전문가의 손에 고스란히 맡겨져야 하는가? 그러한 주장을 반박하는 것은 그리 어렵지 않다. 다음의 논증을 보자.

〈평가 논증〉

p_1. 의사는 (그의 고객인) 환자에 의해 평가받아야 한다.

p_2. 기하학자는 기하학 계산 결과를 이용하는 사람들에 의해 평가받아야 한다.

p_3. 물길 안내자는 물길을 이용하는 사람들에 의해 평가받아야 한다.

p_4. 장관은 그가 봉사하는 시민에 의해 평가받아야 한다.

c_1. 사람은 그가 봉사하거나 그의 행위에 영향을 받을 사람에 의해 평가받아야 한다.

전문가에 대한 평가는 전문가에게 맡겨야 한다는 주장을 반박하는 〈평가 논증〉은 전문가에 대한 평가가 그의 결정이나 행위로부터 (좋은 방향이든 나쁜 방향이든) 영향을 받을 사람들에 의해 이루어져야 한다는 것을 보여준다. 물론, 〈평가 논증〉이 참이라고 하더라도 '전문가에 대한 전문가의 평가'를 배제하는 것은 아니다. 말하자면, 〈평가 논증〉은 전문가에 대한 평가는 그 영역에 대한 다른 전문가를 포함하여 그들의 결정이나 행위로부터 영향을 받을 모든 사람에 의해 이루어져야 한다고 말하고 있을 뿐이다. 따라서 전문가의 결정이나 행위로부터 초래될 수 있는 문제에서 전문가 집단에 '자율규제'의 권한을 줄 것인가, 그로부터 영향을 받을 모든 사람에게 그 권한을 줄 것인가의 문제는 여전히 남는다.

1) 전문직 자율규제 논의의 구조[11]

'공적규제(public regulation)'는 '자율규제(self regulation)'에 대응하는 용어로 사용된다. 그리고 공적규제는 일반적으로 정부에 의해 전문가 집단 같은 개별 집단을 규제하는 것을 말한다. 달리 말하면, 공적규제는 정부 같은 외부 기관이 만든 규칙에 의해 관리되고 감독받는다는 측면에서 일종의 '타율규제'라고 할 수 있다. 반면에 '자율규제'는 일반적으로 전문가 집단 같은 개별 집단이 스스로 규칙을 만들고 그것에 따라 자신의 집단을 관리하고

11 이 부분은 전대석 · 김용성, "전문직 자율규제의 철학적 근거에 대한 탐구", J Korean Med Assoc 2016, August (JKMA, 2016. 08), 580-591쪽; 전대석, 『의료윤리와 비판적 글쓰기』, 북코리아, 2016, '10장 자율규제의 두 얼굴', 389-445쪽을 인용하여 수정 및 보완했다. 자율규제에 관한 논의는 법의 영역에서보다는 주로 경제와 경영 또는 의료 영역에서 다루어지고 있으며, 법의 영역에서는 변호사에 초점을 맞추어 논의가 이루어지고 있다. 하지만 여기에서는 법의 영역에 초점을 맞추기 위해 '판사, 검사, 변호사'와 같이 법을 다루는 전문가에 한정하여 논의를 진행한다. 특히, 판사는 사법부에, 검사는 행정부에 속해 있기 때문에 그들은 자율규제의 대상이 아닌 공적규제의 대상이라고 보아야 한다. 하지만 법이 가진 특수성으로 인해 그들을 공적으로 규제하는 데 넘기 힘든 높은 벽이 있는 것도 사실이다. 거칠게 말해서, 그들은 '공적규제의 사각지대'에 놓여 있다고 볼 수 있다. 따라서 공적 영역에 있는 판사, 검사 같은 법 전문가를 자율규제 개념에 의거해 평가하는 것은 의미가 있다.

감독하는 권한을 갖는 것을 의미한다. 따라서 공적규제와 자율규제는 서로 다른 성격을 갖는다.

또한 자율규제를 해석하고 실천적으로 적용하는 모습은 '전문가 집단'과 그에 대응하는 일반 '시민사회'에서 사뭇 다른 양태로 드러나고 있는 듯이 보인다. 달리 말하면, 전문가 집단과 일반 시민사회는 자율규제를 서로 다르게 이해하고 있을 뿐만 아니라 그것을 적용하는 방식에도 차이가 있다. 만일 그렇다면, 자율규제의 문제에 직접적으로 관련된 두 집단, 즉 전문가 집단과 일반 시민사회는 자율규제를 서로 다르게 정의하기 때문에 '개념적인 틈(conceptual gap)'이 발생하게 된다.

'자율규제(自律規制)'는 'self-regulation'을 우리말로 옮긴 것이다. 하지만 이 용어는 판사, 검사, 변호사 같은 법(률) 전문가 집단의 입장과 일반 시민사회 같은 그 밖의 집단 입장에서 달리 해석될 여지가 있다. 예컨대 판사, 검사, 변호사 같은 법 전문가 집단은 '효용성(efficacy)'의 극대화를 위해 전문가 집단의 규제의 '자율성'을 강조하는 반면에, 일반 시민사회는 규제의 '공공선(common good)'을 위해 전문가 또는 전문가 집단의 '감시와 처벌'을 강화하는 데 더 많은 관심을 둔다. 또 다른 문제는 우리나라의 경우 가부장적 관료 문화와 전문가 집단이 지니는 정보의 비대칭성으로 인해 자율규제에 관한 논의가 왜곡되는 경향이 있다.

전문직의 자율규제와 관련된 문제는 다양한 모습과 차원을 가지고 있다. 예컨대, 전문직의 자율규제는 법(률) 전문가, 의료 전문가, 과학기술 전문가, 언론 전문가 집단 등에서 스스로 제정하는 집단 내부의 규준(standard) 문제, 그들의 독립적 지위와 자격 인정에 관한 전문직의 면허(certification) 문제, 전문직 또는 전문직 집단과 일반 시민사회와의 관계 설정 문제, 전문직 종사자가 가져야 할 보편적인 윤리적 문제 등과 같이 여러 가지 수준과 관계 속에서 탐구되고 파악되어야 한다. 또한 자율규제는 문자 그대로 읽을 경우 '스스로 규칙을 정하고 관리한다' 정도로 해석할 수 있다. 이와 같이 우리의 상식에 부합하는 해석에 따를 경우, 전문직의 자율규제 문제는 '스스로'에 해당하는 '자율'의 차원과 '규칙과 관리'에 속하는 '규제'의 차원으로 구분하여 살펴보는 것이 도움이 될 수 있다. 그리고 전문직의 자율규제와 관련된 두 차원의 문제는 아래의 〈표 2〉에서 볼 수 있듯이 더 세부적인 층위의 논의를 통해 규명되어야 할 것이다. 하지만 여기에서는 한정된 지면으로 인해 아래에 제시한 모든 것을 자세히 살펴볼 수는 없다. 그럼에도 그것들에 관한 대략의 모습과 내용을 이해하는 것은 필요하다. 따라서 자율규제 논의의 주된 흐름을 형성해온 '규제'와 관련된 일련의 논의를 먼저 간략히 살펴봄으로써 그러한 접근법의 장점과 문제점을 파악하고, 다음으로 전문직 또는 전문가 집단의 윤리적 태도와 더 밀접하게 접해 있는 '자율'과 관련된 문제들을 생각해보자.

〈표 2〉 자율규제의 구조

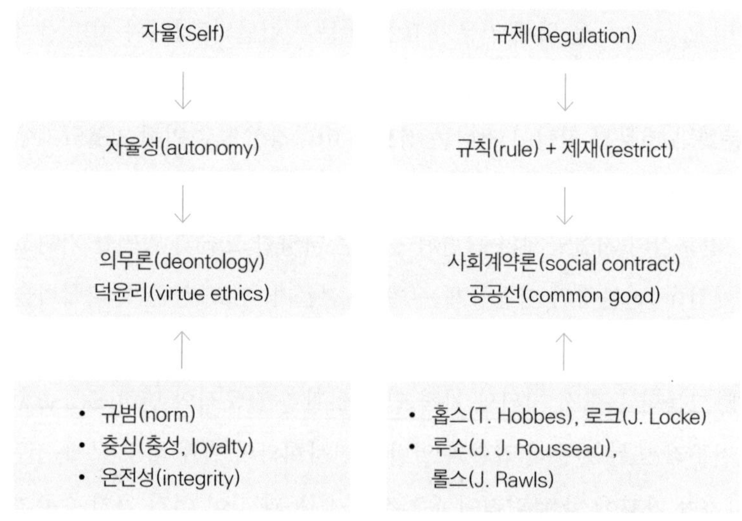

2) 자율규제의 두 얼굴: 사전적 의미와 사후적 의미

전문가 집단의 관점과 입장에서 '자율규제'를 적용할 경우, 개별적인 법조인 또는 법 전문가 집단이 스스로 규율하고 감독함으로써 어떤 정의롭지 못한 사건이 일어나는 것을 미연에 방지하고 예방하는 것을 목표로 하기 때문에 사건의 '후(後, post)'가 아닌 '전(前, pre)'에 관한 것을 적용 대상으로 삼고 있다고 볼 수 있다. 말하자면, 만일 '규제'의 주된 목적이 어떤 행위를 적극적으로 사전에 '금지(prohibition)'하고 '제한(limitation)'하는 것이라고 본다면, 규제가 적극적으로 개입되는 때는 어떤 (법의) 사건이 일어나기에 앞서 적용되어 그것을 예방해야 한다. 반면에 우리는 통상 '금지와 제한' 조건을 만들고 제정하는 것을 일반적으로 그 조건들이 지켜지지 않았을 경우를 대비하기 위한 것이라고 이해한다. 말하자면, '금지와 제한' 조건들은 규칙에 위배되거나 위반하는 사건들이 일어났을 경우 그것에 대한 응분의 책임을 지우기 위한 것이라고 할 수 있다. 이와 같이 '규제'는 '사전에 예방하기 위한 조건'과 '사후에 응분의 책임을 묻기 위한 조건'이라는 두 얼굴(janus)을 갖고 있다.[12] 그리고 만일 현실에서 규제를 전자가 아닌 후자의 개념으로 주로 사용한다면, 규제 개념이 주로 적용되는 시간은 '전(前, pre)'이 아닌 '후(後, post)'라고 볼 수 있다.

---

12 이러한 측면에서 'self-regulation'을 우리말로 옮길 경우 통상 '자율규제(自律規制)'로 번역했지만, 그것을 '자율규정(自律糾正)'으로 해석할 수 있는지에 관한 논의를 하는 것은 의미가 있는 듯이 보인다. 왜냐하면 '규제'는 일반적으로 '처벌'을 가리키는 것으로 받아들여지지만, 적어도 '자율규제'에서 '규제'는 단지 '처벌'만을 가리키지 않는 듯이 보이기 때문이다. 여기서 규제는 사후적 의미의 '처벌(punishment)'뿐만 아니라 사전적 의미의 '규칙(rule)'의 뜻도 갖고 있다고 볼 수 있다는 점에서 '규칙을 정할 뿐만 아니라 그것을 제어하고 조정(control)'하는 모습을 가지고 있다.

〈표 3〉 자율규제의 사전적 의미와 사후적 의미

<table>
<tr><th>구분</th><th>적용 시간</th><th>적용 대상</th><th>주요 내용</th></tr>
<tr><td>자율적 판단</td><td rowspan="2">전(pre)</td><td rowspan="2">법 전문가 집단 내</td><td rowspan="2">법 전문가로서 갖추어야 할 속성
• 관리, 감독, 교육을 통한 예방
• 정직, 책임감, 공정성 등</td></tr>
<tr><td>직무 윤리</td></tr>
<tr><td>자율규제</td><td>후(post)</td><td>법조 집단 vs. 사회</td><td>법 전문가 집단의 자율적인 규준 제정
• 감독과 평가를 통한 처벌
• 일반의 상식에 부합하는 책임 묻기</td></tr>
</table>

3.
사회계약적(social contract) 관점에 의거한 전문직 자율규제 분석[13]

어떤 전문 분야의 문외한이 전문직을 규제할 때는 현실적인 한계가 발생할 수밖에 없다. 그것은 법의 영역에서도 마찬가지다. 앞에서도 여러 번 언급했듯이, 현대사회는 새로운 변화와 흐름을 좇아가기 버거울 정도로 빠르게 변하고 있다. 그러한 변화는 단지 최근 우리의 관심을 가장 크게 이끌어내고 있는 인공지능 등과 같은 과학기술 분야에만 한정되지 않는다. 예컨대 우리의 실질적 삶과 깊은 관련을 맺고 있는 금융 경제의 경우 쉽게 이해할 수 없는 전문용어와 계산법으로 인해 비전문가들은 그 문제에 좀처럼 다가서기가 쉽지 않다. 그런데 우리의 삶과 일상을 보호하는 법은 그러한 변화에 대처해야 할 필요성이 있다. 법의 영역 또한 나날이 복잡해지고 정교해지는 까닭이다. 그리고 그것은 시민이 법을 제대로 이해하는 것을 가로막음으로써 결국 법으로부터 시민을 격리하는 장애물로 작동한다.

이러한 맥락에서 전문직 규제는 자율규제라는 형식으로 이루어지는 것이 바람직하다고 생각하기 쉽다. 전문직의 자율규제는 그 필요성이 전문직 자율규제 집단이 가지는 공적 이익의 차원에서 공리주의적인 정당화를

---

13 3절은 전대석, 『의료윤리와 비판적 글쓰기』, 북코리아, 2016, "10장 자율규제의 두 얼굴", 389-445쪽을 인용하여 일부 내용을 수정했다.

거친다. 물론, 항상 이와 같은 공공선 또는 공적 이익에 의해서만 실질적인 전문직 자율규제가 이루어지는 것은 아니다. 전문직 종사자들 또한 하나의 '이기적이고 합리적인 행위자'들이기 때문에 종종 자율규제는 '사적 이익'의 필요성에 의해 추동되기도 한다. 어쨌든 전문가 집단은 그들이 속한 사회에 공정하고 상식에 부합하는 서비스를 제공해야 하며, 이러한 목표를 이루기 위해 끊임없이 자신의 전문성과 윤리적 자세를 유지하고 발전시켜 나가야 한다. 다른 한편, 사회는 이들에게 높은 수준의 보수와 지위를 보장하며 '면허'의 공급을 조절함으로써 일종의 독과점을 인정해준다. 즉, 전문직은 자신의 자율성을 사회와의 '계약(contract)'을 통해 확보한다. 전문가들의 자율규제는 그들이 외부의 불필요한 영향으로부터 벗어나 높은 수준의 서비스와 기술 수준을 유지하고 기술적 · 도덕적 · 사회적으로 좀 더 적절한 사회적 서비스를 제공할 수 있게 하는 핵심적인 수단이 된다. 말하자면, "전문직 종사자들은 자율규제라는 '특권'을 통해 여타 직업 종사자들과 구분된다. 변호사협회 같은 자율규제 단체는 전문직업성(professionalism)을 대표하고 형식적으로 바로 그렇게 함으로써 전문직업군으로 인식된다. 전문가 단체는 그에 속한 구성원들을 징계하고 통제하는 권한을 가진다. 전문가는 자율규제라는 수단을 통해 더 높은 직업적 수준을 유지하게 된다."[14]

한편, 일반 시민은 규제라는 것의 본성과 다양한 측면을 이해하는 데 종종 혼란을 겪는다. 그들은 때로 규제라는 것을 '명령', '통제' 그리고 '처벌'과 동일한 것으로 받아들인다. 특히, 규제는 규제자와 규제를 받는 자와의 엄격한 분리를 전제로 한 것으로 이해하기 때문에 자율규제의 필요성과 구조를 받아들이는 데 어려움을 느낀다. 또한 자율규제의 구조와 필요성

---

14 Abel, R. L., *The politics of the market for legal services*, Oxford: M. Robertson, 1982; Disney J., Basten J., Redmond P., Ross S., Bell K. *Lawyers*. 2nd ed. Melbourne: Law Book, 1986.

에서도 그들은 사회계약론적 관점에서 전문가 집단과의 계약 당사자로서의 이해관계에 집중하는 경향이 강하다. 따라서 그들은 전문직 종사자들에게 윤리적이고 실무적인 차원에서의 부적절성이 발견되면 그들에게 주어진 자율권을 박탈하고 더 많은 감시와 더 강한 처벌을 위한 입법적 절차를 요구하는 경향이 있다. 하지만 사회계약적 관점에서 본다면, '민주적 질서' 아래 놓여있는 한 전문직업의 자율규제는 일종의 공적인 선물이라고 볼 수 있다. 자율규제는 민주사회에서 매우 중요한 원리다.[15] 문제는 자율규제 자체에 있는 것이 아니라 자율규제의 본성을 파악하고 '실질적인 제도'를 마련하는 데 있다.

1) 자율규제에 대한 사회계약적 접근

판사, 검사, 변호사를 포함하는 법 전문가 집단이 정부와 일반 시민사회로부터 자율규제 권한을 요구할 수 있는 가장 강력한 두 가지 근거는 '① 그들이 가진 높은 수준의 법 지식과 해석 능력, ② 법 전문가 집단과 일반 시민사회의 자유로운 계약으로부터 산출되는 공리적인 효용'이라고 할 수 있다. 러쉬메이어(D. Rueschemeyer)는 그러한 입장에서 전문직의 자율규제가 일반 시민사회와의 계약으로부터 나온다고 주장한다. 그는 다음과 같은 논증을 통해 그것을 잘 보여주고 있다.

---

15 Davies, M., *Medical self-regulation: crisis and change*, Brighton: University of Sussex, 2007.

〈논증 2〉[16]

p_1. 전문직은 높은 수준의 숙련된 지식이 필요하다.

p_2. 비전문가가 전문직을 규제할 때 현실적인 한계가 발생할 수 있다.

c. 따라서 전문직은 자신의 자율성을 사회와의 계약을 통해 확보한다.

러쉬메이어는 〈논증 2〉를 통해 사회계약을 통한 전문직의 자율규제를 주장하고 있다. 하지만 이 논증을 더 잘 이해하기 위해서는 아래의 〈논증 3〉과 같이 수정되어야 한다. 즉, 비전문가와 전문가 사이의 계약이 '현실적인 한계'를 극복할 수 있는 적절한 방편이라는 생략된 전제가 추가되어야 한다.

〈논증 3〉

p_1. 전문직은 높은 수준의 숙련된 지식이 필요하다.

p_2. 비전문가가 전문직을 규제할 때 현실적인 한계가 발생할 수 있다.

p_3. (비전문가와 전문가의 계약은 현실적 한계를 극복하기 위한 좋은 방법이다.)

c. 따라서 전문직은 자신의 자율성을 사회와의 계약을 통해 확보한다.

하지만 〈논증 2〉를 〈논증 3〉과 같이 수정한다고 하더라도 여전히 답해야 할 중요한 문제가 남아 있다. 이와 같이 전문직의 자율규제를 전문가 집단과 비전문가로 분류되는 일반 시민사회의 '계약'에서 찾으려는 시도가 적절한 것이라고 하더라도 우리는 '그 계약이 어떤 것이어야 하는가?', 즉

16 Rueschemeyer, D., *Lawyers and their Society: A Comparative Study of the Legal Profession in Germany and the United States*, Harvard University Press, Cambridge, Mass., 1973, p. 13.

'계약 내용'에 대해 답해야 한다. 달리 말하면, 그 계약은 전문가 집단과 일반 시민사회 모두가 승인하고 만족할만한 것이어야 한다. 그것을 담보하는 '계약'은 무엇인가? 사회계약적 관점을 통해 전문가 집단의 자율규제를 분석하는 것이 한 중요한 틀이라고 한다면, 사회계약론을 주창한 대표적인 철학자인 홉스, 로크 그리고 루소의 입장을 간략히 정리하는 것이 도움이 될 것이다.

(1) 홉스(T. Hobbs)의 '사회계약'에 기초한 정치 이론은 그의 심리적 이기주의를 이해해야 한다. 홉스는 자연 상태(natural state)라고 부르는 하나의 가상적 상태를 고안했다. 홉스의 『리바이어던(Leviathan)』에 따르면, 마치 자연세계가 운동에 의해 산출되듯이 인간 세계도 기계적으로 '자기이익'이라는 요인에 의해 움직인다. 인간은 합리적이고 계산적이며 또한 이기적인 본성을 가진다. 그런데 사회가 구성되기 전 자연 상태에서 인간은 한정된 자원으로 인해 서로 개인 대 개인으로서 마치 전쟁과도 같은 극한 상황에 처하게 된다. '만인에 대한 만인의 투쟁 상태'인 것이다. 따라서 인간은 이러한 상황을 벗어나기 위해 절대적인 권위에 복종하게 된다. 사회를 지배하는 절대적인 권력, 즉 왕(군주)이 이러한 상태로부터 벗어난 생존(평화)을 보장해주기 때문이다. 홉스에게 있어서 절대 권력(절대군주)의 필요성은 자연 상태의 야만성과 폭력성 때문이었다. 자연 상태, 즉 사회 구성 이전의 원시 상태는 결코 참을 수 없는 무지막지한 생태를 갖고 있어서 합리적인 인간은 그것으로부터 벗어나기 위해 기꺼이 자신들을 절대 권위에게 복종시킬 수 있었다.[17]

17 Hobbes, Thomas, *Leviathan*, Tuck, Richard (Edt), Cambridge Univ. Press, 2008.

(2) 로크(J. Locke)가 이해하는 자연 상태는 홉스와 다르다. 비록 로크는 홉스가 제시한 자연 상태라는 방법론적 장치를 사용하기는 했지만, 완전히 다른 목적으로 이용했다. 로크는 「정부에 관한 두 가지 논고(Two Treatises on Government)」에서 소위 왕권신수설로 불리는 그 당시 지배적인 이론을 논박하는 데 할애했으며, 「시민정부의 진정한 확장과 목적에 관한 에세이(An Essay Concerning the True Original Extent and End of Civil Government)」에서 시민정부의 정당성에 대한 견해를 피력했다. 로크에 따르면, 자연 상태의 인간은 완전하고 온전하게 자신의 의지대로 가장 적합하게 보이는 바대로 자신의 인생을 살 수 있으며 타자의 간섭으로부터 자유로운 상태다. 하지만 그렇다고 해서 이것이 온전히 보장된 삶을 의미하는 것은 아니다. 자연 상태에서 인간은 자신이 원하는 것을 실질적으로 모두 할 수는 없다. 물론, 사람들의 행동을 제약할 정부나 법이 있는 것은 아니지만, 그렇다고 해도 도덕으로부터 자유로운 상태는 아니다. 사람들은 모두 평등하게 자연법에 의해 구속된다. 따라서 로크에게 있어서 자연 상태는 홉스의 생각처럼 곧 전쟁 상태인 것은 아니다. 그에게 있어서 사회계약의 핵심적 동인은 바로 '사유재산(권)'이다. 사회계약은 이러한 사유재산을 지키기 위해 필요한 계약이었으며, 자연법에 의해 보장되어야 하는 자연적 권리다.[18]

(3) 루소(J. J. Rousseau)에게 있어서 자연 상태는 홉스의 '개인 대 개인'의 개인주의 모델을 따르는 것이었지만, 단지 개인들이 모인 것이 아니라 그가 '부부 중심의 소규모 가족사회(conjugal society)'라고 부른 가족 단위의 작은 공동체로 구성된 모델을 따른다. 가족이라는

18 Locke, John, *Two Treatises on Civil Government*, Nabu Press, 2010; Locke, John, *An essay concerning the true original, extent, and end of civil government*, Gale ECCO, Print Edition, 2010.

사회는 자발적인 동의에 의해 구성된다. 또한 그것은 도덕에 의한 것이지 정치적인 계산에 의한 것이 아니다. 사회계약은 이러한 가족 구성원 중의 대표들이 개인으로서 서로 모여 형성하게 된다. 루소는 『인간 불평등 기원론(Discourse on the Origin and Foundations of Inequality Among Men)』을 통해 자연 상태를 평화롭고 열정적인 상태로 나타내고 있다. 사람들은 서로 떨어져 살고 있으며 얽매이지 않고 살아간다. 그들의 소박한 욕구들은 거의 모두 자연에 의해 쉽게 충족된다. 인구는 많지 않고 자연은 풍족해 경쟁이 없기 때문이다. 더군다나 단순하고 도덕적으로 순수한 사람들은 자연적으로 동정심이 넘쳐서 타인을 해하려 들지 않는다. 하지만 시간이 흐르자 변화가 생겼다. 인구가 증가하자 사람들은 가족 단위로 서로 모이고 또 공동체들로 서로 모여서 살기 시작했다. 노동의 분화와 기술의 발달은 인간에게 여가를 선물했다. 그리고 결정적으로 인간을 타락시키는 사유재산이라는 것이 생겨나기 시작했다. 자연 상태에서는 필요한 재화들이 충족되었지만 사유재산이라는 것이 없었다. 사유재산이 생기면서 사람들 사이에 불평등이 등장하고 사람들 사이에서 '계급의 차이'가 생기기 시작한 것이다. 루소에게 있어 가장 기본적인 약속, 즉 사회계약은 개개의 사람들이 모여서 하나의 '인민(the people)'을 형성하기로 동의하는 것이다. 인민이라는 것은 그저 산술적으로 개개인들이 모인 집단이 아니라 진정한 의미의 사회의 토대가 되는 하나의 단위다. 자연 상태에서 누렸던 개개인의 권리와 자유를 집단적으로 포기함으로써 이러한 권리들을 집단적인 단체로, 즉 새로운 인민에게 넘겨주는 것이 바로 사회계약이 의미하는 것이다. 따라서 주권이라는 것은 자유롭고 평등한 사람들이 모여서 그들 스스로를 하나의 단일체로 형성하고 모두의 좋음, 즉 선(the good)을 지향하기로 동의할 때 생겨난다. 개인의 의지가 개인의 이해를 좇아 형성되듯이 인민의 '일반의지(general will)'는 공공의 이익을 좇아 형성된다. 이러한 맥락에서 상호적인 의무가 형성된다. 즉, 주권은 그것을 생성시킨 개개인들의 좋음을 약속하고 개개인들은 마찬가지로 전체의 좋음을 추구할 것을 약속한다. 루소는 이러한 이론이 바로 민주주의를 함축하고 있다고 여겼다.[19]

홉스 식의 사회계약 모델을 자율규제에 적용한다면, 우리는 계약의 이해관계에서 계약 당사자 개개인들의 이해들, 즉 그러한 개개의 이해관계들의 집합을 고려해야 할 것이다. 이러한 관점은 노벨 경제학상을 받은 스티글러(J. G. Stiggler)의 '공공 선택(public choice)' 이론과도 부합한다. 또한 그러한 관점으로부터 규제가 왜 실패하는지에 대한 하나의 해답을 제시할 수도 있다. 공공 선택 이론에 따르면, 정부 같은 공공성이 강조되는 집단도 이기적인 개인과 마찬가지로 합리적이고 이기적인 동기에 의해 추동되는 개인적 본성을 공유한다. 이러한 맥락에서 사회의 각종 규제는 공공선을 지키기에는 취약한 약점을 가진다. 더구나 자율규제의 경우에는 계약의 이해당사자들 간의 관계가 경쟁적이고 경합적일 수밖에 없게 된다. 즉, 전문가 집단은 더 많은 이익을 위해 자신들의 전문지식과 (사회적) 지위를 이용할 확률이 높다. 반면에 일반 대중은 이러한 전문가 집단의 독점적 권한으로부터 자신들의 이익을 지켜내기 위해 전문가 집단에 적용되는 자율규제의 범위를 축소하거나 시민 스스로 그들을 감독하기를 시도한다. 하지만 이러한 시도는

19 Rousseau, Jean-Jacques, *Discourse on the Origin and Foundations of Inequality among Men*, Bedford/St. Martin's, First Edition edition, 2010.

결국 자율규제 집단의 효율성과 합리성을 저해하는 결과를 가져올 것이다. 따라서 상황은 전문가와 시민이 모두 승리하는 방식(win-win)이 아닌 모두 잃게 되는 방식(lose-lose)으로 치닫게 될 수 있다.

반면에, 루소는 사회계약의 당사자로 개개인의 합리적이고 이기적인 행위자들의 단체를 상정하지 않는다. 루소는 특별히 '인민(the people)'으로 불리는 개인들의 추상적 집합체를 상정한다. 이러한 인민에 의해 발현되는 의지가 '일반의지(general will)'다. 개개인이 자기 자신의 이익을 추구하듯 일반의지는 모두의 이익을 추구한다. 이와 같은 루소의 계약 조건을 전문직의 자율규제 계약에 대입해보자. 자율규제라는 계약의 양쪽 당사자는 각각 개인의 합리적인 이기심이 아닌 '일반의지 차원의 공공선을 위해 계약'을 체결한다. 특정 영역의 전문가들은 각자 자신이 속한 영역의 개별적인 직업인으로서 계약을 조정하고 승인하지 않는다. 그들은 바로 자신들이 속한 전문가 단체의 일반의지를 통해 계약을 체결한다. 만일 그 전문가가 법조인이라면, 공공의 이익을 위해 자율규제에 임할 것이다. 이것은 홉스의 관점에서 보는 '협약 당사자의 이익의 극대화'와는 매우 다른 의미를 가진다. 홉스 식의 설명에 따르면, 한 전문가가 자신이 속한 규율 단체의 규율을 따르기로 마음먹는 것은 자신에게 이익이 되기 때문이다. 또한 자신이 속한 자율규제 단체가 그 모집단인 사회와 맺는 계약에서도 그에 따르는 동기는 전적으로 그것이 단기적으로든 장기적으로든 자신에게 돌아올 이익의 극대화다. 하지만 루소의 관점에서 보자면, 개개의 전문가들이 하나의 단체를 형성하는 것은 그 자체로 하나의 (일반의지를 가진) 새로운 추상체를 형성하는 것이며, 자신의 이익을 포기할지언정 단체의 규율이 단체의 공공선에 부합한다면 이에 기꺼이 따를 책무가 생긴다.

사회계약적 관점 또는 사회계약론이 전문가 집단의 자율규제를 분석하는 하나의 중요한 틀이라는 것은 분명한 사실이다. 하지만 전문직 자율규제를 홉스 식의 사회계약적 모형에만 의존하여 파악하는 것은 전문가 집단과 일반 시민사회를 합리적이고 이기적인 구성원으로 이루어진 서로 다른 성격의 이익집단으로 파악할 수 있는 길을 열어놓기 때문에 결국 서로에게서 최대한의 이익을 빼앗아와야 하는 경쟁적 관계로 설정하게 되는 문제를 안고 있다.

지금까지의 논의를 간략히 정리해보자. 자율규제의 일반적인 구조적 본성을 홉스 식의 사회계약론에 의거하여 이해할 경우, 자율규제의 계약 당사자들은 합리적이고 이기적인 개인이다. 또한 공공 선택 이론에 따라 규제의 공적 영역에까지 그러한 관점이 적용된다면, 집단이나 단체 또한 합리적이고 이기적인 동기를 공유한다. 이러한 형식의 사회계약론적 자율규제 분석은 다음과 같은 중요한 특징을 가지고 있다.

① 통상적인 자율규제 개념은 그 형태와 양식, 그리고 심지어 동기 부여의 차원에서도 사회계약론적 모델로부터 막대한 영향을 받아왔다.

② 자율규제에 대한 사회계약론적 분석은 내재적으로 공리주의와 자유주의(개인주의)를 기반으로 하고 있다.

하지만 그럼에도 한 가지 흥미로운 점을 추가해야 할 것이다. (홉스와 달리) 루소의 사회계약론은 개인을 자연법의 구속에서 자유롭지 않은 도덕적 존재로 묘사하고 있다. 따라서 사회계약은 일반의지를 통해 개개인의 지위를 넘어선 인간에 의해 이루어진다. 자율규제의 전체적인 측면에서 '자율성'은 자유주의적 · 개인주의적 사회계약 이론의 측면에 많이 의존하고 있으나, 자율규제의 '규율성'은 루소 같은 도덕으로부터 자유롭지 않은 인간상을 내포하고 있는 것으로 보인다.

2) 롤스의 정의의 원리에 의거한 자율규제 분석

도덕 이론에서의 사회계약 이론(social contract theory)은 '사회계약론(contractarianism)'과 '계약주의(contractualism)'로 나누어 생각해볼 수 있다. 그 둘의 개념적 차이를 간략히 정리하면 다음과 같다.[20]

ⓐ 사회계약론: 도덕의 규칙들이란 반드시 모든 사람의 합리적인 자기이익에 호소해서 이루어진 것이어야 하며, 사람들은 저마다 자신들의 목적을 추구하는 차원에서 그것을 받아들이는 것으로 설명되어야 한다.

ⓑ 계약주의: 도덕 규칙들은 교섭 협상(bargaining arrangement)에서 옹호될 수 있는 것이다. (즉, 계약주의는 사회계약론보다 간접적인 방식으로 도덕을 계약에 의거하여 설명하고 있다.)

계약주의는 도덕 원칙들이 타당하기 위해서는 그것이 그 계약의 모든 당사자 또는 그 계약이 성립되는 교섭 상황에서의 교섭 주체 모두에게 수용될 만한 것이 되어야 한다고 말한다. 롤스(John Rawls)는 『정의론』에서 초기의 규칙 공리주의자적 면모에서 벗어나 약속을 지키는 책무성은 단순히 '계약의 문제'가 아니며 '정의(justice)의 문제'라고 바라보았다. 그에 따르면, 약속의 책무성은 정의 이론에 의해 근거 지워지는 것이며 그러한 정의의 원칙들은 '원초적 입장(original position)'에서 사회 구성원들의 숙고를 통해 도출되는 것이다. 원초적 입장에서 주체들은 그들이 가지고 있는 정보에 제

---

20 Habib, Allen, "Promises," The Stanford Encyclopedia of Philosophy (Spring 2014 Edition), Edward N. Zalta (ed.)

한을 받는다. 즉, 소위 '무지의 장막(Veil of Ignorance)'은 계약과 무관한 정보들을 모두 차단한다. 이러한 원초적 상황에서 주체들은 우선 사회의 기초 구조를 이루는 구성 원리를 선택한다. 사회 구조의 구성 원리들은 넓은 의미에서 사회의 기초 제도들을 정의롭게 조정하여 배치하는 것을 의미한다. 사회를 구성하는 개인들에게 상호 간의 규칙들이 선택되는 것은 그다음에 일어나는 일이다. 물론, 매킨타이어(A. MacIntyre)와 샌델(M. Sandel) 등은 롤스가 제시한 무지의 장막 가정을 비판한다. 우리는 태어나면서부터 누구의 자식이며 특정 공동체의 구성원으로서 구체적인 인간이 되어간다. 만일 그렇다면, 무지의 장막 같은 개념은 극도로 추상적인 것이어서 그 의미가 무색하다고 볼 수도 있을 것이다. 하지만 이러한 무지의 장막은 전문직 자율규제에 있어서 의미하는 바가 크다고 보인다. 앞서 살펴보았듯이, 사회계약적 관점에서 자율규제의 계약 당사자들 간의 정보의 비대칭성은 심각한 제도적 안정성의 결함을 초래할 수 있기 때문이다. 따라서 우리가 애초에 무지의 장막을 따르는 공정으로서의 정의를 지킬 수만 있다면 이러한 점에서 많은 도움을 받을 수 있을 것이다.[21]

롤스는 약속의 책무성을 여타 사회제도적 책무성과 본질적으로 다르지 않은 것으로 파악한다. 즉, 약속이라는 것은 그 자체로 하나의 도덕적 행위라기보다는 사회적 필요에 의해 계약된 제도적 인공물이다. 하지만 이러한 계약론적 관점은 기존의 사회계약 이론들과는 달리 계약들이 '공정으로서의 정의의 원리'에 의해 지지될 경우에만 정당성을 부여받는 것으로 바라본다. 만일 그렇다면 사회계약은 제도를 만들지만, 단지 계약론적 관점에서 만들어진 제도들은 정당성을 획득하지 못한다. 즉 권리, 자유, 기회 및

21 Rawls, John, "Two Concepts of Rules," *philosophical Review*, 1955, 64(1): 3-32. & "Legal Obligation and the Duty of Fair Play," in *Law and Philosophy*, S. Hook (ed.), New York: New York University Press, 1964.

소득과 재산의 분배에 관한 제도들 같은 사회의 기본적 제도들의 조정을 통해 더욱 원초적인 선택이 이루어지며, 이에 의해 지지받는 제도만이 우리에게 그 제도에 따를 책무성을 온전히 부여할 수 있다.

한편, '공정의 원리'는 한 개인이 제도에 의해 부여받은 어떤 행위를 하기 위한 조건을 제시한다. 롤스에 따르면, 그 제도는 정의로운 것이어야 하며, 그러한 제도의 결과에 대해 행위 주체가 자발적으로 동의해야 공정의 원리가 충족된다. 이를 토대로 어떤 하나의 약속 또는 계약이 공정의 원리를 충족하려면 어떤 조건들을 충족해야 하는지 유추해볼 수 있을 것이다. 롤스는 '약속의 책무성' 또한 '제도의 책무성'과 동일한 것으로 보기 때문이다. 그는 이를 위해 다음과 같은 세 가지 이론적 요소를 도입한다.[22]

① 약속의 규칙은 그 약속이 자발적 동의와 수행에 의해 이루어졌는가의 문제다.
② 성실한(bona fide) 약속의 개념은 그 약속이 정의로운 것인가의 문제다.
③ 충실성의 원리(Principle of Fidelity)는 계약 당사자가 자발적으로 동의한 정의로운 약속에 있어서 그것이 규정하고 제재하는 행위들을 실행하지 않는다면, 그것은 무임승차의 문제를 일으키기 때문에 공정하지 못한 것이 된다.

이제 이러한 세 가지 이론적 요소를 한데 묶어 간략히 표현하면 다음과 같을 것이다. "자발적 동의에 의해 만들어진 정의로운 약속의 경우에는

22 Rawls, John, *A Theory of Justice*, Cambridge, MA: Harvard University Press, 1999(1971). p. 112, pp. 346-347.

반드시 지켜져야 한다. 그러한 제도적 약속을 지키지 않는다면 그것은 무임승차이며, 따라서 공정의 원리에 위배되는 것이기 때문이다."

지금까지의 논의가 옳다면, 우리는 롤스에게 있어서 공정의 원리가 여타 기존 사회제도의 정당성을 평가하는 적절한 원리가 될 수 있다는 것을 알 수 있다. 따라서 하나의 제도는 그것이 단지 자발적으로 제도적 계약 당사자들에 의해 따르기로 승인되었음을 통해 그 자체로 정당성을 확보하는 것이 아니다. 하나의 사회를 이루는 하부의 제도(계약)는 계약 이전에 원초적 입장에서 공정의 원리에 따라 기본적인 사회제도적 배치가 숙고를 통해 결정되고, 그에 따라 선택된 이후에 비로소 그것이 정의로운 제도인지 아닌지 판별할 수 있는 시금석이 마련되는 것이다. 따라서 이러한 잣대로 미루어보아 그것이 정당할 경우, 그리고 그것에 따른 계약을 자발적으로 승인한 경우 정당성을 확보할 수 있다. 즉, 자율규제 같은 제도적 계약도 그것이 그저 계약 당사자들 간의 자발적 합의에 의해서만 오로지 정당성을 확보한다고 볼 수 없을 것이다. 그러한 계약 이전에 '공정으로서의 정의(justice as fairness)' 원리에 의해 권리, 자유, 기회 및 소득과 재산의 분배에 관한 기초적 사회제도가 조정된 이후 그에 따르는 정의로운 계약일 경우 정당성을 확보할 수 있을 것이다. 이러한 경우에 계약 당사자들은 그러한 계약에 따를 의지를 제대로 발현할 수 있다.

공정으로서의 정의의 관점에서 보자면, 근본적인 자연적 의무는 정의의 의무다. 이 의무는 우리에게 기존의 정의로운 사회제도를 따르고 지지할 것을 요구한다. 이것은 또한 우리에게 너무 많은 부담이 지워지지 않는 한에서 아직 성립되지 않은 더 나아간 정의로운 질서를 추구하도록 한다. 따라서 루소의 입장과 같이 우리가 원초적 상태에서조차 도덕적 또는 자연법적 의무에서 자유롭지 않다면, 사회제도에 대한 정의의 원리를 따를 의무는 선(先)계약적으로 주어져 있다. 롤스는 바로 그러한 직관을 통해 루소의 '일반의지'에 해당하는 '공적 이성'에 따르는 정의의 원리가 전제되지 않는 사회계약은 제도의 안정성을 가져올 수 없을 것이라 예견한다. 롤스의 표현대로 "만약 사회의 기초 구조가 정의롭다면 또는 모든 상황에서 이성적으로 합당할 만큼 정의롭다면, 모든 사람은 기존의 사회 구조 속에서 자신의 역할을 수행할 자연적 의무를 지닌다."[23] 이는 곧 정의의 원리에 따르지 못한 사회제도는 그것이 자발적 합의에 근거했다 해도 그것을 기꺼이 따를 책무성을 우리에게 온전히 부과하지 못함을 암시한다. 결론적으로, 롤스는 계약 이론적 한계 속에 자연적 의무를 가둬두기보다 그의 원초적 입장이라는 가설적 상황을 전제로 자연적 의무가 사회적 계약을 지키려는 책무보다 더 중요한 또는 우선적인 것이라고 주장한다. 물론, 이와 같은 대략적인 그림은 너무 이상적인 낙관론으로 보일 수 있다. 하지만 롤스는 분명히 현실주의적인 실현 가능한 유토피아주의자이지 이상적 낙관론자는 아니다.

---

23 Rawls, John, *Justice as Fairness: A Restatement* [JF], E. Kelly (ed.), Cambridge, MA: Harvard University Press, 2001.

4.
자유주의적 전문직 자율규제의 구조와 문제점

전문가 집단에 대한 자율규제에 있어 사회계약적 관점이 이상적으로 적용될 경우, 전문가 집단의 자율성을 보장하면서도 시민의 권리와 이익을 보장할 수 있는 길을 (어느 정도) 확보할 수 있을 것으로 보인다. 하지만 여기에는 루소의 말을 빌리자면 '일반의지'에 해당하는 '공적 이성'에 따르는 정의가, 그리고 롤스의 용어로는 '공정으로서의 정의'가 먼저 확보되어야 한다. 그런데 개인들의 사적 욕망이 충돌할 수밖에 없는 '자유시장' 안에서 어떻게 그러한 이상적인 계약을 실현할 것인가의 문제가 여전히 남는다. 이러한 맥락에서 오거스(Anthony Ogus)는 (자유)시장(market)에서 자율규제가 요구되는 맥락은 일반적으로 다음과 같은 세 가지 경우라고 말한다.[24]

ⓐ 시장이 실패했을 경우

ⓑ 시장의 실패를 바로잡으려는 사적 영역의 법 기구(private law instruments)가 적절하지 못하거나 너무 고비용일 경우

ⓒ 그 문제를 해결하는 데 있어 자율규제가 협약적인 공적규제보다

24 Ogus, Anthony, "Rethinking Self-Regulation," Oxford Journal of Legal Studies, Vol. 15, No. 1, Spring, 1995, pp. 97-108.

더 낫거나 비용이 덜 드는 방법일 경우

오거스는 특히 항목 ⓒ를 중요하게 논의한다. 그에 따르면, 자율규제(self regulatory agency)는 전통적으로 다음의 네 가지 이유에서 공적규제보다 낫다고 여겨진다.

① 전문적인 적합한 규제를 할 수 있으며, 규준(standard)을 해석하고 구성하는 데 적은 비용이 든다. 이로 인해 (때로는) 더 혁신적일 수도 있다.
② 감시와 제재 비용이 저렴하다.
③ 규준을 개정하는 비용이 저렴하다. (이것은 자율규제의 규칙들이 공적규제 체제보다 덜 형식적이라는 전제가 요구된다.)
④ 관리비용이 저렴하다. (관리비용을 스스로 해결하기 때문에 세금이 필요하지 않다.)

이러한 자율규제의 필요성 논변은 매우 유용하고 강력한 것으로 보인다. 우선 현대사회가 공리적 효용성을 강조한다는 점에 비추어볼 때, 자율규제의 경제적 가치를 통해 그 필요성을 사회의 각 주체에게 설득력 있게 증명해 보일 수 있다. 이러한 철저한 '경제적 논리'는 공리주의적 접근과 매우 밀접한 관련을 갖는다. 우리는 이와 같은 자율규제의 필요성 논변에서 '공리(효용) 극대화(utility maximizing)' 원리를 쉽게 찾을 수 있다. 자율규제를 사회계약론적으로 바라볼 경우, 한편으로 양 측면의 계약 당사자들에게 스스로 규제 제도를 도입하고 준수하도록 설득하는 차원에서 유용한 공리적 효용성을 통한 자율규제의 필요성은 매우 강력하고 유용해 보인다. 하지만 다른 한편으로는 역설적으로 자율규제의 실패 원인으로 작용할 수 있다.

계약의 당사자인 전문가 집단과 일반 시민사회가 각자의 관점에서 자신의 이익과 입장만을 추구할 경우 상반된 두 집단의 갈등과 충돌은 피할 수 없는 결과이기 때문이다.

1) 법을 이용한 규제 회피

공리주의적이고 자유주의적인 관점에서 법을 해석 · 판단 · 적용하는 법 전문가 영역의 자율규제는 잘 작동할 수 있을까? 앞의 논의에서 알 수 있듯이, 전문 영역에서 자율규제가 잘 작동할 경우 우리가 기대할 수 있는 이득은 매우 크다. 그것은 법 전문가 영역 또한 다르지 않을 것이다. 게다가 사회가 발전함에 따라 단순한 법체계를 가지고 있던 과거와 달리 현대 산업사회는 빠르게 변화하고 사건의 양상 또한 복잡하기 때문에 자율규제의 문제가 선택의 문제가 아닌 불가피한 제도의 성격을 가질 수밖에 없다고 주장할 수도 있다. 달리 말하면, 공적규제를 담당하고 있는 관료 집단이나 일반 시민사회가 가진 법에 대한 전문성은 법 전문가들의 고도로 특화된 전문성에 미치지 못할 수 있기 때문에 법 전문가에 대한 평가와 규제를 그들에게 맡겨야 한다고 주장할 수 있다.

그런데 우리기 여기서 짚고 넘어가야 할 부분이 있다. 법체계가 가진 특수성, 즉 법 전문가의 위법 행위나 일탈 행위 또한 원칙적으로 법에 의해 해석하고 평가받아야 하는 까닭에 공적규제를 담당하고 있는 관료 집단과 그들의 감시를 받아야 하는 법 전문가 집단이 본질적으로 서로 같을 수 있다. 이 점을 지적하는 것은 매우 중요하다. '규제의 대상이 되는 집단과 규제하는 집단이 일치'할 수 있기 때문이다. 우리는 그러한 경우에 어렵지 않게 온당한 평가와 규제가 이루어질 수 없을 것으로 예상할 수 있다. 극단적으로 말해서, '규제의 대상이 되는 집단이 자신을 스스로 평가하여 면죄부'를 주는 모순적 상황이 일어날 수 있다. 이것을 이해하기 위해 다음과 같은 사례에 대해 답해보자.

〈가상의 공동체 사례 2〉[25]

최근 S국에서 'L 투자금융회사' 대표이사 K가 불법적으로 회사 자금 1,000억 원을 빼돌려 편취했을 뿐만 아니라, 투자자의 투자를 받아 운용하던 자산을 다양한 편법을 사용하여 운용하다가 결국 파산한 중대한 금융사건이 일어났다. 그 사건으로 인해 L 투자금융회사에 투자했던 투자자들은 투자한 금액 모두를 상실하는 막대한 재산상 손해를 입게 되었다. 그리고 K는 특정경제범죄가중처벌법상 횡령 등의 혐의로 기소되었다(이하 사건 L).

K는 재판에 앞서 변호사를 선임했으며, 그 변호사는 재판을 유리하게 이끌 목적으로 그 사건을 배당받은 검사 5명과 비밀리에 만나 495만 원 상당의 술과 음식을 접대했다. 그런데 그 변호사가 검사 5명에게 접대한 사실이 어떤 경로를 통해 사회에 알려졌다. 그리고 S국은 공직자가 자기 직무에 관한 대가로 현금이나 기타의 이익을 받은 경우 '뇌물죄'로 처벌하고 있다. 이 법에 따르면, 공직자가 대가성과 직무관련성에 무관하게 100만 원을 초과하는 금품을 수수한 경우

25 이 사례는 2019년에 일어난 소위 '라임 사태'로 알려진 금융사건을 인용하여 일부 내용을 각색했다. 우리나라 형법에서 뇌물죄는 형법 제129조~제134조 [시행 2024. 2. 9.] [법률 제19582호, 2023. 8. 8. 일부개정] 참조. 김영란법으로 더 잘 알려진 청탁금지법은 대한민국 '국가법령정보센터', '부정청탁 및 금품 등 수수의 금지에 관한 법률'(시행 2022. 6. 8.) [법률 제18576호, 2021. 12. 7. 일부개정] https://www.law.go.kr/LSW//main.html 참조.

형사처분에 처해지고, 100만 원 이하의 경우에도 직무와 관련이 있다고 밝혀지면 대가성 여부와 관계없이 과태료가 부과된다. 또한 S국은 몇 년 전에 공직자 등에 대한 부정청탁 및 금품 등의 수수를 금지함으로써 공정한 직무수행을 보장하고 공공기관에 대한 국민의 신뢰를 확보하기 위해 '청탁금지법'을 입법했다. 이 법에 따르면, 100만 원 이상의 향응을 제공받은 공직자는 청탁금지법을 위반한 죄로 처벌받는다. 그런데 5명의 검사가 자행한 위법 행위에 대한 조사를 맡은 또 다른 검사들은 그 검사 5명의 위법 행위에 대해 어떤 죄명으로 기소할지 여부에 대해 두 의견이 충돌하고 있다.

〈논쟁 1〉

P_1: 사건 L을 담당하고 있는 5명의 검사가 그 사건의 피의자 또는 피의자를 변호하고 있는 변호사로부터 향응을 제공받은 행위는 사건 해결을 대가로 '뇌물'을 받은 것에 해당하므로 5명의 검사를 '뇌물죄'로 기소해야 한다.

P_2: 사건 L을 담당하고 있는 5명의 검사가 그 사건에 대해 불기소 등의 약속 이행을 대가로 현금을 받은 것은 아니기 때문에 뇌물죄는 성립하지 않는다. 다만 그들이 피의자와 그를 변호하고 있는 변호사로부터 부적절한 향응을 받은 것은 인정되기 때문에 청탁금지법 위반에 대해 다툴 여지가 있다.

결국, 검사들은 격렬한 논의 끝에 향응을 받은 검사들에게 P_1이 아닌 P_2를 적용하기로 결정한다. 그런데 여기서 P_1을 주장한 검사들과 P_2를 주장한 검사들 사이에 향응을 받은 5명의 검사에게 청탁금지법을 적용할 수 있는가에 대해 다음과 같은 논쟁이 벌어진다.

〈논쟁 2〉

P_3: 5명의 검사는 모두 사건 L을 담당하는 수사 검사이고 동일 목적(사안)에 대해 495만 원 상당의 향응을 받았으므로 공동정범으로 보아야 하고, 향응 금액이 100만 원을 초과하므로 청탁금지법 위반으로 기소한다.

P_4: 5명의 검사는 모두 사건 L을 담당하는 수사 검사이고 동일 목적(사안)에 대해 총 495만 원의 향응을 받았으나, 5명의 검사 각 1인은 99만 원의 향응을 받았기 때문에 청탁금지법 위반에 해당하지 않으므로 불기소한다.

이러한 조건하에서 우리 같은 건전한 상식을 가진 시민의 판단에 더 부합하는 의견은 'P_1~P_4' 중 어떤 것이라고 생각하는가?

그런데 추가 조사를 통해 검사 5명이 변호사로부터 받은 향응 금액이 495만 원이 아닌 594만 원이라는 것이 밝혀졌다고 하자. 그리고 향응을 제공받은 5명의 검사에 대한 사건을 담당한 검사들은 그들을 청탁금지법 위반으로 기소했다고 하자. 그리고 그 사건에 대한 재판에서 향응을 받은 5명의 검사를 기소한 검사와 그들을 변호하는 변호사는 다음과 같은 주장을 한다고 해보자.

〈논쟁 3〉

P_5: (검사의 구형) 5명의 검사는 모두 사건 L을 담당하는 수사 검사이고 동일 목적(사안)에 대해 총 594만 원 상당의 향응을 제공받았으며, 검사 각 1인이 향응으로 받은 금액은 118만 8천 원으로 100만 원을 초과하여 청탁금지법 위반에 해당하므로 향응을 받은 검사 5인 각각에게 징역 6월을 구형한다.

P_6: (변호사의 변론) 5명의 검사는 모두 사건 L을 담당하는 수사 검사이고 동일 목적(사안)에 대해 향응을 받은 사실은 인정되나, 향응이 제공되던 당시에 변호사도 함께 있었으므로 5명의 검사 각 1인이 받은 향응 금액은 118만 8천 원이 아닌 99만 원으로 100만 원을 초과하지 않아 청탁금지법 위반에 미치지 않으므로 무죄에 해당한다.

이러한 조건하에서 우리 같은 건전한 상식을 가진 시민의 판단에 더 부합하는 주장은 'P_5와 P_6' 중 어떤 것이라고 생각하는가? 만일 당신이 이 사건을 판결할 판사라면, 'P_5와 P_6' 중 어떤 주장을 받아들이겠는가?

이러한 상황에서 제기되는 물음에 대한 답변 또한 이 문제를 대하는 사람의 입장에 따라 다양하게 나오리라고 예상할 수 있다. 예컨대 〈논쟁 1〉에서 P_1을 선택한 사람은 〈논쟁 3〉의 P_5 또한 승인할 것으로 추론할 수 있다. 반면에 〈논쟁 2〉의 P_4를 선택한 사람은 〈논쟁 3〉의 P_6을 받아들일 것이라고 예상할 수 있다. 우리는 이러한 사례를 통해 동일 사건에 대한 일반 시민의 이해와 법을 해석하고 적용하는 법 전문가의 판단이 일치하지 않을 수 있다는 것을 확인할 수 있다. 우리는 "법은 시민 위에 군림하기 위해 있는 것이 아니라 시민의 권리를 보호하기 위해 있는 것"이라는 명제를 당연하게 받아들인다. 그것은 적어도 근대 이후의 역사를 통해서도 명백히 확인할 수 있는 사실이다. 또한 '법의 정신(legal mind)은 시민이 가진 건전한 상식(common sense)'이라는 명제를 받아들이면, 법은 우리 같은 일반 시민이 가진 상식에 위배되어서는 안 된다는 원칙 또한 받아들여야 한다. 법 전문가의 법에 대한 해석과 적용이 우리 같은 시민의 건전한 상식에 위배되는 경우, 그들을 규제할 권리를 법 전문가에게 전적으로 또는 거의 모두를 맡기는 것은 어떠한 이유로든 정당화될 수 없다.

2) 규제 포획과 합리적 무시의 문제[26]

자율규제는 전문성 · 효율성 · 적응성 측면에서 직접적인 정부규제보다 유용하다고 할 수 있지만, 자율규제의 도입이 항상 바람직한 것은 아니다. 앞서 살펴보았듯이, 자율규제는 '절차적인 공정성이나 책임성'을 어떻게 확보할 것인가에 관해 논란의 여지가 있기 때문이다. 따라서 자율규제가 시민(국민)을 대신하는 정부에 의한 공적규제를 대체하고 그 효과성을 확보하기 위해서는 자율규제 시행에 있어서 공정성 및 책임성을 확보하기 위한 제도적인 설계와 뒷받침이 요구된다. 자율규제를 주장하는 전문가 집단은 겉으로는 공익을 위해 최선을 다하고 있는 것처럼 보이지만 실제로는 전문가 단체를 이루는 구성원들의 이익을 위해 봉사하는 경향이 짙다. 그러한 까닭에 전문가 집단이 자율규제를 요구하는 동시에 공공선에 대해 소극적인 태도를 보인다는 문제가 제기된다. 따라서 공공성 또는 전문가 집단의 사회적 책임성을 온전히 확보하기 위해서는 자율규제가 유효하게 이행될 수 있도록 보장하는 적실성 있는 제재 수단이 확보되어야 한다. 이러한 점에서 우리나라의 경우 전문가 집단에 의한 자율규제가 적실성 있는 이행을 보장하는 안전장치가 마련되지 않았다는 비판이 제기될 수 있다. 말하자면, 전문가 집단의 자율규제는 그 기준이 모호하거나 작위적인 경향

26 전대석 · 김용성, "전문직 자율규제의 철학적 근거에 대한 탐구", J Korean Med Assoc 2016, August (JKMA, 2016. 08) 580-591쪽 참조.

이 있으며, 나아가 그 기준을 적용하고 집행하는 데도 실질적이지 않아 처벌도 상대적으로 가벼워서 온정주의로 이루어진다는 비판을 제기할 수 있다. 그 결과 전문가 집단의 자율규제는 일반 시민의 상식적인 눈높이에 미치지 못하는 경우들이 발생한다.[27]

이와 같은 전문가 집단의 자율규제가 실패하는 경험의 축적은 자연스럽게 대의민주주의에서 시민을 대신하는 또는 시민의 선택을 받은 정부에 의한 공적규제를 강화해야 한다는 시민의 요구로 자연스럽게 이어진다. 그런데 우리가 이미 과거를 통해 알고 있고 현재도 경험하고 있듯이, 시민을 대신하는 정부에 의한 공적규제 또한 시민의 기대만큼 성공적이지 않다는 비판이 있다. 시민의 권리를 위임받은 정부는 왜 전문가 집단의 부정의한 행위와 일탈, 온정주의적 처벌의 문제를 시민의 눈높이에 맞게 제대로 규제하지 못하는가? 이 물음은 규제 실패에서 '규제 포획(regulatory capture)'의 문제를 제기한다.

규제 포획 이론은 시민을 대신하여 전문가 집단을 감독하고 관리할 의무를 지고 있는 정부가 전문성을 요구하는 영역에서 규제를 가하려 할 경우, 전문가 집단이 행정 관료보다 더 높은 관련 지식을 갖추고 있기 때문에 결국 전문가 집단의 입맛대로 규제에 관한 규정이 만들어진다고 주장한다. 스티글러(J. G. Stiggler)의 공공 선택 이론에 따르면, 행위 주체인 사람은 '합리적인 이기주의'의 속성을 갖는다고 보는 모델은 경제(시장) 분야에만 한정되지 않는다.[28] 시민의 소박한 기대와 달리 흔히 공공의 복리를 위해 움직이는 것으로 여겨지는 공공 행정 등의 분야에도 이러한 '이기적인 합리적 개

---

27 Gunningham, N., Rees J., "Industry self-regulation: an institutional perspective," Law Policy 1997, 19: 363-414.

28 Stigler, G. J., *The theory of economic regulation*, Bell J Econ Manag Sci 1971; 2: 3-21.

인 모델'은 적용될 수 있다. 이러한 관점에서 볼 때, 만일 규제의 권한이 입법부에 있다면, 규제를 받아야 하는 사람들은 자신의 이익을 극대화하기 위해 규제를 만들어야 하는 입법부에 최대한의 로비를 펼칠 것이다. 입법부 역시 하나의 합리적인 이기적 개인으로 간주되므로 이러한 로비에 의해 규제대상의 편익에 따른 규제를 입안하게 될 확률이 매우 높다. 다음과 같은 가상의 사례에 대해 생각해보자.

〈가상의 공동체 사례 3〉[29]

사회 공동체 S는 '소수의 유형 1, 유형 2, 유형 4', 그리고 '다수의 유형 3'의 사람들로 구성되어 있다고 하자. (즉, 〈가상의 사회 공동체 1〉 같은 모습을 가지고 있다.)

공동체 S는 사업자와 노동조합 사이의 관계 및 의무와 책임 등에 관련된 현행 노동조합 및 노동관계조정법을 개정하려고 한다. 이러한 상황에서 유형 3과 유형 4에 속하는 사람들은 새로운 법을 만드는 일을 유형 1과 유형 2에 속한 사람들에게 맡기기로 한다. 유형 1에 속한 집단은 정책 3을 그리고 유형 2에 속한 집단은 정책 4를 다음과 같은 내용을 골자로 하는 방향으로 제안했다고 하자.

정책 3: 현행법은 노동자의 노동조합 교섭 대상의 범위를 좁게 해석함으로써 실질적으로 보호받아야 할 노동자를 보호 대상에서 배제시키고 있으며, 노동조합의 쟁의 행위에 대해 사용자

29 이 사례는 소위 '노란봉투법'으로 알려진 '노동조합 및 노동관계조정법 2조 및 3조 개정에 관한 법률안'에 관한 것이다. 현행법은 '노동조합 및 노동관계조정법(약칭: 노동조합법)'[시행 2021. 7. 6.] [법률 제17864호, 2021. 1. 5. 일부개정] 참조. 법제처 국가법령정보센터, https://www.law.go.kr/. 개정안은 노동고용부, 입법, 행정 예고 참조. https://moel.go.kr

에 의한 과도한 손해배상 청구 등으로 인해 노동의 결사의 '자유'를 크게 제한하는 측면이 있다. 따라서 ① 사용자와 노동자의 관계에 있어 사용자의 개념적 범위를 확대하는 방향으로 개정한다. ② 노동쟁의의 대상을 임금 및 노동조건 외에 기타 사항으로 확대하는 방향으로 개정한다. ③ 노동쟁의에 의해 초래된 손해에 대한 사용자의 손해배상 청구 범위를 축소하는 방향으로 개정한다.

정책 4: 현행법은 노동자의 노동조합 교섭 대상의 범위가 넓어 사용자의 '자유'로운 경영 활동을 제약하고 있으며, 노동조합의 쟁의 행위로부터 발생한 사용자의 손해를 복구하는 데 있어 소극적인 측면이 있다. 따라서 ① 사용자와 노동자의 관계에 있어 사용자의 개념적 범위를 축소하거나 현행대로 유지한다. ② 노동쟁의의 대상을 확대하는 것은 파업 같은 노동쟁의 행위를 더 증가시켜 사용자의 자유로운 경영 활동을 심히 제약하고 국가경제발전에도 저해되므로 그 범위를 축소하거나 현행대로 유지한다. ③ 사용자가 노동쟁의에 의해 초래된 손해에 대한 손해배상 청구 범위를 제한하거나 축소하는 것은 자유주의 경제체제의 기본 원리에 크게 위배되므로 그 범위를 자유시장경제의 현실에 부합하는 방향으로 개정한다.

사회 공동체 S는 대의민주주의를 따르고 있기 때문에 유형 1과 유형 2에 의해 제안된 두 정책 중 어떤 것을 채택할지 여부를 시민의 권한을 위임받은 대표자의 다수결에 의해 결정한다고 하자. 그 공동체는 두 제안 중 어떤 것을 새로운 조세 정책으로 입법할까?

이미 짐작하듯이 주어진 조건에만 의지할 경우, 〈가상의 공동체 사례 3〉에서 정책 3이 새로운 노동법으로 입법될지 또는 정책 4가 채택될지를 예단하는 것은 쉽지 않다. 이 문제에는 함께 고려할 사항들이 많은 반면에 주어진 정보가 너무 적기 때문이다. 예컨대, 이 문제는 헌법에서 보장하는 '자유권'과 '행복추구권' 등과 같은 기본권의 문제를 어떻게 해석할 것인가의 문제뿐만 아니라, 공동체 S가 처해 있는 사회적 · 경제적 환경 같은 '현실적인' 문제도 고려할 필요가 있기 때문이다. 그러한 까닭에 여기서 그러한 문제 모두를 고려하여 하나의 결론을 도출하는 것은 가능하지 않을뿐더러 필요하지도 않다. 따라서 여기에서는 현재 논의하고 있는 '규제 포획'에만 한정하여 생각해보자.

〈가상의 공동체 사례 3〉에서 주어진 조건에 따르면, 그 공동체는 대의민주주의 정체를 가지고 있으며 시민에게 위임을 받은 대표자(유형 1과 유형 2)의 다수결에 의해 정책이 결정된다. 이러한 조건에서 언뜻 보기에 유형 1 집단이 유형 2 집단보다 크다면 정책 3이 입법될 것이라고 예상할 수 있다. (반대로 유형 1 집단이 유형 2 집단보다 작다면 정책 4가 입법될 것이다.) 그런데 '규제 포획' 이론에 따르면, 유형 1 집단 안에 사용자이거나 사용자의 이익을 보호해야 할 이해관계를 가지고 있는 사람이 있을 경우 그들은 정책 3이 아닌 정책 4를 지지할 수 있다고 본다. 이러한 상황은 곧 사용자의 지대 이윤을 보장하고 강화하는 방향으로 흘러가게 된다. 정치인과 공직에 있는 관료들도 자신의 효용과 이익을 극대화하기 위한 합리적인 이기적 행위자에 불과하므로 자신에게 유리한 쪽의 편익을 제공하려는 경향성을 띨 수밖에 없기 때문이다. 따라서 규제 포획 이론은 사회에서 더 큰 이해관계를 맺고 있는 전문가 집단들의 의사가 더 많이 반영될 수밖에 없고, 그것은 곧 그들에 대한 규제에 있어서 '포획' 현상이 일반화될 가능성이 크다고 진단한다.[30] 여기에 더하여 '합리적 무시' 이론이 결합되면, 전문가 집단에 대한 규제 내용을 변경하거나 강화하는 것이 더 어려워진다. 그 이론에 따르면, 잘못된 규제제도를 개선하고 새로운 규제제도로 대체하기 위한 '비용'이 현행의 잘못된 제도로부터 발생하는 '손해'를 감수하는 것보다 클 경우, 현행 규제를 고치고 대체하는 것에 주저하거나 포기한다. 쉽게 말해서, 제도를 개선하는 데 있어 '이익'보다 감수해야 할 '비용'이 더 큰 경우에 제도 개선은 이루어지지 않는다. 여기에서 '비용'에 포함될 수 있는 것은 경제적 비용뿐만 아니라 사회적 갈등 같은 무형의 비용도 포함될 수 있다.

30 지대 추구 행위는 정부 주도의 면허제도에서만 발생하는 것은 아니다. 정부가 아닌 이익집단이 스스로 공급을 제한하기도 한다. 역사적으로 중세 유럽의 길드(guild)가 대표적인 사례다. 중세 유럽 도시의 상인과 수공업자들은 이익단체인 길드를 조직해 자신들의 경제적 이익을 보호하고 특권을 지켜나갔다. 야간작업을 금지하기도 하고 제품 가격을 통제하기도 했으며, 장인의 지위도 세습화했다. 변호사협회, 의사협회 등 이해당사자 그룹이 각자 면허정책에 적극 개입하는 것도 '현대판 길드'에 해당한다고 볼 여지가 있다. 이 경우 이익집단은 당연히 사회의 후생보다 자기 집단의 이익 극대화를 추구할 것이다. 따라서 변호사, 의사, 회계사 등은 지대 추구 행위를 나타내는 직업으로 분류하기도 하며, 이들의 숫자는 바로 한 사회의 지대 추구 행위의 강도를 나타낸다고 보기도 한다.

5. 우리는 무엇을 해야 하는가?

포퍼(Karl Popper)는 『열린 사회와 그 적들』에서 플라톤(Plato)을 민주주의의 적으로 간주하고 통렬하게 비난한다.[31] 그는 "전체주의의 모든 시도는 비록 선한 의도에서 비롯되었다고 하더라도 결국 지옥을 만들 뿐이다"라고 말한다. 플라톤이 철인왕(哲人王)에 의한 정치, 즉 '철인정치(哲人政治)'를 주장했다는 점에서 적어도 형식적인 측면에서 포퍼의 비판은 어느 정도 설득력을 가진 것으로 볼 수 있다. 하지만 여기서는 플라톤의 철인정치가 닫힌 사회(closed society)를 의미하는 전체주의를 가리키는 이론인지 여부에 관한 것은 잠시 제쳐두고, 전문가 집단의 자율규제와 시민에 의한 통제의 관점에서 철인왕의 의미를 되살려보는 데 논의를 한정해보자.

플라톤이 『국가 · 政體』에서 그리고 있는 철인왕은 지혜와 진리를 추구하고 훌륭함(arete, virtue)을 지니고 있으며 무사무욕(無私無慾)할 뿐만 아니

---

31 Popper, Karl, R. *The Open Society and Its Enemies*, London: Routledge, (1945) 2003. 포퍼는 나치즘과 마르크스주의 등 전체주의를 개인의 자유가 없는 닫힌 사회로 규정했다. 이런 닫힌 사회에서 벗어나 개인주의를 존중하고, 사회 구성원들의 합리적인 비판과 토론이 보장되는 열린 사회로 나아가야 한다고 주장한다. 그는 닫힌 사회에서는 도덕과 법률, 정치제도가 자연법칙과 같이 절대적이어서 비판이 불가능하다고 말한다. 또한 그는 역사법칙주의와 민족주의를 열린 사회의 최대 적으로 꼽으면서, 특히 플라톤과 마르크스를 역사법칙주의자로 규정하고 이들을 '닫힌 사회의 주범'이라고 공격한다. 한국어 번역서로는 칼 포퍼, 『열린 사회와 그 적들 1』, 이명현 옮김, 민음사, 2006; 이한구, 『칼 포퍼의 〈열린 사회와 그 적들〉 읽기』, 세창미디어, 2014를 참고할 수 있다.

라, 오직 이상적인 훌륭한 나라를 만들기 위해 그가 가진 모든 지혜와 열정을 쏟는 사람이다.[32] 간략히 말해서, 플라톤이 그리고 있는 철인왕(철학자 왕)은 자율규제의 정점에 서 있는 사람이라고 할 수 있다. 그런데 이미 짐작하듯이, 현실 세계에서 자기 자신에게 그토록 완전히 엄격하고 이타주의로 똘똘 뭉친 사람이 존재하기를 기대할 수 없다고 보는 것이 우리가 가진 건전한 상식이자 직관이라는 데 동의할 수 있을 것이다. 따라서 우리는 다시 우리가 발 딛고 있는 현실 세계의 민주사회에서 법을 다루는 전문가 집단에 대한 시민의 감시와 통제가 이루어져야 한다는 결론을 얻을 수 있다. 더하여 시민에 의한 감시와 통제가 잘 이루어지기 위해서는 주권자인 시민이 옳고 그름을 분별할 수 있는 '지적 능력'을 가지고 있을 뿐만 아니라, 옳음을 실천하기 위해 그릇된 욕망을 자제할 수 있는 '선한 의지' 또한 가져야 한다는 진부하지만 너무도 분명한 생각에 이르게 된다. 이러한 생각을 아래와 같은 논증으로 제시할 수 있다.

〈논증〉[33]

p_1. 민주주의는 다수에 의한 지배를 원칙으로 한다.

---

32 플라톤(Plato), 『국가 · 政體』, 박종현 옮김, 서광사, 1997, 315-503쪽 참조. 플라톤의 철인정치의 이념과 현실적 실현 가능성에 관한 논의는 김영균, 「플라톤의 철인정치론」, 『동서철학연구』 58, 한국동서철학회, 2010, 342-362쪽; 주광순, 「플라톤의 철인왕 개념: 실천철학적 관점에서」, 『철학연구』 66, 대한철학회, 1988, 41-66쪽; 김윤동, 「플라톤의 철인왕 통치」, 『철학연구』 117, 대한철학회, 2011, 1-33쪽; 소병철, 「플라톤의 이상국가론과 민주주의 비판의 현대적 함의」, 인문사회과학연구소, 2016, 375-402쪽 등을 참조할 수 있다.

33 다산(茶山) 정약용(丁若鏞)은 18세기 조선 정조대왕 시절 관의 부정에 항거하여 '군포의 난'을 일으킨 이계심을 무죄 방면하면서 다음과 같이 말한다. "관이 현명해지지 못하는 까닭은 민이 제 몸을 꾀하는 데만 재간을 부리고 관에 항의하지 않기 때문이다. 너 같은 사람은 관이 천금을 주고 사야 할 사람이다(官所以不明者, 民工於謨身不以瘼犯官也, 如汝者官當以千金買之也)." 조국, 『디케의 눈물』, 다산북스, 2023, 162쪽 재인용.

p_2. 다수의 의지가 선하거나 정의로운 경우 선하거나 정의로운 결과가 나온다.

p_3. 다수의 의지가 악하거나 부정의한 경우 악하거나 부정의한 결과가 나온다.

p_4. 민주주의 공동체에 공리적으로든 도덕적으로든 이로운 것은 'p_2'다.

c. 'p_2'가 충족될 경우 민주주의는 공리적으로든 도덕적으로든 성공할 수 있다.

다수의 지배에 의한 민주주의가 인류가 현재까지 발견했거나 발명한 최선의 정치체제라고 하더라도 민주주의는 그 속성에 있어 '시끄럽고 비용이 많이 들' 수밖에 없는 정치체제다. 민주주의를 성립하는 데 있어 시민의 자유와 평등이 반드시 요구된다는 점에서 한 공동체(국가)에 속해 있는 자유로운 시민이 다양한 목소리를 내기 때문에 민주주의는 시끄러울 수밖에 없다. 또한 그러한 다양한 시민의 목소리를 경청하고 담아내어 우리가 속한 공동체에 이익이 되는 방향으로 의견을 수렴하기 위해서는 오랜 시간과 큰 비용을 지불해야 한다는 점에서 민주주의는 '값비싼' 정치체제일 수밖에 없다.

참고문헌

I

로빈슨 크루소가 정한 규칙과 행위는 도덕인가?

[저서]

대니얼 디포(Daniel Defoe). 『로빈슨 크루소』. 류경희 옮김. 열린책들 세계문학 163.

임종식. 『생명의 시작과 끝』. 로뎀, 1999.

장동익. 『덕 윤리: 그 발전과 전망』. 씨아이알(CIR), 2017.

______. 『덕 이론: 그 응용 윤리적 전망』, 씨아이알(CIR), 2019.

전대석. 『의료윤리와 비판적 글쓰기』. 북코리아, 2016.

홍경남. 『과학기술과 사회윤리』. 철학과현실사, 2007.

프랑케나(Frankena, William, K.). 『윤리학』. 황경식 옮김. 철학과현실사, 2003,

해리스 C. E. 『도덕 이론을 현실 문제에 적용시켜 보면』. 김학택 · 박우현 옮김. 서광사, 2004,

Frankena, William, K., *Ethics*, (2nd edition) Prentice-Hall, Englewood Cliffs, New Jersey, 1973.

Moor, G. E., *Principia Ethica*, Cambridge University Press, 1993.

Slote, Michael, *From Morality to Virtue*, Oxford Univ. Press Inc., 1995.

[논저]

Feinberg, J. "Psychological Egoism," in *Reason and Responsibility*, Belmont, Calif: Wadsworth, 1985.

Rosalind Hursthouse, "Virtue Ethics," *The Stanford Encyclopedia of Philosophy*, ed. Edward N. Zalta Fall 2013 Edition.

McDowell, John, "Virtue and Reason," Monist, 62: 1979.

[인터넷 자료]

Online Etymology Dictionary(온라인 어원 사전), https://www.etymonline.com/kr.

의무의 충돌은 해소될 수 있는가?

[저서]

밀(Mill, J. S.). 『공리주의(Utilitarianism)』. 김태형 옮김. 을유문화사, 2013.

벤담(Bentham, Jeremy). 『도덕과 입법의 원리에 대한 서론』. 강준호 옮김. 아카넷, 2015.

오트프리트 회페. 『임마누엘 칸트』. 이상헌 옮김. 문예출판사, 1997.

임종식. 『생명의 시작과 끝』. 로뎀, 1999.

전대석. 『의료윤리와 비판적 글쓰기』. 북코리아, 2016.

______. 『학술적 글쓰기: 논증구성으로부터 에세이 쓰기』. 북코리아, 2023.

칸트(I. Kant). 『도덕 형이상학을 위한 기초 놓기』. 이원봉 옮김. 책세상, 2002.

______. 『도덕형이상학』. 이충진 · 김수배 옮김. 한길사, 2018.

피터 싱어(P. Singer). 『실천윤리학』. 황경식 옮김. 철학과현실사, 2003.

흄. 『인간 본성에 관한 논고 제3권, 도덕에 관하여: 실험적 추론 방법을 도덕적 주제에 도입하기 위한 시도』. 이준호 옮김. 서광사, 2008.

孝經(효경) 父攘羊(부양양), 論語(논어) 子路篇(자로 편)

Bentham, Jeremy, *An Introduction to the Principles of Morals and Legislation*, 1789.

Butler, Joseph, *Five Sermons*, New York, Liberal Arts, 1949.

Ewing, A. A., *Ethics*, New York, The Free Press, 1965.

Feldman, Fred, *Introductory Ethics*, Prentice-Hall, Inc., 1978.

Foot, Philippa, "The Problem of Abortion and the Doctrine of Double Effect," Oxford Review No. 5(1967), Killing and Letting Die, Steinbock & Norcross ed. 1994.

______, *Moral Dilemmas and Other Topics in Moral Philosophy*, Oxford: Oxford University Press, 2002.

Harman, Gilbert & Thomson, Judith Jarvis, *Moral Relativism and Moral Objectivity*,

Blackwell Publishers Inc., 2000(1996).

Hume, David, *A Treatise of Human Nature: of Morals*, 1739.

MacIntyre, Alasdair, *A Short History of Ethics: A History of Moral Philosophy from the Homeric Age to the 20th Century*, Routledge, 2002.

Williams, Bernard, *A critique of utilitarianism*, Cambridge University Press, 2013.

[논저]

백종현. 「칸트 '인간 존엄성의 원칙'에 비춰 본 자살의 문제」. 『칸트연구』 32. 한국칸트학회, 2013, 197-222쪽.

이원봉. 「칸트 윤리학과 도덕적 자살의 가능성」. 『철학논집』 62. 2020, 9-36쪽.

정성관. 「칸트와 자살문제: 자살의 원인과 그 방지책」. 『대동철학』 73. 대동철학회, 2015, 79-91쪽.

Thomson, Judith, "A Defense of Abortion," Philosophy & Public Affairs, 1971 Oct 01. 1(1), 47-66.

———, "Killing, Letting Die, and the Trolley Problem," The Monist, 59, 1976.

———, "The Trolley Problem," The Yale Law Journal, Vol. 94, 1985.

III

법의 사각지대는 허용될 수 있는가?

[저서]

김재권. 『심리철학』. 하종호 옮김. 철학과현실사, 1997.

나오미 클라인. 『이것이 모든 것을 바꾼다: 자본주의 대 기후』. 이순희 옮김. 열린책들, 2016.

닉 보스트롬. 『슈퍼 인텔리전스: 경로, 위험, 전략』. 조성진 옮김. 까치, 2017.

레이먼드 웍스. 『법철학』. 박석훈 옮김. 교유서가, 2021.

마틴 포드. 『로봇의 부상』. 이창희 옮김. 세종서적, 2015.

앨 C. 앨리스. 『인류세』. 김용진 · 박범순 옮김. 교유서가, 2021.

오세혁. 『법철학사』(제2판). 세창출판사, 2012.

———. 『법의 한계』. 세창출판사, 2013.

전대석. 『학술적 글쓰기: 논증구성으로부터 에세이 쓰기』. 북코리아, 2023.

조국. 『디케의 눈물』. 다산북스, 2023.

최평순. EBS 다큐프라임 「인류세」 제작진. 『인류세: 인간의 시대』. 해나무, 2020.

켈젠, 한스(Kelzen, Hans). 『순수 법학: 법학의 문제점에 대한 서론』. 윤재왕 옮김. 박영사, 2018.

Dworkin, Ronald, *Law's Empire*, Cambridge: Harvard UP, 1986.

Hart, H. L. A., *The Concept of Law*, Oxford: Oxford UP, 1961.

[논저]

류지웅. 「인공지능(AI) 로봇의 법적 문제에 관한 연구: EU의 ROboLaw의 입법 동향을 중심으로」. 『토지공법연구』 87. 한국토지공법학회, 2017.

손영화. 「EU AI 규칙안상의 허용할 수 없는 위험의 AI 시스템에 관한 고찰」. 『법학연구』 25(3), 2022.

정소영. 「유럽연합 인공지능법안의 거버넌스 분석: 유럽인공지능위원회와 감독 기관의 역할과 기능을 중심으로」. 『연세법학』 39, 2022.

최정기. 「5.18왜곡과 김대중 내란음모 조작사건」. 『민주주의와 인권』 20(1). 전남대학교 5.18연구소, 2020.

홍석한. 「유럽연합 '인공지능법안'의 주요 내용과 시사점」. 『유럽헌법연구』 38, 2022.

[인터넷 자료]

국가법령정보센터. https://www.law.go.kr/LSW//main.html

국립국어원 표준국어대사전. https://stdict.korean.go.kr/search/searchView.do

대법원 2018. 10. 30. 선고 전원합의체 판결. https://www.scourt.go.kr/supreme/supreme.jsp

세계법제정보센터. https://world.moleg.go.kr/web/main/index.do

한국민족문화대백과사전. https://encykorea.aks.ac.kr

홀로코스트백과사전. https://www.ushmm.org/ko

홍민기. "[중점 2편] 시각장애인 음성코드 못 넣는 건 예산 탓? … '처벌 없는 법 때문'". YTN, 2021. 9. 26(https://www.ytn.co.kr/_ln/0103_202109260512331558, 2022. 4. 19.)

JTBC 「차이나는 클라스」. "김웅 검사가 말하는 법의 사각지대"

리비는 살인죄로 다시 처벌받아야 할까?

[저서]

김두식. 『헌법의 풍경』. 교양인, 2011.

이재상. 『형사소송법 제6판』. 박영사, 2001.

최정일. 『법학개론』. 한국법제연구원, 2009.

해리스(Harris, C. E.), 『도덕이론을 현실문제에 적용시켜보면』, 김학택 · 박우현 옮김, 서광사, 1994.

홍탁균. 「이중위험금지, 사건의 병합 및 재판의 내용적 구속력과 관련된 미국 판례 분석」. 미국 뉴욕대학교 해외연수검사 연구 논문(연수 보고서), 2006.

Lewis, David, *On the Plurality of Worlds*, Oxford: Basil Blackwell, 1986.

______, *Papers in Metaphysics and Epistemology*, UK; Cambridge Univ. Press, 1999.

Parfit, Derek, *Reasons and Persons*, Oxford University Press. 1984.

[논저]

강태수. 「성범죄자의 신상공개제도에 관한 헌법적 고찰」. 『공법학연구』 7(2). 2006, 131-162쪽.

권오걸. 「불이익재심의 허용여부에 대한 비교법적 검토」. 『법학연구』 17(2). 통권 66호. 한국법학회. 2017, 193-216쪽.

김승대. 「이중처벌금지원칙에 대한 헌법해석의 재검토」. 『공법연구』 35(4). 2007, 377-406쪽.

박경남. 「인격 동일성에 대한 파핏과 칸트의 이해」. 『철학』 149. 2021, 143-179쪽.

박찬운. 「이중처벌금지원칙과 불이익재심의 가능성」. 『법조』 701. 2015, 176-218쪽.

손병홍. 「개체의 변화와 시간적 부분(Temporal Part)」. 『논리연구』 5(2). 2002, 23-38쪽.

손인혁. 「헌법상 이중처벌금지원칙의 내용과 그 적용」. 『유럽헌법연구』 35. 2021, 97-139쪽.

안성조. 「공소사실의 동일성 판단기준과 일사부재리의 효력이 미치는 범위」. 『형사법연구』 34(1). 2022, 127-171쪽.

양선숙. 「자기서사적 접근법에 기초한 책임론 구성을 위한 시론적 고찰」. 『법학연구』 20(4). 인하대학교 법학연구소. 2017, 335-367쪽.

유원기. 「동일성(identity)의 기준에 대한 고찰」. 『인간연구』 6. 가톨릭대학교(성심교정) 인간학연구소. 2004, 126-149쪽.

이경렬. 「형사소송법상 한 개 사건의 의미」. 『비교형사법연구』 6(1). 2004, 183-212쪽.

이상돈. 「일사부재리의 효력 범위와 적대적 범죄 투쟁 — 대판 1994. 3. 22., 전원합의체판결 93도2080에 대한 평석과 새로운 학설: 생활세계적 사건개념설 — 」. 『판례연구』 7. 고려대학교 법학연구원. 1995, 215-239쪽.

전대석. 「이중위험금지의 원칙에 대한 법적 해석과 윤리적 판단에 관한 고찰」. 『인문과학』. 성균관대학교 인문학연구원. 2024, 115-150쪽.

지유미. 「미국에서의 이중위험금지 원칙: 이중위험금지원칙에 대한 예외로서 불이익재심의 허용 가능성을 중심으로」. 『가천법학』 11(2). 2018, 33-64쪽.

홍영기. 「일사부재리의 효력범위: 즉결심판을 예로 하여」. 『저스티스』 123. 2011, 153-186쪽.

황필호. 「개인 동일성이란 무엇인가」. 『철학연구』 55. 철학연구회. 2001, 207-224쪽.

Davidson, Donald, "Action, Reasons, and Causes"(1963), Essays on Actions & Events, Oxford Univ. Press, 1980, pp. 3-22.

______, "Mental Events"(1970), Essays on Actions & Events, Oxford Univ. Press, 1980, pp. 207-227.

Kim, Jaegwon, "Causation, nomic subsumption, and the concept of event"(1973), Supervenience and Mind, Cambridge Univ. Press, 1993, pp. 3-21.

______, "Events as property exemplification," Supervenience and Mind, Cambridge Univ. Press, 1993, pp. 33-52.

Lippke, Richard L., "Modifying Double Jeopardy," *New Crim. L. Rev.*, vol. 15, no. 4, 2012, pp. 511-541.

Parfit, Derek, "Personal Identity," *The Philosophical Review*, vol. 80 no. 1, 1971. pp. 3-27.

[인터넷 자료]

이정규, "죽은 사람 법정 세워라? 검찰, '과거사 재심 개시' 딴지", 한겨레신문, 수정 2023-07-31 07:00 등록 2023-07-31 07:00, 검색일: 2024.03.01.

살인은 폭력보다 항상 나쁜가?

[저서]

레오 카츠(Leo Kats). 『법은 왜 부조리한가』. 이주민 옮김. 와이즈베리, 2011.

임종식. 『생명의 시작과 끝』. 로뎀나무, 1999.

______. 『형사법과 살해의도』. 성균관대학교 출판부, 2014.

해리스(C. E. Harris). 『도덕 이론을 현실 문제에 적용시켜보면』. 김희택 · 박우현 옮김. 서광사, 2004.

Beauchamp, T. and Childress, J., *Principles of Biomedical Ethics* (5th edition), Oxford, 2001.

Davidson, Donald, *Essays on Action and Event*, Oxford Univ. Press, 1963.

Enç, Berent, *How We Act*, Clarendon Press, Oxford, 2003.

Frankena, William Klaas. *Ethics*, Prentice-Hall, Inc., Englewood Cliffs, New Jersey, 1989.

Mele, Alfred, *Motivation and Agency*, Oxford Univ. Press, 2003.

[논저]

김봉철. 「의료분쟁조정위원회의 조정제도에 대한 입법적 평가: 행정형 ADR 제도의 본질적 측면에서」. 『한국의료법학회지』 28(2), 2020, 79-97쪽.

김용욱. 「미필적 고의와 과실의 구분에 관한 연구」. 『비교형사법연구』 3(2), 2001, 90-114쪽.

성중탁. 「현행 우리나라 의료분쟁조정제도의 문제점과 개선방안」. 『법제』 701, 법제처, 2023, 129-167쪽.

오시영. 「한국의료분쟁조정중재원의 법적 성격과 운영에 대한 고찰」. 『법학논총』, 숭실대학교 법학연구소, 2020, 357-387쪽.

이태희. 「국내 의료분쟁 해결의 단초: 공정한 의료감정」. 『대한내과학회지』 98(2), 2023, 53-59쪽.

임종식. 「이중결과원리, 그 기본 전제들에 대한 옹호」. 『철학』 55, 1998, 237-259쪽.

장영민. 「미필적 고의에 관한 약간의 고찰」. 한국형사판례연구회. 『형사판례연구』 23, 2015, 55-86쪽.

전대석. 「의료 행위에서 업무상 과실치사상죄 적용에 대한 법적 판단과 도덕적 판단의 차이」. 『철학연구』, 2023, 52-81쪽.

J. J. C. Smart & Bernard Williams, "A critique of utilitarianism," *Utilitarianism for and* against, Cambridge Univ. Press, 1973.

[인터넷 자료]

대법원 1988. 10. 11. 선고 88도1273 판결

대법원 2007. 5. 31. 선고 2006도3493 판결

대법원 2009. 5. 28. 선고 2009도1040 판결

대법원 2017. 12. 5. 선고 2016도16738 판결

대한민국법원 종합법률정보. https://glaw.scourt.go.kr/wsjo/intesrch/sjo022.do

법제처, 국가법령정보센터. https://www.law.go.kr/LSW/makeMain.do

왜 판결이 다르지?

[저서]

레오 카츠. 『법은 왜 부조리한가』. 이주만 옮김. 와이즈베리, 2011, 21쪽.

로버트 달. 『미국 헌법과 민주주의』. 박상훈 · 박수형 옮김. 후마니타스, 2018.

밀, J. S. 『자유론』. 서병훈 옮김. 책세상, 2005.

______. 『대의정부론』. 서병훈 옮김. 책세상, 2012, 60-76쪽.

벤담, J. 『도덕과 입법의 원칙에 대한 서론』. 강준호 옮김. 아카넷, 2013.

샌델, 마이크. 『당신이 모르는 민주주의』. 이경식 옮김. 와이즈베리, 2023.

아리스토텔레스. 『정치학』. 천병희 옮김. 도서출판 숲, 164-165쪽.

Alexander Larry, ed. *Constitutionalism: Philosophical Foundations*, Cambridge: Cambridge University Press, 1998.

Barry, Brian, *Democracy, power, and justice: essays in political theory*, Oxford: Clarendon Press; New York, Oxford University Press, 1989.

Bentham, J., *An Introduction to the Principles of Moral and Legislation*, 1789.

______, *Principles of Judicial Procedure, in Works of Jeremy Bentham, vol. 2*, ed. Browing, John, 1838~1843, https://oll.libertyfund.org/pages/bentham-toc.

Dahl, Robert A., *How democratic is the American Constitution?*, New Haven and London: Yale University Press, 2002.

Hirschl, Ran, *Towards Juristocracy: The Origins and Consequences of the New Constitutionalism*, Cambridge, Massachusetts: Harvard University Press, 2004.

Kramer, Larry D., *The People Themselves: Popular Constitutionalism and Judicial Review*, Oxford University Press, 2005.

Lane, Jan-Erik, *Constitutions and political theory*, Manchester: Manchester University Press, 1996.

Peretti, Terri Jennings, *In Defense of a Political Court*, Princeton: Princeton University Press, 1999.

Rosanvallon, Pierre, *Counter-Democracy*. Politics in an Age of Distrust, Tranl. by Arthur Goldhammer, Cambridge University Press, 2008.

Santos, Boaventura de Sousa, *Toward a New Legal Common Sense: law, globalization*, and emancipation, Cambridge, United Kingdom; New York, NY: Cambridge University Press, 2020.

Schofield, P., *Utility and Democracy*, Oxford Univ. Press, 2006.

Waldron, Jeremy, Law and Disagreement, New York: Oxford University Press, 1999.

[논저]

강정인. 「민주화 이후 한국 정치에서 자유민주주의와 법치주의의 충돌」. 『서울대학교 법학』 49(3), 2008, 40-75쪽.

강준호. 「벤담의 민주주의 이론과 공리주의」. 『범한철학회논문집』 84, 범한철학, 2017, 169-198쪽.

곽준혁. 「민주주의와 공화주의: 헌정체제의 두 가지 원칙」. 『한국정치학회보』 39(3), 한국정치학회, 2005, 33-57쪽.

명재진. 「바이마르 헌법과 국사재판소」. 『홍익법학』 17, 2016, 135-160쪽.

박명림. 「헌법, 헌법주의, 그리고 한국 민주주의: 2004년 노무현 대통령 탄핵사태를 중심으로」. 『한국정치학회보』, 한국정치학회, 2005, 253-276쪽.

박성우. 「민주주의와 헌정주의의 갈등과 조화: 미국 헌법 해석에 있어서 원본주의(Originalism) 논쟁의 의미와 역할」. 『한국정치학회보』 40(3), 한국정치학회, 2006, 55-78쪽.

박은정. 「정치의 사법화와 민주주의」. 『서울대학교 법학』 51(1), 2010, 1-26쪽.

박찬표. 「헌법에 기대기: 민주주의에 대한 두려움 혹은 실망」. 『한국정당학회보』 5(1), 2013, 71-102쪽.

______. 「법치 민주주의 대 정치적 민주주의」. 최장집 외. 『어떤 민주주의인가』. 후마니타스, 2013, 148-178쪽.

브라운, 웬디. 「오늘날 우리는 모두 민주주의자이다」. 조르조 아감벤 엮음. 『민주주의는 죽었는가?』. 난장, 2010, 83-104쪽.

송석윤. 「독일 바이마르헌법에서의 연방대통령: 바이마르헌법 제정 백주년에 즈음하여」. 『세계헌법연구』 28(1), 세계헌법학회한국학회, 2022, 1-39쪽.

오승용. 「민주화 이후 정치의 사법화에 관한 연구」. 『기억과 전망』 20, 2009, 282-314쪽.

최장집. 「민주주의와 헌정주의: 미국과 한국」. 로버트 달. 『미국 헌법과 민주주의』 2018(3판 2쇄), 217-287쪽.

채진원. 「정치의 사법화 현상의 이론적 쟁점: 민주주의의 비관론과 낙관론 및 정당기능의 정상화 방향」. 『평화연구』, 2011, 257-295쪽.

홍성방. 「민주주의에 있어서 다수결 원리」. 『한림법학』, 1993, 1-26쪽.

Brown, Rebecca, L., "The Logic of Majority Rule," University of Pennsylvania Journal of Constitutional Law, Vol. 9, Issue 1, 2006, pp. 23-46.

Friedman, Barry, "The History of the Countermajoritarian Difficulty, Part One: the Road to Judicial Supermacy," New York university Law Review 73. 1998, pp. 333-433.

Hirschl Ran, "Resituating the judicialization of politics: Bush v. Gore as a global trend," Canadian Journal of Law and Jurisprudence, vol. XV, no. 2. 2002. pp. 191-218.

Lewis A. Kornhauser, Larry G. Sager, "Unpacking the Court," Yale Law Journal, 96, no. 1, 1986, pp. 82-117.

Lieberman, David, "Bentham's Democracy," in *Oxford Journal of Legal Studies*, vol. 28, 2008, pp. 605-626.

May, Kenneth, O., "A Set of Independent Necessary and Sufficient Conditions for Simple Majority Decision," Econometrica, 1952 Oct 01. 20(4), pp. 680-684.

Neal Tate, C., "Why the Expansion of Judicial Power?," in C. Neal. Tate and Torbjorn Vallinder (eds.), The Global Expansion of. Judicial Power, New York: New York University Press; Tamanaha 1995. pp. 27-38.

[인터넷 자료]

대한민국 법원. https://www.scourt.go.kr/judiciary/organization/chart/index.html

한국민족문화대백과사전. https://encykorea.aks.ac.kr/Article/E0063214

Online Etymology Dictionary, https://www.etymonline.com/kr

VII

법이 좋은 사회를 만드는 데 기여하기 위한 조건은?

[저서]

김재홍. 『아리스토텔레스 정치학』. 쌤앤파커스, 2018.

밀(J. S. Mill). 『자유론』. 서병훈 옮김. 책세상, 2005.

아리스토텔레스. 『정치학(Politics)』. 천병희 옮김. 도서출판 숲, 2002.

이한구. 『칼 포퍼의 〈열린 사회와 그 적들〉 읽기』. 세창미디어, 2014.

전대석. 『의료윤리와 비판적 글쓰기』. 북코리아, 2016.

조국. 『디케의 눈물』. 다산북스, 2023.

칼 포퍼. 『열린 사회와 그 적들 1』. 이명현 옮김. 민음사, 2006.

플라톤(Plato). 『국가 · 政體』. 박종현 옮김. 서광사, 1997.

Abel, R. L. *The politics of the market for legal services*. Oxford: M. Robertson; 1982.

Davies, M. *Medical self-regulation: crisis and change*. Brighton: University of Sussex, 2007.

Disney, J., Basten J., Redmond P., Ross S., Bell K. *Lawyers*. 2nd ed. Melbourne: Law Book, 1986.

Hobbes, Thomas, *Leviathan*, Tuck, Richard (Edt), Cambridge Univ. Press, 2008.

______, *Two Treatises on Civil Government*, Nabu Press, 2010.

Locke, John, *An essay concerning the true original, extent, and end of civil government*, Gale ECCO, Print Edition, 2010.

Popper, Karl, R. *The Open Society and Its Enemies*, London: Routledge, (1945) 2003,

Rawls, John, *A Theory of Justice*, Cambridge, MA: Harvard University Press, 1999(1971).

______, *Justice as Fairness: A Restatement* [JF], E. Kelly (ed.), Cambridge, MA: Harvard University Press, 2001.

______, *Lectures on the history of political philosophy*. Cambridge: Harvard University Press, 2007.

Rousseau, Jean-Jacques, *Discourse on the Origin and Foundations of Inequality among Men*, Bedford/St. Martin's; First Edition edition, 2010.

Rueschemeyer, D., *Lawyers and their Society: A Comparative Study of the Legal Profession in Germany and the United States*, Harvard University Press,

Cambridge, Mass., 1973.

[논저]

김영균. 「플라톤의 철인정치론」. 『동서철학연구』 58. 한국동서철학회, 2010, 342-362쪽.

김윤동. 「플라톤의 철인왕 통치」. 『철학연구』 117. 대한철학회, 2011, 1-33쪽.

소병철. 「플라톤의 이상국가론과 민주주의 비판의 현대적 함의」. 인문사회과학연구소, 2016, 375-402쪽.

전대석 · 김용성. 「전문직 자율규제의 철학적 근거에 대한 탐구」. J Korean Med Assoc 2016, August (JKMA, 2016. 08)

주광순. 「플라톤의 철인왕 개념: 실천철학적 관점에서」. 『철학연구』 66, 대한철학회, 1988, 41-66쪽.

Gunningham, N., Rees J. "Industry self-regulation: an institutional perspective." *Law Policy*, 1997, 19.

Harman, Gilbert, "Moral Relativism Defend," *Philosophical Review*, Vol. 84, No. 1 (Jan., 1975)

Ogus, Anthony, "Rethinking Self-Regulation," *Oxford Journal of Legal Studies*, Vol. 15, No. 1, Spring, 1995.

Rawls, John, "Two Concepts of Rules," *philosophical Review*, 1955, 64(1), 3-32. & "Legal Obligation and the Duty of Fair Play," in *Law and Philosophy*, S. Hook (ed.), New York: New York University Press, 1964.

Stigler, George J., "The theory of economic regulation," *The Democracy Source Book*, Robert Dahl, Ian Shapiro, and Jose′ Antonio Cheibub ed. The MIT Press, Cambridge, Massachusetts, London, England, pp. 393-397.

[인터넷 자료]

국가법령정보센터, https://www.law.go.kr/LSW//main.html

노동고용부. https://moel.go.kr

이율 기자(연합뉴스), "베를린 대형부동산업체 보유주택 몰수 · 공유화 주민투표 재추진", 송고시간 2023-09-26 21:19, https://www.yna.co.kr/view/AKR20230926189500082(검색일: 2024. 02. 14.)

Habib, Allen, "Promises," *The Stanford Encyclopedia of Philosophy* (Spring 2014 Edition), Edward N. Zalta (ed.)

찾아보기

ㅇ

ㅈ

ㅊ

ㅋ